W0237612

Chers amis de Saint-Martin,

Notre île est généreuse, il y a 1 001 façons de mordre la vie à Saint-Martin ! Nous vous révélons les secrets des écrins de rêve où chacun trouve matière à son bonheur.
Au fil de votre lecture, vous découvrirez une nature sauvage et préservée, vous entendrez le bruit des vagues et le chant des oiseaux. Vous sentirez le parfum des fleurs, des embruns, des élixirs et des mets précieux. Vous imaginerez des sites uniques à la beauté brute : des plages, des mornes sauvages, des récifs coralliens.
À Saint-Martin, les nuits sont aussi belles que le jour. Vous découvrirez aussi une île festive. Vous n'aurez qu'une envie : ne jamais vous endormir pour tout parcourir. Vos sens ne vous tromperont pas, Saint-Martin apporte le sourire et l'harmonie. Les longues journées ensoleillées invitent à partager des instants de convivialité faits d'activités culturelles, sportives, d'aventures humaines et gastronomiques.
Cette nouvelle édition est une parenthèse d'évasion, de découverte et de gourmandise. Saint-Martin vous met l'eau à la bouche, cédez au plaisir des sens !

Bon séjour au paradis !

Valérie Damaseau,
Présidente de l'Office de tourisme

St. Martin
THE FRIENDLY ISLAND
FRENCH CARIBBEAN

Saint-Barthélemy.

© NICOLAS SALLES - ISTOCKPHOTO.COM

Saint-Martin/ Saint-Barthélemy

LE RÊVE BLEU AUX ACCENTS TROPICAUX !

Cap vers deux îles des Petites-Antilles ! L'une est intrigante par sa singularité à bénéficier de deux nationalités (française et hollandaise) et la deuxième semble inaccessible, car elle a longtemps été symbole d'un « luxe » effréné ! Les deux ont en commun leur découverte par Christophe Colomb en 1493 et le charme créole. Longtemps restées à la périphérie des Antilles, les deux îles ont connu une croissance fulgurante depuis les années 60. Saint-Martin a choisi la voie du tourisme grand public, avec ses *resorts* tout compris, ses boutiques *duty free* et ses nuits endiablées, surtout du côté hollandais de l'île. Saint-Barth a longtemps été une paisible île de pêcheurs, mais depuis que le milliardaire américain David Rockefeller y a construit une villa, Saint-Barth est devenue le rendez-vous par excellence de la *jet set*. Tous les hivers, les yachts de luxe se retrouvent dans le port de Gustavia. Mais dans tous les cas, la décompression sous le soleil omniprésent suffit à tomber amoureux de ces véritables perles en eaux turquoise. Les deux îles réservent bien des surprises au-delà de leurs magnifiques plages et lagons translucides. Diversité culturelle avec 120 nationalités pour Saint-Martin, fêtes authentiques pour Saint-Barthélemy... Des plongées sous-marines, des tours en catamaran, en jet ski, en hélicoptère... Sous les nuits étoilées des Caraïbes, les fêtes de Saint-Martin sont légendaires. Saint-Barthélemy vous réserve quant à elle de belles dégustations culinaires, avec les meilleurs restaurants de la région.

PEFC™
10-31-1510
Certifié PEFC
Ce produit est issu de forêts gérées durablement et de sources contrôlées.
pefc-france.org

OFFERT
CE GUIDE
au format numérique

Retrouvez cette offre en page 34

SOMMAIRE

6 INSPIRER

Un avant-goût du voyage, pour savoir quand partir à Saint-Martin ou Saint-Barth, que voir en priorité, sans oublier des tas de conseils pratiques et des idées de séjours pour ne rien manquer !

37 SAINT-MARTIN

Bienvenue dans ce territoire bicéphale, français au nord, hollandais au sud, dont le cadre tropical permet de belles randonnées récompensées par une baignade sur l'une des trente-sept plages de l'île. La partie française a su rester authentique et discrète, tandis que Sint Maarten s'affiche comme la reine de la nuit et de la fête.

143 SAINT-BARTHÉLEMY

Un petit confetti qui fait rêver et attire les célébrités de ce monde. Mais il ne faudrait surtout pas oublier derrière cette image glamour la simplicité et l'art de vivre des habitants de l'île. C'est un luxe discret que l'on cultive ici. Un patrimoine préservé, de bonnes tables, des activités nautiques nombreuses ou un hommage à Johnny sont autant de raisons d'aller à Saint-Barth.

217 ORGANISER SON SÉJOUR

Tout ce qu'il faut savoir pour préparer son voyage, des compagnies qui desservent les îles aux voyagistes spécialistes en passant par une multitude de conseils pratiques à avoir en tête avant de partir.

Plage de Saint-Barthélemy.

© PHOTOSTRAVELLERS - SHUTTERSTOCK.COM

QUAND Y ALLER

JANVIER

22° / 29°

CARNAVAL DE SAINT-MARTIN
Paillettes, musiques endiablées, le Carnaval cristallise la joie de vivre pendant plusieurs jours. A vivre de l'intérieur !

LES MARDIS DE GRAND-CASE
Pour une immersion locale. Les Mardis de Grand-Case rythment la Grande-Rue de parades thématiques pendant 12 semaines !

$ $ $

FÉVRIER

21° / 29°

$ $ $

MARS

22° / 30°

BUCKET REGATTA
Plus d'une trentaine de méga-yachts en compétition, la Bucket Regatta offre un spectacle prestigieux.

ST. MAARTEN HEINEKEN REGATTA
(SIMPSON BAY)
La plus célèbre des régates de Saint-Martin ! Plus de 200 voiliers colorent les eaux turquoise et le soir les concerts fusent.

$ $ $

JUILLET

23° / 30°

$ $ $

AOÛT

23° / 31°

FÊTE DE SAINT-BARTHÉLEMY
En marge des célébrations officielles, les festivités alternent régates, jeux divers, danses, feux d'artifice et bal public.

FÊTE DE LA SAINT-LOUIS
(COROSSOL)
A Corossol, village de pêcheurs, une fête traditionnelle et authentique qui préserve la mémoire locale et le savoir-faire d'antan.

$ $ $

SEPTEMBRE

23° / 31°

$

Cap sur deux destinations « soleil » toute l'année ! Il existe deux saisons : de mi-décembre à mi-avril, c'est la haute saison : les tarifs sont au plus haut et les touristes affluent. De mi-avril à mi-décembre, c'est la période creuse. Les mois d'été (juillet et août) sont agréables avec une météo chaude et humide et une fréquentation raisonnable. A Saint-Barth, vous ne serez jamais confronté au tourisme de masse, et côté Saint-Martin l'affluence reste raisonnable.

AVRIL

22° / 30°

SINT MAARTEN CARNIVAL

Le Sint Maarten carnaval est la date haute en couleur de l'année. C'est l'un des plus grands des Caraïbes.

SAINT-B'ART LIVRE & JAZZ FESTIVAL

(GUSTAVIA)

Les arts et la culture sont à l'honneur. Le Saint-B'Art Livre & Jazz Festival mêle plaisir musical, prose et plaisir de lire.

MAI

23° / 31°

TRANSAT AG2R

C'est la course la plus médiatisée qui met en avant les prouesses des marins du monde. La transat se termine à Gustavia.

FÊTE DE LA MER

(GRAND CASE)

La fête de la Mer attire chaque année plus de 6 000 personnes. Au programme, course de kayaks, découverte d'activités nautiques...

JUIN

24° / 31°

BILLFISH TOURNAMENT

© LUNAMARINA - ISTOCKPHOTO.COM

Le populaire Billfish Tournament est attendu chaque année. Une trentaine d'équipages se met en quête du plus gros poisson.

OCTOBRE

23° / 30°

NOVEMBRE

23° / 30°

ST BARTH GOURMET FESTIVAL

(GUSTAVIA)

Éveil des papilles et des sens garanti lors du St Barth Gourmet Festival. Les plus grands chefs partagent des pépites culinaires.

ST BARTH CATA CUP

(SAINT-JEAN)

La St Barth Cata Cup hisse les voiles en novembre et reste, pour les locaux, la plus palpitante et populaire des régates.

DÉCEMBRE

22° / 29°

FÊTES DE FIN D'ANNÉE

(MARIGOT)

L'île s'illumine de guirlandes multicolores. Tous honorent Noël. Sans neige mais fêté dignement avec des animations locales.

LES BONNES RAISONS D'Y ALLER

© SEANPAVONEPHOTO - ISTOCKPHOTO.COM

PRESTIGE INTIMISTE : SAINT-BARTH

Petit caillou intime qui offre un environnement décontracté et une élégance naturelle.

UNE GRANDE SÉCURITÉ

A Saint-Barth, un sentiment de très grande sécurité se perçoit ici plus qu'ailleurs.

© SÉVERINE VULLIEZ

© SANGFOTO - ISTOCKPHOTO.COM

SABLES BLANCS ET EAUX TURQUOISE

Plus d'une cinquantaine de plages sur les deux îles, toutes différentes.

© SÉVERINE VULLIEZ

SHOPPING SIMPLE ET CHIC

Le luxe côtoie la simplicité des habitants. Un univers à part comme nulle part ailleurs.

© MAGALI COUAILLET

DES RÉGATES EXCEPTIONNELLES

Port d'attache pour voiliers qui dansent toute l'année autour des îles.

© BITINBRASSBAND

UN ART DE VIVRE, UN SAVOIR-ÊTRE

L'esprit Saint-Barth est caractérisé par une belle idée de liberté et de tolérance.

© MAGALI COUAILLET

DES FONDS MARINS PRÉSERVÉS

Des réserves naturelles marines préservent cet environnement remarquable des Caraïbes.

LES BONNES RAISONS D'Y ALLER

UNE NATURE PRÉSERVÉE

Des piscines naturelles, des tortues terrestres : une faune et une flore exceptionnelles.

© FREDP - SHUTTERSTOCK.COM

© SÉVERINE VULLIEZ

JOHNNY HALLYDAY

Le beau village de Lorient abrite la dernière demeure de l'idole des jeunes.

© THIERRY DEHOVE - SHUTTERSTOCK.COM

GOURMAND ET GOURMET

Les restaurants excellent dans l'art culinaire de qualité et d'exception.

LES 12 MOTS-CLÉS

#ATTERRISSAGE

Se poser sur la piste de l'aéroport de Saint-Barthélemy-Rémy-de-Haenen est une expérience en soi ! A bord d'un petit avion, vous frôlez les parois volcaniques du lieu dit la « Tourmente » pour plonger à pic. La vision de l'eau turquoise comme tapis d'atterrissage est spectaculaire. Autre sensation à vivre : la plage de Maho à Saint-Martin !

© SOLARISYS - SHUTTERSTOCK.COM

#PLAGES

Idylliques, sauvages, sauvegardées... Les plages de ces deux îles comptent parmi les plus belles des Caraïbes. Des criques sauvages aux grandes étendues de sable blanc, ces plages plairont aux adeptes du surf, de la voile, de la plongée masque et tuba, de la nage sportive, du farniente, du kite surf. Ici, on respire et on respecte l'environnement.

© MAGALI COUAILLET

#FRENCH TOUCH

Deux îles françaises qui plaisent aux visiteurs du monde entier et surtout à ceux venus du continent américain. L'anglais est donc de mise, mais le savoir-faire, l'accueil, le savoir-être à la française plaisent énormément. Un charme unique en son genre qui séduit les adeptes des bonnes manières et de la qualité de la gastronomie française.

#ESPRIT SAINT-BARTH

Les habitants, les visiteurs se côtoient en toute simplicité. Tout le monde se connaît et la discrétion est de mise. Un esprit de tolérance et de grande ouverture caractérise les gens de l'île. Le tutoiement est ainsi souvent de mise. Le plus important : vivre au naturel, sans prise de tête. On est loin de l'image « jet-set » de Saint-Barth.

#SUÈDE

En 1784, Gustav III est roi de Suède, il rêve de développer un empire colonial dans les Caraïbes. En 1784, il passe un accord avec Louis XVI, qui vend l'île en échange d'un droit d'entrepôt dans le port de Göteborg. En 1785 Saint-Barthélemy devient officiellement un port franc suédois (exempté de taxes). La ville principale est renommée Gustavia.

#EXONÉRATION

Les habitants de Saint-Barth jouissent de l'exonération d'impôts sur le revenu et sur la fortune, justifiés par le grand dénuement de l'île avant qu'elle ne devienne un repaire de milliardaires. Aujourd'hui, les habitants de l'île sont exemptés de la plupart des prélèvements indirects. Ainsi, pas de TVA, ni même de droit à la succession à payer.

#FAUNE

A Saint-Barth, qui seront les prioritaires lors des traversées de routes ? Les piétons, mais pas uniquement… Les tortues terrestres sont les princesses de l'île. Elles jouissent d'un statut particulier car tout leur est permis. A Saint-Martin, vous risquerez plutôt de croiser de nombreux iguanes se prélassant oisivement sur le bord des routes.

© DR

LES 12 MOTS-CLÉS

#ECO-RESPONSABLE

Saint-Barth est une petite île avec très peu ou pas de ressources qu'il faut préserver. Une conscience collective pour la protection de l'environnement naît avec des initiatives locales qui profitent à tous, comme les cendriers sur les plages. Les nettoyages de sentiers, de bord de mer, ou la restauration du corail sont ouverts à tous les adeptes.

© SÉVERINE VULLIEZ

#GASTRONOMIE

Les épicuriens, gourmands et gourmets trouveront leurs « îles de la tentation » culinaire ! Peu importe la distance par avion, les produits sont toujours d'une très grande qualité. Les chefs excellent dans l'art d'associer les conjugaisons caribéennes et françaises. On exulte lors du St Barth Gourmet Festival en novembre et tout le reste de l'année.

#CHIC

Saint-Barth, une destination chic, mais (on insiste) qui reste très décontractée. Le luxe s'affiche dans les nombreuses boutiques et galeries. Haute couture, maroquinerie, joaillerie... Les grands noms du luxe ont pignon sur rue : cour Vendôme et rue de la République à Gustavia. Les prix sont libres de taxe grâce au statut particulier de l'île.

#SHOPPING

Les accros du shopping et du *duty free* verront leurs yeux pétiller ! Les petits marchés colorés de souvenirs comme celui de Marigot à Saint-Martin, les rues foisonnantes de bijouteries, de confections prêt-à-porter hautes couture à Philipsburg ou encore dans la rue de Gustavia à Saint-Barth, sont des distractions dangereuses pour sa carte bleue !

#AUTHENTICITÉ

Les deux îles regorgent de lieux naturels splendides. Îlets sauvegardés par la Réserve naturelle, petites criques, plages de rêve, lagons aux eaux turquoise. A Saint-Barth, les luxueuses villas laissent encore place aux coins de nature peu fréquentés (sauf par les chèvres sauvages). Sillonnez les sentiers et immergez-vous de cette beauté fragile.

VOUS ÊTES D'ICI, SI...

- **Vous marchez pieds nus** dès que le cœur vous en dit. Attention cependant, le sol est très chaud.
- **Dès votre arrivée ou retour sur l'île,** vous passez par le « Sélect » bar ancestral, repaire de marins, de bons copains et même de stars comme Johnny Hallyday, pour boire une « Carib ».
- **Vous ne faites pas attention au côté chic et luxe** et que votre rapport aux autres reste naturel.
- **Vous vous levez tôt** pour profiter de la plage rien qu'à vous.
- **Vous ne klaxonnez pas,** vous ne vous énervez pas au volant même quand de petits embouteillages vous bloquent en période d'affluence.
- **Vous slalomez sur la route** pour laisser les vedettes de l'île traverser paisiblement. Les tortues terrestres sont les reines, à vous d'avoir l'œil.
- **Vous prenez quelqu'un en stop sans crainte.** Ici, c'est top sécurité et c'est d'usage de favoriser le co-voiturage à la locale !
- **Vous gardez votre maillot de bain** dans la voiture au cas où une subite envie de baignades se faisait ressentir.

MES ÎLES

par Cyrille CHARPENTIER, auteur du guide

© DR

Interview

Après de nombreuses années passées à bourlinguer en Asie, Cyrille a définitivement posé ses bagages dans les Caraïbes. Journaliste pour plusieurs médias francophones, il s'est spécialisé dans les Antilles anglophones. Émerveillé par la beauté envoûtante de Saint-Martin et Saint-Barthélemy, il en a exploré les moindres recoins, afin de trouver les bons plans méconnus de ces destinations.

IDÉES DE SÉJOUR

Cap sur une destination où vous avez de quoi vous épanouir. Le vol depuis la Métropole dure environ 8 à 9 heures et il y a 5 ou 6 heures de décalage horaire selon la période, le calcul est vite fait ! Une évasion d'une semaine à Saint-Martin est idéale ; pour Saint-Barth, quelques jours suffisent. Pour profiter au mieux, optez pour un séjour de sept nuits. Qu'il s'agisse de Saint-Martin ou de Saint-Barth, votre séjour sera tourné vers la mer avec de belles opportunités de croisières ou de loisirs nautiques. Les deux îles peuvent se visiter en une journée, mais vous passeriez à côté de la vie locale et des particularités de chacune en si peu de temps. Il est possible d'y passer plusieurs semaines et de toujours découvrir de nouvelles facettes de ces îles. Privilégiez les découvertes et les sensations avec un programme agrémenté de plongées, de balades à pied, de sports nautiques et de farniente sur l'une des 50 plages des deux îles.

UNE SEMAINE À SAINT-MARTIN

La formule de séjour qui vous sera le plus souvent proposée si vous faites appel à une agence de voyages (ou à des offres sur Internet) est le forfait semaine (comprenez sept nuits sur place, quelquefois même six nuits, ce qui est assez court) à Saint-Martin. Les expérimentés vous le confirmeront, une semaine sur place n'est guère suffisante.

› Jour 1 - Arrivée/Repos

Vous arrivez à l'aéroport de Juliana, côté hollandais, à l'ouest de **Philipsburg** ★★★ (p.122) et au sud-ouest de **Marigot** ★★ (p.78). L'humidité tropicale submerge votre corps, vous êtes épuisé par le voyage et vous n'avez qu'une idée : récupérer votre voiture de location et filer vers votre hôtel ! Une fois sur place, vous n'avez la plupart du temps même pas la force de dîner. Une bonne douche et au lit (5 ou 6 heures de décalage horaire selon la saison), vous y verrez plus clair demain.

› Jour 2 - Baignade

Réveil au lever du soleil (de 5h30 à 6h), décalage horaire oblige ! Vous êtes en pleine forme après une nuit de sommeil et vous goûtez déjà au plaisir du bien-être tropical. Le ciel est bleu

© CHRISTIAN WHEATLEY - ISTOCKPHOTO

Saint-Martin.

et la luminosité forte. Nous vous suggérons de profiter de l'hôtel (farniente, piscine, plage), de prendre vos repères et de penser à l'organisation de votre semaine. À noter que les fins d'après-midi sont propices pour les apéritifs sur les fronts de mer ou sur les marinas.

› Jour 3 - Découverte de Saint-Martin

Les premiers effets du soleil commencent à se faire sentir, surtout si vous avez une peau blanche… Les peaux rougeâtres permettent aux locaux de vous identifier, vous venez d'arriver ! Selon vos précautions, vous êtes donc couverts plus ou moins de coups de soleil et la journée plage semble raisonnablement impossible. Profitez-en pour partir à la découverte de l'île en voiture et faire du shopping par exemple en fin d'après-midi.

› Jour 4 - Escapade à Anguilla ou Saint-Barthélemy

Nous vous recommandons de faire une journée thématique. Si vous aimez le bateau, ne ratez pas l'occasion de faire une journée *day-charter*, ce qui signifie une balade en mer à bord d'un maxi-catamaran ou autre type de voilier. Cette journée complète vous permet de découvrir une île voisine, Anguilla. Les départs sont souvent vers 8-9h et les retours au coucher du soleil (17h30). Le déjeuner peut se prendre à bord et il y a de nombreux arrêts baignade avec possibilité de snorkeling (plongée avec palmes, masque et tuba). Vous pouvez également opter pour une journée escapade à Saint-Barthélemy. À notre avis, c'est incontournable. Ne pas visiter cette petite perle déposée sur l'océan serait tout simplement dommage.

› Jour 5 - Plongée sous-marine

Profitant d'avoir pris vos repères le lendemain de votre arrivée, vous consacrez ces deux jours à d'autres activités et à la découverte des parties de l'île que vous avez le plus appréciées. S'offrent aussi à vous d'autres occupations comme plongée sous-marine (demi-journée), balade en scooter des mers (demi-journée), survol touristique en avion, planche à voile (plage d'Orient Bay (p.108)), etc.

› Jour 6 - Farniente et shopping

Il serait dommage de ne pas profiter au maximum de la mer des Caraïbes. Baignade, sport nautique ou tout simplement bain de soleil. Avant votre retour, prenez le temps de faire les boutiques.

› Jour 7 - Dernière baignade et retour

C'est déjà le départ. La plupart des vols sont fixés en fin d'après-midi. Petite note sympathique, les structures d'hébergement vous permettent de vous changer avant le départ à l'aéroport en mettant à votre disposition une bagagerie et des douches, c'est un avantage, car vous pouvez ainsi profiter pleinement de vos derniers moments.

SAINT-MARTIN ET LES ÎLES ALENTOUR

Il est intéressant de s'évader le temps d'une journée, ou plus si votre temps n'est pas compté. Les îles qui entourent Saint-Martin ne manquent pas de charme et elles contribueront à enrichir votre voyage. Vous pouvez organiser votre escapade seul, mais les prix étant pratiquement identiques, nous vous conseillons de passer par une agence réceptive ou spécialisée qui vous offre un package complet.

› Jour 1 - Saint-Barthélemy

À environ 24 km au sud-est de Saint-Martin (13 milles marins), de renommée internationale, Saint-Barth (p.143)a ses coutumes, ses valeurs, ses règles. Le confort, le calme, la sécurité, une certaine nonchalance font partie d'un art de vivre incomparable auquel les Saint-Barths sont très attachés. Saint-Barth (p.143) a su attirer le gotha dès le début de son exploitation touristique et devenir la véritable Saint-Trop des Caraïbes. La carte de la qualité et du haut de gamme est le créneau sur lequel les habitants ont misé. En témoignent les somptueux hôtels en bord de mer et les spacieuses villas, qui s'égrènent sur la côte de cette petite île volcanique dont la superficie ne dépasse guère 24 km². Profitez de votre séjour à Saint-Martin pour partir à la découverte de Saint-Barthélemy, ne serait-ce que pour une escapade à la journée ! L'île est reliée par avion ou bateau et toutes les agences de voyages proposent l'excursion à la journée.

› Jour 2 - Anguilla

Île plate et allongée (en forme d'anguille), elle est située au nord de Saint-Martin, à environ 15 km (8 milles marins). D'une superficie de 113 km², elle s'étale sur 26 km de longueur et 5 km de largeur. Offrant un autre visage que celui de Saint-Martin tant sur l'aspect géographique que sur l'aspect social, elle renferme peu de structures touristiques qui misent plus sur le charme et la qualité.

Ses belles grandes plages sont peu fréquentées. Indépendante depuis 1980 (monarchie parlementaire) et membre du Commonwealth, elle dépend de la Couronne britannique, représentée sur place par un gouverneur. On peut s'y rendre au choix par bateau ou par avion. Le port de Blowing Point ★ est relié à Saint-Martin et Sint Maarten (p.37) plusieurs fois par jour par des navettes. La traversée dure environ 20 min pour 15 US$ par adulte et 10 US$ pour les enfants de 2 à 6 ans plus une taxe de 5 US$ à l'aller et au retour. Passeport indispensable.

© MARTIN SUN - SHUTTERSTOCK.COM

Randonnée sur l'île de Saba.

› Jour 3 - Saba

À environ 41 km (22 milles marins) au sud-ouest de Saint-Martin, elle prendrait son nom du jour où elle fut découverte par Christophe Colomb (et comme très souvent, les avis diffèrent à ce sujet) : Sabato, qui signifie tout simplement « samedi ». C'est un petit caillou volcanique de 13 km² (environ 1 150 habitants)

Sa piste d'atterrissage est l'une des plus petites du monde. Elle existe grâce à la ténacité d'un pilote de Saint-Barthélemy qui était certain, contrairement aux ingénieurs, que l'atterrissage était possible à Saba. Toute la population s'est mobilisée et a construit de ses mains la piste qui a été achevée en 1959. Saba ne possède pas de plage. Elle est constituée de falaises abruptes tout autour de l'île.

Accès par avion via Saint-Martin ou Saint-Eustache. Elle est desservie également par la mer, Fort Bay étant reliée plusieurs jours par semaine à Saint-Martin par bateau. Le trajet peut durer un peu plus de 1 heure 30 selon l'état de la mer. Comptez à partir de 60 US$ selon la navette. Des taxis proposent une visite guidée de l'île avec des arrêts photos. La randonnée dans la forêt tropicale de Saba est à faire absolument (un don de 3 US$ est demandé pour l'entretien des sentiers).

› Jour 4 - Saint-Kitts et Nevis

À environ 49 km (26 milles marins) au sud de Saint-Barth, ces deux îles sœurs (261 km²), mais toutefois différentes, offrent une végétation luxuriante, des forêts tropicales et des jardins botaniques.

Elles disposent de plages paisibles pour le plaisir d'une baignade et regorgent de nombreux points de plongée.

Leurs deux capitales historiques, Basseterre ★★★ et Charlestown ★★, ont été fondées par les Anglais et comptent parmi les villes les plus belles et les mieux conservées des îles Sous-le-Vent. En effet, les deux îles ont préservé des habitations sur des plantations et des forts du XVIIIe siècle. Toutes deux partagent un grand respect pour l'héritage caribéen et placent un accent particulier sur une hospitalité de la plus haute qualité. L'année à Saint-Kitts est rythmée de musique et de festivals, de concours de beauté, de carnavals et d'événements sportifs.

L'accueil de la population locale est chaleureux, les infrastructures hôtelières de qualité, le réseau routier adapté, une économie axée sur le tourisme et sur l'accueil et le bien-être de ses visiteurs.

On peut s'y rendre par avion via Saint-Martin ou par bateau. Comptez à partir de 25 EC$ pour un aller-retour selon le ferry.

WEEK-END À SAINT-BARTHÉLEMY

Si vous y séjournez un week-end, nous vous conseillons d'associer les différents points forts de l'île, à savoir de combiner shopping dans ses boutiques de luxe, farniente sur la plage, visite de l'île et gastronomie.

› Jour 1 - Visite de Gustavia

Visite de l'île et des monuments de **Gustavia** ★★★ (p.175), la capitale.

› Jour 2 - Boutiques et baignade

Shopping à **Gustavia** ★★★ (p.175) et bronzage à la plage de **Saint-Jean** ★★ (p.189).

› Jour 3 - Journée maritime

Excursion en bateau autour de l'île et découverte de la faune sous-marine dans la réserve naturelle.

Saint-Kitts.

© JASON PATRICK ROSS - SHUTTERSTOCK.COM

© SEAN PAVONE - SHUTTERSTOCK.COM

Gustavia.

UNE SEMAINE À SAINT-BARTHÉLEMY

L'île étant de petite taille, peu importe votre lieu de résidence à condition de bénéficier d'un véhicule pour vous déplacer. Ne manquez pas de tester différents restaurants, vous serez surpris du niveau élevé de la gastronomie.

› Jour 1 - Visite de Gustavia

Visite de l'île et des monuments de Gustavia ★★★ (p.175), la capitale.

› Jour 2 - Boutiques et baignade

Shopping à Gustavia ★★★ (p.175) et bronzage à la plage de Saint-Jean ★★ (p.189).

› Jour 3 - Journée maritime

Excursion en bateau autour de l'île et découverte de la faune sous-marine dans la réserve naturelle.

› Jour 4 - Relaxation

Journée détente et bien-être avec des soins du corps (massage relaxant, cours de yoga...) dans un des instituts renommés de l'île.

› Jour 5 - Baignade aux Salines

Journée farniente sur la plage des Salines (p.209) (avec un déjeuner dans un des excellents restaurants du quartier).

› Jour 6 - Faune maritime

Découverte de la réserve marine à Petit-Cul-de-Sac (p.213), avec pique-nique.

› Jour 7 - Escapade sportive

Randonnée pédestre ou activité nautique : surf, kitesurf, voile... puis excursion « coucher de soleil » à bord d'un bateau avec skipper.

DE L'AÉROPORT AU CENTRE-VILLE

Votre périple aux Caraïbes vous amènera à fréquenter plusieurs aéroports.

Saint-Martin, côté hollandais. Princess Juliana Sint-Maarten (SXM) où il n'existe qu'un terminal. La précaution sera de positionner votre téléphone sur le Wifi car en secteur hollandais, vous pourriez être surtaxé. Vous pouvez également sélectionner manuellement le réseau mobile de votre opérateur.

Saint-Martin, côté français. Grand Case. Il s'agit de l'aéroport L'Espérance. Le service bagages se trouve près des tapis à bagages (niveau arrivées) ✆ +590 590 27 11 00.

Saint-Barthélemy. Un des plus petits aéroports des Caraïbes ! L'aéroport Saint-Barthélemy-Rémy-de-Haenen se situe sur la commune de Saint-Jean. Attention, l'atterrissage est sportif, ceux qui ont peur en avion préféreront prendre le bateau depuis Saint-Martin.

Les taxis. À Saint-Martin, l'association de taxis peut vous être utile (✆ +590 690 88 88 09). Les taxis n'ont pas de compteur mais ils se doivent de respecter une grille tarifaire établie. Attention, les dollars sont plus utilisés.
À Saint-Barthélemy, pour regagner le centre de Gustavia la capitale, seulement deux solutions existent : le taxi ou votre voiture de location. Il n'existe pas de transferts ou transports publics sur l'île. Les taxis se trouvent juste devant la sortie de l'aéroport. Les hôtels ont tous des services voituriers. La station de taxi se situe devant le terminal des arrivées. Tarif : entre 15 et 35 € selon la destination.

ARRIVÉE EN BATEAU

Saint-Martin. L'île présente un des plus beaux sites de la Caraïbe en matière de plaisance et de croisière et peut accueillir quelque 2 000 bateaux. Il existe 10 marinas. Les plus beaux bateaux du monde se rendent dans cette partie des Antilles. Les marinas offrent toutes les commodités et facilités recherchées par les plaisanciers et les croisiéristes.
Voici les principales côté français : Marina Fort Louis à Marigot en plein cœur de l'activité des commerces et des restaurants. C'est une escale incontournable dans la Caraïbe qui offre 150 places à quai. La Marina Port La Royale (en attente de rénovation) à Marigot se fait par le pont de Sandy Ground ou le pont de Simpson Bay. Anse Marcel au nord de l'île accueille 150 bateaux. Sa position géographique permet une navigation aisée vers Saint-Barthélemy, Anguilla, Pinel, Tintamarre, Prickly Pear, Dog Island...
Les principales marinas côté hollandais : Pelican Marina, Isla del Sol, Simpson Bay Beach Resort à Simpson Bay.

© CDWHEATLEY - ISTOCKPHOTO.COM

Survol de la plage de Nikki à Saint-Barthélemy.

Saint-Barthélemy. Après votre traversée de 40 à 50 min en ferry depuis Saint-Martin, vous rejoindrez le port de Gustavia. Les compagnies Voyager et Great Bay express sont les principales.
Vous passerez ensuite la douane avant de rejoindre les rues de Gustavia. Pour les ressortissants de l'UE, la carte d'identité ou le passeport valide suffit pour le passage en douane.
Vous pourriez arriver avec votre propre bateau, il s'agira de prendre contact avec la capitainerie www.portdegustavia.fr/port-plaisance-gustavia.

TRANSPORTS EN COMMUN

Saint-Martin. Les minibus assurent une desserte de tous les points de l'île, pas d'horaire fixe ni d'arrêt officiel (se mettre sur le bord de la route et faire signe au chauffeur); entre 1 € et 2 € selon la destination. Il est assez compliqué de s'organiser avec les transports publics. Il n'y a pas d'horaires fixes établis ni d'arrêts matérialisés. Ils acceptent en général les deux monnaies, l'euro et le dollar US.

Saint-Barthélemy. Il n'existe pas de transport en commun à Saint-Barth vu la petitesse de l'île.

AVEC UN CHAUFFEUR

Saint-Martin. Ce seront surtout des tours organisés en petit groupe plus que des transports privés.

Saint-Barthélemy. Il est courant de visiter l'île avec un chauffeur qui sera votre guide et votre taxi. Une découverte de l'île avec chauffeur-guide est précieuse surtout lorsqu'il s'agit d'une personne locale.

EN VOITURE

Rejoindre les aéroports. Pour rejoindre l'aéroport Princesse Juliana en voiture, vous accédez via la Airport road.
Une route principale pour rejoindre Gustavia ! Les embouteillages existent aussi sur le petit caillou !

Infos parking. L'aéroport Princess Juliana possède un grand parking situé à la sortie de l'aérogare. Du lundi au jeudi, 1,90 € la première heure puis 0,90 € par heure. Du vendredi au dimanche, 2,85 € la première heure, puis 0,90 € par heure.
À l'aéroport Saint-Martin Grand-Case, le parking est ouvert et surveillé de 6h30 à 21h. Les tarifs vont de 2 € pour 1 heure, 3 € pour 1 à 2 heures, 24 € pour 12 à 14 heures.

Locations de voitures : de nombreuses sociétés de location de voitures sont présentes sur Saint-Martin et Saint-Barth, Gustavia. Les tarifs sont raisonnables (à partir de 18 € la journée). Notez que toutes les routes sont limitées à 50 km/h.
Attention à privilégier les paiements par carte bancaires qui servent aussi d'assurance. Ren-

© MARIDAV - SHUTTERSTOCK.COM

Philipsburg.

seignez-vous et vérifiez votre contrat d'assurance auprès de votre fournisseur de carte de crédit (VISA, Master Card, etc.).
Plusieurs sociétés de location de voitures situées dans le hall des arrivées (hollandaises et françaises).

ACCESSIBILITÉ

Des nombreux hôtels proposent des installations dédiées aux enfants, les activités nautiques et balnéaires peuvent être adaptées aux enfants. La chaleur toutefois peut se révéler inconfortable pour les nourrissons.
Il faut également bien veiller à les protéger des piqûres de moustiques avec des produits adaptés à leur âge. Les hôtels, les services de conciergerie privés, proposent des baby-sitters si vous souhaitez profiter d'une soirée en tête à tête.

Voyager seule ne présente ni inconvénient ni danger, et les métropolitaines seules habitant dans l'île ne sont pas rares. Attention néanmoins à ne pas se balader seule la nuit sur certaines plages de Saint-Martin ou dans des endroits isolés ou peu recommandés. Renseignez-vous auprès de votre hébergeur qui saura vous prodiguer les bons conseils selon votre situation géographique.

La nature même de ces îles aux routes et voies de communication incertaines en fait une destination assez peu adaptée aux voyageurs handicapés. Aucune des infrastructures touristiques des deux îles n'a reçu le label « Tourisme et Handicap » créé par le secrétariat d'État à la Consommation et au Tourisme.
Si vous présentez un handicap physique ou mental ou si vous partez en vacances avec une personne dans cette situation, différents organismes et associations s'adressent à vous.

LES ATTRAPE-TOURISTES

Saint-Martin. La Friendly Island peut montrer un visage pas amical du tout, notamment le soir et dans certains quartiers qui sont à éviter. Ne sortez pas non plus avec des bijoux voyants (le vol à l'arraché est bien présent sur l'île). En tout état de cause, il faut éviter de se promener seul au milieu de la nuit dans certaines agglomérations.

Saint-Barthélemy. Il n'y a pas de problème de sécurité. Aucune délinquance, on se côtoie entre personnes de bonne famille. Inutile également de tenter le diable, si vous apportez vos objets de valeur à la plage, il vous est fortement conseillé de les avoir à l'œil. Il est généralement plus prudent de les garder dans un petit coffre de sûreté dont sont équipés la plupart des hôtels.

LES PHRASES CLÉS

Bonjour, comment puis-je me rendre à…
Hallo, hoe ga ik naar...?

Est-ce loin à pied ? Y a-t-il le métro ou un bus... pour y aller ?
Is het ver lopen? Is er een metro of een bus... om er naartoe te gaan?

Pouvez-vous me montrer cet endroit sur la carte s'il vous plait ?
Kunt u me deze plek op de kaart aanwijzen alstublieft?

Où puis-je acheter les tickets de transport ? Est-ce que je peux payer en carte de crédit ?
Waar kan ik de kaartjes voor het vervoer kopen? Kan ik met creditcard betalen?

Où est la sortie ? A gauche, à droite ou tout droit ?
Waar is de uitgang? Naar links, naar rechts of rechtdoor?

Je suis perdu et je suis en retard, s'il vous plait, aidez-moi ! Merci beaucoup !
Ik ben verdwaald en ik ben te laat, help me alstublieft! Hartelijk dank!

A VOIR / A FAIRE

HORAIRES

L'offre muséale est peu conséquente et il est bon de se renseigner sur place sur les heures d'ouverture. Certains, comme le P'tit Collectionneur à Saint-Barth, demandent un appel de votre part pour être ouverts.

Les jours fériés sont les mêmes qu'en métropole bien sûr, avec quelques touches antillaises dont le Mardi gras, le Vendredi saint, l'abolition de l'esclavage (qui diffère selon les îles), le jour de Schoelcher (21 juillet) et quelques autres particularités :

- **Saint-Martin :** début février, carnaval ; 27 mai, abolition de l'esclavage ; 21 juillet, jour de Schoelcher ; 11 novembre, jour de Concordia, accord entre les deux parties de l'île ; 26 décembre, Boxing Day côté hollandais (férié également côté français).
- **Saint-Barthélemy :** l'île n'étant plus rattachée administrativement à la Guadeloupe depuis 2007, elle fête désormais l'abolition de l'esclavage le 9 octobre et non plus le 27 mai comme en Guadeloupe.
- **Fêtes civiles et religieuses de Sint Maarten :** 1er janvier, carnaval (fin avril-début mai) ; 30 avril (anniversaire de la Reine) ; lundi de Pâques ; Ascension ; Pentecôte ; 1er mai (fête du Travail) ; 21 juillet (jour de Schoelcher) ; 21 octobre (jour des Antilles) ; 1er novembre (Toussaint) ; 11 novembre (jour de Sint Maarten) ; 15 décembre (fête du Royaume), 25 décembre ; 26 décembre (Boxing Day).

A RÉSERVER

Il est toujours préférable de réserver à l'avance vos activités culturelles et touristiques. Vous pouvez également passer par les Offices de tourisme pour plus d'informations. Pour Saint-Martin www.st-martin.org/fr/, pour Saint-Barthélemy www.comstbarth.fr/office_tourisme.aspx.

- **Les excursions en bateau.** Le lagon n'attend pas et vous trouverez une multitude d'agences de locations de bateau pour des sorties en catamarans, comme à Saint-Martin : Anymarine (www.anywaymarine.com), Sunsail (www.sunsail.com), Star Voyages Antilles (www.star-voyage.com), powerboat adventures (www.sxmboatcharter.com).

BUDGET / BONS PLANS

Il n'existe pas de *pass* pour bénéficier de réductions sur les activités touristiques. C'est à vous de contacter les sites pour connaître les modalités tarifaires.

© DISOBEYART-ISTOCKPHOTO.COM

LES ÉVÉNEMENTS

Vous pouvez retrouver l'agenda des manifestations sur les sites des Offices de tourisme.

▶ **Saint-Martin.** A ne pas manquer cependant, le Carnaval haut en couleur du côté de Saint-Martin en février et Sint-Maarten Carnival à Philipsburg (partie néerlandaise) en avril-mai. Les mardis de Grand-Case qui enflamment la rue principale d'animations de février à mai. Les régates immanquables, comme la Heineken Regatta début mars.

▶ **Saint-Barthélemy** est rythmée par les régates (West Indies Regatta et les Voiles de Saint-Barth en avril, la Saint-Barth Cata Cup en novembre. Un festival de la gastronomie éveille toutes les papilles « St Barth Gourmet Festival à Saint-Barthélemy » courant novembre. Ne manquer les fêtes patronales de village comme la Saint-Louis à Corossol pour une teinte d'authenticité, la Fête de quartiers du Nord à Flamands (fin juillet), la Fête des quartiers du vent (8, 10 août), la Fête de Gustavia mi-août.

VISITES GUIDÉES

Vous trouverez des visites guidées de Saint-Martin à faire en quad ou en jeep. Elles sont généralement proposées aux croisiéristes qui passent la journée à Philipsburg. La visite peut se faire par la mer et découvrir les côtes en sortie bateau. De nombreuses agences vous proposent ces divertissements culturels.
À Saint-Barthélemy, il est d'usage de faire le tour de l'île en bus monospace privé. Easy time est un très bon contact local.

LES PHRASES CLÉS

Bonjour, puis-je avoir deux entrées adultes et un enfant s'il vous plait ?
Hallo, mag ik kaartjes voor twee volwassenen en één kind alstublieft?

Le tarif enfant est jusqu'à quel âge ? Et pour les seniors, est-ce qu'il y a une réduction ?
Tot welke leeftijd is het kindertarief? Is er korting voor senioren?

Est-ce qu'il y a des visites guidées en français ou un audioguide ?
Zijn er rondleidingen of is er een audiogids in het Frans?

Combien de temps faut-il pour faire la visite ?
Hoe lang duurt een bezichtiging?

J'ai du mal à monter les escaliers, avez-vous un ascenseur ?
Ik heb moeite met traplopen, is er een lift?

Excusez-moi, pouvez-vous me dire où sont les toilettes ? Merci beaucoup.
Pardon, kunt u mij vertellen waar de toiletten zijn? Hartelijk dank.

SE RÉGALER

HORAIRES

Les restaurants pendant les périodes touristiques ouvrent tous les jours. Les horaires peuvent variés en septembre, donc basse saison.

Cette destination accueille de nombreux touristes américains mais les heures de repas restent bien calées sur les horaires à la française.

Il est bien sûr possible de grignoter à toute heure de la journée et même une bonne partie de la nuit. Des snacks sont proposés à toute heure selon votre inspiration.

BUDGET / BONS PLANS

Saint-Martin : si vous souhaitez manger local et vous immerger dans la cuisine authentique, optez pour les paillotes improvisées en bord de route. La fumée de barbecue vous montre le chemin. Au menu, ribs, poissons grillés, patates douces. Surtout à l'emporter.

Les *lolos* tenus par des locaux, sont des restaurants ouverts sur l'extérieur proposant des plats typiques, comme la fricassée de lambis, des grillades, le johnny cake. Des assiettes copieuses au prix avantageux.

Côté hollandais surtout, car très américanisé, il est d' usage et peu choquant de repartir avec son *doggy bag* si vous n'avez pas terminé votre repas.

Saint-Barth : consulter les menus du jour est très local ! Une application vous aide à vous régaler à petits prix : rendez-vous sur la page Facebook Menu St Barth !

Le week-end, de nombreux établissements hôteliers proposent des brunchs ouverts aux non-résidents, une opportunité pour découvrir les cadres magnifiques de l'île.

EN SUPPLÉMENT

En partie hollandaise de Saint-Martin, les taxes ne sont pas toujours mentionnées dans le prix du menu.

© ALISSAALISSA-ISTOCKPHOTO.COM

À Saint-Martin comme partout en France, le « service » est compris. Toutefois, si vous avez apprécié l'accueil et le service, rien ne vous empêche de laisser un pourboire. Il est surtout d'usage côté hollandais qui fonctionne à l'américaine, donc les pourboires sont plus généreux.

C'EST TRÈS LOCAL

Ce qui est très local est de vous restaurer dans les *lolos* qui excellent dans l'art du barbecue ! *Ribs*, poissons et surtout la fricassée de lambis (coquillages) sont à découvrir. A Saint-Martin, de petits camions sur les places servent les sandwichs locaux (frits et garnis au poulet ou thon), les *bokits*. Ils sont peu onéreux, dans les 5-6 euros.

A ÉVITER

Les boissons sont toujours servies avec des glaçons. Prévenir si vous n'en désirez pas !
On vous servira rarement des carafes d'eau : l'eau en bouteille est préconisée dans les îles.

ENFANTS

Les enfants sont les bienvenus, et dans de nombreux cas il vous sera proposé des menus spéciaux.
Il sera toutefois interdit de passer de soirée au casino avec vos bambins !

FUMEURS

Les bars et restaurants sont tous ouverts sur des terrasses. Plus de flexibilité pour les fumeurs !

LES ATTRAPE-TOURISTES

On ne peut pas parler « d'attrape-touristes »... L'offre des bars est très vaste surtout à Saint-Martin. A vous de faire vos choix selon vos préférences et l'envie du moment. Parfois, osez les bars locaux dans les rues adjacentes à celles des centres touristiques (comme à Philipsburg) pour davantage rentrer en contact avec la culture locale !

LES PHRASES CLÉS

Bonjour, je voudrais réserver une table pour deux personnes pour ce midi ou ce soir.
Hallo, ik wil graag een tafel reserveren voor twee personen voor vanmiddag of vanavond.

Avez-vous un menu en français ou en anglais ?
Heeft u een menukaart in het Frans of in het Engels?

Je suis végétarien, y a t-il des plats sans viande ?
Ik ben vegetariër, zijn er gerechten zonder vlees?

Je n'ai vraiment plus faim mais avez-vous une carte des desserts ?
Ik heb echt geen trek meer, maar heeft u een dessertkaart?

Puis-je avoir l'addition s'il vous plait ? Je peux payer par carte ou en espèces ?
Mag ik de rekening, alstublieft? Kan ik met bankpas of contant betalen?

C'était très bon, nous reviendrons. Merci et à bientôt.
Het was erg lekker, we komen zeker terug. Bedankt en tot ziens.

PRATIQUE

FAIRE UNE PAUSE

HORAIRES

A Saint-Martin, dans la partie hollandaise, il est facile de manger à toute heure. Côté français de l'île, la plupart des restaurants sont calés sur les horaires des repas traditionnels. Les Beach bar et restaurants proposent des cartes snack à toute heure et certains ferment en soirée.

Les *Happy Hours* favorisent l'affluence et commencent à partir de 16h suivant les établissements. Presque tous les bars sont adeptes de cette promotion (une consommation achetée pour une offerte). En général, les heures *Happy Hours* sont pratiquées entre 16h et 18h.

BUDGET / BONS PLANS

Les boissons alcoolisées sont parfois moins chères que les sans alcool. Les bières, les cocktails à base de rhum sont alléchants !

Côté hollandais, la « HK », bière Heineken, est vendue dans les bars autour de 3 euros. Les prix des cocktails varient mais vous en trouverez dès 5 euros.

A PARTIR DE QUEL ÂGE

L'achat et la consommation d'alcool sont autorisés à partie de 18 ans. A Saint-Martin, l'alcool est détaxé ce qui peut favoriser l'accès facile car peu onéreux, surtout dans les supermarchés.

C'EST TRÈS LOCAL

C'est très local à Saint-Martin de venir sur la plage le dimanche et de préparer votre barbecue. Vous rencontrerez les familles qui dans la joie et la cacophonie partagent le repas. La musique est toujours présente et l'ambiance ensoleillée. La plage de Mullet Bay à Saint-Martin est prisée le dimanche.

C'est très local de vous offrir un rhum arrangé en fin de repas. Laissez-vous tenter, il est confectionné avec des fruits locaux : passions, bananes et parfois doux pour finir par une note sucrée.

C'est rendu local mais surtout pratiqué par les Américains : emporter son petit panier de bières et consommer sa boisson sur les tables dressées directement dans l'eau !

ENFANTS

Les enfants sont les bienvenus accompagnés de leurs parents et sous leur responsabilité.

L'accès aux casinos côté hollandais de Saint-Martin, même accompagné, ne sera pas possible.

FUMEURS

L'avantage des *beach bars* c'est qu'ils sont tous à l'extérieur... les fumeurs ont donc plus de flexibilités et de liberté. Il convient cependant de ne pas gêner, même en terrasse les autres convives.

LES PHRASES CLÉS

Bonjour, quelle est la spécialité de la maison ? Nous voulons découvrir.
Hallo, wat is de specialiteit van het huis? We willen ons laten verrassen.

Avez-vous de la place en terrasse ?
Heeft u plaats op het terras?

Quel est votre nom ? Je m'appelle… Ravi de vous rencontrer !
Wat is uw naam? Ik heet... Aangenaam kennis te maken!

A votre santé ! Zut, j'ai renversé mon verre… pouvez-vous m'aider ?
Op uw gezondheid! Oei, ik heb mijn glas omgestoten... kunt u me helpen?

C'était très bon. Nous allons reprendre la même chose s'il vous plait.
Het was erg lekker. We willen graag nog een keer hetzelfde alstublieft.

PRATIQUE

(SE) FAIRE PLAISIR

HORAIRES

- **Shopping** : Prêt-à-porter, chaussures, accessoires... Un paradis pour les fans de shopping en tout genre. De ravissantes petites boutiques concentrées à Gustavia et à Saint-Jean à Saint-Barth. Les *fashion victims* seront comblées ! La mode à Saint-Barth a un petit air de famille avec celle de Saint-Tropez. Les tarifs sont assez variables, du pas très cher... au démesuré !
- **Ouverture des magasins** : ils sont généralement ouverts de 8h à 12h et de 14h à 18h du lundi au samedi, voire le dimanche matin pour certains. Certains supermarchés sont également ouverts le dimanche (de 8h à 13h30 et de 16h à 19h) et les jours fériés (de 8h30 à 13h30). Les banques et les administrations sont généralement fermées le mercredi et vendredi après-midi, le samedi, dimanche et les jours fériés.

BUDGET / BONS PLANS

Duty free : Saint-Barthélemy est une vitrine pour les grandes marques internationales. La plupart des grands couturiers français et italiens ont leur showroom sur l'île, de belles occasions pour faire chauffer votre carte bleue !
Non seulement on trouve les articles chic et de luxe à côté de l'artisanat local, mais en plus tous les achats se font hors taxe. Saint-Barthélemy est un port franc, et les bonnes affaires y sont, pourrait-on dire, monnaie courante. Focus sur quelques boutiques incontournables, la liste n'étant pas exhaustive !

SOLDES

Pour faire de belles affaires, soyez présents sur l'île au mois d'août ! Les collections se renouvellent pour la période touristique de fin d'année.

LES PHRASES CLÉS

Bonjour, c'est superbe, mais combien ça coûte ?
Hallo, het is schitterend, maar hoeveel kost het?

Vous auriez ma taille ? Où se trouvent les cabines d'essayage ?
Heeft u misschien mijn maat? Waar zijn de pashokjes?

Est ce que je pourrai vous le rapporter et l'échanger si ça ne va pas ?
Kan ik het terugbrengen en ruilen als het niet goed is?

J'ai trop dépensé aujourd'hui, pouvez-vous me faire une réduction sympa ?
Ik heb vandaag te veel uitgegeven, kunt u me een mooie korting geven?

Je prendrai celui-ci. Pouvez-vous me faire un paquet cadeau ?
Ik neem deze. Kunt u het als cadeau inpakken?

Vous prenez la carte de crédit ? Où puis-je trouver un distributeur de billets ?
Accepteert u creditcards? Waar kan ik een geldautomaat vinden?

BUDGET / BONS PLANS

Si vous aimez les ambiances musicales et découvrir de nouveaux talents locaux, de nombreux restaurants ou bars accueillent des sessions et groupes. Il vous suffira juste de consommer pour bénéficier du spectacle.

C'EST TRÈS LOCAL

Les marchés. Celui de Saint-Barth est immanquable pour découvrir des producteurs et artisans locaux. Chaque premier dimanche de chaque mois, une quarantaine d'exposants vous accueillent dans la convivialité : https://www.facebook.com/lemarchedesaintbarth/
Le plus connu à Saint-Martin est celui de Marigot pour l'achat de souvenirs locaux.

Les sorties écoresponsables sont tendance, bonnes pour l'environnement et pour rencontrer la population locale. Renseignez-vous sur place. A Saint-Barthélemy, l'association Coral Restauration www.coral-restoration-stbarth.com, organise des collectes et le nettoyage des plages.

VOS PAPIERS SVP

Le permis Mer côtier français est internationalement reconnu (la France est signataire des accords Certificat International de conducteur de plaisance ICC) et surtout aussi reconnu au-delà des zones ICC.

Le permis de conduire français est valable dans les deux îles de la destination.

A RÉSERVER

Il est préférable de réserver vos sorties loisirs surtout en période d'affluence touristique. Même conseils pour réserver vos trajets inter-îles en bateau ou avion, privilégiez les réservations à l'avance.

LES ÉVÉNEMENTS

Pour être à la pointe de l'information concernant les évènements, n'hésitez pas à vous connecter une fois sur place sur les radios locales comme Radio Transat, Radio Saint-Barth. Les agendas des Offices de tourisme sur leur page Facebook et bien sûr les rendez-vous hebdomadaires des bars qui proposent des soirées à thème pour rythmer votre séjour.
Les Rendez-vous marquants sont les nombreuses régates, le carnaval de Saint-Martin et les fêtes locales. Vous les retrouverez dans la rubrique festivités.

LES ATTRAPE-TOURISTES

Si vous êtes adeptes du farniente sur les plages, pensez au budget transat (entre 10 et 20 €) la journée. Le mieux est d'opter pour une restauration sur place pour bénéficier de la gratuité.

LES PHRASES CLÉS

Bonjour, comment puis-je me rendre à... ? Est-ce loin ?
Hallo, hoe ga ik naar...? - Is het ver?

J'aimerais aller courir. Il y a un coin sympa pour cela dans la ville ?
Ik wil graag gaan hardlopen. Is daar een mooie plek voor in de stad?

J'adore cuisiner. Savez-vous où je peux trouver des cours de cuisine ?
Ik ben gek op koken. Weet u waar ik kooklessen kan volgen?

Vous pourriez m'indiquer une salle de sport pas très loin ?
Kunt u me een fitnesscentrum aanwijzen in de buurt?

Quel est le sport national ?
Wat is de nationale sport?

Pensez-vous que nous pourrions voir cela ou même participer ?
Denkt u dat we dat kunnen zien of misschien deelnemen?

HORAIRES

Les *Happy hours* sont très en vogue et ils commencent parfois très tôt dès 13h de l'après-midi ! La tendance est tout de même vers 16h.

De nombreux restaurants proposent une petite carte à la journée. Les heures de repas pour Saint-Martin et Saint-Barthélemy restent identiques à la métropole. Côté hollandais de Saint-Martin, beaucoup plus américanisé, la tendance est de dîner assez tôt.

Les Soirées dans les clubs de nuit et casinos commencent dès 22h et ferment vers 2h du matin.

BUDGET / BONS PLANS

On s'amuse entre amis dans des villas bien cachées, et ce sont souvent les meilleures soirées. Il faut savoir se faire inviter... De nombreux restaurants organisent durant la saison des soirées thématiques, il faut vous renseigner sur place une fois arrivé.

A RÉSERVER

Pour les restaurants prisés, il est recommandé de toujours réserver. En haute saison, la réservation est presque toujours nécessaire pour le dîner.

C'EST TRÈS LOCAL

Le *dresscode* sera très estival et *casual* pour les sorties dans les *beach bars* et restaurants. Si vous fréquentez un des nombreux casinos de Sint-Maarten, pensez à porter une tenue correcte. La vie nocturne est très vivante à Saint-Martin. Côté hollandais, c'est le petit « Las Vegas ». Il est d'usage de manger dans un restaurant et d'ensuite terminer dans un bar à écouter de la musique *live*. D'autres préféreront les casinos et leurs innombrables machines à sous. Dans certains établissements l'alcool est gratuit pour les joueurs.

LES ATTRAPE-TOURISTES

- **Saint-Martin**. La Friendly Island peut montrer un visage pas amical du tout, notamment le soir et dans certains quartiers qui sont à éviter. Ne sortez pas non plus avec des bijoux voyants (le vol à l'arraché est bien présent sur l'île). En tout état de cause, il faut éviter de se promener seul au milieu de la nuit.
- **Saint-Barthélemy**. Il n'y a pas de problème de sécurité. Aucune délinquance, on se côtoie entre personnes de bonne famille. Inutile non plus de tenter le diable, si vous apportez vos objets de valeur à la plage, il vous est fortement conseillé de les avoir à l'œil. Il est généralement plus prudent de les garder dans un petit coffre de sûreté dont sont équipés la plupart des hôtels.

LES PHRASES CLÉS

Bonsoir, comment puis-je me rendre à…
Goedenavond, hoe ga ik naar...?

Est ce que cet endroit est tranquille ? Il n'y a pas de problème de sécurité ?
Is dit een rustige plek? Zijn er geen veiligheidsproblemen?

J'aimerais voir un spectacle typique ! Qu'est-ce qu'il y a en ce moment ?
Ik zou graag een typische show willen zien! Wat is er op dit moment?

Je ne comprends pas… pouvez-vous répéter s'il vous plait ? Merci.
Ik begrijp het niet... kunt u het herhalen alstublieft? Bedankt.

Est-ce que je peux vous offrir un verre ? Quel est le meilleur cocktail de la maison ?
Kan ik u wat te drinken aanbieden? Wat is de beste cocktail van het huis?

J'ai la gueule de bois, auriez-vous quelque chose pour que j'aille mieux ?
Ik heb een kater, heb je iets waardoor ik me beter zal voelen?

PRATIQUE

SE LOGER

BUDGET / BONS PLANS

▶ **Saint-Martin.** Les tarifs des hébergements sont avantageux. Renseignez-vous directement sur les sites des hôtels. Et n'oubliez pas de découvrir les perles en chambres d'hôtes avec un accueil souvent très privilégié.
Pour une idée de budget : hébergement économique, aux alentours de 100 € ; hébergement de standard à standing, de 150 à 500 € ; hébergement de luxe, supérieur à 600 €.

▶ **Saint-Barthélemy.** En ce qui concerne l'hébergement, on commence haut pour aller vertigineusement haut et redescendre jusqu'à -40 % en basse saison. Si la plupart des hôtels affichent des prix TTC, certains ajoutent à la note 5 à 10 % pour les taxes et les services. Saint-Barth n'a pas vocation à être bon marché et ne se soucie pas de l'être, toutefois certaines formules permettent de séjourner sur l'île sans être un *golden boy* ou une star du show-biz : la location de case par exemple, que l'on trouve dans l'enceinte d'ensembles hôteliers, revient bien moins cher que celle de villas, tout en jouissant des infrastructures communes telles que la piscine, le spa... Sans compter que ces cases confortables comprennent une cuisine, et souvent tout l'équipement qui vous permettra, après avoir rempli le frigo, de manger à la maison. Vous aurez, dans ce cas, l'occasion de constater que même les denrées alimentaires sont très chères à Saint-Barth (plus chères qu'à Saint-Martin).

A RÉSERVER

Lors des périodes creuses (septembre et octobre) les établissements touristiques, hôtels et restaurants sont pour la plupart fermés.

C'EST TRÈS LOCAL

Lors de la basse saison, certains beaux établissements proposent des packages découverte, comme journée spa, journée piscine.

POUR LES GOURMANDS

Ne ratez pas un petit déjeuner ou brunch sur la plage ! Fruités avec des jus frais, délicieux avec des pancakes... Et surtout merveilleux face à la mer.

LES PHRASES CLÉS

Bonjour, avez-vous de la disponibilité pour une chambre double pour ce soir ou demain soir ?
Hallo, heeft u een tweepersoonskamer beschikbaar voor vanavond of morgenavond?

Avez-vous un code wifi… les enfants ne tiendront pas sans !
Heeft u een wifi code... de kinderen kunnen niet zonder!

C'est bruyant, est ce que je peux changer de chambre ?
Het is lawaaierig, zou ik van kamer mogen veranderen?

Jusqu'à quelle heure est-ce que nous pouvons aller à la salle de sport et à la piscine ?
Tot hoe laat kunnen we naar de fitnessruimte en het zwembad gaan?

Est-ce que je peux laisser mon bagage et revenir plus tard le récupérer ?
Kan ik mijn bagage achterlaten en het later komen ophalen?

Est-ce que vous pouvez nous appeler un taxi ? Merci beaucoup.
Kunt u een taxi voor ons bellen? Hartelijk dank.

ALLO ?

La numérotation de la partie française de Saint-Martin et de Saint-Barthélemy est la même qu'en France métropolitaine soit 10 chiffres.

Tous les numéros de postes fixes locaux commencent par +590 (+ 6 chiffres habituels).

Tous les numéros de mobiles locaux commencent par +690 (+ 6 chiffres habituels).

Pour appeler l'étranger et les TOM : le préfixe de sortie international est 00.

Annuaire téléphonique. Télédom est l'annuaire téléphonique le plus pratique et complet sur Saint-Martin, Sint Maarten et Saint-Barthélemy. On peut se le procurer gratuitement.

De Saint-Martin à Sint Maarten. 00 + 1 721+ les 7 chiffres de l'abonné, comme si on appelait à l'international.

De Sint Maarten à Saint-Martin : 00 + 590 + les 9 chiffres de l'abonné (sans le premier 0).

De Sint Maarten à Sint Maarten : 3 chiffres pour le régional + les 4 chiffres de l'abonné. France Télécom assure la maintenance et la gestion du réseau téléphonique de Saint-Martin sur la partie française.Nouvel opérateur et concurrent à Saint-Martin, Dauphin offre ses services en téléphonie mobile à des tarifs plus intéressants.Si vous demandez l'ouverture d'une ligne téléphonique existante, France Télécom mettra en service votre ligne assez rapidement (environ trois jours), par contre si vous occupez un logement sans installation existante, vous risquez d'attendre quelque temps avant d'entendre la douce sonnerie de votre téléphone. Alors, dans tous les cas, soyez patient.

Si vous souhaitez garder votre forfait français, il faudra avant de partir activer l'option internationale (généralement gratuite) en appelant le service clients de votre opérateur. Qui paie quoi ? La règle est la même chez tous les opérateurs. Lorsque vous utilisez votre téléphone français à l'étranger, vous payez la communication, que vous émettiez l'appel ou que vous le receviez. Dans le cas d'un appel reçu, votre correspondant paie lui aussi, mais seulement le prix d'une communication locale. Tous les appels passés depuis ou vers l'étranger sont hors forfait, y compris ceux vers la boîte vocale. Attention, car sur Saint-Martin, vous passez facilement sur le réseau de la partie hollandaise même côté français selon le quartier.
Cabines et cartes prépayées. Vous pouvez acheter des cartes prépayées de différents opérateurs. Les tarifs des appels pour la métropole et l'étranger sont très intéressants.

Attention au *roaming* ! Sur Saint-Martin lorsque vous passez d'un territoire à l'autre. Et même côté français, le réseau peut rester hollandais, soyez vigilant.

Bon plan. La carte Blabla Mobile : cette carte téléphonique est utilisable au départ de tous les opérateurs locaux et de métropole. Elle est rechargeable de 2 à 100 € et permet des coûts de communication à partir de 0,01 € vers la métropole au départ d'une ligne fixe, ou à partir de 0,19 € depuis un mobile. Disponibles chez tous les revendeurs Blabla et sur le site www.blablamobile.fr. Cette carte prépayée, commercialisée par l'opérateur local Dauphin Telecom, s'utilise gratuitement au départ de la ligne d'origine du numéro, quel que soit votre opérateur, depuis tous les mobiles (iPhone ou Android) ou d'une ligne fixe des Antilles-Guyane et de métropole. Vous économisez jusqu'à 40 % sur vos coûts de communication sans déduction du crédit de votre mobile ou du forfait de votre ligne fixe. Plus d'informations : www.blablamobile.fr - www.dauphintelecom.fr

ACCESSIBILITÉ

Voyageur handicapé. La nature même de ces îles aux routes et voies de communication incertaines en fait une destination assez peu adaptée aux voyageurs handicapés. Aucune des infrastructures touristiques des deux îles n'a reçu le label « Tourisme et Handicap » créé par le secrétariat d'Etat à la Consommation et au Tourisme.

Voyager seule. Cela ne présente ni inconvénient ni danger, et les métropolitaines seules habitant dans l'île ne sont pas rares. Attention néanmoins à ne pas se balader seule la nuit sur les plages de Saint-Martin ou dans des endroits isolés ou peu recommandés. Renseignez-vous auprès de votre hébergeur qui saura vous prodiguer les bons conseils selon votre situation géographique.

Voyager avec des enfants. De nombreux hôtels proposent des installations dédiées aux enfants, les activités nautiques et balnéaires peuvent être adaptées aux enfants. La chaleur toutefois peut se révéler inconfortable pour les nourrissons. Il faut également bien veiller à les protéger des piqûres de moustiques avec des produits adaptés à leur âge. Les hôtels, les services de conciergerie privés proposent des baby-sitters si vous souhaitez profiter d'une soirée en tête à tête.

SANTÉ

Les deux îles n'ont ni ruisseau ni rivière ! L'eau potable est donc produite par l'unité ultramoderne de dessalement. Les habitants conservent, malgré tout, une citerne d'eau de pluie en cas de besoin ou pour arroser les jardins. Ayez le bon esprit écocitoyen durant votre séjour et ne gaspillez pas l'eau inutilement.
Il est d'usage de toujours vous promener avec une bouteille d'eau.

URGENCES SUR PLACE

Voici quelques numéros d'urgence qu'il est bon de connaître sur place :

- **Médecin de garde** (Gustavia) ✆ 05 90 90 13 13
- **Pompiers** ✆ 05 90 27 62 31 / 18
- **Sauvetage en mer (CROSS AG)** ✆ 0590 70 92 92
- **Canaux strictement réservés** aux secours en mer : 16 et 196.
- **Sauvetage en mer S.N.S.M.** ✆ 06 90 35 08 63 / 05 90 27 57 58 - snsmsbh@orange.fr
- **Urgences médicales Saint-Martin** ✆ 15
- **Gendarmerie** ✆ 05 90 27 60 12 / 17

SÉCURITÉ

Saint-Barth est une île presque 100 % sécurité ! Rare de sentir autant de civisme, de tolérance et de respect. Il est très rare d'entendre des problématiques d'insécurité sur l'île. C'est moins vrai pour Saint-Martin dont certaines zones sont à éviter à certaines heures.

LGBTQ

Il règne à Saint-Martin et à Saint-Barth la même tolérance qu'en métropole à l'égard des communautés LGBTQ, sans qu'il n'existe toutefois à notre connaissance d'établissement spécifiquement gay et/ou lesbien.

AMBASSADE ET CONSULATS

A Sint Maarten, côté hollandais, se trouve le consulat français. Voici l'adresse : Consulat honoraire de France à Philipsburg, Almond Grove Cole Bay District P.O. Box 803 Philipsburg ✆ +1 721 590 88 10 - agenceconsulfrsxm@caribserve.net

© JACK METTHEY - ISTOCKPHOTO.COM

Littoral de Saint-Barthélemy.

POSTE

Saint-Martin. Il existe plusieurs agences. La poste centrale de Marigot (rue de la Liberté), une annexe à Grand-Case, à Quartier d'Orléans et Howell Center.

Saint-Barthélemy. Il existe plusieurs agences. Le bureau central de Gustavia est ouvert du lundi au vendredi de 8h à 15h, le mercredi et le samedi de 8h à 11h. Autres bureaux aux Mangliers, à Saint-Jean et Lorient.

Les lettres ou les cartes doivent porter la mention « Par avion ». Le délai d'acheminement est variable, pouvant aller de trois jours à une semaine en moyenne ! En dehors de la poste, les timbres sont rares, ce qui provoque de considérables files d'attente. Les levées sont quotidiennes pour le transfert postal par avion. L'affranchissement est le même qu'en métropole.

MÉDIAS LOCAUX

Pour vous imprégner des Antilles avant votre séjour, vous pouvez regarder France Ô ou www.canal10-tv.com (une chaîne produite localement et également en ligne) ou encore aller sur le site http://guadeloupe.la1ère.fr (chaîne locale de France Télévision). Les journaux qui traitent de l'actualité ont des périodicités et des présentations très différentes.

Bon à savoir :les journaux s'achètent aussi au supermarché. Toute la presse magazine en provenance de métropole est plus chère sur place.

A Saint-Martin : le *Saint-Martin's Week* paraît le lundi, mercredi et vendredi en haute saison et le lundi et vendredi en basse saison. Le *fax Infos* est un quotidien. Ils sont distribués dans de nombreux commerces gratuitement.
Le pélican (quotidien en français) et le *Daily Herald* (quotidien de la partie hollandaise) sont par contre tous deux payants.

A Saint-Barthélemy : vous trouverez le *Journal de Saint-Barth* pour tout connaître de l'actualité de l'île et le *News*. De nombreux magazines sont distribués sur place, comme à l'aéroport et dans les lieux touristiques. Citons le *Tropical Saint-Barth*, le *Harbour Magazine*, *l'Officiel Saint-Barth*.

LES PHRASES CLÉS

Bonjour, mon téléphone ne fonctionne pas, pouvez-vous m'aider s'il vous plait ?
Hallo, mijn telefoon werkt niet, kunt u me alstublieft helpen?

Je ne me sens pas bien, pouvez-vous m'amener à l'hôpital le plus proche ?
Ik voel me niet goed, kunt u me naar het dichtstbijzijnde ziekenhuis brengen?

Est-ce que vous avez un médecin qui parle français ?
Heeft u een arts die Frans spreekt?

Je viens de me faire voler mes papiers, où est le poste de Police le plus proche ?
Mijn papieren zijn zojuist gestolen, waar is het dichtstbijzijnde politiebureau?

Est-ce un quartier dangereux ou je peux y aller sans crainte ?
Is het een gevaarlijke buurt of kan ik er zonder problemen naartoe gaan?

Avez-vous des timbres pour une carte postale à envoyer en France ? C'est combien ?
Heeft u postzegels voor een ansichtkaart om naar Frankrijk te verzenden? Wat kost het?

VERSION NUMÉRIQUE
OFFERTE

Obtenez votre guide numérique en scannant ce QR code

ou rendez-vous sur le site **www.ebookfute.com** avec le code avantage

FT79MB

OFFRE VALABLE JUSQU'À L'ARRÊT DE COMMERCIALISATION DU TITRE EN FRANCE MÉTROPOLITAINE ET DANS LE MONDE ET SOUS RÉSERVE QUE LE NOMBRE DE TÉLÉCHARGEMENTS SOIT INFÉRIEUR OU ÉGAL AU NOMBRE D'EXEMPLAIRES DE GUIDES PAPIER IMPRIMÉS. FORMATS DISPONIBLES POUR SMARTPHONES, TABLETTES, LISEUSES ET ORDINATEURS PC OU MAC.

© ART ALEX - STOCK.ADOBE.COM

Le Marché Futé

Par petit futé

Retrouvez tous les meilleurs producteurs de nos régions et découvrez leurs produits sélectionnés par le Petit Futé !

lemarchefute.fr

Besoin de nature ? Par ici la sortie !
petit futé.com
Avis et conseils rédigés par des auteurs du cru depuis 45 ans
© PILAT666 - ISTOCKPHOTO.COM
SELJALANDSFOSS - ISLANDE

SAINT-MARTIN

Avec ses mornes, ses salines et ses plages de sable blanc, Saint-Martin est sans aucun doute une des plus belles perles des Petites Antilles. Mais cette île volcanique offre aux voyageurs deux visages. La frontière qui sépare le côté hollandais du côté français n'est pas qu'administrative. Le nord de l'île, contrôlé par la France, garde un aspect sauvage ; le littoral y est peu urbanisé, les principales villes sont peu étendues et témoignent d'une architecture encore traditionnelle et les mornes du centre de Saint-Martin invitent à des randonnées en pleines natures. Le sud hollandais de l'île est quant à lui fortement urbanisé. Les résidences hôtelières s'étendent le long des côtes et de Simpson Bay à Philipsburg, casinos, restaurants et centres commerciaux dominent le paysage. Cette différence s'explique non pas par chauvinisme, mais bien par les différences administratives entre les deux collectivités.

SPORTS NAUTIQUES

Idéalement situées au centre de l'arc antillais, avec la proximité d'îles et d'îlets, Saint-Martin et Saint-Barth sont des bases idéales pour les sports de voile. Les deux-îles offrent des spots spécifiques pour les amateurs de sports nautiques. Chaque plage a sa particularité : son exposition face ou contre le vent, son fond marin, sa superficie… Les activités foisonnent et s'adaptent à chacune des 37 plages et ses 70 kilomètres de côtes de Saint-Martin. Saint-Barth est entourée par 22 plages de sable fin blanc et reste un lieu privilégié pour la beauté des fonds marins et les sports de voile. D'un côté les vagues de l'océan Atlantique et de l'autre la tranquillité de la mer des Caraïbes. Les deux îles sont dédiées à la plaisance et permettent l'accueil, comme à Saint-Martin, de 2 000 bateaux dans les 10 marinas. Les mouillages sont magiques pour profiter allègrement des baignades ou du snorkeling.

Tout en douceur avec le kayak des mers et le paddle

Quoi de plus cérémonial que de faire corps avec la mer et de se glisser délicatement à bord d'un kayak des mers ou debout sur un paddle ? La baie de Grand-Case pour le paddle est parfaite et se rendre à l'îlet Pinel est idéal en kayak. À Saint-Barth, on privilégiera la baie de Saint-Jean pour ses eaux calmes et le lagon de Grand Cul-de-Sac en réserve naturelle.

Les surfeurs se jettent à l'eau !

Les cheveux au vent à scruter la houle pour une sortie surf palpitante, dans une eau chaude qui plus est, c'est le rêve de tout surfeur, débutant ou confirmé. Vous allez être conquis par les spots pour tous les niveaux à Saint-Martin : envie de petites vagues, alors optez pour la Baie du Galion qui offre une vague régulière toute l'année. Pour le côté sauvage et difficile d'accès, vous serez ravis par le spot de Wilderness, accessible de Cul-de-Sac et d'Anse Marcel. Plutôt pour les expérimentés, car le récif est présent, voici deux spots secrets que seuls les habitants connaissent… enfin plus maintenant ! Ils se situent pour l'un à l'Anse des Pères près de Friar's Bay et l'autre à Beacon Hill. Il vous est conseillé de vous y rendre accompagné d'une école de surf comme Windy Reef à la plage du Galion. Plum Bay (ou la vague peut être capricieuse) et Mullet Bay sont aussi bien pour les débutants que les confirmés. Si vous avez besoin de conseils et surtout de matériel, courez chez Surf'Ace à Marigot.

Pour surfer sur la vague de Saint-Barth, la plage de Lorient, facilement reconnaissable avec sa cabane de surfeurs colorée, est idéale pour ses premières glisses. La plage de Saint-Jean est une autre option, au fond peu profond, avec un courant qui permet de remonter au pic de la vague. L'anse des Cayes exposée au nord vous promet de puissantes vagues et un courant dont il faut tout de même se méfier. En plus sauvage, exposée à l'est, l'anse Toiny est le grand rendez-vous des surfeurs aguerris, attention le courant y est fort !

Planche à voile et kitesurf

Saint-Martin bénéficie du régime des alizés de mi-novembre à fin avril. L'île est ventée toute l'année, avec une moyenne de 12 à 14 nœuds. Juin et juillet reçoivent les ondes tropicales et sont les mois les plus ventés en force et régularité.

Voici les meilleurs spots à Saint-Martin. Orient Bay s'étire sur plus de 3 km et reste l'un des sites les plus polyvalents de la Caraïbe. C'est le paradis des *free-riders*. On y trouve le lagon de Papagayo, le top pour la vitesse, l'eau turquoise et, bien sûr, l'initiation (sur la droite), la houle de l'Atlantique au large pour le *free ride*, des vagues les jours ventés, avec des lèvres de plus de 5 m à 6 m. La baie est ceinturée par les îles de Caye-Verte, Tintamarre et Pinel. Vagues dès que le vent passe à force 4. La vague de Big Mamma, derrière Caye-Verte, est réservée aux *waveriders* qui connaissent bien le site. Les patates de corail sont peu profondes et le courant assez violent. Navigation *side-on*, départ tribord amure face aux vagues… La petite baie du Galion apporte des vagues pour les windsurfeurs. Le *reef* y est à fleur d'eau, donc il faut vite sortir en fin de surf. Idéal par vents de sud-sud-est pour sauter tribord amure. C'est le repaire des surfeurs, et un très bon spot de kitesurf. Parfait également pour les débutants. La Longue *Baie-Nettlé* sur la côte caraïbe est un point de départ pour tirer de longs bords jusqu'à l'île d'Anguilla.

À Saint-Barthélemy, la planche à voile se pratique à Saint-Jean où vous pourrez aussi louer du matériel auprès de Jean-Michel de CaribWaterplay, au service des sports nautiques depuis 1983 ! Le seul endroit où la pratique du kitesurf est tolérée est à l'anse de Grand Cul-de-Sac, en dehors des zones de mouillage. N'hésitez

Les Voiles de Saint-Barth, édition 2019.

pas à contacter Enguerrand, professeur de kite bien connu sur l'île, qui vous conseillera sur les zones d'évolution : le lagon en eaux plates et les vagues en sortie de lagon pour les plus expérimentés.

Le foil a le vent en poupe !

Sans doute la nouvelle génération de kite. Le kitefoil est une planche munie d'un hydrofoil (tige submersible) qui vous projette hors de l'eau. Il est de plus en plus pratiqué dès lors que le vent le permet. La Baie Orientale à Saint-Martin est le spot idéal et un championnat a lieu chaque année en février.
À Saint-Barthélemy, le foil se pratique à Grand Cul-de-Sac pour les kitesurfeurs et à Saint-Jean pour les windsurfeurs.

Hop ! Prenons de la hauteur

L'illusion de voler au-dessus de l'étendue bleue des Caraïbes, de toucher les nuages de vos mains, c'est la sensation que vous garantit une séance de parachute ascensionnel. Tracté par un bateau, à 100 mètres au-dessus de la mer, vous jouissez d'un panorama exceptionnel et vous vous sentez pousser des ailes. Le site adéquat pour faire grimper votre adrénaline est Orient Bay pour Saint-Martin, comme au Bikini Beach WaterSport. Une école sur place vous propose des initiations ou des stages, SXM KiteSchool.

Fous de voile ?

Les loueurs de bateaux ont choisi Saint-Martin et vous offrent une gamme complète de monocoques et multicoques, avec ou sans skippeur, pour des croisières d'un week-end à plusieurs semaines au rythme des alizés. Ces dernières sont généralement de secteur nord-est/est de novembre à mars et de secteur est/sud-est d'avril à octobre, à des vitesses de 10 à 25 nœuds. L'avantage de la navigation dans les îles sous le Vent, c'est qu'elle ne demande pas forcément des compétences de marins hors pair. C'est sans doute aussi l'une des meilleures façons d'apprécier Saint-Martin, les plages immaculées d'Anguilla, l'île de Saint-Barth, l'île de Saba et ses précieux lieux de plongée mondialement connus, pour de courtes et longues croisières. Les sociétés de charters et de location de bateaux sont un peu moins nombreuses depuis le passage d'Irma en 2017, mais les sociétés restantes sauront bien vous conseiller, car elles sont présentes sur l'île depuis longtemps. À savoir que plus de 1 200 bateaux ont subi les ravages du Cyclone Irma et que des épaves jonchent encore les lagons. The Morring à Marigot propose des locations avec ou sans équipage et de beaux itinéraires.
À Saint-Barthélemy, la voile est le sport national ! Le Saint Barth Yacht Club est l'acteur principal de cette discipline avec son école de voile à l'ambiance très conviviale, situé sur la plage de Public. Vous pourrez y prendre des cours ou louer un dériveur, laser, kayak ou paddle. Autre ambiance : de l'excursion en voilier à la journée à la croisière dans les îles avec skipper en passant par une sortie pour le coucher de soleil, tout est possible à Saint-Barth avec un niveau de service excellent !

Notre favori est le fameux enfant de l'île et navigateur Miguel Danet. Avec Saint Barth Sailor il vous propose ses catamarans et son fameux yellow submarine ! À noter que les excursions en bateaux moteurs avec ou sans skipper, et les navettes privées depuis/pour Saint Martin sont également possibles avec MasterSki Pilou et Jicky Marine.

Des mouillages exceptionnels

Les mouillages doivent être choisis avec précaution, l'île de Saint-Martin possède deux réserves marines. Ainsi, où que vous soyez, les fonds sous-marins et les différentes espèces composant la flore et la faune locales sont protégés et peuvent ainsi se reproduire et se développer en paix. La plupart des sites de plongée sont équipés de bouées de mouillage pour éviter de faire des dégâts avec les ancrages répétés. Pour savourer ce paysage de rêve, les plages de Friars' Bay et Anse Heureuse sont exceptionnelles. La longue baie de Grand-Case favorise un mouillage calme et permet de profiter des très bonnes adresses gastronomiques de l'île !

Saint-Barth et ses 14 îlets jouissent d'exceptionnelles zones de mouillage. Une des plus idylliques et préférées des connaisseurs, en réserve naturelle est l'Anse de Colombier. L'Anse de Gouverneur offre un très beau panorama ; la baie de Saint-Jean vous réserve une eau calme, idéale en face du fameux aéroport et de l'Eden Rock. Shell Beach vous invite à ramasser les coquillages qui tapissent la plage et pour le côté traditionnel Corossol et son charmant village de pêcheur et ses belles petites cases. Nous vous déconseillons strictement Toiny et Grand-Fond pour leur dangerosité. Soyez conscients des précautions en zone de réserve naturelle. Vous trouverez toutes les informations au Port de Gustavia et à l'Office de Tourisme.

Les régates ont le vent en poupe !

Savez-vous que vous pouvez participer, avec un voilier de location, aux nombreuses régates d'exception organisées aux alentours des îles. La plus réputée, la Heineken Regatta, réunit début mars les meilleurs équipages de la Caraïbe et d'Europe pour trois jours autour de Saint-Martin. Envie de vous surpasser et vaincre les embruns ? Retenez les courses mythiques comme la Guavaberry Regatta, la Transcaraïbes des Passionnés ainsi que les régates comme la Transat AG2R à Saint-Barth.

Tous les projecteurs sont dirigés vers la St. Maarten Heineken Regatta chaque début mars. C'est non seulement devenu l'événement à ne pas manquer pour les amateurs de voile de la Caraïbe, mais pour tous les navigateurs hors pair du monde entier. C'est le plus gros événement de Saint-Martin en termes de retombées économiques et réputation. Pas moins de 35 pays participants se pressent à cette régate aussi joyeuse que sportive. Durant 4 jours, les bateaux (pas moins de 200) valsent avec les vagues et ouvrent le bal aux Maxis, Monocoques et Performance Multicoques. Accompagnés d'embarcations plus locales, les barques de pêcheurs et *boat charter*, les professionnels de la mer se démènent pour donner le plus beau des spectacles. Acrobaties dans les *bareboats* : ces bateaux sont loués spécialement pour cette régate ; ils se remarquent par les nombreuses jambes qui se balancent par-dessus bord. Les jambes des équipiers font en effet balanciers contre le vent afin de gagner de la vitesse et si l'un des spectateurs est invité à être *rail meat*, il ne le devra qu'à son poids ! Les *beach cats* sont aussi très originaux. En effet, ces embarcations évoluent autour de la course avec des équipages à l'allure d'hommes-grenouilles bardés de combinaisons, chaussures, lunettes et autres accessoires. Et le soir venu, le repos n'est pas au programme… la célèbre bière coule à flot au Regatta Festival Village : animations, spectacles et discussions entre marins du jour et population locale.

La culture des régates est également très présente du côté des Saint-Barth. Elles se succèdent et ne se ressemblent pas !

Depuis 1995, la St Barths Bucket Regatta en mars rassemble les plus beaux voiliers de plus de 100 pieds (30 mètres) à Saint-Barth pour 4 jours de régate et festivités sur les quais. Un spectacle époustouflant pour ses impressionnants géants de la mer. En avril, Les voiles de Saint-Barth rassemblent des professionnels et amateurs sur des navigations de toute taille, dont des bijoux de technologie qui valent des sommes astronomiques, mais dont la beauté est inégalable. Pendant les 5 jours de course, Gustavia devient le quartier général de plus de 80 bateaux et 1 200 marins. Une effervescence sans pareille où des centaines de bénévoles œuvrent pour faire de cette rencontre le fleuron de la voile dans les Caraïbes. Après Les Voiles, La West Indies Regatta renoue avec le passé maritime de l'île et les embarcations traditionnelles se mêlent au folklore à quai. Une ambiance qui se veut culturelle et historique. Les marins chevronnés ne manquent pas la Transat AG2R, la Mondiale, organisée depuis 1992 par la société Pen Duick (organisatrice de La Route du Rhum – Destination Guadeloupe). Elle a lieu en avril tous les deux ans et représente pas moins de 9 000 kilomètres à parcourir de Concarneau à Saint-Barth, soit 3 semaines en mer et un challenge qui séduit des générations de passionnés. Les vainqueurs de la dernière édition 2018, Adrien Hardy et Thomas Ruyant, ont mis 18 jours, 11 heures et 48 minutes. Les catamarans s'éclatent à la Cata Cup en novembre. Une course musclée de bolides de sport qui se vit dans une ambiance très festive !

GÉOGRAPHIE

Saint-Martin est l'une des îles tropicales les plus au nord de l'arc des Petites Antilles. L'île, d'une superficie de 86 km² (53 km² pour la partie française) est bordée à l'est par l'océan Atlantique et à l'ouest par la mer des Caraïbes. Elle est située à 63°05 Ouest et 18°05 Nord sur le tropique du Cancer. Elle a la particularité d'être divisée en deux parties : le Nord avec la Collectivité d'outre-mer française et le Sud avec les Antilles néerlandaises. Une frontière physique symbolique unit les deux pays héritiers d'une géographie unique. On pense très vite aux atouts balnéaires de la destination, mais au-delà des plages, le relief vallonné permet de belles promenades en pleine nature sur les crêtes des mornes. L'île ne possède aucun cours d'eau, mais le nord de l'île est connu pour ses salines, qui prennent parfois une teinte rose à cause des micro-organismes et des algues qui y prospèrent.

Île bicéphale, une morphologie identique

Son origine volcanique a fait de l'île une région montagneuse avec des pentes souvent abruptes et peu accessibles pour favoriser l'installation humaine et le développement des cultures. L'ensemble de mornes (collines) est regroupé autour d'une ligne de crête centrale avec son point culminant, le Pic Paradis (424 m). Lorsque l'on circule sur les routes de l'île, on grimpe, on dévale au gré de ce relief découpé. Cela favorise les points de vue multiples. Loterie Farm, en partie française, ou encore Forest Adventures St Maarten- Rockland Estate ont su mettre en valeur cet environnement pour proposer des activités sensationnelles (la tyrolienne par exemple). Seule la partie occidentale des Terres Basses reste une exception avec une étendue plus plane. Les problèmes d'accessibilité et d'environnement sont donc identiques des deux côtés de la frontière.

Géologie

À Saint-Martin se rencontrent trois séries géologiques.

Une série volcanique sédimentaire ancienne connue sous le nom de formation de la pointe blanche d'âge éocène constituée d'une alternance de bancs calcaires plus ou moins siliceux, de radiolarites et de tufs constitués de cendre volcanique.

Une série volcanique d'âge oligocène constituée de roches éruptives allant des basaltes aux andésites, et de roches plutoniques allant des diorites quartzeuses aux gabbros.

Une série sédimentaire récente datée du Miocène constituée de bancs de calcaires, marnes et grès carbonatés.

Les deux plus anciennes formations se rencontrent dans la partie est de l'île et constituent les reliefs les plus élevés, alors que la formation la plus récente constitue les plateaux de la péninsule des Terres-Basses, les îlets Cayes-Vertes, Tintamarre et l'île d'Anguilla. Citons, enfin, les formations quaternaires constituées de sables indurés carbonatés appelés grès de plage ou Beach Rock.

Les plages

La côte est une succession de plages, de lagunes littorales, de zones rocheuses et de mangroves. Partagée entre la mer des Caraïbes et l'océan Atlantique, l'île a deux visages. La partie ouest, appelée « sous le vent » abrite de belles plages de sable blanc calmes. De l'autre côté, l'est, qualifié « au vent » offre de bons spots pour les surfeurs. Inhabités, les îlots de Tintamarre et de Pinel se trouvent à l'est. L'intérieur est vallonné, avec en partie des secteurs plats.
Saint-Martin ne possède pas moins de trente-six plages : côté Caraïbes, on trouvera par exemple les sables blancs de Baie longue, Baie rouge ou Happy bay, tandis que sur la façade Atlantique, les vagues attirent les surfeurs, notamment à la Baie orientale.

© MULTIVERSE - STOCK.ADOBE.COM

Vue sur l'île de Saint-Martin.

NATURE

Saint-Martin est une île sèche et sans aucune rivière ! Et comme dans toutes les îles peu arrosées, elle est caractérisée par un paysage végétal présentant des zones arides et venteuses, des pentes de mornes exposées à un soleil intense et des zones marécageuses. On peut cependant distinguer une variation de paysages et une nature différente suivant le versant de l'île. Le versant le plus aride offre une végétation composée d'une multitude de cactées et l'autre côté une végétation plus exubérante ponctuée d'hibiscus, frangipaniers, bougainvilliers… La faune est riche d'espèces terrestres et sous-marines que la réserve naturelle, fondée en 1998, s'évertue de protéger. Des attaques extérieures causées par l'homme, comme l'apparition des algues sargasses depuis 2011 et les variations climatiques (cyclone Irma en 2017) viennent fragiliser la nature terrestre et dénaturer progressivement les plages.

Une biodiversité à préserver

Comme à Saint-Barthélemy, la végétation marine est aussi réhabilitée grâce à des pépinières dont le but est de favoriser la pousse du corail par exemple. La réserve naturelle de Saint-Martin permet la préservation des principaux écosystèmes : les récifs, la mangrove, les étangs et la forêt sèche littorale. Sur 3 060 hectares, 2 900 hectares sont consacrés à des espèces et fonds marins. En milieu marin, mis à part les très nombreuses espèces de poissons (diodon, mombin, poisson-papillon, poisson-perroquet, poisson-chirurgien, ange, sergent-major, coffre) et d'invertébrés (oursins, lambis, étoiles de mer), les animaux les plus remarquables restent les tortues marines (*Caretta caretta, Eretmochelys imbricata, Dermochelys coriacea*) qui fréquentent les grandes plages de la côte orientale et les îlets pour la ponte. De janvier à mai, la zone marine est également une zone de rassemblement des baleines à bosse, qui affectionnent particulièrement les hauts fonds pendant la période de reproduction.

© DAMSEA - SHUTTERSTOCK.COM

Fonds-marins de Saint-Martin.

Des envahisseurs durs à canaliser : les sargasses

En métropole, on entend assez peu parler de ces algues brunes qui sont en train de devenir le cauchemar des Antilles. Depuis 2011, les sargasses envahissent les Caraïbes et avec une ampleur qui devient problématique au niveau sanitaire et économique ! Normalement inoffensives en petite quantité, elles s'étendent dans toutes les Caraïbes. Et c'est l'activité de l'homme la seule responsable de leur prolifération. Les industries diverses dont certaines productions d'éthanol au Brésil utilisent de très fortes quantités de produits phytosanitaires (engrais, phosphore, azote, pesticides, fongicides). Des mesures ont été mises en place pour combattre ce fléau dont un Plan sargasses doté de 10 millions d'euros en 2018 et 2019, et depuis 2022, un nouveau de 36 millions d'euros pour 4 ans ! Ces investissements doivent servir pour s'équiper en machines et permettre de créer des équipes de ramassage manuel. Des pistes de valorisation de ces déchets naturels sont à l'étude, les sargasses pourraient servir comme matière à la fabrication de bioplastique, de cirage, de papier ou encore de combustible. Mais pour l'instant, aucune solution satisfaisante n'a été trouvée et chaque été, de nombreuses plages sont encore polluées par les algues brunes.

Héritage naturel : une faune terrestre diversifiée

Afin de préserver l'héritage naturel, l'association Les Fruits de Mer mène des actions de collecte d'informations et œuvre à la promotion de la faune et flore de l'île. Elle organise des ateliers et conférences et travaille conjointement avec le Musée Amuseum Naturalis pour la découverte du patrimoine naturel de l'île.

TOP 10

FAUNE ET FLORE

Malgré l'absence de rivières, l'écosystème de Saint-Martin demeure très varié. Voici un petit tour d'horizon des espèces végétales et animales les plus remarquables de l'île, que l'on pourra découvrir au cours d'une randonnée dans les mornes ou d'une session de plongée.

CORAIL CACTUS RIDÉ

Très répandu, il s'organise en colonie formant une assiette aplatie.

LE COCOTIER

Famille des palmiers. Toutes ses parties peuvent être utilisées par l'homme.

© SU NITRAM - ISTOCKPHOTO.COM

LE BOUGAINVILLIER

Arbuste grimpant aux couleurs chatoyantes. Il supporte la sécheresse.

© -101PHOTO- - ISTOCKPHOTO.COM

SONGE CARAÏBE OREILLE D'ÉLÉPHANT

Plante à larges feuilles que l'on trouve aux abords des plages.

© JOEYPHOTO - SHUTTERSTOCK.COM

LE LAMBIS

Désigne un grand et beau coquillage qui abrite le mollusque *strombus gigas*.

© NIKKYTOK - ISTOCKPHOTO.COM

LE FLAMBOYANT

Il peut atteindre 15 m de haut. Floraison de petites fleurs rouges immanquables.

© SABZA - SHUTTERSTOCK.COM

LE PÉLICAN BRUN

Le palmipède compte parmi les plus grands oiseaux aquatiques. Il s'observe sur les lagunes et mangroves.

© MAGALI COUAILLET

1001 PATTES

La scolopendre possède sous sa tête deux crochets venimeux. Piqure douloureuse pour l'homme.

© FRANK60 - SHUTTERSTOCK.COM

L'IGUANE

L'*iguana delicatissima* correspond à celui des Petites Antilles. Il est en voie de disparition. L'iguane commun (*iguana iguana*) est plus robuste et plus présent.

© ROMAN TIRASPOLSKY - SHUTTERSTOCK.COM

SUCRIER À VENTRE JAUNE

Caractéristique avec son bec recourbé, le dessus noir et le dessous jaune

© FLAVIO VALLENARI - ISTOCKPHOTO.COM

© NICOLA PULHAM - SHUTTERSTOCK.COM

Iguane.

La plupart des espèces présentes au début de la colonisation ont disparu des îles, comme le lamantin (phoque d'eau douce), l'agouti (petit rongeur) ou le trigonocéphale (serpent, il en reste en Martinique). Seuls les oiseaux (colibris, sucriers, merles et autres oiseaux-mouches) pourront être photographiés et finiront les miettes de votre petit déjeuner. Vous pouvez également observer des iguanes prendre le soleil sur les côtes rocheuses et des mammifères tels que le *racoon* (raton laveur) et la mangouste qui se nourrissent de crabes, d'œufs et de petits poissons. Il est vrai que l'emblème de l'île est le pélican, mais l'iguane est une véritable star qui se laisse facilement observer. C'est une espèce protégée et l'iguane des Petites Antilles est une espèce menacée. Cet animal préhistorique, qui semble venu d'un autre temps, revêt des couleurs différentes selon son âge : vert pomme étincelant lorsqu'il est jeune, gris adulte, puis orange en prenant de l'âge. Il est très probable que vous en rencontriez sur la route d'Oyster Pond à l'îlet Pinel. L'île possède une petite richesse ornithologique, 85 espèces d'oiseaux, même si beaucoup l'ignorent. Il existe, en effet, une cinquantaine d'espèces d'oiseaux environ, certains étant sédentaires, d'autres migrateurs. Leur présence et leur régularité sont fortement compromises d'une part par les aléas de la nature (les cyclones), et l'homme (tourisme, démographie) d'autre part. Citons les plus connus comme la frégate, les sucriers, les aigrettes, le pélican, la mouette, les crabiers, les merles, que l'on retrouve surtout près des bords d'étang, dans la mangrove et dans les forêts. Les oiseaux marins, pour leur part, fréquentent les alentours de l'île de Tintamarre.

Si on vous laisse entendre que les moustiques sont prêts à se jeter dans vos draps, croyez-le, ce n'est pas de l'ordre de la métaphore. La lutte contre ces belliqueuses bestioles est impitoyable, et il vaut mieux être armé pour répondre à leurs attaques répétées à l'aurore et au coucher du soleil. Le moustique *Aedes aegypti* peut transmettre la dengue et désormais le chikungunya qui a fait son apparition aux Antilles fin 2013. Le virus Zika s'est ajouté à la liste début 2016. On peut rencontrer quelques petits scorpions et des mygales notamment dans les environs de Pic Paradis. Le grillon et le cabrit-bois (genre de grande sauterelle) ne vous apparaîtront qu'en rêve, mais vous imposent tous les soirs un concert de musique populaire animale, qui réunit aussi le coassement des grenouilles. Les colibris posés sur l'hibiscus cohabitent avec les papillons aux coloris variés qui ornent les fleurs en proposant des alternatives bariolées. Vous rencontrerez des anolis (lézards) et des crabes sur les plages.

Un futur vert ?

Un fort développement de constructions immobilières oblige Saint-Martin à protéger son magnifique environnement, ou ce qu'il en reste. L'équilibre de la flore et de la faune est sans cesse menacé par les activités de l'homme, le tourisme croissant et des conditions naturelles très délicates. En 2018, un lieu exclusivement consacré à l'environnement, l'Institut caribéen de la biodiversité, devait voir le jour à Cul-de-Sac. Son ouverture a été reportée suite au passage d'Irma et à la nécessité de reconstruire d'autres infrastructures prioritaires. Ce sont les associations qui prennent le plus de mesure pour protéger leur écrin de terre. Et les deux parties de l'île se répondent d'un même élan ! Pour exemple, dans le cadre international du nettoyage de la plage, nombreux sont les participants qui s'associent des deux côtés de l'île. L'environnement et l'art font bon ménage et les filets fantômes (les filets des pêcheurs abandonnés) sont récupérés afin de créer des œuvres artistiques pour sensibiliser le public. Belle idée !

CLIMAT

Un émerveillement de douceur toute l'année ! Le climat de Saint-Martin est enviable avec ses 28 °C en moyenne. Le climat est beaucoup plus sec que celui de la Guadeloupe et la Martinique situées plus au sud. Des pointes à 32 °C et rarement moins de 20 °C. Toutefois, il peut arriver à la mi-décembre et début janvier, que la température passe dans la nuit au-dessous de 20 °C. Saint-Martin bénéficie d'un climat tropical sec (comme le témoignent les pénuries ponctuelles d'eau). La température de la mer avoisine les 25 à 27 °C, idéal pour les sports nautiques et le farniente. Climat idyllique pour les séjours, mais qui peut aussi subir les caprices du temps comme la venue de cyclones. On se souvient tous d'Irma en 2017 qui reste l'un des plus spectaculaires et dévastateurs. L'île s'acclimate aux aléas climatiques et prend conscience de la nécessité de protéger et sauvegarder son environnement.

Le rythme des saisons

Nous pouvons apprécier deux saisons : une saison sèche, appelée carême (de décembre à mai) ; une seconde, plus chaude et plus humide, appelée hivernage (de juin à octobre). Pendant les mois de l'automne en métropole (fin octobre, novembre, début décembre), la Caraïbe est humide, très humide, et le niveau de précipitations est très élevé, mais régulier. Il pleut tous les jours, ou toutes les nuits, sous forme de petites ou grosses averses. Même si la température est douce, vous ne souffrirez assurément pas de la sécheresse, et le bruit de la pluie tombant continuellement à verse sur les toits de tôle devient vite une mélodie lancinante. Juin et octobre font office de mois de transition. Les averses et les pluies peuvent causer des dégâts, sans rapport avec les cyclones, véritables épées de Damoclès. N'oubliez pas que sous les tropiques, le jour se lève tôt (entre 5h et 6h) et se couche tôt (entre 17h30 et 18h30).

Les saisons climatiques associées à la saisonnalité touristique

La saison sèche de décembre à mai correspond à la haute saison touristique. À cette période, les tarifs sont au plus haut et les touristes affluent. Le reste de l'année est en dents de scie (de mi-avril à mi-décembre), c'est la période creuse pendant laquelle les vacanciers européens boudent un peu la destination dans la mesure où il fait beau chez eux et où de nombreuses destinations moins lointaines s'offrent à eux. L'hivernage de juin à novembre correspond à la saison touristique plus calme et la période cyclonique.

Vivre avec les dépressions tropicales, les cyclones

Appelés cyclones, ouragans ou typhons selon la zone géographique par les météorologistes. Ils sont appelés cyclones dans les Caraïbes où ils ne sont pas rares, notamment entre juillet et octobre. Le plus incroyable jamais connu est Irma en 2017, avec des stigmates encore visibles 3 ans après. Il reste dans toutes les mémoires, et pour cause. Ce fut le cyclone le plus dévastateur depuis des siècles. Dans la nuit du 5 au 6 septembre 2017, il balayait d'une violence inouïe les 95 % de l'île. Les constructions à St Martin sont pourtant solides, mais rien ne résiste face à un vent de 350 km/h ! L'eau s'est infiltrée partout, les toits s'envolaient, les routes inondées par les vagues… Sans parler des voitures, des bateaux et tous les biens matériels qui bordaient les rues. La nature a subi une onde de choc extrême également : des plages ont vu leur visage se métamorphoser et la côte garde encore des stigmates de cette fragilisation comme à Grand-Case où le sable de la plage a été ravalé par les vagues. Les fonds marins, les coraux ont été fortement endommagés. La nature va reprendre ses droits et parfois même sur ce qui a été construit par l'homme, comme des maisons trop proches du littoral…

© GUILAIN DEMOUTIERS - SHUTTERSTOCK.COM

Nuages menaçants au large de Marigot.

L'OURAGAN IRMA

UN OURAGAN SANS PRÉCÉDENT DE LA TAILLE DE LA FRANCE !

Irma, un prénom qui sera à jamais associé au cyclone hors norme, apocalyptique, dévastateur et meurtrier. Pendant une semaine, sa force a dévasté les Caraïbes en commençant par Barbuda et terminant sa course en Floride.

Le mercredi 6 septembre 2017 vers 6h (heure locale), 22 ans après Luis, l'ouragan Irma est passé sur Saint-Martin et Saint-Barthélemy. Formé près du Cap Vert, il a mis une semaine à se densifier à la vitesse de 240 km/h et des rafales jusqu'à 360 km/h. Inédit, c'est l'un des plus violents jamais enregistrés dans les Caraïbes.

L'eau très chaude en cette année 2017 est devenue un puits d'énergie pour les ouragans. Une onde se forme dans l'océan. Une soixantaine de cyclones est enregistrée chaque année, mais pour la plupart, ils s'éteignent en catégorie 2. Pour certains scientifiques, des ouragans d'une telle ampleur sont l'illustration grandeur nature du réchauffement climatique...

Période cyclonique oblige, on se prépare.

Un certain fatalisme et beaucoup de calme caractérisent l'arrivée d'un cyclone. Dès la confirmation du passage d'Irma à Saint-Martin et Saint-Barthélemy, les magasins ont été pris d'assaut : eau, conserves, etc. Car après son passage, il est difficile de s'approvisionner et de circuler. On barricade les fenêtres de planches de bois, car le plus grand risque est pendant le pic, il faut rester confiné. Dans les zones submersibles, on protège les entrées, car l'eau s'infiltre. Pour pallier les effets mécaniques du vent, on consolide les toits qui risquent de s'envoler. Avant le passage, les villages de la Baie Orientale et Grand Case sur Saint-Martin ont reçu pour instruction d'évacuer les lieux. Les moyens de prévention sont renforcés depuis quelques années et les habitants bénéficient de consignes de sécurité, ce qui n'empêche pas leur vulnérabilité.

Un ouragan hors normes

Il s'agit du premier cyclone de catégorie 5 sur l'échelle de Saffir-Simpson sur cette zone du nord de l'arc antillais, soit le maximum possible. S'il existait une catégorie 6, il serait répertorié comme tel. Le dernier cyclone de catégorie 4 remonte à 1995 (Luis). Sur la Guadeloupe, on se souvient d'Hugo en 1989, catégorie 4.

Vigilance violette pour la première fois de l'histoire avec des mesures de confinement prises par les autorités même pour les organismes de secours. Les consignes de sécurité sont données par les autorités locales.

Les caractéristiques d'Irma : il a généré des rafales de plus de 300 km/h (les appareils de Météo France ont lâché), une houle avec creux dépassant les 10 mètres ! Il draine lors de son passage des pluies diluviennes entre 200 et 400 ml, soit l'équivalent de 2 à 3 mois d'eau. Sa superficie avoisine les 330 000 km². Ce sont des valeurs jamais vues sur l'Atlantique. L'œil du cyclone a atteint 40 km et est passé sur les deux îles en détruisant tout sur son passage : pendant plus de 3 heures les vents ont soufflé, puis une accalmie pendant le passage de l'œil et de nouveau des vents en sens inverse : une machine à laver !

Les dégâts d'une importance magistrale et inégalable

95 % des 2 îles sont détruits, les 2 aéroports détruits rendant les premiers secours venus de la métropole compliqués. Les dégâts sont impressionnants, évalués pour l'instant à 1,2 milliard d'euros à Saint-Martin et Saint-Barthélemy par la Caisse Centrale de Réassurance (CCR), au titre des dommages aux habitations, aux véhicules, et aux entreprises. Cette catastrophe est « l'une des plus importantes survenues en France depuis 35 ans ». 62 millions seront versés à la collectivité de Saint-Martin en 2017 et 2018 pour couvrir ses frais de fonctionnement. Et 28 millions de plus pour payer les milliers de salariés mis au chômage partiel. Toute l'île a été touchée, les établissements publics dévastés, les routes se sont soulevées, les ponts cassés... une vraie désolation pour toutes les structures bâties.

Après la violence de ce cyclone, les îles sont restées sans électricité, sans eau pendant plusieurs semaines. Des moyens de secours ont été déployés par l'État français pour à la fois sécuriser et aider la population locale. Sur la partie française, le bilan humain serait de 9 morts identifiés victimes d'Irma sans compter les personnes portées disparues dont le nombre n'a pas été communiqué.

Les îles pansent les plaies de cet ouragan sans pareil, et le syndrome du survivant a permis à la population de se reconstruire. Cependant, il existe encore une très grande fragilité chez toutes les personnes ayant vécu cette tragédie. Les stigmates d'Irma risquent d'être visibles pendant plusieurs années.

ENVIRONNEMENT

Saint-Martin est dotée d'une biodiversité marine et terrestre remarquable et fragile. Les écosystèmes souffrent de la pression directement exercée par l'Homme sur les milieux, mais aussi des effets du réchauffement climatique, qui accentue les risques de survenue d'événements extrêmes auxquels l'île est naturellement soumise. Le passage de l'ouragan Irma en septembre 2017, qui ravagea l'île à plus de 95 %, est encore bien présent dans les mémoires. Côté français et néerlandais, des mesures de protection de la biodiversité existent et des politiques se sont mises en place pour renforcer la prévention des risques naturels. Les efforts doivent être poursuivis, et ce à toutes les échelles, locales et mondiales, afin de limiter dans le futur la survenue des événements extrêmes, et protéger la biodiversité. On ne saurait que conseiller au visiteur une approche écoresponsable de ces territoires.

Les espaces protégés

Côté français, une aire marine protégée de 30 km^2 existe depuis 1998. La Réserve naturelle de Saint-Martin a pour vocation la protection des écosystèmes caractéristiques de cette partie des Antilles : herbiers des phanérogames, mangroves, étangs, forêt sèche littorale et récifs coralliens. Elle se conçoit également comme un lieu de sensibilisation des publics. Ainsi, des parcours de découvertes permettent au visiteur d'entrevoir les trésors naturels de l'île. Le conservatoire du littoral et des rivages lacustres possède en effet 11 km de rivage littoraux et 14 étangs – soit 84 km de rivages au total –, dont la gestion est déléguée à la réserve naturelle. La politique du conservatoire est en effet d'acquérir toute une partie du littoral du territoire, afin de protéger la biodiversité, par le maintien ou la création de continuums – ou trames écologiques, tout en permettant un accès réglementé à certaines parties. On citera par exemple le site de Red Rock, ensemble de massifs présentant toute une palette de milieux : forêt sèche, savane et fourrés secs, zones humides, plages. Le randonneur curieux pourra ainsi découvrir la faune et la flore de ces milieux, en empruntant le sentier botanique des Froussards, qui relie l'Anse Marcel à Grandes Cayes-Cul-de-Sac.

Politiques environnementales

Par son statut de collectivité d'outre-mer française, le Droit français s'applique sur cette partie de l'île, avec la possibilité cependant d'adapter la réglementation environnementale aux spécificités du territoire. Face aux événements extrêmes survenus, un plan de prévention des risques naturels est en cours d'élaboration, qui suscite cependant des réactions mitigées. Saint-Martin, comme l'ensemble de l'arc des Antilles, est en effet soumise aux risques de volcanisme, aux risques sismiques et de cyclones. Concernant la gestion de l'environnement, le tri sélectif est en place sur l'île, et des projets de développement d'énergie renouvelable sont en cours. Des associations mènent quant à elles des actions de sensibilisation à la protection de l'environnement. Des efforts restent néanmoins à mener en matière d'écotourisme et de gestion des ressources. La majorité des touristes arrivent en effet en avion. De plus, la production agricole et l'eau potable sont insuffisantes sur l'île, conduisant à l'importation de produits et le recours à des usines de désalinisation de l'eau. Tout cela induit un impact en termes de consommation de ressources et de traitement des effluents.

Coopération avec Saint-Martin partie néerlandaise

Un programme de coopération INTERREG- Saint-Martin – Sint Maarten est en cours pour les années 2014-2020. Parmi les actions mutualisées, certaines répondent à des enjeux environnementaux, comme la gestion de l'eau et la prévention des risques. Ainsi, le programme prévoit-il la rénovation de l'usine de désalinisation d'eau pour l'alimentation en eau potable, des mesures pour améliorer les infrastructures de traitement des eaux usées ainsi que la gestion des déchets. Il vise à harmoniser et renforcer les synergies entre les deux parties de l'île, un manque de cohérence ayant parfois été mis en exergue.

HISTOIRE

L'histoire de Saint-Martin – Sint-Maarten a débuté plusieurs siècles avant la conquête espagnole de la fin du XVe siècle et le peuplement de la région est lié de près à celui du continent américain. Si on omet l'histoire générale du continent américain, qui reste toujours un sujet de controverse, on peut prétendre que les premières traces d'une présence humaine dans la région des Grandes Antilles remontent entre les Ve et VIe millénaires, mais on ne peut encore aujourd'hui affirmer par quelle voie cela a pu se produire : la Floride ? Les Petites Antilles ? La particularité de l'île est qu'elle s'est divisée en deux, politiquement, au cours des siècles : française au nord et néerlandaise au sud. Une collectivité d'outre-mer côté français et un pays indépendant faisant partie du Royaume des Pays-Bas. Zone franche, l'île est non pourvue de taxes sur les produits importés et de droit de douanes.

ENTRE 800 ET 300 AV. JC

C'est en canoë que les Arawaks seraient arrivés dans les Antilles depuis le nord du Venezuela. Leur arrivée sur l'île se situe vers 800 et 300 ans av. J.-C. Plus de 30 sites ont été identifiés à Saint-Martin dont le site de Hope Estate (sur le Morne).

DÈS 1200

À partir du XIIe siècle, une culture émerge, désignée sous le nom de Tainos par les Européens.

DÈS 1492

Après son voyage historique, le célèbre cartographe et marin génois Christophe Colomb (1451-1506) arrive dans la nuit du 12 octobre 1492 à la tête de trois caravelles (La Pinta, La Niña et La Santa María) et de 90 hommes, aux îles connues aujourd'hui sous le nom des Bahamas (San Salvador).

11 NOVEMBRE 1493

C'est lors de son second voyage que Christophe Colomb découvrit l'île de Saint-Martin, le 11 novembre 1493. Il dédie sa découverte à l'évêque de Tours, Saint-Martin, dont c'est l'anniversaire ce jour-là. D'après la tradition, les autochtones la surnommaient Svalugia (ou Soualiga, « terre de sel »), car de nombreuses terres marécageuses fournissaient du sel.

DE 1492 À 1502

La rencontre entre les deux mondes tourna au désastre au détriment de l'espace antillais. De 1492 à 1502, la population amérindienne des Grandes Antilles disparut entièrement de la carte.

1627

Saint-Martin devient terre hollandaise. Au XVIIe siècle , l'île est visitée par de nombreuses nations européennes. De 1648 à 1816, l'île change sept fois de mains entre Français, Hollandais et Anglais. C'est la grande époque des corsaires et des flibustiers.

1648

Le 23 mars 1648, alors sous le règne de quatre Français et cinq Hollandais, les deux nations règlent le problème de leur souveraineté par le traité de Concordia.

1763 L'île est rattachée administrativement à la Guadeloupe (distante de 250 km). Entre 1775 et 1784.

1776 C'est à cette époque que fut construit, en 1776, le fort Saint-Louis sur un morne surplombant la ville de Marigot. Il permettait de la protéger des constantes attaques anglaises.

© NENAD BASIC - SHUTTERSTOCK.COM

Fort Saint Louis.

1791 C'est au tour des britanniques de s'installer. Ils rétrocèdent la partie française de Saint-Martin à la souveraineté française par le traité de Paris de 1816.

28 MAI 1848 Le 28 mai est proclamée l'abolition officielle de l'esclavage pour la partie française. On pratiquait alors le commerce triangulaire : des denrées, des marchandises servaient de monnaie d'échange contre des personnes. Les esclaves dans les Antilles et Saint-Martin provenaient en majorité d'Afrique.

1850 Statut de Port Franc. Par sa petite superficie, l'île ne se tournera pas vers la culture de la canne à sucre comme beaucoup de ses voisines antillaises. Pour dynamiser l'exportation du sel (à Grand-Case, Baie Orientale), l'île bénéficiera dès 1850 du statut de Port Franc (non soumis aux droits de douane).

1863 Abolition officielle de l'esclavage pour la partie hollandaise. La signature du traité de Vienne en 1815 met un terme aux frictions coloniales, assurant définitivement la prédominance franco-hollandaise, mais l'esclavage continue d'une manière illégale.

1945 La Seconde Guerre mondiale se ressent aussi à Saint-Martin. La partie française de l'île reconnaît le gouvernement de Vichy et par contrecoup subit le blocus des forces alliées.

PIRATES DES CARAÏBES

Les pirates et les flibustiers sur l'île de Saint-Martin

À l'époque où les premiers navigateurs espagnols découvrirent l'île commença un énorme pillage des civilisations amérindiennes. Ces précieux butins étaient acheminés vers l'Europe à bord de galions qui transitaient souvent par les Grandes Antilles (Cuba, Hispaniola et Porto Rico) avant de traverser l'Atlantique. Les pirates et les flibustiers commencèrent alors à s'organiser pour dépouiller les navires de ces richesses. L'île a été inoccupée jusqu'en 1617, offrant un précieux asile à tous les pirates de la Caraïbe. Lorsque les premiers colons s'installèrent à Saint-Martin, cela donna lieu inévitablement à quelques conflits ! C'est de cette époque que datent d'ailleurs les premières fortifications qui furent rapidement érigées pour protéger l'île. La flibusterie a perduré dans la région jusqu'au XVIIIe siècle, faisant trembler les aristocrates de toutes les nations européennes. L'une des figures les plus célèbres de la piraterie caribéenne fut sans doute Edward Teach (1680-1718), connu aussi sous le nom Ned Low, surnommé Barbe Noire (Blackbeard).

Flibustier, pirate ou corsaire quel métier choisir ?

▶ **Mais qui étaient les flibustiers** ? D'origine anglaise, ce terme (pour d'autres, hollandaise), introduit dans notre langue vers la fin du XIIe siècle, désignait tout simplement un pirate officiel ou, dit de manière contemporaine, une force spéciale ou paramilitaire. D'ailleurs, dans la pratique, la frontière entre flibustier et pirate est assez floue. Un flibustier, à l'instar d'un espion, pouvait tout à fait agir au nom de plusieurs maîtres. Ce dernier était missionné (lettres de commission) par une autorité administrative (quelquefois le roi en personne) ou privée (mais souvent avec la bénédiction des pouvoirs publics) en échange de partage des butins.

Un flibustier pouvait être à l'origine un véritable pirate, en quelque sorte « un reconverti ». Notion étroitement associée à l'espace caribéen, cette pratique prend ses racines dans la contestation des puissances comme pour la France le partage du Nouveau Monde, attribué par le pape (bulle de 1493) aux Espagnols et aux Portugais. Citons ici des noms entrés dans l'histoire comme Francis Drake (1542-1596, qui a croisé au large de Saint-Martin un an avant sa mort), L'Olonnais (1630-1669), Henry Morgan (1635-1688), Jean Bart (1650-1702), Duguay-Trouin (1673-?), De Graaf (1682-1704), Robert Surcouf (1773-1827).

▶ **Les corsaires**. Même si en apparence ce terme est très proche de celui de flibustier, il désigne un marin mandaté (lettre de marque) par une autorité administrative afin de servir son camp en temps de guerre. En quelque sorte un patriote des mers, dont la tâche essentielle est de nuire à l'ennemi. Son espace est strictement limité aux mers. Mais, toujours dans la pratique, les limites entre légalité et illégalité (pirate, mercenaire) étaient assez floues. Les corsaires les plus connus sont à l'origine des pirates ou flibustiers passés au service d'un État.

Ne pas confondre avec les boucaniers

Les boucaniers. Contrairement aux pirates, corsaires ou flibustiers ne sont pas marins, mais des terriens qui chassent le bétail sauvage et les cochons. Apparus au début du XVIIe siècle, ces parias ont la plupart du temps fui une autorité compétente (anciens esclaves, fugitifs, déserteurs, mutinés, aventuriers, etc.) et se sont mis en marge de la société. Leur survie dépend de leur capacité à rester unis, donc il existe un lien fort. Dans la conscience générale, ils sont souvent identifiés aux pirates avec lesquels ils commerçaient. En effet, les pirates (et flibustiers) connaissaient parfaitement les repaires des boucaniers auxquels ils rendaient visite dans le but de s'approvisionner en vivres. C'est d'ailleurs les boucaniers qui ont rendu célèbre la cuisson de la viande à la fumée (le célèbre poulet boucané). Leurs activités commerciales et de chasse ne les empêchent pas, à l'occasion, de commettre des actes de piraterie : un bateau échoué ou des voyageurs imprudents sont toujours les bienvenus !

1943

La guerre contribue largement à l'américanisation de l'île, dont les États-Unis sont le fournisseur unique. Dès 1943, Juliana (partie hollandaise) devint une base aérienne américaine importante et contribuait à la lutte contre les sous-marins allemands. Cette période fut aussi faste pour les trafiquants qui établiront de grandes fortunes.

1950 -2000

L'ère des premiers touristes. Sous l'impulsion du secteur hollandais, un développement économique et touristique s'étend à toute l'île. Côté hollandais, le *time share* a eu ses heures de gloire. Côté français, l'hôtellerie a toujours préféré les établissements de taille humaine en privilégiant la qualité.

SEP-TEMBRE 1995

Les aléas naturels fragilisent le développement des infrastructures. En septembre 1995, les deux cyclones Luis et Marylin ont dévasté l'île.

2002

Première crise touristique et changement politique. Saint-Martin a connu une année 2002 difficile, qui a vu une sérieuse défection de la clientèle nord-américaine, à cause bien sûr des attentats du 11 septembre 2001.

2003

Le 7 décembre 2003, les électeurs des Antilles françaises ont été consultés dans le cadre d'un référendum afin de statuer sur leur avenir institutionnel. Il était proposé aux Saint-Martinois et aux Saint-Barths, la création d'une collectivité d'outre-mer (COM), comme l'autorisait la réforme constitutionnelle du 28 mars 2003 relative à la décentralisation. Ces deux dernières îles ont approuvé très largement la proposition. Un record de 95,51 % pour Saint-Martin et 76,17 % pour Saint-Barth !

21 FÉ-VRIER 2007

La loi organique du 21 février 2007 créait ainsi deux nouvelles collectivités d'outre-mer à part entière (COM) Saint-Martin et Saint-Barthélemy. Elles peuvent conserver les avantages fiscaux qu'elles ont acquis.

2017 À NOS JOURS

De 2012 à 2017, Daniel Gibbs, originaire de Saint-Martin est élu député de Saint-Martin et Saint-Barthélemy. Il est l'actuel président du conseil territorial de Saint-Martin depuis 2017. Il s'est engagé notamment pour être le président du développement économique saint-martinois. Il place le tourisme comme levier économique.

5 SEP-TEMBRE 2017

Le cyclone Irma a littéralement défiguré l'île ! Saint-Martin se relève et bénéficie par la suite de toutes nouvelles infrastructures et une offre à la pointe des exigences touristiques modernes.

2020-2022

Avec la pandémie de COVID 19, l'économie de Saint-Martin, comme de nombreuses autres îles des Antilles, s'est retrouvée complétement à l'arrêt. Hôtels vides, plages désertées, restaurants ans clients... La crise a laissé des traces, avec la fermeture de nombreux établissements. La différence administratives entres les parties françaises et néerlandaises ont également été exacerbées : les établissements côtés français ont bénéficié de nombreuses aides.

La pirate Henry Morgan.

© DUNCAN1890 - ISTOCKPHOTO.COM

LES ENJEUX ACTUELS

Saint-Martin est unique en son genre ! Les deux parties, hollandaise et française, se côtoient sans aucun souci particulier. Si vous ne faites pas particulièrement attention, vous ne remarquez même pas la frontière, qui par ailleurs est invisible. Elle est seulement délimitée par deux monuments, un sur la N7 avant le quartier d'Orléans et l'autre sur la N7 après Simpson Bay en direction de Marigot. Culturellement, il serait absurde de diviser les habitants du Nord et du Sud en fonction de l'administration dont ils dépendent. Economiquement, le tourisme est la source primordiale de revenus pour les deux. Seule la séparation politique est toujours de vigueur. Chut ! Certains rêvent aujourd'hui en silence d'une réunification du Nord et du Sud… Un rêve demeurant compliqué à imaginer, mais une chose est sûre, les deux parties de l'île unissent leurs forces pour développer différents domaines et surtout le tourisme.

A quoi ressemble politiquement le pays côté hollandais ?

Jusqu'au 10 octobre 2010, Sint-Maarten faisait partie de la Fédération des Antilles néerlandaise, territoire autonome du Royaume des Pays-Bas. À cette date, la Fédération des Antilles néerlandaise est dissoute et Sint-Maarten devient un des quatre États autonomes constituant le Royaume des Pays-Bas, au même titre qu'avec les Pays-Bas, Aruba et Curaçao. Sint-Maarten possède un gouvernement et un parlement autonome élu au suffrage universel par la population de la partie néerlandaise de l'île. Le Royaume des Pays-Bas est représenté sur l'île par un gouverneur, nommé par la reine des Pays-Bas.

La coalition au pouvoir depuis octobre 2010 a été dissoute en avril 2012 et une nouvelle coalition constituée par l'Alliance nationale, le Parti démocratique et trois députés indépendants et disposant de la majorité des deux tiers au parlement a été formée en mai. Depuis octobre 2010, les Antilles néerlandaises, intégrées au Royaume des Pays-Bas, ont été dissoutes. Sint-Maarten (tout comme Curaçao) a acquis le statut d'État autonome sauf en matière de défense, justice et finance qui restent sous la responsabilité du gouvernement néerlandais. Les compétences relatives aux affaires étrangères ont également été transférées à Sint-Maarten à la fin 2011. En 2019, le gouvernement composé de six ministères (Éducation, Culture, jeunesse et sports ; Finances ; Justice ; Tourisme, Affaires économiques, transports et télécommunication ; Environnement et infrastructure ; Affaires générales) est dirigé par M. Wycliffe Smith depuis le 10 octobre 2019 (en intérim à la place de Sarah Wescot-Williamm). Les membres du gouvernement appartiennent à des partis distincts : le Parti démocratique, le Parti populaire uni, l'Alliance nationale, le Parti uni de Saint-Martin, les Démocrates unis, le Parti chrétien.

© MAJAIVA - ISTOCKPHOTO.COM

Philipburg à Saint-Martin.

Côté français, une collectivité plutôt récente

Par la voie du référendum organisé le 7 décembre 2003, les électeurs de Saint-Martin et Saint-Barth demandent leur séparation administrative de la Guadeloupe. Leur vœu est exaucé le 15 juillet 2007 lorsque la partie française de Saint-Martin devient officiellement une collectivité d'outre-mer, au même titre que Saint-Barthélemy qui a effectué simultanément la même mutation. Le statut de collectivité d'outre-mer (COM) est régi par les lois du 21 février 2007 mettant en œuvre la révision de la Constitution de mars 2003 en matière de décentralisation. La création de ces deux collectivités d'outre-mer est justifiée sur le plan géographique, historique et administratif, tant ces deux îles sont différentes de l'archipel guadeloupéen auquel elles ont été rattachées à l'époque, pour des raisons administratives. Largement inspirées de celles d'un département, les institutions de Saint-Martin et Saint-Barth comprennent le Conseil territorial et son président, le conseil exécutif et le conseil économique, social et culturel. Elles se voient ainsi confier les compétences attribuées généralement aux communes, département ou région. En outre, Saint-Martin et Saint-Barth ont obtenu la compétence fiscale en acquérant le statut de COM. La collectivité de Saint-Martin dont le siège est à Marigot, est représentée au Sénat par un sénateur depuis septembre 2008 et à l'Assemblée nationale par un député depuis les élections législatives de 2012. Guillaume Arnell (Rassemblement Démocratique et Social Européen) a été élu sénateur en septembre 2014. Il succède ainsi à Louis-Constant Flemming qui avait démissionné le 31 décembre 2013. Le député représentant Saint-Martin et Saint-Barthélemy est Daniel Gibbs (apparenté UMP).

Dualité économique entre les deux parties de l'île ?

En résumé, Saint-Martin est devenue une COM (Collectivité d'Outre-Mer) en 2007 et depuis le 10 octobre 2010, Sint-Maarten est devenu un « pays autonome » à l'intérieur du Royaume des Pays-Bas. La coopération sur l'île s'est récemment renforcée. Le 12 octobre 2010, la France a ratifié l'accord franco-néerlandais de coopération douanière datant de 2002. Cette instance permet aux deux États et aux autorités locales de négocier sur des sujets d'intérêt commun (affaires sociales, sécurité, transports, santé, éducation...). Une commission mixte se réunit annuellement en complément d'une commission technique trimestrielle.

On ne peut occulter la concurrence de la partie néerlandaise dotée d'infrastructures de qualité, d'un taux de change et du dollar plus intéressant, la collectivité de Saint-Martin doit aujourd'hui également relancer son activité économique dans ce sens.

Inertie de la Partie Française face à la légèreté économique hollandaise

Le climat des affaires est perçu, notamment dans la partie néerlandaise, comme étant sensiblement différent dans les deux parties de l'île, et plus favorable aux investissements dans la partie néerlandaise. Les raisons évoquées sont le rapport euro/dollar qui joue au détriment de la partie française ; la lourdeur de la bureaucratie française ; la nécessité pour les entreprises établies à Sint-Maarten d'obtenir une licence pour exercer leurs activités à Saint-Martin ; le salaire minimum à Saint-Martin est approximativement le double du salaire minimum à Sint-Maarten, avec un droit du travail et une réglementation de l'immigration plus stricts du côté français ; une semaine de travail de 40 heures à Sint Maarten contre 35 heures à Saint-Martin ; un régime fiscal particulièrement favorable à Sint Maarten (pas d'impôt foncier ou immobilier ni d'imposition des plus-values ; droits de mutation réduits) ; l'obligation d'employer le français avec l'administration.

En outre, après le passage du cyclone Irma, la partie française se réorganise, se reconstruit plus lentement, car les lois françaises applicables (au niveau de la construction notamment) sont plus draconiennes. L'objectif est d'améliorer la qualité et prendre en considération les mesures potentielles en cas de catastrophe majeure. Pour ces raisons, les entreprises de Sint Maarten sont rarement intéressées à opérer dans la partie française, et, inversement, nombre d'entreprises françaises se sont établies dans la partie néerlandaise. Une part substantielle de la dépense des résidents, des entreprises et des touristes de Saint-Martin se fait dans la partie néerlandaise, ce qui représente pour l'économie de celle-ci une importante source de revenus. De ce fait même, l'état de la situation économique en partie française a nécessairement des répercussions importantes dans la partie néerlandaise.

Enfin, autre différence, la présence d'un enseignement supérieur en partie néerlandaise. Saint-Martin ne dispose que de peu d'enseignements post-baccalauréat et n'a pas d'établissement universitaire tandis que Sint Maarten dispose d'un campus universitaire avec l'École de médecine et l'University of Saint Martin (Source : Programme de coopération territoriale européenne Saint-Martin/Sin Maarten 2014-2020).

ARCHITECTURE

L'architecture de Saint-Martin est marquée par de multiples influences. L'île garde de belles maisons de maître. Ces habitations sont de véritables témoignages de la période de l'esclavage. Côté français, ce sont les cases créoles qui font foi, quand le côté hollandais est plus une terre de business où le tourisme pousse à la construction de casinos et de complexes hôteliers. Si la loi française protège le littoral, le côté hollandais a littéralement bétonné la majorité de ses côtes. Le contraste entre les deux parties de l'île est saisissant. Le terrible ouragan Irma, qui a détruit une très large partie de l'île en 2017, interroge aussi sur la nécessité de développer toujours plus les constructions anticycloniques, afin de protéger les habitants et de faire face à un avenir et une nature imprévisibles. De nombreux vestiges de cette catastrophe sont encore visibles : villas éventrées, marina à l'abandon, épaves de bateaux...

Les maisons de maître

Les maisons de maître ont été construites à la période de l'esclavage et se repèrent assez aisément lors d'une balade à Saint-Martin. Dans tous les esprits, la « maison coloniale » s'apparente à une villa, confortable et luxueuse, mais la réalité est souvent différente. De nombreuses maisons de maître restent des habitats modestes, de petite taille et construites en bois ciselé, avec des toits en tôle. Elles sont en outre très colorées et disposent d'une galerie extérieure. On les assimile plus à de belles fermes françaises plutôt qu'à des palais. Aujourd'hui, la plupart de ces maisons font office de musées. On peut en admirer quelques-unes sur la route de l'Espérance, à Grand-Case.

Les cases créoles, emblèmes du Saint-Martin Français

Les petites cases typiques au bois ciselé et finement décoré, aux couleurs intenses, vives et parfois criardes, sont la fierté des habitants dans les rues de Marigot, Grand-Case ou Philipsburg. La case créole est une petite maison en bois qui ne compte que deux ou trois pièces ne dépassant pas 3 m sur 6 m et qui a été construite pour résister aux cyclones. Elle est posée sur des fondations sommaires, mais qui lui permettent d'être isolée du sol, et son toit à quatre pans est souvent recouvert de tôles. On note que, par le passé, celui-ci était composé de bois peint, de roseaux ou de chaume. Les fenêtres peuvent accueillir des feuilles de palmiers, qui permettent de mieux faire circuler l'air et donc de rafraîchir les pièces. Avec la surexploitation du bois et le défrichage pour le développement des champs de cannes à sucre, les ressources en bois ont été épuisées au début du siècle dernier : il était alors possible de commander des cases en kit importées des États-Unis, à commander sur catalogue. Aujourd'hui, en se promenant dans les rues des communes de Saint-Martin, on note souvent que beaucoup de façades sont délabrées, la faute à la succession de cyclones dans la région, et au manque de moyen pour entretenir et remettre à neuf les habitations. Mais la case créole est toujours un habitat agréable à regarder et qui évoque un des charmes emblématiques de l'île.

© SÉVERINE VULLIEZ

Case colorée à Philipsburg.

© RALPH ESHELMAN - SHUTTERSTOCK.COM

Fort Louis.

L'architecture anticyclonique et les normes de construction

Autant que cela puisse étonner dans des régions où peuvent défiler les cyclones, l'habitat des Antilles peut être très léger, au point de ne pas résister aux fortes rafales de vent. On pense aux conséquences dramatiques de l'ouragan Irma qui, en 2017, a mis de nombreux bâtiments à terre. Il est donc important pour les nouvelles constructions de respecter les normes anticycloniques avec des toitures aux rebords réduits pour éviter les soulèvements. Les vis sont également recommandées à la place des clous pour la fixation des toits. Les portes et les fenêtres doivent aussi être protégées avec un volet anticyclonique. Le choix des implantations des habitations est très important. Ainsi, on évitera les bords de mer, fort exposés au vent et aux grandes marées et on privilégiera l'intérieur des terres.

Par ailleurs, certaines normes en vigueur visent à optimiser la sécurité des constructions, de même qu'à protéger le littoral. Le statut des 50 pas géométriques, héritage de l'ancien régime Antilles-Guyane, s'applique aux constructions situées sur le littoral. Il s'agit de l'interdiction pour les particuliers de construire sur 81,20 m depuis le bord de mer. Malgré tout, on retrouve des maisons qui ont été construites de manière anarchique et c'est pour cette raison que deux agences Ad hoc ont été créées, afin de régulariser les nombreuses constructions qui se font sans autorisation.

Depuis 2012, la Collectivité possède des compétences en matière d'urbanisme local. Les élus travaillent ardemment pour mettre en place le code de l'urbanisme qui doit à la fois tenir compte de l'environnement français, et également du code européen prenant en compte son statut de RUP (Région Ultra Périphérique). On constate une forte volonté de la part des autorités pour réorganiser le domaine de la construction, avec un long travail en perspective, l'île étant en pleine période de reconstruction suite à Irma.

Quelques monuments à ne pas manquer

Édifiée sur la route du Fort Louis, l'église catholique de Marigot a été bâtie en 1941, date à laquelle le Père Wall prit ses fonctions à Saint-Martin et entreprit l'édification du monument pour offrir un lieu de culte aux chrétiens catholiques qui n'en avaient pas. Il fit également construire l'église de Grand-Case à peu près à la même époque et selon les mêmes techniques, employant de la pierre et de la chaux.

Surplombant la baie de Marigot, face à Anguilla, le Fort Louis a été construit en 1789 par la population du bourg de Marigot, sous l'impulsion du gouverneur de Saint-Martin et de Saint-Barthélemy, Jean Sébastien de Durat. S'il a été érigé pour défendre les entrepôts du port de Marigot, il a par la suite été laissé à l'abandon et est tombé en ruines. Restauré au XIXe siècle, il a de nouveau par la suite été laissé à l'abandon. Depuis 1993, l'association archéologique Hope Estate, en étroite collaboration avec les unités du service militaire adapté (SMA) de Guadeloupe, a entrepris des travaux de restauration et le site fait l'objet de visite culturelle avec des panneaux explicatifs.

Autre site incontournable, les vestiges d'un village Arawak, situé à 80 mètres d'altitude et dominant la plaine de Grand-Case : le site archéologique de Hope Estate. Venus d'Amérique du Sud en 550 av. J.-C., les Amérindiens ont installé ce village de forme circulaire, laissant des vestiges de roches gravées ainsi que de très belles poteries.

BEAUX-ARTS

Au milieu des Caraïbes, l'île de Saint-Martin regroupe sur sa modeste superficie plus de 120 nationalités qui participent à la variété de sa vie culturelle. À l'image de sa musique et de sa gastronomie, son paysage artistique est un camaïeu d'inspirations fusionnées à la culture caribéenne. Renommée pour ses plages paradisiaques, elle vous étonnera par le nombre de musées, de galeries et de festivals qui célèbrent tout au long de l'année l'art sous toutes ses formes. Nés sur l'île ou venus d'Europe ou d'Amérique, les artistes trouvent sur ce petit morceau de terre un lieu d'inspiration privilégié. Certains reconnus comme Jasper Johns ou Francis Eck, d'autres plus pudiques, mais qui ouvrent volontiers la porte de leur atelier. Plus que jamais, la volonté d'aller de l'avant et de mettre en valeur la richesse de son patrimoine se ressent dans les initiatives individuelles et collectives qui fleurissent sur l'île aux mille visages.

L'île aux peintres

Saint-Martin regorge de galeries d'art et de lieux d'exposition. La lumière éclatante, la palette de bleu des eaux transparentes, l'architecture colorée nourrissent l'imaginaire d'artistes de tous horizons. Peintres, sculpteurs, céramistes de Saint-Martin et d'ailleurs, certains de renommée mondiale puisent dans les paysages et la culture caribéenne pour inventer de nouveaux styles. Le mensuel gratuit *Soualig'Art* recense l'actualité artistique de l'île. Entre autres lieux culturels dynamiques, le hall d'accueil de l'Hôtel de la collectivité (anciennement Hôtel de Ville) réserve un « Coin des artistes ». Chaque mois, un artiste local y installe ses œuvres. Mathias Durand-Reynaldo alias Coccinella a exposé son travail en 2007. Né en 1975 au Havre, il réside aujourd'hui à Saint-Martin. Sculpteur, couturier et peintre, il compose à partir de matériaux de récupération des œuvres figuratives hyperréalistes qui dénoncent le manque de conscience civique et écologiste.

Collectifs d'artistes

Les artistes de Saint-Martin aiment unir leurs forces. Depuis 2010, le collectif HeadMade Factory a pour ambition d'être un pôle de la création contemporaine à Saint-Martin. Il travaille à véhiculer de nouvelles formes d'art sur le territoire. À travers des expériences qui mêlent danse et arts visuels, mais aussi des conférences, des résidences d'artiste et des expositions, le HMF s'insère dans la société de son temps. À sa tête, plasticiens et chorégraphes – Florence Poirier Nkpa, Peggy Oulerich, Cindy Choisy, Laurent Bayly – promeuvent un art en perpétuel renouvellement. Au fait de la scène artistique internationale, ils entendent dépasser les frontières de l'île et les contraintes de la saison touristique. Leur objectif est de produire « une relation au monde » en utilisant différents médias afin de vivre pleinement dans le monde de l'art contemporain caribéen. L'association Art Lovers fondée par Paul Elliott a pour but de développer les arts visuels par la création d'événements. Week-end portes ouvertes d'ateliers d'artistes et manifestation le « Coin des artistes » fédèrent la communauté artistique locale.

Sélection de galeries d'art

Escale des îles se présente comme la vitrine des arts caribéens. La plus ancienne case de Saint-Martin a été réhabilitée en galerie d'art par sa propriétaire Isabelle. Les œuvres d'artistes de l'île et d'ailleurs trouvent leur place au sein de cette demeure historique. Elles sont soigneusement sélectionnées par Isabelle qui, en plus d'offrir un espace d'exposition, aime révéler des artistes méconnus. Les expositions d'Escale des îles offrent un panorama de la diversité créatrice caribéenne : peinture (Maryn, Gill, Paul Elliott, Antoine Chapon, Geneviève Curt, Catherine Millot, Dago, Babet...) ; photographie avec Jean-Michel Serveau. Des tableaux de Corinne Burgalière sont également vendus au profit d'œuvres caritatives. Par la diversité de ses artistes, Escale des Iles est devenu, depuis son ouverture en janvier 2007, l'adresse incontournable des amateurs de tous bords.

La galerie Amahoro apprécie autant l'éclectisme que la qualité. L'art afro-caribéen côtoie l'artisanat, la peinture et les bijoux. La photographie a également sa place dans ce lieu d'exposition qui met en vedette des artistes à l'univers différent : Laetitia Boulud, photographe et philosophe, ou encore Jacques Zolty, installé à Saint-Barth depuis une trentaine d'années et spécialisé dans la photo de mode et de publicité.

L'artiste autochtone Roland Richardson a installé sa galerie dans une maison créole du XIXe siècle entourée d'un jardin tropical, au cœur du Marigot.

Sa collection d'œuvres d'art « Plein Air », éblouissante de couleurs, a été réalisée sur place par l'artiste. Un musée sera prochainement ouvert dans la galerie qui porte son nom.

La Galerie des Tropismes et Art Box proposent des expositions permanentes d'Antoine Chapon qui compose des sculptures en bois et pierre, ainsi que des giclées-aquarelles et des giclées-huiles lumineuses.

La Gingerbread Gallery ouverte par Simone Seitre, collectionneuse et négociante qui a découvert l'art haïtien avant l'heure de sa reconnaissance internationale. Elle a travaillé avec les plus grandes galeries locales mais aussi directement avec des artistes devenus mondialement célèbres. Son fils Simon a pris la relève dans la galerie de Marigot. Toutes les écoles et tous les thèmes sont représentés, de la vie rurale au culte vaudou, l'art naïf comme l'art abstrait.

Au sommet de la colline, la Minguet Art Gallery accueille des expositions d'Alexandre Minguet et d'artistes caribéens. Pour la petite histoire, Alexandre Minguet, son fondateur, a perdu l'usage de la parole de 18 mois à 5 ans suite à un choc émotionnel. Il gardera de cette épreuve une indépendance et un sens de l'observation qui le prédisposent à mener une carrière de coloriste. Aujourd'hui, sa fille a repris le flambeau et fait fièrement perdurer son héritage.

Musée de Saint-Martin

Le musée du Marigot offre l'occasion de remonter le temps en partant sur les traces des Arawaks. Dans ce musée, Saint-Martin met en valeur son patrimoine historique et culturel des premiers Amérindiens (2 000 av. J.-C.) aux premiers colons du XIIe siècle. Le premier étage du musée est consacré à des expositions temporaires d'artistes. Gravures, objets et photographies anciennes côtoient la collection archéologique issue de recherches menées par l'association Hope Estate.

Un projet unique de street art

Faces of St Martin est un projet lancé en 2017 par la Collectivité de Saint-Martin. Cette exposition délibérément éphémère de street art est renouvelée annuellement. Lors de sa seconde édition, sur le thème « Saint-Martin at work », huit photographes sont partis sur les traces des Saint-Martinois au travail, représentant quinze corps de métier. Ces portraits photographiques géants étaient affichés sur tout le territoire. Inspiré du projet « Inside out » de l'artiste JR, l'événement street art entend rendre hommage aux citoyens de l'île à travers l'art. 147 portraits exposés dans l'espace urbain de travailleurs qui ont décidé de rester pour reconstruire l'île dévastée suite au passage d'Irma. Leurs sourires et leurs regards éblouissants sont un exemple pour tous les passants.

MUSIQUES ET SCÈNES

La réputation de Saint-Martin fait d'elle une île toujours en fête. À chaque coin de rue, la musique est présente, invitant sans cesse au chant et à la danse. C'est vrai. Mais passé l'aspect divertissant, la musique sert aussi à raconter Saint-Martin. Par exemple, la popularité du zouk et des danses comme la mazurka ou la biguine rappelle son histoire et sa culture, liées à celles des Antilles françaises. Aussi, certains genres témoignent du cosmopolitisme de l'île. Sur les quelque 40 000 habitants de la partie française de l'île, un tiers ont immigré d'Haïti ou de Jamaïque durant le boom immobilier des années 1980. Naturellement, leur culture et musique ont voyagé avec eux et on entend beaucoup sur l'île de Kompa (musique des bals et des fêtes haïtiens), le merengue (d'origine dominicaine et portoricaine), le reggae et ses variantes (dub ou ragga, issus de Jamaïque). Tout un monde musical et une belle carte postale sonore des Antilles.

Le bel-air (ou bèlè)

Traditionnellement martiniquaise, mais présente à Saint Martin, le bel-air est une musique agricole, baignée de sonorités africaines, héritage des esclaves de la Traite négrière. C'est une musique très codifiée, rythmée par des tambours (eux aussi nommés *bèlè*) et dont les paroles abordent aussi bien la vie d'esclave que l'amour et de joie. Le *bèlè* désigne également le nom de la danse, mixte, qui s'exécute en groupe ou en couple. Deux grands représentants de cette musique traditionnelle sont les artistes martiniquais Eugène Mona et surtout Edmond Mondésir.

Le zouk

Grand divertissement des Antillais, le zouk peut parfois paraître l'apanage d'un monde fermé, inconnu, vivant selon des règles non écrites où le collé-serré se pratique à l'instinct, au feeling. Le zouk est sans doute l'export le plus connu des Français des Petites Antilles. Le mot désignait à l'origine un espace de danse populaire ou peu conventionnel, ou pourrait provenir de mazouk, la mazurka créole. Quoi qu'il en soit, il revient à Kassav de populariser le genre fin 1970-début 1980. Le succès est immédiat dans toutes les Antilles (Saint-Martin y compris), le genre sert même à l'époque – comme la langue créole – d'outil de défense de l'identité antillaise. Les groupes et tubes vont pleuvoir tout au long de la décennie comme Zouk Machine en 1989 avec *Maldon*, chanson dont le succès va l'imposer en emblème du genre. Le zouk fait des émules, comme le zouk-love, une variante plus lente, douce et sensuelle. Patrick Saint-Éloi est incontestablement un des précurseurs dans les Antilles françaises. S'ensuit une perte de vitesse lors des années 1990, puis l'émergence d'une nouvelle génération dans les années 2000, fondatrice du zouk R'n'B.

© IRIS VAN DEN BROEK - SHUTTERSTOCK.COM

Musiciens à Philipsburg.

© UWE KRETH - SHUTTERSTOCK.COM

Steel Drum.

Le zouk est de plus en plus influencé par la musique américaine. Aujourd'hui, la tendance semble osciller entre *spicy zouk* ou électro-zouk qui partage la scène des musiques de danse avec le très sexy raggaeton de Porto Rico.

Indéniablement, un bon moment pour entendre du zouk à Saint Martin est durant le Carnaval. C'est l'événement le plus populaire de la partie française et tout le monde sort maquillé ou déguisé, chante et danse aux rythmes des musiques antillaises, souvent jouées par de très bons groupes locaux. Un inratable.

Le kompa

Si le kompa est populaire dans toutes les Antilles, il témoigne à Saint-Martin de l'immigration haïtienne des années 80. Originaire d'Haïti, il est à sa création dans les années 50, un genre trempé de jazz, de calypso et de merengue. Il est d'ailleurs fortement conseillé d'écouter quelques grands noms de l'époque comme Nemours Jean-Baptiste, l'Orchestre Tropicana ou l'Orchestre Septentrional, un vrai délice de langueur. À partir des années 80, le kompa conserve peu ou prou le même rythme chaloupé, mais devient « digital » en accueillant boîtes à rythmes et synthétiseurs à la place de l'orchestre traditionnel. C'est souvent ce kompa-ci que l'on entend à Saint-Martin (et partout ailleurs), avec bien entendu, la version contemporaine rafraîchie au rap, R'n'B, reggae ou ragga. Pour se faire une idée du genre, on peut écouter des stars haïtiennes comme Carimi ou Sweet Micky. Fait amusant, ce dernier est si populaire qu'il a été président d'Haïti entre 2011 et 2016.

Le steel band

Bien qu'il soit indissociable de son île d'origine, Trinidad, et de son genre de prédilection, le calypso, le steel drum est hyper populaire à Saint-Martin (et dans toutes les Caraïbes). Ce tambour d'acier aux sons très aériens et gracieux est la percussion la plus typique des îles. Le steel drum se joue souvent en orchestre – en compagnie d'autres steel drum – le fameux steel band, très courant à Saint-Martin, surtout durant les carnavals des deux parties de l'île. Saint-Martin a même son groupe star : The Gunslingers. Véritable figure locale, ce steel band officie depuis les années 1950 et forme, génération après génération, de nouvelles recrues pour assurer la relève et maintenir cette pratique vivante.

Les musiques jamaïcaines

Plus importante du côté hollandais de l'île, la communauté jamaïcaine demeure particulièrement bien implantée à Saint-Martin. Le niveau de vie qui fut, un temps, proche de celui européen attirait de nombreux habitants des îles alentour. La musique jamaïcaine, mondialement connue, est donc très présente sur place. On entend beaucoup de reggae, de ragga ou de dub dans les rues ou sur les plages – notamment celle de Friar's Bay - et les groupes locaux en jouent énormément. Parmi eux, les Red Eye Crew sont des stars du dancehall (souvent mélangé à la soca de Trinidad) dans toutes les Caraïbes et Percy Rankin, chanteur de reggae, est sans doute l'artiste le plus connu de l'île. On peut voir ce dernier se produire régulièrement au Blue Martini, bar-restaurant à la mode de Grand-Case, très décontracté et doté d'une programmation alléchante. Côté hollandais, Pineapple Pete propose aussi régulièrement des *lives* de reggae.

La danse

Le « panamn » est la danse traditionnelle de l'île, mais, malheureusement, elle est peu connue et pratiquée à présent. Autrement, aujourd'hui à Saint-Martin, on danse de la même manière que dans le reste des Antilles françaises. Côté folklore, la mazurka est toujours présente à Saint-Martin, mais n'apparaît plus que durant les célébrations ou les bals. Cette danse martiniquaise débarque de Pologne au début du XXe siècle pour devenir une valse créole, beaucoup plus rythmée que l'originale et se décomposant en deux figures : « le piqué » et « la nuit ». Tout aussi traditionnelle, la biguine mélange le bèlè et la polka pour un résultat se déclinant en trois styles : la biguine de salon, la biguine de bal et la biguine de rue. Le groupe Malavoi a beaucoup œuvré avec sa musique pour maintenir vivantes mazurka et biguine. Notons aussi le laghia, une « danse-lutte » réalisée par deux hommes simulant un affrontement au corps à corps ou la calenda, danse lascive et solitaire. Tout aussi sensuel, le zouk love « collé-serré » est la danse la plus répandue sur l'île.

A L'ÉCRAN

Sur une île qui ne compte pas plus de 75 000 habitants, difficile de développer une branche cinématographique. Pourtant, les habitants de l'île de Saint-Martin ne perdent pas espoir de voir devenir leur petit bout de paradis, le nouveau terrain de productions cinématographiques et télévisuelles. Saint-Martin se bat pour avoir sa place dans le 7e art grâce à un jumelage avec Bry-sur-Marne pour développer son industrie cinématographique, la création d'un festival et bien sûr, l'accueil sur ses terres de la cultissime série française *Les Mystères de l'Amour.* C'est véritablement cette dernière qui met en lumière l'île chaleureuse. En effet, entre Jean-Luc Azoulay (créateur de la série) et Saint-Martin, c'est une histoire d'amour qui remonte à plus de 20 ans. C'est ainsi que depuis une petite décennie, « Hélène et les garçons » vivent leurs passions, leurs déceptions et leurs intrigues entre Paris et l'île franco-néerlandaise.

Hélène et Saint-Martin

Saint-Martin, même si très précaire au niveau des productions du grand écran, a un allié de taille en ce qui concerne la télévision : Jean-Luc Azoulay. Producteur et créateur de nombreuses séries *low cost*, Azoulay apporte véritablement un style populaire à la télévision et est à l'origine de nombreux programmes à succès, surtout dans les années 1980 et 1990. Les étés 1993 et 1994, le producteur débarque avec toute l'équipe du Club Dorothée, pour enregistrer la saison estivale de ce programme pour enfants. Pendant deux mois, Dorothée et ses comparses nous font découvrir l'île en hélicoptère ou pieds nus sur les plages. Le Club « Do » essaie alors un nouveau contenu éducatif auprès des jeunes, en parlant de sujets sensibles comme le SIDA et l'écologie, tout en restant dans le divertissement. Après cette saison passée à Saint-Martin, Azoulay reste très attaché à l'île et en 2011, il embarque la célèbre Hélène ainsi que Nicolas, José et « Cri-Cri », pour tourner plusieurs scènes de la série française *Les Mystères de l'amour*. Spin-Off des séries cultes *Hélène et les Garçons* (1992-1994) et *Les Vacances de l'Amour* (1996-2007), l'intrigue de ce programme reste fondamentalement le même, à base de romance, de drame et d'action (cependant avec une touche un peu plus exotique). Le producteur, amoureux de l'île, offre aussi plusieurs emplois sur ces tournages et fait véritablement participer tout Saint-Martin à son œuvre.

Jumelage et SIFF

2016 est un tournant dans l'histoire cinématographique de Saint-Martin, avec la signature d'un serment de jumelage entre l'île et la ville de Bry-sur-Marne. Avec cet accord, les deux régions espèrent développer leurs productions cinématographiques, des formations en audiovisuel ainsi qu'attirer les professionnels du cinéma à venir tourner sur leurs territoires. L'année 2018 amène à l'île de Saint-Martin, la création du SIFF (Saint-Martin International Film Festival). Parti de l'initiative de Joel Ayuk, producteur et réalisateur camerounais, ce festival propose des ateliers de formation aux étapes de réalisation d'un film (écriture de scénario, réalisation, production et montage). L'unique édition du festival s'est déroulée sur la magnifique plage de Simpson Bay et a accueilli Mark Harris, réalisateur américain du film *Black Coffee* (2014) et l'acteur Simeon Henderson. S'il faut 15 ans pour arriver à la création de cet événement cinématographique, le SIFF n'existe malheureusement qu'une année. Malgré de gros manques de subventions et d'aides au développement culturel, Saint-Martin et ses habitants ne désespèrent pas d'un jour pouvoir appeler leur île, le « nouveau Cannes ».

© GILLES MOREL

Saint-Martin, décor de la série française "Les Mystères de l'Amour".

POPULATION

La Friendly Island, île accueillante, est un *melting-pot* de nationalités qui en font sa richesse et sa singularité ! Pas moins de 120 nationalités animent le territoire, dont beaucoup viennent d'une immigration illégale qui n'est pas sans conséquence, avec de nombreux quartiers d'habitat illégal. Originale dans sa découpe par sa double insularité, la population estimée de l'île est de 38 659 habitants au 1er janvier 2022 selon les chiffres de l'Insee dans la partie française et à plus de 40 000 dans la partie néerlandaise. Sint-Marteen, plus anglophone, accueille des nationalités de toutes les Antilles anglaises, des États-Unis, d'Inde… Une population en devenir avec 35 % de jeunes de moins de 20 ans. Un *patchwork* de cultures, qui toutes réunies forment une fresque universelle loin d'être artificielle. Cette diversité ethnique et l'afflux constant de touristes créent une ambiance chaleureuse aux accents festifs et colorés.

À l'origine, les Arawaks

Ce ne sont peut-être pas les premières peuplades, mais les premières populations amérindiennes à s'être implantées dans les Grandes et Petites Antilles. On a ainsi retrouvé des signes de civilisation d'une richesse exceptionnelle à Hope Estate qui sembleraient datés de 560 av. J.-C. Depuis 1987 des scientifiques tentent de décrypter la découverte de nombreux objets et indices.

L'originalité saint-martinoise

Contrairement à d'autres îles des Petites Antilles, les Saint-Martinois proviennent de nombreuses régions. Un métissage et surtout la venue de nombreuses populations insulaires des îles environnantes. La première vague d'accroissement de la population entre 1687 et 1786 est liée à la culture de la canne à sucre ainsi qu'à l'arrivée des esclaves nécessaires à son exploitation. Après l'abolition de l'esclavage en 1848, une nouvelle vague d'immigrants noirs est venue en majorité de la partie hollandaise puis d'Anguilla, afin d'assurer l'activité économique. Entre 1775 et 1784, la population blanche passe de 300 habitants à 500, mais la masse servile, essentiellement noire (surtout des Anguillais anglophones) s'élève brutalement de 1 000 à 2 500. C'est en 1850 (deux ans après l'abolition de l'esclavage) que l'île acquiert son statut de port franc. Mais ce n'est qu'au milieu du XXe siècle qu'elle attirera de nombreux visiteurs dont certains deviendront des résidents permanents.

Dans les années 1919-1920, de nombreux Saint-Martinois français et néerlandais émigrent vers les îles d'Aruba et de Curaçao, attirés par les raffineries de pétrole. Les historiens signalent une baisse de 18 % de la population de l'île de Saint-Martin/Sint Maarten entre 1920 et 1929. En 1939, la France et les Pays-Bas abolissent les droits de douane et des contributions indirectes entre les deux zones, ce qui permet de développer sans entraves les relations commerciales et économiques entre les deux parties de l'île.

© RUTH PETERKIN - SHUTTERSTOCK.COM

Promenade le long de la plage à Philipsburg.

Une population jeune et en plein essor

La population a connu une très forte croissance, surtout dans les années 1980, principalement grâce au développement du tourisme. On note aussi, depuis le début des années 1980, une explosion démographique due à une arrivée massive de population attirée par le développement de la construction, provoqué par la loi Pons sur la défiscalisation qui n'a jamais aussi bien fonctionné qu'à Saint-Martin. La partie française ne comptait que 8 000 habitants environ en 1982, et plus de 28 000 en 1990. En 2013, il y aurait 75 000 habitants sur toute l'île. Actuellement, à peine 15 % de la population est réellement saint-martinoise. Selon l'IEDOM (Institut d'Émission des Départements d'Outre-Mer) 40,3 % de la population est âgée de moins de 25 ans en 2013 (31,9 % en Guadeloupe à titre de comparaison). L'âge moyen de la population s'élève à 32,8 ans contre 28,2 ans en 1999. Dans les 10 prochaines années, la tendance s'annonce jeune également (25,6 % de la population âgée de moins de 15 ans contre 27,6 % en 2013), en prenant en compte la forte augmentation des plus de 65 ans (10,3 % en 2030, contre 6,4 % en 2013).

Île cosmopolite : 120 nationalités

Les différentes migrations favorisent ce statut cosmopolite. Certains des immigrants n'ont pas de statut légal. On compte surtout des Haïtiens créolophones, des Dominicains hispanophones, des Jamaïcains, Dominicains et Guyanais anglophones, des néerlandophones originaires des Antilles néerlandaises, des Indiens originaires du Sud-Est asiatique, des Européens, etc. Une unicité culturelle qui est propre à Saint-Martin.

Grand métissage des langues

Les deux langues officielles à Saint-Martin sont le français et le néerlandais. Mais, que ce soit du côté hollandais ou du côté français, l'anglais est la langue la plus couramment pratiquée et reste un moyen d'unir la population de l'île. Cet anglais n'est pas utilisé dans sa forme standard. Il connaît beaucoup de variations aux niveaux phonétique, morphologique et du vocabulaire. On parle de *broken english*, ou encore de *pidgin english*, une sorte de patois caribéen, qui mêlent influences britanniques, françaises, latines, africaines, etc.

L'espagnol fait aussi partie des langues parlées sur l'île, en raison de l'immigration des îles hispanophones avoisinantes, principalement de République dominicaine.

Même si le mot « créole » désigne bien une langue à part entière, l'évolution des uns et des autres a apporté une seconde nécessité, celle de différencier le créole selon les espaces qui la pratique. C'est pour cette raison que l'on parle aujourd'hui de créole réunionnais, martiniquais, guadeloupéen, dominicain, haïtien, etc. Quant à Saint-Martin, l'île possède des communautés qui pratiquent des créoles d'espaces différents (Martinique, Guadeloupe, Haïti, la Dominique, Sainte-Lucie, etc.). Malgré des variantes, pour l'avoir testé, il est possible de dialoguer en créole et de se comprendre sans faire partie de la même communauté.

Le *papiamento*, la version créole des Antilles néerlandaises. Il est surtout pratiqué par les populations d'Aruba, Bonaire et Curaçao. Son nom proviendrait du mot « papaer » qui signifie parler en vieux portugais. Il connaît quelques variantes selon l'île. Il est d'ailleurs appelé *papiamento* à Aruba et *papiamentu* sur Bonaire et Curaçao.

La langue de la justice

Étant donné qu'une partie de l'île de Saint-Martin fait partie de la République française, en matière de justice la procédure se déroule toujours en français. *En vertu de l'article 2 de la Constitution, le français demeure la langue officielle de cette collectivité d'outre-mer: « La langue de la République est le français.* » Des traducteurs sont disponibles pour les personnes étrangères ou des immigrants qui, dans certains cas, ne connaissent que le créole ou l'anglais. Du côté hollandais, tous les documents officiels sont également publiés en néerlandais; malgré le fait qu'une grande partie de la population ne parle pas cette langue.

Des ambiances multi-ethniques

L'île est multi-ethnique, avec en guise de cerise sur le gâteau, le partage entre deux nations. Les nationalités ont toutes des us et coutumes et traditions qui leur sont propres. Mais elles se sont également enchevêtrées pour créer une dynamique. Ainsi, au gré de vos rencontres, vous pourrez assister à des scènes issues de milieux totalement différents : une ambiance d'apéritif à la marseillaise à la marina ou sur le front de mer, des terrasses rappelant la Côte d'Azur, des marchés petits, mais colorés, des espaces où l'on entend la musique Kompa (c'est la musique des bals et des fêtes des Haïtiens), le merengue (d'origine dominicaine et portoricaine), le reggae et ses variantes (le roots, le dub, etc.) ou encore la ragga (lancée par le célèbre U-Roy), tout un monde musical, une carte postale sonore des Antilles à découvrir dans les bars où des Dominicains ou Haïtiens prennent une Présidente à la fraîche, des enfants qui jouent dans la rue évoquant des scènes de Saint-Domingue, des soirées organisées où les multiples sons de la Caraïbe défilent, les commerçants de Philipsburg vous emportant à New Delhi… Et tout se rencontre à l'occasion de fêtes comme le carnaval, notamment.

SOCIÉTÉ

Saint-Martin est un cas à part ! Une frontière qui n'existe pas vraiment et les habitants passent d'un pays à l'autre sans avoir l'impression d'être chez les voisins. Chaque partie à sa propre gouvernance, donc tout est en double. Et parfois, on n'y pense pas : téléphoner d'un côté à l'autre, vous renvoie sur le réseau international et le prix de vos communications peut vite grimper ! Du côté français, l'euro est largement utilisé, alors que du côté hollandais le dollar sera à privilégier. Les Saint-Martinois appartiennent à la même île et souvent les familles sont reliées des deux côtés depuis des décennies. Des valeurs communes et un sentiment d'appartenance à la « Friendly Island » malgré cette société pluri-ethnique où tous les niveaux sociaux sont représentés. Elle ne ressemble en rien aux Antilles françaises et les caractéristiques socioculturelles de la Martinique ou la Guadeloupe. Alors, quelle est sa singularité ?

La vie palpitante et la richesse d'une société multi-ethnique !

Les îles de Saint-Barthélémy et Saint-Martin sont de véritables sociétés multi-ethniques. Si on part du principe que les Saint-Martinois de pure souche ne dépassent pas les 15 %, le reste est composé de groupes issus de pays très variés (de l'Hexagone, d'Haïti, de la Dominique, de la République dominicaine, d'Inde, de Jamaïque, etc). Sur les 40 000 habitants en partie français, on estime à un gros tiers le ratio d'immigrés venus de toutes les Caraïbes durant le boom immobilier des années 1980. Chacun ayant rapporté avec lui ses coutumes et traditions qui se sont enchevêtrées avec celles existantes.

© JEAN-MARIE MAILLET - STOCK.ADOBE.COM

Kiosque de la place Marigot.

Une palette colorée d'atmosphères

Ainsi, au gré de vos balades, vous pourrez assister à des scènes issues de milieux totalement différents : une ambiance d'apéritif à la marseillaise à la Marina Port Royale à Marigot ou des lunchs les pieds dans le sable à Orient Bay au Kontiki Beach, Kakao ou encore en pleine rue à la Frite au vent à Grand-Case, des terrasses rappelant la Côte d'Azur ou Miami Beach sur la Front Street de Philipsburg comme au Oualichi Restaurant, des marchés colorés et adorables comme celui de Marigot, des quartiers qui vivent en mode « Las Vegas » plutôt la nuit entre casinos et bars américanisés comme à Simpson Bay le Pineapple Pete ou l'Hollywood casino.

La musique dans le cœur : ADN saint-martinois

Votre découverte de Saint-Martin sera musicale ! Que vous soyez d'un côté ou l'autre de l'île, la musique est omniprésente. Elle fait partie de l'ADN des habitants. Que ce soit dans la rue, dans les *lolos comme à Grand* Case Sky's the Limit, lors des barbecues du dimanche sur la plage comme à Mullet Bay, dans les cours d'école lors de la récréation, ou dans les *beach bars comme* au Karacter à Sympson Bay, la vie est rythmée en musique. Même le son des klaxons semble devenir mélodieux !

Vous traversez des espaces où l'on entend la musique *kompa* (c'est la musique des bals et des fêtes des Haïtiens), le merengue (d'origine dominicaine et portoricaine), le reggae et ses variantes (le *roots*, le dub, etc.) au Kali's et Friar's Bay beach café, ou encore l*a ragga* (lancée par le célèbre U-Roy). Les vieux airs de bel-air, du *laghia* (danse de combat) ou de *la calenda* (danse lascive), la biguine (probablement une danse congolaise venue aux Antilles par la voie espagnole), la valse, la *mazurka piquée*. *Touffé yin-yin* hier, zouk aujourd'hui sont là pour prouver que l'on se laisse vite emporter par le

© MALOFF - SHUTTERSTOCK.COM

Marigot et sa marina.

caractère très typé, et *groovy* des sons antillais. Le *ragga* et le *zouk love* grondent contre le nostalgique parfum musical du passé. En fin de semaine, la ferveur du gospel entraîne la communion des âmes et provoque l'intérêt curieux et respectueux du visiteur étranger. Le *steel band* est très célèbre à Saint-Martin. Sa base est cet instrument à percussion typique des îles, qui ressemble à une sorte de batterie en acier. Ils ont d'ailleurs leurs propres groupes, tels que The Gunslingers Steel Band qui se produit lors de manifestations festives.

L'éducation et la Protection sociale

Côté français, les écoles publiques sont présentes de l'école maternelle au collège. En parallèle, il existe pléthore d'établissements privés de tout niveau que les Français de métropole et les expatriés étrangers préfèrent généralement au public. La difficulté du service public étant de faire face à des élèves de différentes nationalités parlant peu ou prou le français. L'uniforme est de mise côté hollandais. La seule université est située en partie hollandaise. Sur la partie française, la loi française s'applique en termes de santé, de retraite, de cotisations sociales. Ainsi, toutes les institutions sont présentes (écoles, hôpitaux, professionnels de santé...).

Contrastes des lieux pour adultes

L'envers des Caraïbes se traduit par l'existence de lieux de contrastes. Les divertissements pour adultes sont autorisés du côté hollandais et ont même pignon sur rue, avec des clubs de danses érotiques où la prostitution est réglementée, ce qui est formellement interdit côté français. À Simpson Bay, il n'est pas rare de voir un château gonflable et des enfants jouer en journée devant un établissement de nuit. Les nombreux casinos, comme le Sonesta dans la partie hollandaise, acceptent les touristes toute la journée, même en short !

Une précarité visible

Des inégalités sociales sont palpables et peuvent créer parfois un sentiment d'insécurité. Des quartiers populaires comme Quartier d'Orléans ou encore Sandy Ground ont leur propre organisation. Ces quartiers abritent des populations très mixtes venues de la Caraïbe, certaines d'ailleurs de manière illégale. Que ce soit au niveau des constructions précaires jusqu'ici tolérées, aux petites lois de quartier... ne rentre pas qui veut dans ce melting-pot populaire. L'histoire de l'île nous révèle qu'un quartier comme Sandy Ground, s'est développé anarchiquement (urbanisme et organisation sociale) sans se soucier de l'application du droit français des « 50 pas géométriques » qui veille à ne pas construire sur le littoral. Squats et constructions sauvages ont été privilégiés et tolérés dans cette zone depuis 50 ans. Les premiers habitants viennent de la Guadeloupe, appelés par les constructeurs comme main-d'œuvre pour le développement du tourisme balnéaire. Et plus récemment, les immigrés haïtiens et dominicains trouvent de quoi se loger dans ce quartier. Des émeutes peuvent avoir lieu, comme en décembre 2019, suite à la demande de la France d'appliquer le PPRN (Plan de Prévention des Risques Naturels) visant à la destruction de nombreuses maisons de ce quartier en bord de mer.

RELIGIONS

En matière de religion, nous pourrions qualifier Saint-Martin d'unicité dans la diversité. Nous pourrions même parler de modèle interreligieux. Car avec pas moins de 120 nationalités, l'île vit au rythme des croyances de chacun sans que cela pose problème. La cohabitation est inévitable sur une si petite superficie et favorise la tolérance et les valeurs de liberté en matière de religion. Une richesse plurielle qui demeure ancienne par les différentes origines de la population : Français, Anglais, Hollandais… Spirituelle Saint-Martin ? Et oui, avec une cinquantaine de confessions. Le nom de l'île « Saint-Martin » évoque le prénom du célèbre évêque catholique de Tours, donné par Christophe Colomb en 1493. Son histoire est contée au Musée de Saint-Martin à Marigot. Actuellement, les catholiques restent les plus représentés. Les anglicans possèdent un temple, les musulmans une mosquée et on trouve des communautés adventistes, méthodistes.

Une culture pluriethnique bien tournée vers le christianisme

Les Antillais sont à 99 % descendants d'esclaves venus d'Afrique. Ces esclaves appartenaient à des ethnies différentes, ayant des organisations sociales diverses, et pratiquaient des religions bien distinctes les unes des autres (polythéisme, animisme, adoration des ancêtres de lignage, islam…). Les esclaves africains se trouvèrent soumis à l'influence de la religion catholique représentée par les colons. Cette influence a modifié un certain nombre de valeurs culturelles et de représentations religieuses. Contrairement à la France hexagonale, où l'on constate la désertification des églises depuis plus de vingt ans, la religion occupe une place importante dans le quotidien des habitants de Saint-Martin.

De nombreuses influences religieuses : une richesse à Saint-martin

Afin d'y voir plus clair, il convient de distinguer les principales obédiences dites traditionnelles : catholiques, anglicans, adventistes du 7e jour, protestants, méthodistes, musulmans (qui ont une mosquée à Philipsburg).

D'autres courants minoritaires, mais en expansion et souvent associés aux sectes, sont présents. Le Vaudou par exemple, principalement pratiqué par les populations d'origines haïtiennes. Selon des statistiques, sur les principales composantes de la population à Saint-Martin, on dénombrerait quelque 7 500 Haïtiens sur l'île, ce qui représente la plus forte communauté. En outre, 85 % des Haïtiens pratiquent le vaudou, souvent assimilé aux sectes, et qui pourtant rend un culte aux esprits. Cet éclatement du christianisme est la conséquence de la tendance religieuse des États-Unis des années 1970 qui, via une sur-médiatisation, a multiplié le nombre de ses branches.

L'époque des quimboiseurs non révolue ?

La sorcellerie est-elle encore pratiquée sur l'île ? Eh bien, tout porte à le croire… La sorcellerie est le résultat d'un brassage culturel mêlant influences amérindiennes, européennes, africaines et indiennes, donc pas étonnant que Saint-Martin soit sous cette influence. Certes, elle semble très minime et pratiquée dans un contexte très spécial. La religion occupe une place importante dans la vie des Saint-Martinois donc ne soyons pas surpris de rencontrer encore des quimboiseurs. Les grandes catastrophes et tout dernièrement le cyclone Irma ont réveillé ces croyances. Toute l'île était en prière avant et après le passage du monstre. Aurait-on jeté un sort à l'île en guise de mise en garde ? Vu les dégâts occasionnés par le cyclone et la vulnérabilité de l'île à faire face, c'est bien plus qu'une mise en garde… Dans le roman de Valérie Lieko, *La Dame de Pique*, les croyances amérindiennes des Tainos à Saint-Martin sont réhabilitées.

Les lieux de cultes et musique

Une spiritualité est souvent accompagnée de musique ! La culture pluriethnique et la grande immigration rendent les cultes plus vivants. Églises ou encore temples accueillent les fidèles au son des chants gospel. La musique dans la religion est bien marquée dans la tradition saint-martinoise. Ainsi, les airs de gospel s'échappent des églises les dimanches matin comme celle Marigot, ou encore l'église Marie-Étoile-de-la-Mer de Grand-Case et la charmante église de Cole Bay en partie hollandaise. Assister à une messe est une expérience en soi.

QUE RAPPORTER ?

Certains achats peuvent être intéressants à Saint-Martin. Vous pourriez être de ceux qui ont un véritable coup de cœur et vous pourriez vous lancer dans un investissement immobilier pour venir y passer vos prochaines vacances… D'autres garniront leurs valises de produits consommables. En effet, entre défiscalisation et allègement de taxes sur certains produits, l'île est un petit paradis *duty free*. On recherche les produits locaux à savourer au retour comme les épices et le rhum arrangé aux multiples saveurs ou les objets de décoration aux couleurs ensoleillées. Les marchés, les centres commerciaux et les avenues de shopping combleront votre soif de souvenirs. L'avantage d'être une île aux deux visages, c'est qu'elle offre une large palette d'idées au goût de la Caraïbe. L'autre avantage est le dollar côté hollandais. Néanmoins, le meilleur souvenir restera celui que vous vivrez intensément sur place !

Les marchés pour des produits authentiques et artisanaux

Le plus emblématique des marchés est celui de Marigot en front de mer. Il est coloré et animé surtout lorsque les bateaux de croisière accostent à Philipsburg. Il est d'usage de marchander sur le marché. Vous trouverez des rhums arrangés aux fruits multiples conditionnés dans des bouteilles en plastique peintes, ce qui allège vos valises considérablement ! Également des étals de mélanges d'épices pour assaisonner vos préparations telles que les accras. Parmi celles à rapporter, on notera le colombo, le madras. Des fruits tropicaux comme l'ananas ou la mangue locale. Si vous êtes amateurs de chemises tropicales, de paréos fleuris, bijoux fantaisie, vous serez également comblés. Sachez tout de même que les confections textiles ne proviennent que rarement de l'île ! L'artisanat local se résume surtout à quelques produits. La poupée St. Martin Doll, avec ses chatoyantes couleurs, est une idée de souvenir artisanal. Sinon, soyez alertes si vous recherchez un souvenir purement authentique.

© SPRADA - ISTOCKPHOTO

Marché aux épices de Marigot.

© SÉVERINE VULLIEZ

Shopping Souvenirs

Les produits de luxe

Pour l'achat de bijoux de marque luxueuse, il faut se rendre à Front Street à Philipsburg. Toute la rue brille de bijoutiers. Les tarifs sont assez, voire très intéressants, mais il faut négocier et donc avoir du temps devant soi. À préciser que l'or est rarement du 24 carats. Les montres des grandes enseignes suisses sonnent l'heure de l'outrageuse dépense, mais qui a Saint-Martin sera peut-être moins onéreuse que partout ailleurs. Philipsburg reçoit jusqu'à six paquebots de croisières, soit pas loin de 25 000 personnes en escale sur l'île ! Cette dynamique touristique favorise l'essor des boutiques de luxe. Côté français, toutes les grandes marques *made in France* sont représentées, TVA en moins. Ces grandes maisons qui font la renommée de la France : Cartier, Hermès, Lancel, Longchamp, Vuitton… Il est d'usage également de faire son shopping pour les cosmétiques (parfums, crèmes de beauté…). Mais les temps ont changé, car la différence n'est plus aussi importante et, franchement, vous ne gagnez pas grand-chose par rapport à la métropole.

Île artistique

Des peintures à la Gauguin, éprises de liberté garantissant l'évasion et le souvenir des îles orneraient de manière exquise vos intérieurs ! Vous trouverez à Saint-Martin de nombreuses galeries d'art : des plasticiens, peintres, céramistes. Vivre sous les Tropiques inspire nombre d'artistes. Les peintres viennent chercher les jeux de lumière et l'intensité variable du bleu du ciel et de la mer. Les influences sont hétéroclites : l'art haïtien met en valeur avec naïveté les scènes de la vie populaires, les animaux des îles… Les toiles de paysages sont largement favorisées. Pour la découverte de l'île de manière artistique, vous trouverez la liste des Galeries d'Art. Très ouverts, les artistes aiment à transmettre leur passion au gré de vos passages. Vous pourriez même y faire un stage. Il est possible de trouver des pièces uniques comme chez Cacao Kanel. L'artiste met en relief les fruits des îles grâce à l'art céramiste et le moulage béton. La création passe également par les bijoux. Saint-Martin n'est pas aussi marquée par la vague créatrice de bijoux en perle comme à Saint-Barth, mais vous trouverez de très belles confections chez Lili des îles. Ses pièces sur mesure vous identifient à la Caraïbe.

Le Rhum et boissons locales

Il faut savoir qu'il n'existe pas de distillerie à Saint-Martin, à part une miniature en fonction à La part des Anges, qui vous montre la fabrication sous les conseils d'un passionné. La canne à sucre est cultivée dans les îles environnantes comme la Guadeloupe ou la Martinique. Il existe plusieurs catégories de rhum, mais celui que l'on consomme facilement après un bon repas est le rhum arrangé. Ce digestif est confectionné à Saint-Martin à base de rhum importé. La maison Busco à Grand-Case, le rhum Ma Doudou sont connus de tous. Les saveurs banane-orange, cannelle, coco, fruit de la passion ensoleilleront vos apéritifs dès votre retour et vous laisseront un goût sucré et doux de Saint-Martin. Il existe pourtant des rhums aux couleurs de Saint-Martin. C'est-à-dire que le spiritueux est élevé et assemblé sur l'île, Rhum Island St Martin à Hope Estate par exemple. Vous trouverez de nombreuses boutiques pour le déguster, être bien conseillé et l'adopter, comme à Hope Estate, Totem Wine et Grappewine proposent une belle gamme de rhums de la Caraïbe. Outre le rhum, la boisson traditionnelle de l'île est la liqueur Guavaberry. Elle est faite de rhum et de baies sauvages, les *guavaberries* et confectionnée par les habitants depuis des générations. Vous pourrez la déguster dans une boutique très chaleureuse Sint Maarteen Guavaberry à Philipsburg.

Et depuis 2017, une bière locale La Pelikaan prend une place considérable devant les bières caribéennes et la fameuse marque hollandaise Heineken (que l'on nomme ici HK). Leurs noms et les saveurs représentent bien les différentes typicités de Saint-Martin.

Les parfums

Un grand nombre de parfumeries proposent en *duty free* toutes les marques de cosmétiques. Des boutiques de prêt-à-porter originales se situent autour de la marina Port-la-Royale et dans le centre commercial West Indies. À moins que vous ayez l'âme créative et vous lanciez dans la recette de votre propre senteur ? À Grand-Case, Tijon Parfumerie vous permet lors d'un atelier de composer votre propre parfum. Du côté hollandais, St Maarten Nectar s'inspire des odeurs des fleurs de l'île pour composer des crèmes à base de produits et d'huiles essentielles naturels.

Les produits hight-tech

Côté hollandais, achats en *duty free* pour les amateurs de hi-fi, vidéo, jeux électroniques, les modèles vendus ne sont pas nécessairement de la dernière génération, le marchandage est de rigueur. L'avantage est alléchant avec jusqu'à 20 % de réduction par rapport aux prix de la métropole. Les vendeurs indiens sont par ailleurs rompus à cet art.

Les shopping malls et lieux commerçants

À Marigot, côté vestimentaire, les grandes marques ont toutes pignon sur rue. Les trois rues que sont La Liberté, Kennedy et Général de Gaulle vous offrent déjà une belle échappée shopping ! Le West Indies Shopping Mall, en front de mer, abrite un bon nombre de grandes maisons : Lancel, Diesel, Lacoste, Façonnable pour n'en citer que quelques-unes, et les tarifs pratiqués ne sont pas forcément décoiffant. Et ne manquez pas la braderie du mois d'août dans le centre-ville ! Howell Center propose de nombreuses boutiques et des services dont vous pourriez avoir besoin. Et depuis 2018, Hope Estate est devenu un des pôles attractifs pour les boutiques vestimentaires et de décoration. Côté hollandais, Philipsburg est le royaume du shopping en tout genre. La fameuse Front Street est un véritable Eden du lèche-vitrines : des bijoutiers, des magasins de hi-fi et d'électronique où vous trouvez parfois le dernier appareil photo numérique, mais souvent des invendus et invendables en métropole. À vous d'avoir l'œil.

Le centre commercial du bord de mer, le Sint Rose Shopping Mall est situé entre la rue principale et la plage de Great Bay. Des restaurants, des bars, des magasins de vêtements et accessoires hommes et femmes, des cosmétiques... Maho Plazza, quartier propice aux virées nocturnes, abrite également bon nombre de boutiques en tout genre (maillots de bain, cosmétiques, prêt-à-porter et accessoires). Elles ont la particularité de rester ouvertes très tard le soir jusqu'à 23h au moins. C'est bien pratique car, franchement, le shopping est bien plus agréable à la tombée de la nuit quand la température est moins élevée.

Quand Noël s'enflamme...

A la période des fêtes de Noël, des magasins éphémères voient le jour du côté hollandais. Souvent dans de grands espaces, ils sont ouverts uniquement pour recevoir les gros arrivages de guirlandes, de boules de Noël et toutes décorations criardes et très colorées. Les Saint-Martinois en raffolent ! Il faut dire que les prix sont très attractifs et vous pourriez vite faire le plein également.

Quelques précautions pour les acheteurs effrénés

Certes, avec une TGCA de 4 % appliquée sur l'ensemble du territoire de la partie française de l'île, le vrai *duty free* n'est pas un leurre. Attention cependant à ne pas trop vous charger, car la place est réputée pour *le duty free* et les douaniers sont les premiers à le savoir. Si, de Saint-Martin, vous comptez vous rendre dans d'autres îles françaises comme la Guadeloupe ou la Martinique, les marchandises importées ou acquises dans l'île sont soumises à leur arrivée aux taxes normalement exigibles : la TVA, l'octroi de mer, etc. Les contrôles à l'arrivée sont fréquents. En cas de fraude importante, le contrevenant risque une amende pouvant aller jusqu'à 3 000 €. La même réglementation s'applique également à l'arrivée en métropole.

Ce qu'il est interdit de rapporter !

Ne soyez pas tenté de décorer votre salon avec un grand coquillage, comme le lambi par exemple. On vous l'accorde, il est magnifique, idem pour le corail, mais il est strictement interdit de rapporter dans ses bagages des coquilles d'animaux marins. Toujours garder à l'esprit que la nature est belle dans son environnement...

SPORTS ET LOISIRS

Idéalement située au centre de l'arc antillais, avec la proximité d'îles et d'îlets, Saint-Martin est certainement l'une des bases les plus intéressantes de la Caraïbe pour de courtes et longues croisières, à voile bien sûr, mais aussi à moteur. De nombreuses agences proposent donc des croisières de rêve à la journée, à la semaine ou au mois. Mais avec une quarantaine de plages et des dizaines de kilomètres de côtes, les autres activités nautiques sont aussi nombreuses. La plongée sous-marine à la découverte des récifs coralliens et la pêche au gros sont très pratiquées et les clubs proposent des sports de voiles, comme la planche à voile ou le kitesurf, mais aussi du kayak, du surf, du jet-ski, du ski nautique, du wakeboard, du parachute ascensionnel et autres bouées tractées. Et dans les terres aussi, il y a de quoi faire. Randonnée, équitation ou balades en VTT, ici aussi il faut se préparer à transpirer !

Plongée sous-marine et réserves marines

Saint-Martin, c'est un régal pour la plongée ! Une explosion de couleur, une température de l'eau très agréable (26° à 27 °C) et une vie sous-marine riche et préservée par la présence de réserves naturelles. On a le choix entre près de 50 spots de plongée pour tous les niveaux. Saint-Martin intègre le même plateau sous-marin que l'île d'Anguilla et Saint-Barthélemy. On retrouve des baies profondes idéales dont les principales sont la baie de Marigot, la baie de Philipsburg et la baie de l'Embouchure.

L'île de Saint-Martin possède deux réserves marines. Ainsi, où que vous soyez, les fonds sous-marins et les différentes espèces composant la flore et la faune locales sont protégés et peuvent ainsi se reproduire et se développer en paix. La plupart des sites de plongée sont équipés de bouées de mouillage pour éviter de faire des dégâts avec les ancrages répétés. Les sites de plongée sont nombreux sur les hauts-fonds et les îlots coralliens qui entourent la pointe nord de Saint-Martin. Sur la côte atlantique, Orient Bay est classée Réserve sous-marine. Au nord de Grand-Case, on peut plonger autour du Rocher Créole, jusqu'à 18 m de profondeur. À l'île Tintamarre, on peut notamment plonger sur l'épave d'un petit remorqueur, par 15 m de fond. Entre cet îlot et Saint-Martin, le haut-fond de la Basse Espagnole est accessible par beau temps.

Les poissons, nombreux, s'observent toute l'année. On peut observer des gorgones, des langoustes, des tortues, des éponges, des raies pastenagues, des barracudas, des poissons-perroquets, léopards, des requins et, entre janvier et avril, des baleines à bosse et des dauphins de passage près de Saint-Martin.

Les centres de plongée favorisent un enseignement et une découverte mêlant qualité et professionnalisme. Ils se dirigent vers une plongée responsable. Les différents centres vous proposeront initiations, plongées d'exploration, plongées libres et des formations de tout niveau.

© THIERRY DEHOVE - SHUTTERSTOCK.COM

Planche à voile à Saint-Martin.

Un paradis de la pêche au gros

L'époque de la migration du gros, du très gros poisson, est très attendue dans les îles, où tous les bateaux de pêche, menés par des skippers compétents, sont particulièrement prêts pour la saison. Les hameçons sont affûtés, les leurres sont prêts et les lignes tarées pour donner aux pêcheurs la chance de toucher un de ces célèbres marlins bleus ou blancs. Du mois d'avril au mois de septembre se déroulent les tournois. Cette activité ayant de plus en plus d'adeptes, précisons que Saint-Martin a la chance d'être proche de Saint-Thomas, « la capitale du monde des marlins ». La zone est fortement poissonneuse pour la simple et bonne raison que l'on n'y pratique pas de pêche commerciale ! Le plus renommé des tournois à Saint-Martin a lieu dans le courant du mois de juin, le tournoi international de pêche au gros.

Randonnée équestre.

Le fameux Marlin Boulevard, où vont les pêcheurs à la recherche des géants des mers, est un endroit réputé. Pour le sport, et pour donner une chance aux poissons, la grosseur de filets est mesurée, et surtout la pratique du *tag release* (relâcher la prise) est de plus en plus généralisée. À d'autres périodes, les pêcheurs locaux scrutent le passage des bancs de daurades coryphènes, des thons ailés, des thons jaunes ou se lancent dans la traque du wahoo, le long des tombants. Mais, quelle que soit la période, la pêche au gros est avant tout synonyme d'une bonne sortie en mer, qui laisse des souvenirs de chaude et épuisante journée antillaise.

La randonnée et la mode de l'écotourisme

Les sentiers, qui autrefois quadrillaient Saint-Martin, assuraient une desserte complète du moindre coin habité de l'île. Un bon nombre de ces itinéraires historiques, tombés en désuétude depuis de longues années, connaissent une deuxième vie grâce au succès grandissant de l'écotourisme. Sous un climat subtropical, les sentiers de randonnée n'ont qu'un lointain rapport avec leurs homologues européens ou nord-américains. L'action combinée des pluies, du vent, de la sécheresse, de la mer et d'une végétation volontiers envahissante rend difficile l'entretien de certains passages. En quelques jours, une trace évidente traversant une crête du pic Paradis peut devenir une énigme. Il y a cependant peu de risque de se perdre vraiment dans si peu d'espace. La sanction encourue par les égarés ne peut se chiffrer qu'en légers suppléments d'heures de marche ! Cependant, pour ceux qui préfèrent arpenter l'île avec les conseils de guides expérimentés, de nombreux professionnels peuvent vous faire découvrir les recoins les moins connus de Saint-Martin.

En VTT, à l'assaut des pistes

Saint-Martin n'a pas échappé à l'engouement pour le VTT et dispose d'un grand nombre de circuits et de pistes qui sont une façon bien agréable de visiter le pays. Des pistes du pic Paradis à celles du littoral, le vélo tout terrain est un excellent moyen pour visiter l'île autrement et de découvrir des sites qui vous seraient restés totalement inconnus en voiture. Nous vous conseillons de faire appel à des accompagnateurs spécialisés dans le domaine. Ils organisent des balades et louent un matériel de plutôt bonne qualité.

À cheval, en harmonie avec la nature

Le cheval fut introduit dans la Caraïbe par les Espagnols dès les premiers voyages de la colonisation. À Saint-Martin, les chevaux firent partie du paysage des exploitations agricoles depuis le temps de l'esclavage jusque dans les années 1940. L'île était réputée pour ses élevages et exportait son cheptel vers Saint-Kitts et la Guadeloupe. Depuis cette époque, bien que l'élevage ait connu une nette régression, il n'est pas rare d'apercevoir des chevaux dans les pâturages de Colombier, Grand-Case, quartier d'Orléans, Saint Peter ou Cole Bay. Plusieurs clubs hippiques ont aujourd'hui pris la relève des exploitations agricoles. Il est très facile de louer une monture pour une balade ou pour une randonnée. Que l'on soit cavalier chevronné ou simple amateur, ces structures disposent d'un parfait encadrement qui permet à tous de partir, d'une façon très originale et en totale harmonie avec la nature, à la découverte de sentiers littoraux et des traces qui sillonnent les mornes. Spectacle d'un coucher de soleil dans l'intimité de la petite plage de Cay Bay ou plaisir d'une baignade en compagnie de sa monture dans les eaux bleu turquoise de la baie du Galion resteront des images ineffaçables de ce passage sous le ciel des Antilles.

GASTRONOMIE

Divisée entre la France au Nord et les Pays-Bas au Sud, l'île de Saint-Martin possède une cuisine métissée, fruit de siècles d'échanges. La cuisine saint-martinoise est réalisée grâce aux diverses épices, fruits tropicaux et autres légumes du pays, que l'on retrouve aussi en Guadeloupe et en Martinique. Cependant, aujourd'hui, sa cuisine diffère sensiblement, melting-pot oblige. Si on retrouve, bien sûr, le *colombo* ou encore le boudin créole, sa gastronomie peut véritablement être qualifiée de cuisine du monde, le tourisme massif ayant poussé les restaurateurs à intégrer des produits venant d'Europe, des États-Unis ou d'Asie en les associant aux produits de Saint-Martin. Côté cuisine locale, elle est à découvrir dans les lolos – ces petits restaurants typiques de l'île – avec une carte axée sur les grillades. Enfin, Saint-Martin, c'est aussi le rhum qui se décline en une myriade de cocktails.

Les basiques de la cuisine saint-martinoise

La cuisine de l'île s'accommode d'une multitude de légumes comme la patate douce, la banane plantain, la christophine, l'igname, le *gombo* ou le giraumon. Bien sûr, au-delà de la viande de cabri ou le poulet, les locaux se régalent de ce que la mer peut leur apporter sous forme d'une multitude de poissons : vivaneau, mahi-mahi – également appelé daurade coryphène – thon, requin, mais aussi toute sorte de fruits de mer comme les palourdes, les ciriques (petits crabes), les oursins et bien sûr l'incontournable lambi, un énorme escargot de mer dont la chair dense et caoutchouteuse nécessite un bon temps de cuisson pour s'attendrir. Le résultat final est délicieux. Pour assaisonner tout ça, les Saint-Martinois ne rechignent pas sur les épices : curcuma, graines de fenouil, de coriandre, anis étoilé, poivre de Jamaïque et bien sûr piment. Les variétés *langue d'oiseau* et *habanero* sont les plus féroces. Enfin, les fruits sur l'île se comptent par centaines et décorent les marchés de leurs couleurs vives : bananes – fressinette ou figue-pomme – pastèques, mangues, avocats, papayes, fruits de la passion, ananas délicieusement sucrés et bien sûr noix de coco.

Spécialités locales

Au-delà de la cuisine internationale servie dans les hôtels pour plaire à une clientèle venant des quatre coins du monde, on retrouve fort heureusement à Saint-Martin encore nombre de restaurants – souvent réservés aux locaux – où venir déguster de nombreuses spécialités antillaises.

On peut commencer par quelques apéritifs, à déguster avec un cocktail ou une bonne bière glacée, comme le boudin créole, blanc ou noir.

© SÉVERINE VULLIEZ

Plats typiques « Lolos ».

© VLADISLAV NOSEEK - SHUTTERSTOCK.COM

Salade de fruits tropicaux.

Une spécialité qui ne vous décevra quasiment jamais, même dans les bouis-bouis. On trouve aussi du boudin de lambi, plus rare et très bon. Impossible de passer outre les délicieux acras, ces beignets frits à la morue et parfois même aux crevettes, ou encore le balaou, un petit poisson allongé que l'on fait frire et que l'on mange entier à la manière des éperlans. Sinon, on peut se rafraîchir avec du féroce, une purée d'avocat et de manioc pimentée à la morue ou encore la ***chiquetaille***, de la morue cuite et effilochée servie en vinaigrette.

Parmi les plats principaux, on ne peut pas aller à Saint-Martin sans essayer le poulet boucané. Les barbecues sont généralement un *must* aux Antilles et il faut absolument tester cette recette de poulet épicé fumé sur une sorte de barbecue fermé aux trois quarts, surmonté d'une cheminée. La viande, placée au-dessus du foyer, est cuite très doucement grâce à la fumée. Dans le même genre, les *ribs* sont des travers de porc longuement marinés dans une sauce aigre-douce avant d'être grillés. Sinon, goûtez le *colombo* – que l'on décline avec toutes les viandes comme le cabri, le poulet ou même le lambi – avec sa riche sauce épicée. On retrouve bien d'autres plats en sauce comme le ***bélélé*** (ragoût de tripes aux boulettes de pain), le ***blaff*** (poisson dans une sauce acidulée) ou encore le ***matoutou*** (fricassée de crabes).

En plus de délicieux fruits tropicaux, on retrouve quelques desserts simples notamment des glaces, qui sont plus que bienvenues sous la chaleur tropicale. Côté boisson, on ne peut pas passer à côté du *guavaberry*. C'est la boisson nationale de Saint-Martin, fabriquée à base de rhum et de baies sauvages récoltées au sommet des collines de l'île. La bière est partout également. La Heineken, la Carib et la Corona sont très populaires, mais la bière Pelikaan, 100 % brassée localement, vient depuis peu faire de l'ombre à ses aînées. Sinon, bien sûr, le rhum est ancré au plus profond de l'âme de Saint-Martin. Qu'il soit blanc, ambré, arrangé (avec des fruits, des zestes d'agrumes, de la vanille ou de la cannelle) ou en cocktail (comme le *ti-punch* à base de rhum blanc, citron vert et sirop de sucre), il est indissociable des Antilles. Si on ne cultive pas de canne à sucre sur l'île, Saint-Martin en importe et produit entre autres le rhum ***Island Cane*** et les rhums arrangés de ***Ma Doudou***, facilement reconnaissables avec leurs jolies bouteilles peintes à la main, parfaits pour être emportés dans ses bagages en guise de cadeau.

© SÉVERINE VULLIEZ

Fricassée de Lambis est une spécialité locale.

Saint-Martin
ÎLE DE TINTAMARRE
Baie Blanche
Grandes Cayes
Pointe des Froussards
Duck's Beach
ANSE MARCEL
Anse Marcel
Red Rock 265m
Bell Point
Creole Rock
Bell Hill 209m
CUL-DE-SAC
ÎLET PINEL
First Stick 224m
Pigeon Pea 214m
Petit Clef
Océan Atlantique
Aéroport de Grand Case
L'Espérance
Pointe Molly Smith
Baie Maria
Petite Plage
Grand Case
Salines
Anse Heureuse
GRAND CASE
BAIE ORIENTALE (ORIENT BAY)
MONT VERNON – HOPE ESTATE
PARTIE FRANÇAISE
Mt O'Reilly 401m
La Savane
Friar's Bay
FRIAR'S BAY
Île de C ayes Vertes
Pointe Arago
St Louis
Mt Careta 401m
Mont France 402m
Orient Salt Pond
Bienvenue
Cripple Gate
214m
Le Galion
Port de Marigot
Rambaud
Pic Paradis 424m
Etang aux poissons
Baie de l'Embouchure
Baie de la Potence
Agrément
Quartier d'Orléans
Coconut Grove
Pointe du Bluff
Hameau du Pont
COLOMBIER
Mt Céline
Baie aux Cayes
Petite Baie
MARIGOT
Spring
Mt Flagstaff 390m
Grand Fond
OYSTER POND
Baie Lucas
Coralité B.
Falaise des Oiseaux
Trou de David
Pointe des Pierres à Chaux
Concordia
Les 2 Frères 126m
C. Lune de Miel
Baie Rouge
Belle Plaine
Babit Point
Pointe Plum
Anse des Sables
147m
PARTIE HOLLANDAISE
ANGUILLA
Baie aux Prunes
BAIE NETTLÉ
Bellevue
Down Beach
TERRES BASSES
Sandy Ground
Mt des Accords
St Peter
Lower Prince's Quarter
2 KM
M. Rouges
Pointe du Canonnier
Petit Etang
Grand Etang
Anse aux Cajoux
Colline Nettlé
St Jean
Cul de Sac
Red Pond Bay
Simpson Bay Lagoon
Mt Fortune
St Peter's 292m
William's Hill 256m
Middle Region
Baie Longue
Pointe Noire
Boundary
Naked Boy Hill
Gibb's Bay
Great Key Monument
Almond Grove
Madame Estate
CUPECOY BAY
Pte Pirouette
Saunders
300m
Guana Bay
Low Lands
Little Key
Union Roads
Sentry Hill 340m
Mary's Fancy
Upper Prince's Quarter
Guana Bay Point
Cupecoy Bay
MULLET BAY
Mullet Bay
MAHO BAY
Aéroport de Juliana
COLE BAY
Orange Grove
Great Salt Pond
187m
Geneve Bay
Maho Bay
Billy Folly 121m
190m
Fort William
PHILIPSBURG
Guana Key of Pelican
Burgeaux
SIMPSON BAY
Pelican
Browers Roads
Cay Hill
Vineyard
Back Bay
Mer des Caraïbes
Cole Bay
Great Bay
200m
Cay Bay
Little Bay
Devil's Cupper
Mal Aborder of Molly Beday
Fort Amsterdam
Point Blanche Bay
ST EUSTATIUS
SABA
Point Blache
Principaux sommets
Routes principales
Routes secondaires
Frontière internationale

PAGES

78

●● PARTIE FRANÇAISE (SAINT-MARTIN)

Saint-Martin couvre une superficie de 86 km² (dont 53 km² pour la partie française). Plusieurs étapes historiques vont marquer l'île. La longueur des côtes de la partie française fait à peu près 39 km de long sur 70 km total, (plus 6 km pour l'île Tintamarre) dont environ 20 km de plages !

En 1946, la partie française de l'île de Saint-Martin fut rattachée en tant que commune de la Guadeloupe. En 1963, la sous-préfecture des Îles du Nord fut créée pour la gestion administrative des îles de Saint-Martin et de Saint-Barthélemy, son siège fut installé à Marigot. Saint-Martin devient une collectivité en 15 juillet 2007 par un « oui » remporté à hauteur de 76,17 % avec un taux de participation de 44,18 %.

Cette partie de l'île a connu un boom touristique et de nombreuses infrastructures sont venues agrémenter les beaux villages de pêcheurs, comme initialement à Grand-Case. Elle garde cependant un caractère très local avec une population caribéenne métissée. Toutes les saveurs créoles restent authentiques et animent les marchés comme celui très apprécié de Marigot, la capitale. Une loi limitant les hauteurs de constructions à la hauteur des palmiers est là pour éviter que l'île soit défigurée par les gratte-ciel. La beauté et la diversité de la trentaine de plages peuvent ainsi être savourées pleinement. En partie française, on se presse pour venir se régaler de spécialités locales et on s'exalte de la qualité créative et qualitative des restaurants favorisant la « French touch ». C'est aussi dans cette partie que l'on profite de la nature en se promenant à Pic Paradis, point culminant de l'île où il n'est pas rare de croiser des petits singes, ou encore en plongeant dans les eaux cristallines d'une réserve naturelle comme le rocher Créole.

78

MARIGOT ★★

La partie française est très pittoresque et garde une part d'authenticité et d'exotisme avec ses *lolos* (restaurants de plage tenus par des locaux) et certaines plages encore peu urbanisées. Les plus grandes villes sont Marigot (la capitale), Grand-Case et la Baie Orientale. La *french touch* se retrouve dans les restaurants gourmets et semble être très appréciée des visiteurs américains.

90

COLOMBIER ★

91

FRIAR'S BAY

© MARY BARATTO - ISTOCKPHOTO.COM

Friar's Bay.

92 **GRAND CASE ★★**

Grand-Case est probablement le village le plus animé de la partie française. Les *lolos* (restaurants de barbecue et spécialités locales) font la joie des visiteurs qui se régalent de fricassée de lambis. La gastronomie est un des atouts de Grand-Case : la rue principale accueille les meilleures adresses de l'île. La plage est un émerveillement avec vue sur le Rocher Créole en réserve naturelle.

100 **ANSE MARCEL ★★**

102 **CUL-DE-SAC ★**

105 **ÎLET PINEL ★★★**

Une échappée incontournable à programmer lors de votre séjour ! On arrive à l'îlet Pinel par de petites embarcations depuis l'embarcadère de Cul-de-Sac ou en kayak. L'expérience est inoubliable : baignade dans les eaux chaudes peu profondes, dégustation de poissons frais dans un des deux éco-restaurants de l'île, promenade nature pour faire le tour de l'île et retour en fin de journée.

105 **ÎLE DE TINTAMARRE ★**

Sauvage, accessible uniquement par charter privé, Tintamarre préserve sa quiétude et sa beauté. Elle est inhabitée : aucune construction touristique à l'horizon. Intégrant la Réserve Naturelle, l'île est le lieu privilégié pour les nidifications. Pour vous, qui serez juste de passage, c'est la sensation de découvrir une île déserte et paradisiaque.

105 **MONT VERNON – HOPE ESTATE**

107 **BAIE ORIENTALE (ORIENT BAY) ★★★**

C'est la Plage de tous les loisirs et de tous les plaisirs. Toutes les activités nautiques sont proposées, du kitesurf au parachute ascensionnel. Vous trouverez des boutiques de proximité. La place du village regroupe plusieurs restaurants et un espace pour les animations. Les beach bars locaux sont très prisés. En haute saison, ne choisissez pas la B.O (Baie Orientale) pour trouver le calme !

© CDWHEATLEY - ISTOCKPHOTO.COM

Île Pinel.

PAGES

114 **OYSTER POND**

A cheval sur la frontière, Oyster Pond est un village connu pour sa marina abritée. Depuis le dernier cyclone, la vie du village s'est plutôt développée sur la route de Quartier d'Orléans. Les alentours sont sauvages et propices aux promenades. La plage Dawn Beach offre de belles vagues.

116 **BAIE NETTLÉ ★★**

120 **TERRES BASSES ★**

122 ## ●● PARTIE NÉERLANDAISE [SINT-MAARTEN]

Sint-Maarten fait 34 km² de superficie qui s'étend dans le sud de l'île. Le traité de Concordia signé le 23 mars 1648 a fixé la frontière terrestre franco-néerlandaise sur 10,2 km, et coupe en deux l'île de Saint-Martin.

C'est depuis le 10 octobre 2010 que Saint-Martin forme un État autonome au sein du Royaume des Pays-Bas.

Sint-Maarten offre une ambiance totalement différente de la partie française. Elle attire une clientèle plus américanisée et propose des complexes hôteliers en formule tout-inclus. Les paquebots de croisière, parfois jusqu'à 5 simultanément, accostent à Philipsburg et déversent des touristes du monde entier. La frénésie du shopping s'empare des visiteurs pour les avantages du *duty free*. Pour les sorties, les ambiances festives, Sint-Maarten offre le plus de divertissements sur l'île : de nombreux casinos ou encore des bars de plages aux offres *happy hours* défiant toute concurrence !

122 **PHILIPSBURG ★★★**

Capitale de la partie hollandaise, Philipsburg conjugue tous les atouts d'une station balnéaire. Une longue plage de sable blanc, un lagon aux eaux turquoise, un front de mer aux boutiques de souvenirs, des restaurants aux saveurs épicées et des rues commerçantes pour les adeptes du shopping détaxé.

129 **COLE BAY ★**

131 **SIMPSON BAY ★★**

Lieu très animé côté hollandais, Simpson Bay cumule les superlatifs : grande plage, concentration de restaurants et bars aux ambiances festives, casinos et resorts. Sa marina accueille les plus beaux yachts en mouillage des Caraïbes.

136 **MAHO BAY ★★**

Maho, c'est l'icône de Sint-Maarten ! Les vidéos de l'atterrissage des gros porteurs frôlant les casquettes des touristes tournent en boucle sur les réseaux. Outre sa plage à sensations, Maho est un lieu de sortie avec une palette de bars, restaurants et lieux de distractions pour adultes. Le petit Las Vegas de Saint-Martin.

138 **MULLET BAY**

Mullet Bay accueille le seul golf de Saint-Martin. C'est aussi une des plus belles plages de l'île, mais qui reste très locale, surtout le dimanche avec le pique-nique des familles. Pour les amateurs de couchers de soleil, le spot est magique !

139 **CUPECOY BAY**

MARIGOT ★★

Siège de la sous-préfecture et capitale du côté français, c'est incontestablement l'endroit le plus fréquenté pour le *shopping* et l'animation quotidienne. L'origine de son nom vient des nombreux marécages (appelés marigots) qui s'y trouvaient autrefois. Elle devint la capitale de l'île durant la période sucrière. Le fort Saint-Louis fut bâti sous le règne de Louis XVI. A partir de cette époque, la ville fut partagée en plusieurs quartiers, tels ceux de Bellevue, Saint-James ou Saint-Jean. Marigot attire pour son marché coloré, ses *lolos* sur la place. Sa marina et son port permettent les échappées inter-îles. La ville est connue pour le shopping mais le côté hollandais s'est beaucoup plus développé ces dernières années.

La ville aujourd'hui

Après le passage d'Irma, Marigot tente de retrouver sa voilure et sa qualité de vie, mais de grosses blessures sont encore visibles en 2022. La ville est toujours tournée vers le commerce mais les magasins de luxe d'autrefois sont plutôt repris par des enseignes et franchises comme Jennifer, Pimkie et bien d'autres. De jolies boutiques au centre-ville et près de la Marina Royale sont à découvrir. La Marina Royale est toujours très animée et les restaurants de bonne qualité. Le front de mer retrouve son rayonnement avec les *lolos* couleur locale qui gardent leur authenticité. Le marché demeure le plus grand de l'île et il est bon s'y promener pour déguster les épices, les rhums arrangés, les confections maison telles que les confitures aux fruits exotiques et pour faire le plein de souvenirs.

ANCIENNE PRISON ★

Rue du Fort St Louis

Accès libre.

Construite à la même période que le Fort Louis vers 1789 sous le commandement de Jean-Sébastien de Durat, elle se trouve près de l'église catholique de Marigot. Elle a accueilli des prisonniers jusqu'en 1968 avant d'être utilisée pour loger des pompiers. L'extérieur est resté identique depuis sa construction, seul l'intérieur a été remanié. Depuis, les prisonniers sont détenus dans la prison de la ville de Basse-Terre en Guadeloupe pour la partie française. La partie néerlandaise dispose, pour sa part, d'une prison à Pointe-Blanche.

ÉGLISE SAINT-MARTIN-DE-TOURS ★

Rue du Fort St Louis

✆ +590 590 52 43 64

Horaires des messes : le mardi à 6h15, le jeudi à 18h30 et le dimanche à 10h45.

Cette église, tout comme celle de Grand-Case, a été édifiée en 1841 sous l'égide du Père Wall, premier curé de l'île nommé en 1835. La religion protestante était jusqu'à cette période largement majoritaire. Les matériaux de construction étaient alors la pierre et la chaux. Des extensions (à l'image du presbytère) ont été réalisées en 1871 et 1872. Quant à la petite chapelle, elle a bénéficié d'une rénovation totale dans le cadre d'un chantier-école encadré par des Compagnons de France.

SAINT-MARTIN

© AUTHOR'S IMAGE

Le port vu du Fort Louis.

Marché de Marigot.

FORT LOUIS ★

Rue du Fort St Louis

Accès libre.

Le site bénéficie d'un superbe panorama sur la baie de Marigot, Anguilla, les Terres Basses, la baie Nettlé... Idéal pour admirer le coucher du soleil ! Il fut construit en 1789 sous l'impulsion du gouverneur de Saint-Martin et de Saint-Barthélemy, Jean-Sébastien de Durat. Ce dernier souhaitait ainsi protéger les récoltes de rhum, sucre, café stockées à Marigot. Laissé ensuite à l'abandon, il a été restauré une première fois au XIXe siècle avant d'être à nouveau délabré. Il a fait l'objet d'une restauration en 1993 grâce à l'association archéologique Hope Estate.

MARCHÉ DE MARIGOT ★

Place du marché

Sur le front de mer en face de la gare maritime. Ouvert du lundi au samedi de 8h à 13h.

Vous cherchez de la couleur locale, une ambiance ensoleillée ? Le marché de Marigot est le plus grand marché de l'île pour dénicher des souvenirs. Vous trouverez des stands de vêtements à l'effigie de la « Friendly Island », des bijoux en coquillages, des paréos, des nappes, etc. Quelques stands de productions locales comme du rhum arrangé aux multiples saveurs. Mercredi et samedi, vous trouverez aussi du poisson fraîchement pêché exposé sous les carbets. Depuis Irma, le marché est tout de même moins animé qu'auparavant, mais les boutiques commencent à rouvrir.

ROLAND RICHARDSON GALLERY MUSEUM ★

6 Rue de la République ✆ +590 590 87 32 24

www.rolandrichardson.com

« Master class » tous les jeudis matin à 10h30. La galerie reste ouverte jusqu'à 17h. Sur rendez-vous les autres jours.

Cette belle maison historique est aujourd'hui une galerie d'art remplie des tableaux et gravures de Roland Richardson, peintre impressionniste célèbre de Saint-Martin, reconnu internationalement.

Cette maison, l'une des plus anciennes de Marigot, est toujours habitée. C'est un bel exemple de l'architecture du milieu du XIXe siècle. Edifiée en 1845 par Frédérick et Georgina Baker-Hodge dans la rue de la République (à l'époque, on l'appelait Grand-Rue), la maison comporte un rez-de-chaussée qui était utilisé comme magasin et un étage qui constituait l'habitation. Elle a été construite en pierres et plâtrée à la chaux. Le toit est en bardeaux, le balcon arrière était à l'origine en bois, aujourd'hui il est en béton ; c'est la seule transformation du bâtiment. Frédérick et Georgina léguèrent leur maison à leur neveu, Fernando Morales, qui y vécut jusqu'à sa mort en 1937. Fernando, plus connu sous le nom de Nando, était commerçant et propriétaire de la plantation Golden Grove.

Il fut adjoint au maire pendant trente ans et accéda lui-même à la place de premier magistrat de 1925 à 1928. Sa maison devint la mairie, une tradition. Sa fille Hortensia Morales-Fleming en hérita et la loua comme mairie à MLC Fleming de 1938 à 1948. Vere Richardson, le propriétaire actuel, y installa le premier café de Marigot : le Majestic Bar, où l'on dégustait des glaces et des sodas de Saint-Kitts. Plus tard, la maison abrita l'une des premières boutiques de Saint-Martin : Ceci et Cela.

TOMBE DE FRANÇOIS-AUGUSTE PERRINON ★

Cimetière de Marigot

Un homme de grande éthique. Né en 1812 en Martinique, il était pour l'abolition de l'esclavage. Exploitant des Salines de Saint-Martin, il a participé au combat de Victor Schoelcher en défendant la thèse qui expliquait qu'un travailleur rémunéré et affranchi fournissait un meilleur travail qu'un esclave maltraité. Il est mort en 1861. Une rue de Marigot porte son nom. Si sa tombe n'a pas d'intérêt particulier, c'est l'occasion d'aborder l'histoire de l'esclavage à Saint-Martin.

CARTE BLABLA MOBILE

✆ 0 810 10 20 30

www.blablamobile.fr

Carte téléphonique rechargeable (de 2 à 100 €) utilisable au départ de tous les opérateurs locaux et de métropole.

Cette carte prépayée, commercialisée par l'opérateur local Dauphin Telecom, s'utilise gratuitement au départ de la ligne d'origine du numéro, quel que soit votre opérateur, depuis tous les mobiles (iPhone ou Android) ou d'une ligne fixe des Antilles et de la Guyane et de métropole. Vous économisez jusqu'à 40 % sur vos coûts de communication sans déduction du crédit de votre mobile ou du forfait de votre ligne fixe. L'utilisation est simple, depuis un mobile ou un fixe, composez le ✆ 0801 10 20 30 suivi du code PIN de la carte et du numéro du correspondant.

AGENCE DAUPHIN TÉLÉCOM

12 rue de la République

✆ +590 590 77 05 55

www.dauphintelecom.fr

Agence ouverte du Lundi au vendredi de 8h30 à 17h.

On a toujours besoin d'une référence en matière de communication. Dauphin Télécom est l'opérateur institutionnel de Saint-Martin. Il propose des forfaits mobile, des forfaits Internet ADSL et fibre et le rechargement de crédit (service TOP UP ou carte Bla Bla Mobile). La Bla Bla Mobile est très utile pour ne pas avoir de mauvaises surprises de surfacturation. Sur l'île, le réseau hollandais est assez puissant et il n'est pas rare de passer dessus sans s'en rendre compte. L'agence pourra vous expliquer le tout et vous proposer la vente d'appareils et d'accessoires.

SNSM SAINT-MARTIN

Marina Fort Louis

✆ +590 590 76 75 00

La Station SNSM [Société Nationale de Sauvetage en Mer] de Saint-Martin existe depuis 2001. Son rôle est d'assister les marins en difficulté. C'est une station très active avec 50 à 60 missions de sauvetage par an. En cas d'urgence la vedette appareille avec son équipage 15 minutes au plus après l'alerte et la zone d'intervention s'étend jusqu'à 50 milles nautiques de Saint-Martin. Les équipiers sortent par tous les temps [sauf pendant le passage d'un cyclone] et les interventions ont généralement lieu la nuit et dans des conditions météo parfois difficiles.

COLLECTIVITÉ DE SAINT-MARTIN

Hôtel de la collectivité de Saint-Martin

✆ +580 590 87 50 04

www.com-saint-martin.fr

Tous les service de la collectivité. Service en ligne.

L'hôtel de la collectivité est le centre névralgique de l'administration de l'île de Saint-Martin. Vous trouverez à cette adresse tous les pôles dédiés au développement humain, au développement durable, à la solidarité et aux familles, ainsi qu'au développement économique, à la fiscalité. Toutes ces aides, ressources et démarches sont les services que propose la Collectivité territoriale. C'est aussi l'emplacement du cabinet du Président de la Collectivité.

DIRECTION DU TOURISME

Hôtel de la collectivité de Saint-Martin

✆ +590 590 29 56 13

www.com-saint-martin.fr

La Direction du tourisme fait partie intégrante du Pôle de Développement économique qui regroupe également la Direction du numérique et de l'audiovisuel, la Direction du développement rural et de la mer.

Au sein de la collectivité, elle a pour mission le développement économique touristique de l'île, la promotion de la destination et la création de produits touristiques attractifs, la sécurisation, la mise en valeur du territoire et de ses infrastructures. Elle apporte une vision globale de développement. L'office de tourisme de Saint-Martin est son satellite.

OFFICE DE TOURISME DE SAINT-MARTIN

rue de la République © +590 590 87 57 21
www.st-martin.org
Ouvert du lundi au vendredi de 9h à 17h en temps normal. Plutôt contacter l'office par téléphone ou email.

La structure qui accueille le public est située sur le parking de la marina royale de Marigot. Elle est administrée par un Comité de Direction comprenant des élus de la Collectivité. Elle dispose également de bureaux à Paris et à New York afin de promouvoir la destination dans le monde entier. L'édifice se remarque facilement avec son toit rouge et sa galerie extérieure colorée blanche et bleue. Une très belle maison typique aux escaliers majestueux et coursives intérieures.

GARE ROUTIÈRE GUMS ANTOINE

Rue de Hollande
© +590 590 87 47 01
Ligne de bus pour Philipsburg, Grand-Case.

Pour les néophytes, et les voyageurs qui n'auraient pas de voiture, le fonctionnement des lignes de bus à Saint-Martin peut vite se révéler un véritable casse-tête. Alors, pour ceux qui souhaitent utiliser un moyen de locomotion local, la gare routière de Marigot est un passage obligé. Tous les minibus faisant la liaison entre Grande-Case et Philipsburg s'y arrêtent. Les bus ne partent pas à des horaires précis, mais en général dès qu'ils sont pleins.

CAPITAINERIE PORT LA ROYALE

Marina Port Royal
© +590 590 77 31 26
www.marinaportlaroyale.com
Mouillage interdit.

La Marina de Port-la-Royale a subi de fortes dégradations lors du passage d'Irma. Le mouillage y est d'ailleurs interdit depuis le 6 septembre 2017 et la date de sa réouverture définitive n'a pas encore été annoncée. Pourtant, des restaurateurs et des commerçants tentent de faire survivre tant bien que mal cette marina, qui, avant l'ouragan, était une des plus prisées de Saint-Martin. L'ambiance y est aujourd'hui paisible. Parfait pour profiter au bord de l'eau !

MARINA FORT-LOUIS

Marina Fort Louis © +590 590 77 31 26
www.marinafortlouis.com
Du lundi au vendredi : 8h-18h. Week-ends et jours fériés : 8h-17h. Accès 24h/24 aux quais sécurisés pour les clients.

C'est la marina opérationnelle de Marigot. Elle offre 150 mouillages de 3,6 mètres sur 12 ft de profondeur pour des yachts d'une longueur jusqu'à 80 m/260 ft. Nombreux services : téléphone, Internet, maintenance, réparation, sécurité 24h/24, station à carburant, assistance technique, service postal... Sur place également, le Yacht Club Restaurant vous accueille pour varier vos repas et, à deux pas, il y a le Burger 12 pour des plats à emporter. Les services de la Marina Fort-Louis peuvent vous assister dans vos démarches douanières et administratives.

VIA FERRY

Gare Maritime © +31 552020015
www.viaferry.com
De Saint-Martin à Saint-Barthélemy depuis Marigot, Philipsburg et Simpson Bay. À partir de 75 US$ l'aller, 90 US$ l'A/R.

Viaferry.com est une plateforme de réservation en ligne qui vous permet de réserver facilement vos billets de ferry entre Saint-Martin et Saint-Barth. Un site bien utile qui vous permet de comparer rapidement les offres sur les différentes lignes maritimes des deux îles. Idéal pour se faire une idée des différents horaires et pour choisir celui qui convient le mieux à votre voyage. Vous y trouverez aussi de nombreuses informations utiles telles que les cartes, le service proposé dans le ferry et les possibilités de transfert à l'aéroport.

VOYAGER

9 Gare maritime
© +590 590 87 10 68
www.voy12.com
Départs depuis Marigot. Aller simple dès 63 € par adulte.

La compagnie Voyager est leader depuis plus de 20 ans pour la liaison maritime entre les îles de Saint-Martin et Saint-Barth grâce à sa régularité, sa fiabilité et sa convivialité. Embarquer à bord du *Voyager 3 Dreamliner*, catamaran hydrofoil de 28 mètres, c'est s'offrir une traversée tout confort. Espace privilégié de l'un des 8 fauteuils du salon business et vue panoramique sur la cabine de pilotage. La compagnie propose 3 rotations par jour à bord de son nouveau bateau qui dispose d'un pont inférieur climatisé et d'un pont supérieur extérieur ensoleillé.

YACHT CLUB PORT DE PLAISANCE

122 Union road
✆ +1721 544 45 65
www.portdeplaisancemarina.com
Marina. Heures d'ouverture : de 7h30 à 18h tous les jours.

Cette marina peut accueillir 90 bateaux. Elle est située au niveau de la frontière entre la partie française et la partie hollandaise de l'île, à seulement quelques minutes de Marigot. Elle fait partie du complexe qui comprend l'hôtel et le casino et bénéficie de tous les services sur place. Elle bénéficie d'une très belle réputation grâce aux services techniques de haute qualité, l'entretien, la réparation et le *refit* des yachts qu'elle propose.

PONT LEVANT DE SANDY GROUND

Sandy Ground
✆ +590 590 77 31 26
www.marinafortlouis.com
Lundi et jeudi, trafic entrant seulement à 9h. Mardi et vendredi, trafic sortant seulement à 17h. Passage gratuit.

Il s'agit du pont qui permet d'accéder à la Baie Nettlé, aux Terres Basses puis à la partie hollandaise. Il se lève à horaires fixes afin de donner accès aux bateaux qui circulent entre la mer et le lagon. Vous pourriez être confronté aux embouteillages lors de son ouverture, soyez patient, surtout en haute saison ! Le problème est plus gênant lorsqu'il tombe en panne en position levée. Il faut alors faire le tour par Simpson Bay… où se trouve un autre pont levant.

CENTRE'HÔTEL €

4 rue du Général-de-Gaulle
✆ +590 590 87 86 51
www.centrhotel.fr
Chambre standard à partir de 89 €. Petit déjeuner : 8 €. Taxe locale de 4 %.

Cet hôtel rénové en 2019 propose un accueil agréable. Une adresse idéale si vous venez à Saint-Martin en excursion shopping ou bien pour profiter de la vie nocturne. L'hôtel est à proximité de la marina, du front de mer et de toutes les boutiques de luxe. Les 30 chambres sont très bien agencées à la décoration colorée. Elles offrent tout le confort nécessaire : climatisation, salle de bains et toilettes privées, minibar, chaînes câblées. Possibilité de se restaurer sur place et surtout à proximité de toutes les attractions de Marigot.

FANTASTIC HÔTEL €

11 Tah Bloudy
✆ +590 590 77 30 40
www.fantastichotelsxm.com
Chambre double : à partir de 85 € par nuit.

Voici une alternative aux hôtels et locations de standing. Idéale pour une location petit budget. C'est un complexe d'appartements et de chambres au décor simple, à cinq minutes du centre-ville. Certaines chambres mériteraient d'être rénovées, mais l'ensemble est plutôt correct. Le lieu est calme en journée, cependant il est recommandé d'être prudent à la nuit tombée. L'atmosphère familiale de l'établissement est authentique. La piscine sur la terrasse ombragée de l'hôtel vous offre un peu de farniente après une visite de Marigot.

JULIA CARAIBES SXM €€

502 Les cocotiers
✆ +590 690 54 36 79
www.juliacaraibes.com

Depuis 15 ans, l'agence de location de Julia s'est imposée comme l'une des plus sérieuses de Saint-Martin. Principalement situées entre Marigot et Baie Nettlé, ces dizaines de locations en appartements et en studios permettent de trouver le parfait pied-à-terre pour un séjour réussi. Si vous préférez vous trouver dans le centre-ville, Julia dispose de plusieurs options sur le front de mer de Marigot. Pour les amateurs de *farniente*, des appartements sur la plage sont également disponibles. Tous sont meublés avec soin et élégance.

SUNSEA HOLIDAYS €€

10 rue du Général-de-Gaulle
✆ +590 590 87 88 88
www.sunsea.com

Location saisonnière, du studio à la villa pour tous les budgets.

Sunsea est aussi une centrale de réservation sur Internet et commercialise des hôtels, des résidences, des villas, des *guesthouses*. Les tarifs appliqués sont différents selon les périodes (basse, moyenne et haute saison) et ils sont dégressifs, pour certains, à partir de la deuxième semaine. C'est une bonne alternative de confier son projet de vacances à des professionnels qui s'occupent de vous trouver la perle ! Ils ne manquent pas de vous faire une belle sélection et d'accompagner votre choix de diverses prestations pour être 100 % en vacances.

LA BOUCHERIE DE CONCORDIA

30 rue de Concordia
✆ +590 690 88 38 38

Ouvert du lundi au samedi de 7h30 à 13h et de 14h30 à 18h30.

A Marigot, la boucherie de Polo est connue de tous les habitants. C'est chez ce personnage haut en couleur que l'on trouve les meilleures viandes et volailles. Polo importe depuis Rungis une grande partie de ses produits, toujours d'excellente qualité. Comme les arrivages sont parfois irréguliers, Polo met régulièrement à jour sa page Facebook. La boucherie de Concordia propose également un service traiteur, ainsi que quelques tables si l'on veut goûter sur place aux recettes du chef.

BURGER 12 €

12 boulevard Hubert Petite
✆ +590 590 52 97 60
www.burger12.com

Ouvert de 12h à 15h, et de 18h30 à 21h. Burgers dès 9,50 €. Menus dès 12 €. Salades dès 10 €, menu enfants dès 8 €.

Une adresse incontournable de la Marina pour des burgers élaborés avec des produits de qualité, à commencer par le pain maison. Laurent prône le bien manger même dans les repas rapides. Une belle originalité dans les menus à l'image du burger West Indies et son chutney de mangues. Les accompagnements sont au choix et le coup de cœur revient aux frites maison de patates douces pour leur croustillant et leur saveur. L'occasion de savourer des ingrédients frais et associés savamment. Et si vous hésitez, il reste les mini-burgers.

BE KOOL €

Marina Royale
✆ +590 590 29 16 15

Ouvert du lundi au samedi de 12h à 14h45 et de 18h30 à 21h45. Entrées à partir de 9,50 €, plats à partir de 19 €.

Le nom de ce restaurant donne le ton ! « Be cool » et surtout venez comme vous êtes, la bonne humeur sera de toute façon au rendez-vous. Face à la Marina Royale, vous venez passer un bon moment et surtout vous régaler de la bonne cuisine française. Ici, on maîtrise l'art de faire « prendre la sauce » : elle accompagne à merveille le ris de veau, le magret de canard et son gratin dauphinois façon grand-mère... Les plats sont finement dressés et les cuisiniers disposés à vous faire plaisir. Une ambiance lumineuse et gaie comme tout le reste de l'équipe !

BRUNO'S PLACE €

Front de mer

✆ +590 690 58 49 95

Entrées à partir de 8 €, plats à partir de 21 €.

Ce petit restaurant du front de mer de Marigot a tout du petit bistro de quartier. Très fréquentée par les marins de la marina, sa grande terrasse ombragée est idéale pour boire un verre en fin de journée, afin d'admirer le coucher de soleil. Le chef Bruno prépare des plats simples, faits maison et de saison, et le tout à petits prix. Il propose une cuisine française traditionnelle, ainsi que quelques spécialités créoles : tartare de poisson, fricassée de lambi, curry de crevettes, langoustes grillées... Le menu change régulièrement.

LE GRAND SAINT-MARTIN €

16 Déviation Galisbay – Front de Mer

✆ +590 690 54 36 79

Ouvert du lundi au samedi de 10h à 17h. Plats à partir de 13 €.

Le Grand Saint-Martin est une des adresses bien connues des locaux. Sa situation un peu surélevée de la route favorise la discrétion du lieu. L'équipe est joviale et la cuisine allie légèreté et saveur. Les recettes sont plutôt françaises comme la tête de veau, les escargots en persillade mais le chef prépare également des spécialités créoles, comme la fricassée de lambis et le colombo de cabri. L'ardoise de suggestions varie selon les arrivages ou la pêche du jour : mahi-mahi, thon, etc.

LA CRÊPERIE DU LAGON €

Marina Port Royal

✆ +590 590 87 59 23

Formules petit-déjeuner 10 €, Skipper 14 € (galette et crêpe sucrée). Ouverte du mercredi au dimanche de 9h à 15h.

Cap sur les spécialités bretonnes et notamment les galettes et les crêpes. Ouverte depuis 2016. M. Lavoisey et son équipe vous accueillent de manière très chaleureuse. On discute des nouvelles annoncées dans le *Pélican* tout en savourant une bonne galette au sarrasin. Si la marina est toujours interdite au mouillage et de nombreux restaurants sont fermés, cette adresse sympathique vaut le détour. Tout ici est fait maison et les crêpes banane-chocolat sont à tomber. Attention tout de même, vous êtes tout au bord de la marina ! Une bonne alternative aux plats locaux.

CHEZ GINETTE €

Marina Port Royal

✆ +590 690 40 06 51

Spécialités créoles et cajun. Ouvert du lundi au samedi de 11h à 16h.

Une entité en Guadeloupe qui s'est exportée depuis 2018 à Saint-Martin pour notre plus grand bonheur ! Chez Ginette, c'est l'explosion des couleurs déjà dans la décoration joyeuse de la salle, c'est la bonne humeur et surtout la vraie vraie cuisine des îles. Les acras s'accompagnent de punch aux fruits fait maison ou des fameux Ouassous au lait de coco. Ginette et son chef souhaitent mettre de la joie dans les cœurs et réchauffer les palais. Les recettes sont concoctées maison. Optez pour l'assiette créole pour un petit tour gastronomique.

LA MAIN À LA PÂTE €

Marina Port Royal

✆ +590 590 77 45 60

Ouvert tous les jours de 11h30 jusqu'à 22h30. Comptez environ 30 € à la carte. Formule dès 19 €.

La meilleure vue sur la marina car le panorama est à 360° ! L'endroit est coloré et offre une cuisine française classique avec des suggestions variées selon arrivage. La carte offre aussi un large choix de pizzas, des plats du jour, des cocktails géants. Les prix sont corrects, surtout pour les formules. L'équipe est toujours aussi sympathique et attentionnée et suit sa clientèle depuis maintenant 30 ans. Un des grands avantages de ce restaurant, c'est son ouverture le dimanche pour ceux qui ne privilégieraient pas la plage.

LA MAISON CREOLE CHEZ COCO €

Place du marché

✆ +590 590 29 36 69

Lolo. Spécialités locales. Plat à partir de 12 €. Langouste 35 €.

Marigot offre une variété de restaurants et les *lolos* sur le front de mer disposés les uns à côté des autres offrent des plats locaux aux saveurs typiques. Chez Coco, vous retrouverez les plats créoles comme les lambis en fricassée, les caris d'agneau, les accras et la sauce chien... Des gens d'ici qui partagent leur savoir-faire culinaire avec des plats simples mais très copieux. La Maison Créole est une référence et, outre s'y régaler, on y passe de bons moments de convivialité.

ROSEMARY'S SEAFOOD & CREOLE €

Place du marché

✆ +590 690 30 98 18

Lolo. Ouvert du lundi au samedi de 11h à 21h. Spécialités créoles à partir de 13 €.

Situé près du marché, tout près de la mer, ce petit restaurant est connu des locaux. L'ambiance y est décontractée et colorée. On se croit réellement sous les tropiques grâce à la couleur verte et les nappes au tissu créole qui dominent dans tout l'établissement. Les peluches accrochées au plafond de la terrasse couverte donnent à l'ensemble un côté très original. S'il y a possibilité, goûtez « le fameux poisson de Rosemary's », un délice qui a fait la réputation de l'établissement !

LA PETITE AUBERGE DES ILES €

Marina Port Royal

✆ +590 690 33 42 30

Tous les jours de 11h à 22h, fermé le dimanche. Fermeture annuelle de mi-septembre à fin octobre. Plat du jour à 13 €.

Saveurs des îles et françaises au bord de la Marina sur fond de musique créole. La carte propose les mêmes plats traditionnels que la plupart des restaurants locaux, mais les accompagnements sont beaucoup plus délicats. La langouste locale est servie en duo avec du foie gras poêlé et accompagné d'une sauce framboise et le duo de filet baliste pané et beignets de lambis est servi copieusement. L'occasion en or de savourer une cuisine créole haut de gamme dans une ambiance décontractée.

LE BISTRO DE LA MER €€

Rue F. Eboué Marigot

✆ +590 590 29 30 03

Ouvert de 11h à 23h tous les jours. Plats à partir de 13,50 €.

Petit restaurant sympathique au cœur de Marigot pour s'y retrouver en famille au sein d'une ambiance chaleureuse. Gratifiée d'une belle vue, ce « Bistro » fait découvrir des plats de très bonne qualité à des prix très raisonnables. La carte présente un grand choix de poissons locaux, pizzas, hamburgers, salades, *ribbs*, lambis en fricassés, vivaneau frit... Le poulet cuit à la broche sur du charbon de bois est sans doute la spécialité la plus demandée. L'accueil est authentique et le service simple, un peu comme un dimanche midi en famille !

RICE UPON A TIME €

C15 Les Portes de Saint-Martin

✆ +590 590 52 85 38

www.foodbooking.com

Coréen. Ouvert tous les jours dès 11h30. Formule à partir de 10,50 €.

Rares sont les restaurants coréens sur l'île, celui-ci est une valeur sûre. Une évasion coréenne s'impose donc dans ce nouvel établissement ouvert après Irma. La délicatesse des spécialités, l'approche amicale des propriétaires et la flexibilité de commande ont tout de suite conquis les habitants. Les plats sont sains, copieux à souhait et la touche asiatique toujours très subtile nous fait craquer. Les makis ou le poulet frit sont un vrai régal. Un petit délice à déguster uniquement à emporter, ou en livraison. Prix très corrects.

LE BISTROT NU €€

Allée de l'ancienne Geôle

✆ +590 690 28 16 32

Ouvert du lundi au vendredi de 11h30 à 21h30. Plats à partir de 18 €.

Ce petit restaurant se trouve à l'écart de la rue principale de Marigot, dans une petite ruelle très charmante. Une ambiance bistrot, nappes vichy pour marquer le style à la française, le tout dans une case à l'architecture créole. Les suggestions se choisissent sur ardoise et sont sans cesse renouvelées. La tendance vise à garder une cuisine traditionnelle française avec les magrets de canard, la côte de bœuf, les paupiettes de veau, escargots à l'ail... Une ambiance chaleureuse favorisant la convivialité autour d'une bonne recette simple et généreuse.

LE MAROCAIN SXM €€

147 rue de Hollande
✆ +590 590 27 54 48
Ouvert du lundi au samedi de 18h30 à 22h. Tajines à partir de 20 €, couscous à partir de 18 €.

Une fois les portes du Marocain passées, on se croirait immédiatement dans un restaurant de la médina de Marrakech. Cette adresse historique de Marigot reprend tous les codes de l'architecture marocaine, avec sa décoration flamboyante, son petit patio où coule une fontaine rafraîchissante, et ses zelliges importés du Maroc. Côté cuisine, les grands classiques du royaume chérifien, avec des couscous et des tajines d'excellente qualité. Les portions sont copieuses et le service est efficace. Des pâtisseries sont servies avec le thé à la menthe.

LE YACHT CLUB RESTAURANT €€

1 Marina Fort Louis
✆ +590 590 87 56 65
Ouvert du lundi au samedi, de 12h à 22h. Comptez 30 à 50 € par personne.

Une escale s'impose en plein cœur de la Marina Fort Louis si vous souhaitez croiser des marins et des gens de la mer. Le Yacht Club est l'un des passages obligés de tous les croisiéristes et plaisanciers. Le restaurant dispose de 3 terrasses différentes avec vue sur les bateaux, bien sûr. Au programme, 3 types d'ambiances, une cuisine gastronomique (vivier à langoustes, viande Angus, cuisine créole, poisson local...), un sushi lounge et une pizzeria-snack. Très ouvert sur la Marina, l'endroit est parfait pour admirer les bateaux de toute la Caraïbe.

Ô PLONGEOIR €€

rue de la République
✆ +590 590 87 94 71
Ouvert du lundi au samedi de 9h à 23h. Plats à partir de 15 €.

Avec une ambiance navale, une belle vue sur la mer des Caraïbes et un service animé et chaleureux, cet établissement possède déjà de nombreux bons points. Pour ce qu'il y a dans l'assiette, là encore, il n'y a que des retours positifs ! La carte des menus est riche et les cocktails sont une réussite. Le restaurant propose un vaste choix de grillades, de tapas et de poissons frais. Le tataki de thon est particulièrement réussi. Cela fait plus de 20 ans que cette adresse brille à Marigot, alors n'hésitez pas à découvrir les délices du chef !

1863 SXM - LATITUDE LONGITUDE ÎLES DU NORD

Marina Port Royal
✆ +590 690 56 52 27
www.1863sxm.com
Du lundi au samedi de 9h30 à 18h.

18-63, pour la latitude et la longitude de Saint-Martin, mais également pour 1863, la date de l'abolition de l'esclavage côté néerlandais... Cette marque de vêtement de sport offre des designs originaux et colorés, à l'image de la réputation décontractée de l'île. La boutique propose également des sacs, des accessoires, des bijoux pour toute la famille... et même pour nos amis les chiens. Possibilité de faire ses achats en ligne sur la boutique du site.

LE TROPICANA €€

Marina Port Royal
✆ +590 590 87 79 07
Ouvert du mardi au samedi de midi à 14h30 et de 18h à 21h30. Comptez de 40 à 50 € par personne pour un repas complet.

Ce restaurant de la Marina Port Royale est un incontournable de Marigot depuis des années. En salle, Nadège, bien connue des habituées, offre un des accueils les plus conviviaux du quartier. La carte est variée et propose une sélection de plats traditionnels bien goûteux et une présentation soignée. Le chef Emmanuel a un art divin pour travailler des produits de qualité avec de nombreuses salades, des poissons, des viandes. Penser à garder une place pour un des desserts car ils en valent vraiment la peine. Toujours très copieux et délicieux !

LA BOITE À THÉ

5 Rue du Président Kennedy ✆ +590 590 87 17 24
www.la-boite-a-the-sxm.com
Du lundi au vendredi de 9h30 à 17h30, le mercredi de 13h30 à 17h30, le samedi de 9h30 à 13h. Thé à partir de 7,50 €.

C'est la boutique de thé de référence de Saint-Martin. Elise décline tout son savoir d'herboriste pour concocter des infusions ayurvédiques qui font du bien. Une ambiance zen et relaxante se dégage de son cocon qu'elle anime avec passion. Ici, vous serez trait-thé avec écoute et vous choisirez de vous délect-thé des meilleurs arômes. Une belle palette de vertus représentées par 70 thés et tisanes. Le bien-être se savoure sur place ou en emportant votre sélection. Afin d'attiser votre curiosité, Elise propose des sachets dégustation qu'elle offre pour tout achat.

LE GOÛT DU VIN

37 boulevard de France
✆ +590 690 72 50 87
Ouvert du lundi au samedi de 9h30 à 18h30.

Quoi de mieux qu'une bonne bouteille pour un repas entre amis ? Des plus grands vins aux bouteilles de petits producteurs, le Goût du vin est une des meilleures caves de l'île. La maison maintient sa réputation depuis plusieurs années. Vous serez initié pour assortir le breuvage aux saveurs de votre plat. Apéritifs, vins français et étrangers, alcools de tous âges et de toutes origines... A coup sûr, vous y dénicherez des trésors à partager et vous apprendrez beaucoup de ces passionnés de la vigne. Dommage qu'elle ne pousse pas à Saint-Martin !

MUSANO

rue Général de Gaulle
✆ +590 590 29 60 22
Boutique de chaussures. Ouverte de 9h à 18h, fermée le dimanche.

Musano est plus qu'une simple boutique de chaussures. Silvia a un don avec les clients et elle prend le temps de conseiller et vous guider pour trouver chaussure à votre pied ! Cela fait plus de 20 ans que Silvia chausse les pieds de toute la famille en proposant une gamme confortable comme la marque Picadelly venue du Brésil. Vous trouverez forcément votre pointure car elle fournit aussi en grandes tailles. Un accueil des plus chaleureux, des bons conseils et un grand choix proposé allant des chaussures de sport aux escarpins pour des folles soirées !

HOWELL CENTER

Centre commercial Howell Center
✆ +590 590 29 54 32 70
Centre commercial et supermarché.

C'est le grand complexe commercial de Marigot avec une multitude de services et boutiques et le premier Super U de l'île. Vous trouverez des boutiques de confection, une pharmacie, de quoi vous restaurer rapidement avec un McDonald's et une boulangerie, un pôle soin avec médecin, psychologue, ostéopathe. Tout pour la vie de tous les jours avec banque, change, informatique, coiffeur, soin des animaux, opticien, jouets, souvenirs, jeux vidéo, téléphonie mobile... A ne pas manquer en août, la grande braderie d'été qui dure 3 jours à Howell Center.

SUPER U

Howell Center
✆ +590 590 29 54 32
Supermarché. Ouvert du lundi au samedi de 8h à 20h et le dimanche de 8h à 12h45.

C'est l'un des plus grands supermarchés de la partie française. Vous trouverez tous les produits de la marque U, ainsi que des produits locaux. Si vous souhaitez rapporter des souvenirs, vous y trouverez des rhums arrangés locaux comme ceux de « Ma Doudou ». L'approvisionnement est toujours de bonne qualité, mais parfois irrégulier. Pour faire vos courses à petits prix, privilégiez les produits locaux, les produits importés coûtent cher ! Une galerie commerçante autour du magasin vous permet de faire le ravitaillement pour les produits de tous les jours.

LIBRAIRIE DU BORD DE MER

Boulevard de France
✆ +590 590 87 97 65
Papeterie, presse, librairie, Loto, tabac. Du lundi au samedi de 8h30 à 12h30 et de 14h30 à 19h30.

Une librairie pour trouver de quoi vous évader, vous cultiver, vous donner envie de créer... La boutique est également distributrice de journaux, en plus de la loterie. Une bonne adresse pour le côté souvenirs avec des cartes postales qui mettent en valeur les plages de Saint-Martin. Des livres sur la vie locale et pour tout savoir sur la cuisine créole. C'est aussi le paradis des enfants avec un espace réservé de jeux et jouets éducatifs et tout le nécessaire pour leur scolarité. La librairie est un vrai lieu de vie avec des dédicaces organisées.

SURF'ACE

10 rue Général-de-Gaulle
✆ +590 590 87 93 24
www.surf-ace-sxm.com
Ouvert du lundi au samedi de 10h à 18h30.

L'adresse préférée des amateurs de glisse ! Philippe est un amoureux des sports nautiques. Il connaît les meilleurs spots et surtout le bon matériel à favoriser pour une maîtrise parfaite ou une découverte progressive. Il donne de très bons conseils et prône le service et l'expertise. Sa boutique est vraiment spécialisée dans tout le matériel de sports nautiques [surf, body, skimboard, wind, kitesurf, wake, knee, skateboard, ski nautique et matériel de plongée libre]. Vous trouverez également tous les accessoires et vêtements pour la plage et le sport.

METIMER

Passage du Louisana Lot 32
✆ +59 0690 88 99 09
www.metimer.fr

Association pour la promotion du nautisme.

Cette association créée en 2000 fédère presque tous les professionnels de la mer sur l'île (boutiques de surf, chantier, voilerie, ateliers mécaniques, société de charter...). Les membres qui adhèrent respectent des normes de qualité bien précises. Métimer organise également chaque année en face de la marina Fort-Louis à Marigot la fête du nautisme (au mois de mai). Les visiteurs en visitant le salon s'informent sur les produits offerts par les professionnels ou sur diverses activités ou initiatives. Le tout dans une ambiance festive, avec des animations, de la musique, des démonstrations, des concours, des jeux, des buvettes et des restaurants. L'été des camps nautiques sont organisés pour les enfants. Métimer organise la fête de la mer à Grand-Case tous les derniers week-ends de mai. C'est un rendez-vous important. Métimer coorganise avec la Chambre de Commerce le Forum de la mer et le See Discoverty Day (journée éducative pour les scolaires). Autre point fort du sérieux de Métimer, ils ont mis en place un certificat de qualification professionnelle en collaboration avec le Greta de Saint-Martin et la Fédération des industries nautiques.

Si vous avez un doute sur un prestataire dans le domaine du nautisme, n'hésitez pas à prendre contact avec Bülent, le président.

- ***Turquoise.*** Guide annuaire nautique édité par Métimer qui regroupe tous les secteurs d'activités pour les îles Saint-Martin, Anguilla, Saint-Barth, Saba, Saint-Eustache. Vous pouvez le trouver sous cette adresse : turquoise-guide.com/fr/

© OFFICE DE TOURISME DE SAINT-MARTIN - CLAUDE CAVALERA

Baie de Marigot.

SUNSAIL

Marina Fort Louis
✆ +590 690 66 19 73
www.sunsail.com

Locations de bateaux. Ouvert de 8h30 à 16h30 du 1er octobre au 31 août (fermé en septembre).

Sunsail offre un choix très large de locations de voiliers de 35 à 54 pieds, avec ou sans équipage. En option, skipper et cuisiniers. Le réseau Sunsail est l'une des plus grandes agences de location au monde depuis plus de 45 ans. Leurs compétences et connaissance de la mer sont un gage de qualité et de confiance. De bons conseils d'itinéraires de croisière sont prodigués avant de vous aventurer dans les eaux turquoise de Saint-Martin. Possibilité d'avitaillement en ligne et d'autres services utiles à votre organisation sur place.

STAR VOYAGES ANTILLES

✆ 01 42 56 15 62
www.starvoyage.com

Organisateur de croisières dans les Antilles.

Vous pouvez louer, avec ou sans équipage, des bateaux monocoque ou catamaran (Sun Odyssey 35, Sun Odyssey 40, Dufour 525, Lagoon 380, Lagoon 410). Avantage ici : les bateaux proposés sont récents car, après cinq ans de location, ils sont revendus. Pour voir le beau ciel étoilé, rien de tel que de se laisser guider par un skipper pour une croisière à la découverte des Antilles : les Grenadines sur un catamaran. Des idées de croisières de qualité en voiliers dans les Antilles avec ou sans équipage. Tout peut être aussi fait sur mesure.

THE MOORINGS

Marina Fort Louis
✆ +590 690 66 19 73
www.moorings.fr

Ouvert du 1er octobre au 31 août. Location de bateau, voilier avec ou sans skipper à la journée et à la semaine.

The Moorings est une agence internationale de location de bateaux avec équipage et organisateurs de croisières. L'antenne de Saint-Martin a ouvert il y a plusieurs années déjà. Les conseillers sauront vous aider dans votre sélection pour partir en mer de manière sereine. Les plus de l'agence c'est son expertise et la gamme de bateaux mis à votre disposition. Vous avez le choix entre partir en grand aventurier ou de bénéficier de la connaissance d'un skipper. Les Alizés dans le dos, laissez-vous glisser sur l'eau turquoise des Caraïbes !

LE TRI-SPORT SXM

181 rue de Hollande
✆ +590 590 87 08 91
www.trisportsxm.com

Ouvert du lundi au samedi de 10h à 17h. Location de kayak à partir de 15 € la journée et excursions à partir de 45 €.

Une boutique spécialisée dans les locations qui propose surtout des tours et des excursions très bien encadrés pour découvrir l'île en étant actif ! Vous avez le choix entre des randonnées à vélo, des balades en kayak, du paddle dans le lagon, des tours historiques et bien sûr de la location de VTT et de kayaks individuels. Le Tri-Sport SXM est une bonne alternative pour mêler sport et découverte culturelle grâce à cette belle palette de tours thématiques. Vous pouvez aussi en profiter pour bénéficier d'un coaching personnalisé.

COLOMBIER ★

La vallée qui conduit à Colombier est un bel espace verdoyant entre Marigot et Grand-Case. Le village est tout à fait charmant, avec quelques habitations créoles traditionnelles. Depuis Colombier, on peut rejoindre la crête montagneuse et le point culminant de l'île, Pic Paradis. C'est l'occasion de belles balades nature où vous pourrez apercevoir la colonie de petits singes. Le village est surtout connu pour Loterie Farm. Cette ancienne plantation de canne à sucre est devenue, sous l'égide de B.J. Welch, un Américain expatrié, une réserve naturelle privée avec piscine naturelle. De nombreuses journées et soirées à thème sont également organisées.

TROPICAL BOAT

Marina Port Royal
✆ +590 690 63 06 41
tropicalboat-sxm.com

Location de bateaux avec ou sans permis. Ouvert tous les jours de 9h à 17h.

Prendre le grand large et vivre l'expérience de naviguer sur son propre bateau, et voilà votre âme d'aventurier ravivée ! Différents bateaux allant du semi-rigide (sans permis, 50CV), au plus grand bateau Cap camarat 6.5 150cv. Choisissez de partir en exploration par vos propres moyens, destination Tintamarre, Pinel, Saint-Barth ou Anguilla... ou en excursion sur le lagon, aux abords des côtes avec des arrêts baignade, snorkeling et repas. Vous avez le choix entre plusieurs randonnées : randonnée Lagon, Rocher Créole, Happy Bay avec pause déjeuner.

MINGUET ART GALLERY

Impasse Flanders Carmen
✆ +590 690 53 12 64
www.minguet.com

Ouvert du lundi au samedi de 9h à 18h.

Au sommet de la colline, cette galerie d'art accueille des expositions d'Alexandre Minguet et d'artistes caribéens. Pour la petite histoire, Alexandre Minguet, son fondateur, a perdu l'usage de la parole de 18 mois à 5 ans suite à un choc émotionnel. Il gardera de cette période une indépendance et un sens de l'observation qui l'oriente vers une carrière de grand coloriste. Aujourd'hui, sa fille a pris le relais et fait fièrement perdurer cet héritage. De belles toiles aux influences françaises et saint-martinoises à découvrir.

© OFFICE DE TOURISME DE SAINT-MARTIN - CLAUDE CAVALERA

Flambloyant au Colombier.

LOTERIE FARM ★★

rue du Pic Paradis
✆ +590 690 28 84 66
www.loteriefarm.com
Ouvert tous les jours de 8h à 18h. Entrée 5 €. Accès à la piscine 25 €.

Ancienne plantation de canne à sucre, la Loterie Farm est devenue, sous l'égide de B.J. Welch, Américain expatrié, ancien acteur et entrepreneur à succès, une réserve naturelle privée, un lieu qui a été témoin d'un passé tumultueux de 300 ans… En effet, la première sucrerie date de 1773, son dernier propriétaire étant M. Dormoy, premier maire de Saint-Martin. Ayant ressenti un véritable coup de foudre pour l'île, B.J. a décidé de recréer, sur le domaine de la Loterie Farm, un exemple de l'écosystème propre à Saint-Martin et aux îles de la Caraïbe. Il a été ouvert en 1999, et plusieurs kilomètres de sentiers très bien entretenus permettent, d'une part, de découvrir à travers cette forêt tropicale secondaire de nombreuses espèces de plantes endémiques et, d'autre part, de suivre les anciens itinéraires empruntés par les esclaves entre les pentes de la plantation sucrière et la sucrerie elle-même située au sommet du pic Paradis. Parcours dans les arbres pour les acrobates et amateurs de sensation vertigineuse. On y pratique aussi des cours de yoga et massages relaxants [à l'ombre des arbres]. L'accueil y est chaleureux et nous recommandons le site pour les amoureux de la nature avant tout. C'est aussi un endroit unique pour venir s'y prélasser dans une piscine d'eau douce rappelant les rivière des îles. Plusieurs options pour vous restaurer avec le restaurant Hidden Forest, abrité sous un carbet en bois, l'eauLounge près de la piscine, le tree Lounge avec des arbres tout autour... Des espaces peuvent être privatisés.

PIC PARADIS ★

rue du Pic Paradis
Accès libre.

La route qui part de Rambaud conduit au pic Paradis culmine à 424 m le point culminant de l'île. Du sommet, vous avez une vue à 360° sur l'île et les environs. La route est abrupte et semée d'embûches, comme le chemin du Paradis lui-même [végétation tropicale qui parfois obstrue le chemin]. A savoir que 2 à 3 places de parking se situe à proximité de l'arrivée. Il vous restera encore une quinzaine de minutes à faire à pied dans le chemin en terre. La Lotery Farm [ancienne sucrerie] offre un moment de détente agréable après cette balade.

FRIAR'S BAY

Plusieurs chemins possibles mènent à Friars' Bay : en venant de Marigot, prendre à gauche après le village Agrément. Ou depuis Grand-Case, pour la version tout-terrain, empruntez le chemin d'accès est particulièrement « encombré » de nids de poule. Rouler au pas est conseillé. La plage est fréquentée par les résidents le week-end et la location de transats et parasols est possible. Cette jolie plage est agrémentée de trois restaurants aux ambiances et saveurs caribéennes et françaises, qui organisent régulièrement des soirées : la Moon Night Party est célèbre dans toute l'île. De Friar's Bay, vous pouvez rejoindre à pied une plage plus intimiste : Happy Bay.

© OFFICE DE TOURISME DE SAINT-MARTIN - CLAUDE CAVALERA

Vue sur la mer des Caraïbes, Friar's Bay.

SAINT-MARTIN

PLAGE DE FRIAR'S BAY ★★

rue de Friar's Bay
Transat à partir de 10 € pour la journée.

Très proche de Marigot [en direction d'Anse-des-Pères], l'accès se fait par le pont de Cripple Gate et, après quelques minutes de tout-terrain, vous êtes sur l'endroit culte de l'île. Ambiance chaude grâce aux trois restaurants. De jour, la baie étant protégée des courants, la mer est calme, ce qui plaira sûrement aux familles. Mais quand arrive le soir, elle s'agite aux sons du rock et du reggae joués autour des feux de bois et des Full Moon organisées par Kali's ou des soirées concerts organisées par le Friar's Bay Beach Café.

PLAGE DE HAPPY BAY ★

Au nord de Friar's Bay.
Accès libre.

L'image d'Epinal de la plage de sable blanc ! Véritable petit écrin tropical, accessible uniquement à pied par un chemin en pleine nature partant du nord de Friar's Bay, c'est la plage où il faut absolument aller, selon les locaux ! Le chemin serpente et grimpe parmi les herbes hautes, les petites biquettes vous accompagnent tranquillement, la vue sur Friar's Bay est superbe et prépare à la vision de paradis que suscite Happy Bay… Le week-end, la plage peut vite être prise d'assaut par les familles venues y faire un barbecue, il vaut mieux arriver tôt.

FRIAR'S BAY BEACH CAFE €

rue de Friar's Bay
✆ +590 690 49 16 87
Ouvert du mercredi au lundi de 9h à 18h. Plats de 15 à 38 €. Transats à la journée 10 €.

Un cadre idyllique à quelques minutes de Marigot, dans l'esprit baie orientale mais en moins sophistiqué. Le panorama est plaisant avec une vue dégagée sur l'île d'Anguilla. Le service a lieu sur une grande terrasse couverte où diverses affichettes vous donneront une idée de l'humour de Lolo, le propriétaire. La cuisine à tendance traditionnelle propose des salades, ribs, poissons grillés, entrecôtes, fish and chips, club sandwich... Ce n'est pas de la grande cuisine, mais c'est parfait pour une journée à la plage, allongé sur un transat.

KALI'S BEACH BAR €

rue de Friar's Bay
✆ +590 690 72 53 99
Ouvert tous les jours de 9h à 22h. Plats à partir de 15 €.

Un restaurant de plage (le premier que vous verrez en arrivant) tenu par un Saint-Martinois. Une ambiance reggae, vous ne pouvez pas le manquer avec ses couleurs rastas (jaune, vert, rouge). Sa réputation lui vient surtout des soirées qu'il organise, appelées Full Moon Parties, à l'occasion de la pleine lune. Le restaurant est petit et la décoration simple. Emplacement oblige, la carte est orientée mer, même si on y retrouve des plats classiques. Sur place, location de transats, kayaks, palmes, masque et tuba… Le restaurant n'accepte pas les cartes de crédit.

978 BEACH LOUNGE €€

rue de Friar's Bay
✆ +590 690 82 80 00
Ouvert tous les jours de 10h à 19h. Transat à la journée 10 €. Plats à partir de 18 €.

Voici le nouveau venu de la plage de Friar's Bay. Situé au milieu de la plage, le 978 Beach Lounge propose des transats à l'ombre de grands parasols et une grande terrasse près du restaurant si le soleil tape trop fort. Le restaurant propose des plats simples et copieux, plutôt destinés à une clientèle américaine. De nombreux cocktails à découvrir, idéal pour le coucher du soleil. Le service n'est pas très efficace... à éviter donc si vous êtes pressé. Des soirées sont régulièrement organisées, consultez la page Facebook pour en connaître les détails.

GRAND CASE ★★

C'est à Grand-Case qu'est situé l'aéroport. La ville côtière est un ancien village de pêcheurs. On y vient surtout pour flâner dans la rue principale, avec ses nombreuses boutiques et ses restaurants. Une ambiance particulière et authentique se ressent à Grand-Case : le week-end les *lolos* enfument le bord de la plage de leurs *ribs*, poissons, langoustes, les enfants plongent du ponton sans se lasser... L'eau est particulièrement translucide et le bleu turquoise s'assortit aux cocktails ! Les festivités, comme les mardis de Grand-Case, attirent de nombreux locaux et touristes venus profiter des parades musicales. Attention, il est difficile de s'y garer.

PETITE-PLAGE ★★

Située à l'extrémité de la baie de Grand-Case et en bas de l'hôtel Grand Case Beach Club, cette petite plage vous abrite de l'animation touristique et festive du centre de Grand-Case. Elle offre une magnifique vue sur le Rocher créole. Encore peu aménagée, il peut être difficile de louer un transat, mais au moins, elle ne donne pas l'impression d'être une plage privée, comme tant d'autres à Saint-Martin. C'est la garantie d'un plongeon dans l'eau turquoise et calme des Caraïbes et un endroit parfait pour sortir son masque et son tuba.

Grand Case.

© PHOTOSTRAVELLERS - ISTOCKPHOTO.COM

PLAGE DE GRAND-CASE ★★

Accès libre.

Le site a une double particularité. Plage de sable fin, la couleur de l'eau est d'un bleu caraïbe idéal (mer calme) ; de plus, elle bénéficie de sa proximité avec le bourg de Grand-Case où sont concentrées les activités touristiques et gastronomiques. On y trouve une multitude de bars de plage et de lieux de dégustation, du typique *lolo* avec ses fameux *ribs* au BBQ, aux restaurants haut de gamme mêlant cuisine française et saveurs créoles. Rien de plus normal, quand on sait que le village est devenu l'un des centres gastronomiques incontournables de l'île. C'est aussi un des lieux de mouillage préférés des marins qui font escale à Saint-Martin. Pour les intéressés, vous pouvez faire une petite excursion avec un des bateaux à fond de verre explorant le Rocher Créole. La plage a en revanche beaucoup changé depuis le passage de l'ouragan Irma en 2017. La longue étendue de sable blanc a par endroits presque disparu, emportée par les vagues. De nombreux restaurants et hôtels ont été partiellement détruits par les rafales de vent et la mer. Il aura fallu plusieurs années pour que le front de mer de Grande-Case retrouve son visage d'avant Irma. Et malgré la résilience des habitants de Grande-Case, quelques stigmates de la catastrophe sont encore visibles. Mais il est aujourd'hui difficile de s'imaginer l'ampleur de la catastrophe, tant Grande-Case est un lieu de fête. Une fois la nuit tombée, les lumières des restaurants illuminent les eaux turquoise du lagon, donnant à l'ensemble un air féérique.

TRAVEL EMOTION SXM

Aeroport de Grand Case
✆ +590 690 88 08 08

Agence réceptive. Location de voiture. Séjour sur mesure. Ouvert du lundi au vendredi de 7h30 à 17h.

Faire sa valise pour un long voyage peut déjà s'avérer être un stress... Alors, mieux vaut s'alléger en confiant les rênes de l'organisation de la totalité ou d'une partie du séjour à un professionnel. Les émotions se vivent en grand et votre spécialiste de voyage personnalisé sait vous orienter pour vous surprendre. C'est en toute confiance que vous pouvez laisser Travel Emotion programmer votre séjour : voiture de location, excursions, croisières inter-îles. La Caraïbe est à vos pieds et on vous trace le chemin... Laissez-vous guider !

AÉROPORT DE SAINT-MARTIN GRAND CASE

Route de l'Espérance
✆ +590 590 27 11 00
www.saintmartin-airport.com

Ouverture aéroport de 7h à 19h15.

Cet aéroport est desservi par des vols en provenance de Paris-Orly, Miami, Saint-Domingue et Sainte-Lucie. Assure les vols pour Pointe-à-Pitre, Fort-de-France et Saint-Barthélémy. Il a bénéficié d'un grand relooking et s'avère très accueillant. Des petites boutiques et des services de location de voitures se trouvent dans l'entrée. A l'extérieur, d'autres prestataires comme West Indies Helicopters. Attention, le parking est payant, seules les dix premières minutes sont offertes.

WEST INDIES HELICOPTERS

Route de l'Espérance
✆ +590 590 77 80 00
www.westindieshelico.com

Transferts privés inter-îles et tours de l'île (10, 20, 30 min et une heure) à partir de 600 € pour 1 à 5 personnes.

Une nouvelle compagnie donne des ailes aux insulaires ! Estelle et Jérôme vous proposent de vous évader dans les airs à bord de leurs hélicoptères. Qu'il s'agisse d'un transfert inter-îles ou d'un vol panoramique pour découvrir les îlots de la Caraïbe vus du ciel (de 10 min à une heure), d'un day-trip avec une ou plusieurs escales, leur accueil est unique et très personnalisé. De ce tandem émane une passion très communicative et l'expérience du vol vous laissera un souvenir mémorable alliant sensations et beauté des paysages.

HEVEA €

163 boulevard de Grand-Case
✆ +590 690 29 36 71
www.hotelhevea.com

Chambre double à partir de 84 €, suite à partir de 114 €. Taxe de séjour et petit déjeuner non compris.

Au début du Boulevard de Grand-Case, Heva propose de vous offrir un séjour proche de la plage (une rue à traverser) dans un cadre agréable et simple. Cette maison aux couleurs rose et blanc dispose de 9 chambres, dont certaines pour loger 4 personnes. L'emplacement est parfait dans un jardin tropical avec la plage à proximité. L'établissement a été rénové dans un style zen et colonial. La terrasse ouverte sur l'activité du village vous plonge dans la vie caribéenne. Une demeure à portée de toutes les bourses pour passer de merveilleuses vacances.

L'ESPLANADE €€

Les Panoramique de Grand Case
✆ +590 590 87 06 55
www.lesplanade.com

Studio de 265 à 515 € selon la saison, loft pour 4 de 295 à 545 €. Fermeture annuelle de fin août à fin septembre.

Situé dans un luxuriant jardin, il domine la colline qui surplombe la baie de Grand-Case. La plage est à 5 min à pied. Trois catégories de logements : le Deluxe studio qui accueille 2 personnes, le Deluxe loft et la suite Deluxe qui peuvent accueillir jusqu'à 4 personnes. Les 24 chambres climatisées bénéficient toutes d'une terrasse avec une belle vue mer. Une belle piscine agrémente les après-midi de farniente. La villa 3 chambres se situe, quant à elle, sur les hauteurs de Grand-Case. Elle dispose du meilleur confort et d'une vue magnifique.

RÉSIDENCE BLEU ÉMERAUDE €€

240 Boulevard de Grand-Case
✆ +590 690 37 07 00 - www.bleuemeraude.com

De 265 à 336 € la nuit pour le studio ; de 312 à 385 € pour l'appartement 1 chambre. Petit déjeuner inclus.

Cette ravissante résidence se situe en bordure de la plage. L'atout principal : une vue imprenable sur la mer et la proximité immédiate des activités balnéaires. Les appartements sont d'un bon standing et joliment décorés. Les volumes sont généreux, les équipements modernes et fonctionnels : écran plat dans le séjour et les chambres, wi-fi gratuit, cuisine fonctionnelle complètement aménagée, lecteur DVD avec station iPod, lave-linge, four, etc. Ils disposent tous d'une terrasse privée face à la mer. Accès direct sur la plage et transats à disposition.

EMOTION CAR RENTAL

7 rue Carline ✆ +590 690 77 31 55
www.emotionscarrental.com

Ouvert du lundi au samedi de 8h à 12 et de 14h à 18h. Véhicule à partir de 18 € par jour.

Pour visiter librement l'île, une voiture vous sera nécessaire. L'équipe d'Emotion Car Rental vous accueille dès votre arrivée à l'aéroport ou dépose votre voiture à votre hôtel afin de vous assurer un service optimum. Un grand choix de véhicules est à votre disposition, selon votre besoin, des plus compacts comme le Kia Picanto, ou plus familiaux comme le Kia Carnival ou encore le Kia Sportage. Si vous souhaitez avoir les cheveux dans le vent tout en restant très prudent, l'agence propose également des locations de scooters et de motos.

AUTO DISCOUNT LOCATION

Aéroport de Grand Case
✆ +590 690 59 94 62 - www.auto-discount.fr

Ouvert du lundi au samedi de 8h30 à 12h et de 14h30 à 18h. Le dimanche de 14h30 à 18h. A partir de 19 €/jour.

Depuis 1999, Auto Discount Location figure parmi les leaders de la location de voitures à petit prix sur la Guadeloupe, la Martinique et Saint-Martin pour les courtes et moyennes durées. Vous êtes assuré d'y trouver le moyen de locomotion adapté à vos vacances grâce à un large choix de véhicules. Dans l'agence qui se trouve directement à l'aéroport, vous trouverez une équipe dynamique et sympathique qui mettra tout son savoir-faire en œuvre pour embellir votre séjour dès votre arrivée. L'enseigne propose des voitures citadines, des berlines et des utilitaires.

LE TEMPS DES CERISES €€

158 Boulevard de Grand-Case
✆ +590 590 51 36 27
www.ltclaplage.com
Chambre double à partir de 340 €, doubles supérieures à partir de 380 €.

Une ambiance bohème chic émane de ce petit bijou hôtelier. Il est bien venu le temps des cerises qui met du « soleil au cœur » et vous promet une déconnexion totale. Intimiste, ce cadre privilégié de 9 chambres les pieds dans l'eau, combine avec grâce l'art de vivre à la caribéenne et l'hédonisme absolu. Toutes les chambres inspirent le voyage avec une vue plongeante sur les nuances de bleu de la mer. Incroyable ! il nous semble caresser les vagues depuis la terrasse ! Un spot de rêve où toute l'équipe de « LTC » sublime votre séjour.

EUROPCAR

route de l'espérance
✆ +590 590 77 67 67
www.europcar-sxm.fr
Ouvert tous les jours de 7h à 18h. A partir de 30 € par jour.

Présent dans plus de 140 pays à travers le monde, Europcar est un leader de la location de véhicules. Du côté français de Saint-Martin, l'agence se trouve à proximité de l'aéroport de Grand Case : un chauffeur viendra vous chercher à la sortie du terminal. Une vaste gamme de véhicules est proposée : en tout, ce sont plus près de dix modèles que l'on peut louer pour parcourir en toute liberté les routes de l'île. De la petite citadine passe-partout au SUV, à vous de choisir le style de conduite ! Possibilité de s'enregistrer en ligne.

GRAND-CASE BEACH-CLUB €€€

21 rue de la petite plage ✆ +590 590 87 51 87
www.grandcasebeachclub.com
Studio vue mer à partir de 220 à 378 €. Appartement 1 chambre de 265 € à 611 €.

Un hôtel prisé à Grand-Case car il sait combiner intimité et vacances au soleil. Plusieurs bâtiments séparés par des haies de bougainvilliers, d'hibiscus et de cocotiers, le tout au bord de la plage. L'établissement a été rénové après Irma. Un cadre romantique et calme avec une vue magnifique sur la baie. Bien entretenues et propres, les soixante-dix chambres sont équipées d'une cuisine. Accueil courtois, personnel attentif. Restaurant bar, piscine et plage, laverie, boutiques de souvenirs, location de voitures, tennis, massages, activités nautiques.

LE PETIT HÔTEL €€€

248 boulevard de Grand-Case
✆ +590 590 29 09 65
www.lepetithotel.com
Chambre double de 305 € à 475 €, studio de 365 € à 535 €, suite de 465 € à 635 €. Taxe de séjour non comprise.

Intimiste et charmant sur la plage. Cet hôtel de petite taille est de style méditerranéen, avec de ravissantes mosaïques sur la façade. Composé de dix studios et une suite (au 1er étage), tous équipés de lits king size et d'une kitchenette. Chaque appartement dispose d'une terrasse privée donnant sur la mer. Ceux du rez-de-chaussée ont un accès direct à la plage. L'établissement se situe à 10 min à pied de Grand-Case et de diverses activités. Il est possible de profiter de la piscine de l'Esplanade, l'hôtel voisin. Transats à disposition sur la plage.

GOLFE CAR RENTAL

1 rue carline ✆ +590 590 51 94 81
www.golfecarrental.com

Ouvert tous les jours de 8h à 19h. A partir de 25 €/jour pour une catégorie A. Tarifs dégressifs.

Golfe Car Rental est présent sur le marché depuis plus de 15 ans et c'est l'un des meilleurs rapports qualité-prix, et le partenaire privilégié de nombreux hôtels ainsi que de la compagnie maritime Voyager. L'agence dispose d'une flotte récente parfaitement entretenue, les voitures sont livrées propres avec le plein de carburant et une carte routière de l'île. Vous pouvez effectuer votre réservation en ligne via le site avec paiement sécurisé, ou bien par téléphone. Vaste choix de la petite citadine en passant par les familiales, des Jeep et de beaux cabriolets.

CASE À RÊVES €€

boulevard de Grande Case
✆ +590 690 75 67 60

Réservation sur antilleslocation.com, référence #6771. Bungalow de 130 à 165 €.

Ce superbe bungalow est littéralement les pieds dans l'eau. Avant Irma, Case à Rêve proposait plusieurs bungalows. Aujourd'hui, il n'en reste plus qu'un, entièrement reconstruit. La terrasse donne directement sur la plage de Grande Case. Parfait pour passer l'après-midi à l'ombre dans un hamac, en profitant de la brise marine. La chambre, bien que petite, est très confortable. Une cuisine extérieure permet de préparer ses repas. Possibilité également de louer une cabane en bois pour loger des enfants. Tous les commerces et restaurants sont accessibles à pied.

SKY'S THE LIMIT LOLO €

Boulevard de Grande Case
✆ +590 590 51 01 49

Ouvert tous les jours de 9h à 22h30. Assiettes complètes de poulet grillé, poissons, ribs de 9 à 23 €, langouste 45 €.

Les *lolos* de Grand-Case sont connus pour leur généreuse quantité et la régularité des produits. Le Sky's the Limit, situé côté rue, est toujours très bien fréquenté par les locaux qui préfèrent prendre à emporter. Sur place, préférez les copieuses assiettes composées : salade verte, riz tomate, spaghettis, *coleslaw*, banane plantain, et poulet, *ribs* ou poissons grillés au barbecue. En plein air, vous pouvez risquer d'avoir un peu de fumée suivant le vent, mais c'est un endroit typique à essayer absolument pour savourer l'authenticité caribéenne.

BISTROT CARAÏBES €€

81 boulevard de Grand-Case
✆ +590 590 29 08 29
www.bistrotcaraibes.com

Ouvert de 18h à 22h30 tous les soirs. Fermé le samedi en basse saison. Carte : environ 45 € par personne.

Donnant sur la rue principale de la ville de Grand-Case, l'emplacement des tables privilégie l'intimité des convives. Les deux frères Amaury et Thibault dirigent parfaitement leur établissement depuis près de deux décennies. La carte est minimaliste mais favorise de bons produits locaux (des poissons, des langoustes, des fruits de mer...) cuisinés de façon moderne. L'assiette du pêcheur façon bouillabaisse ou le duo de saumon grillé au beurre de basilic sont un véritable régal et font honneur aux produits de la mer. Le service est impeccable.

LE COTTAGE €€

97 boulevard de Grand-Case
✆ +590 690 62 26 86
www.lecottagesxm.com

Ouvert du lundi au samedi de 18h à 22h. Plats dès 21 €. Menu langouste à 69 €. Menu enfants 15 €.

Une bonne table reconnue sur l'île. La cuisine associe à merveille les grandes spécialités françaises aux saveurs métissées de la Caraïbe avec en prime une très belle sélection de vins. La variation de la carte vous offre un choix de risottos, de poissons ou l'incontournable lasagne au foie gras. Les amateurs de viande se régaleront avec la joue de bœuf. L'adresse est également connue pour son menu langouste. Les connaisseurs se feront un plaisir d'associer un vin à chaque plat délicat. Un très bon compromis de gastronomie antillaise et française.

LE PRESSOIR €€

32 boulevard de Grand-Case
✆ +590 690 52 75 95
www.lepressoirsxm.com

Ouvert du lundi au samedi de 17h à 23h. Nouveau menu saisonnier à 65 €, menu dégustation sur réservation à 120 €.

Un trésor de la gastronomie se cache à Grand-Case ! Grâce à l'excellent travail du chef Jérôme Droingt, vous découvrirez l'une des meilleures tables des Caraïbes. Une expérience culinaire réunissant élégance, goût du style et service à la française. Jérôme Droingt magnifie avec créativité les produits du terroir. Notre imaginaire s'emballe et nos yeux s'illuminent quand la truffe délicatement découpée tombe en pluie légère sur la Burrata crémeuse. Le bœuf Rossini crépite, vos papilles s'affolent : une cuisine du cœur inoubliable !

JAVA €€€

70 boulevard de Grande Case
✆ +590 690 77 09 17

Ouvert du jeudi au lundi de 17h30 à 1h. Comptez 100 € par personne.

Le JAVA est le dernier venu à Grande-Case. Ouvert au printemps 2022, à la place de Barranco, l'équipe du JAVA a entièrement rénové la grande terrasse qui surplombe la mer, pour créer une atmosphère élégante. Le JAVA a peut-être l'une des meilleures vues sur la plage de Grande-Case : au coucher de soleil, le panorama est à couper le souffle. En cuisine, des spécialités méditerranéennes sont revisitées avec brio par le chef : Saint-Jacques poêlées à la perfection, poulpe rôti fondant, risotto végétarien, etc. Le service est efficace et souriant.

BLUE MARTINI

63 boulevard de Grand Case
✆ +590 690 56 24 34

Bar-restaurant live. Ouvert de 18h à minuit du lundi au samedi.

Après une journée sur la plage à contempler le bleu azur de la mer des Caraïbes, il est agréable de s'activer en soirée dans une autre gamme de bleu ! Le Blue Martin, c'est un des nouveaux endroits à la mode à l'entrée de Grand-Case pour s'ambiancer dans la joie et la décontraction. Il attire les foules qui viennent se trémousser sur les rythmes des concerts du week-end (reggae, soul musique caribéenne...) en dégustant un bon repas. La maison est connue pour ses viandes (steak house). Une programmation alléchante pour passer des soirées *live* mémorables.

MAX'S PLACE

58 boulevard de Grande Case
✆ +590 690 84 14 01

Ouvert du mardi au samedi de 11h à minuit, le lundi de 17h à minuit.

Chez Max, c'est le rendez-vous privilégié des marins qui ont jeté l'ancre à Grande-Case. Au coucher du soleil, tout le monde se retrouve autour du comptoir pour boire une bière bien fraîche ou un ti-punch, en discutant de météo et de croisière. Les places sont limitées, mais on peut prendre son verre sur le ponton pour admirer les eaux turquoise du lagon. Chez Max, c'est aussi le bar où l'on vient regarder les matches de football européens. Il est possible de commander quelques snacks à grignoter entre amis : acras, sandwichs, etc.

LA PART DES ANGES

32 Boulevard de Grand Case
✆ +590 690 37 07 57
www.lepressoirsxm.com
Ouvert du lundi au samedi de 18h à 22h. Menu dégustation accord rhum et mets : 95 €.

Dans un écrin tamisé et feutré, la Part des Anges, est une perle cachée où l'on découvre toute la quintessence du Rhum ! On se laisse guider par Laurent qui nous fait découvrir la palette aromatique et l'histoire des Rhums. Le nom provient d'ailleurs de l'alcool qui s'évapore pendant le vieillissement. Le spiritueux révèle toute sa complexité : variations de couleurs, arômes boisés, épicés, fruités ou encore vanillés... Parmi les 165 rhums sélectionnés, on passe des rhums agricoles des Antilles françaises aux rhums de mélasse des Caraïbes anglophones.

RAINBOW CAFE

176 boulevard de Grand-Case
✆ +590 690 88 84 44
www.rainbowcafesxm.com
Ouvert du mardi au dimanche de 8h à 23h30, le lundi de 8h à 17h. Comptez 30 € par personne pour dîner.

Un des lieux historiques de la nuit saint-martinoise. Les pieds nus sur la plage, le Rainbow Café est l'endroit idéal pour siroter un de leurs délicieux cocktails en admirant le coucher de soleil. Le restaurant-bar est facilement reconnaissable à sa façade et ses transats rouges sur la plage de Grand-Case. Le chef propose une cuisine fusion asiatique et caribéenne : sushis, poulet frit coréen, tempura de crevette, accras, etc. Le soir, les lieux s'animent et tout le monde vient faire la fête. Tous les soirs, soirée avec DJ sur la terrasse.

LE TEMPS DES CERISES

158 Boulevard de Grand Case
✆ +590 590 51 36 27
À partir de 340 € la chambre double, petit déjeuner inclus.

Il est temps... de quitter les tongs, de caresser de ses petits petons la douceur du sable encore chaud en appréciant les apéros Karma proposés par le bel établissement LTC Beach Hotel de Grand-Case. C'est devenu même essentiel de partager un moment de pure connexion avec la beauté caribéenne environnante et de se délecter d'un cocktail et de tapas aux saveurs subtilement épicées. Et pour vivre un moment gustatif la tête dans les étoiles, ne manquez pas les soirées barbecue langoustes programmées les samedis soir sur la plage.

BACCHUS

18 rue anegada
✆ +590 590 87 15 70
www.bacchussxm.com
Ouvert du lundi au samedi, de 9h à 18h30, le vendredi jusqu'à 19h. Comptez 60 € par personne.

Bacchus est un lieu atypique. C'est une cave à vin, une épicerie fine et un restaurant. Le chef vous propose une carte bistrot-gastro recherchée et subtile. Les produits travaillés ici sont importés en direct, signe de qualité et de fraîcheur. Au sous-sol se trouve une incroyable cave à vins. L'épicerie fine vous propose des fromages affinés, des produits fabriqués sur place (foie gras, saumon fumé maison, plats à emporter...) mais aussi le fameux Cinco Jotas, les caviars de la maison Kaviari et le café Nespresso, dont Bacchus est le distributeur exclusif.

PUNCH BUSCO

6 Rue Franklin Laurence
✆ +590 690 74 44 11
Ouvert du lundi au samedi de 9h à 12h30 et de 16h à 19h. Fermé en septembre.

Tenue par Lilian et Anne-Laure, vous trouverez dans cette boutique, ouverte depuis 1993, une multitude de produits artisanaux des Caraïbes dont plus de 40 parfums de rhums arrangés traditionnels et rhum aux épices affiné en fût de chêne, des confitures typiques telles celle à la patate douce, des mélanges d'épices, des sauces et même du vinaigre de canne à sucre. Le petit plus ? Chaque produit est peint par une peintre locale et ouvert à la dégustation. En vente en exclusivité sur place. Le Punch Busco : créateur de saveurs à base de rhum agricole.

TIJON

1 rue de l'Espérance
✆ +590 690 22 74 70
www.tijon.com
Ouvert du lundi au vendredi de 9h30 à 17h.

Cette parfumerie vend des produits créés ici à Grand-Case. Outre les cosmétiques, on apprécie particulièrement le fait que l'on peut fabriquer son propre parfum ! De quoi mettre en bouteille les délicieuses effluves des Caraïbes afin de sentir les vacances même de retour chez soi. Des ateliers sont aussi proposés afin de vous aider à trouver la plus belle alliance de senteurs. On apprend à mélanger les essences parmi les 300 disponibles afin d'assembler une note de fond, une note de tête et une note de cœur. Une activité originale qui séduira toute la famille.

LIBERTY QUAD SXM

158 Boulevard de Grand Case
✆ +590 690 31 50 55
www.libertyquadsxm.com
Entre 8h et 18h tous les jours. Location de quad à la journée 65 €. Casques, coffre et road book inclus.

En quête d'une découverte originale des 93 km² de superficie de l'île ? Optez pour les sensations uniques de la conduite d'un Quad. Après quelques explications d'utilisation, vous chevauchez votre Quad kmyco Mxu 550I et arpentez les routes en toute liberté. Rien de plus plaisant que d'évoluer à votre rythme sur des chemins de traverse en programmant à votre guise des arrêts baignades, des promenades nature, des lieux secrets à débusquer, un stop gastronomie...C'est la garantie de combiner une bonne dose d'adrénaline et une découverte inoubliable !

POMPONETTE

boulevard de Grande Case
✆ +590 690 32 07 95
Pédicure et manucure à partir de 20 €.

Prêt pour une séance de soin réconfortante chez Pomponette pour prendre soin en profondeur de votre corps et relâcher toutes les tensions ? Rien de tel qu'une peau nette en vacances pour bronzer en toute tranquillité. Des pieds à la tête, massages, masques, maquillage, extension de cils, épilation, soins, tout est propice à lâcher prise, en se laissant aller entre les mains de la jeune esthéticienne. Des soins minceur sont également proposés, uniquement sur rendez-vous. Cocooning, sens de l'éthique avec une gamme végane pour les soins.

ANSE MARCEL ★★

La route panoramique qui vous mène à l'Anse Marcel vous assure une vue époustouflante sur la baie. Une pause s'impose pour admirer le paysage. Vous pouvez également choisir de partir en randonnée et suivre le sentier des Froussard. Niché dans une baie protégée, le site d'Anse Marcel est un des plus beaux de l'île. Toutes les commodités se trouvent sur place : commerces de proximité, beach restaurant, sports et activités nautiques. Une base de Jet-Ski vous assure des sorties pleines de sensations au large de la baie. C'est aussi un site idéal pour séjourner en famille, en all-inclusive, avec le tout nouveau resort Le Secret Ressort & Spa.

PLAGE DE L'ANSE MARCEL ★★

Site naturel. Accès libre.

Une plage bordée par des falaises, un écrin naturel splendide et idyllique qui semble à l'abri des regards. C'est incontestablement l'un des emplacements les plus attrayants de l'île. Les résidents des lieux affirment même que c'est tout simplement la plus belle plage, sûrement par opposition à la baie Orientale… Ce qui est sûr, c'est qu'on peut y concilier amour des commerces et services (restaurants, marina, terrasses) et recherche de l'aspect sauvage d'une plage. Même si vous ne serez pas tout à fait isolé, ses dimensions sont assez importantes pour vous procurer cette sensation. La baie étant un peu retirée, la mer est assez calme, avantage apprécié par les familles. La quiétude des lieux est propice au farniente, à la nage dans la baie. Deux restaurants sur la plage proposent également des transats à la journée. Pour les adeptes d'adrénaline, une base de jet-ski vous emmènera à la rencontre des vagues un peu plus loin pour contempler la baie depuis la mer. Un tout nouvel hôtel vient d'ouvrir ses portes en 2020, ce qui ré-animera le lieu, très dévasté après le passage de l'ouragan Irma. Profitez de votre passage pour flâner dans la marina et y découvrir notamment les possibilités de croisière en voilier ou en catamaran. Très belle vue sur l'île d'Anguilla depuis la plage. C'est aussi depuis Anse-Marcel que l'on accède au sentier des Froussards. Un panneau vous indique que vous découvrirez pas moins de 182 espèces végétales et 25 espèces animales. Une belle approche de la nature intacte de l'île.

PLAGE DE PETITES CAYES ★★

Accès libre.

La définition même de la plage déserte ! Pour accéder à la plage des Petites Cayes, il faut suivre le chemin des Froussards depuis l'Anse Marcel ou depuis Cul-de-sac. Comptez au moins une demi-heure de randonnée à travers le dernier massif forestier encore préservée de Saint-Martin. De bonnes chaussures de marche et une bouteille d'eau sont indispensables. La plage est très appréciée des surfeurs, qui la surnomment « *wilderness* », la sauvage ! Attention, elle est en plein cœur de la Réserve naturelle, il est donc interdit de prélever la faune ou la flore.

SECRETS ST. MARTIN €€€

Rue de l'anse Marcel

✆ +590 590 77 64 40

www.amrcollection.com

Chambre double à partir de 256 €.

Ce resort luxueux appartient aux groupes américains AMR Collection et Hyatt, qui garantissent un excellent niveau de service et un grand professionnalisme. L'hôtel est surtout destiné à une clientèle nord-américaine, qui préfère souvent les formules tout inclus. Les chambres sont spacieuses, décorées avec soin. Les plus belles, et les plus chères, donnent directement sur la piscine, les autres sont situées côté jardin ou font face au morne de l'Anse-Marcel. L'hôtel dispose de plusieurs restaurants, dont un semi-gastronomique, le Olio, qui surplombe la baie.

SCOOBIDOO CHARTER

205 Residence Les Acacias

✆ +590 690 73 66 63

www.scoobidoo.com

Journée en mer à partir de 120 €. Privatisation à partir de 2 100 € par jour.

Cela fait depuis 1994 que les catamarans de Scoobidoo, reconnaissables de loin, illuminent les eaux de Saint-Martin. Idéal pour partir à la découverte des autres îles à proximité de Saint-Martin. Scoobidoo propose des excursions sur un catamaran à la journée et également la possibilité de privatiser le bateau. Un service de restauration est également proposé. L'équipe dynamique vous embarque pour Tintamare, Anguilla, Dog Island, Saint-Barth ou pour des journées d'observation des baleines en saison (principalement de mi-janvier à mi-mars)...

ANSE MARCEL BEACH €€

26 rue de Lonvilliers

✆ +590 690 26 38 50

www.ansemarcelbeach.com

Ouvert tous les jours de midi à 16h. Comptez 60 € par personne. 10 € le transat

C'est un coin de paradis dans l'île de Saint-Martin. La plage est bordée par deux petits mornes qui l'englobent et la protègent, l'eau du lagon est translucide et le sable est blanc. Un cadre idyllique pour déjeuner ! Le restaurant propose des espaces intimiste en accord avec la nature : petits carbets en toit de palme à l'assise ultra confortable et vue panoramique. La cuisine du chef nous promet un moment d'évasion gustative. Gastronomie élégante alliant produits frais et inventivité visuelle. Les plats sont de très belle qualité.

SAINT-MARTIN

© OFFICE DE TOURISME DE SAINT-MARTIN

Anse-Marcel.

CUL-DE-SAC ★

Cul-de-Sac est un petit village de pêcheurs. Face à l'Atlantique, il n'y a pas vraiment de plages mais le site est le point de départ des navettes qui mènent à l'îlet Pinel. De petites embarcations conduites par des locaux vous permettent de rejoindre les eaux translucides du lagon en 15 min. Il est également possible de faire la traversée en kayak. Des locations sont proposées à l'embarcadère. Sur place, vous trouvez deux restaurants de plage très conviviaux. La plage de Pinel est paradisiaque et son sable blanc immaculé ! Un des meilleurs spots pour une excursion en pleine nature. En haute saison, l'endroit est très prisé et peut perdre de sa magie.

KARIBUNI LODGE €€

Baie de Cul de Sac

✆ +590 690 66 02 95

www.lekaribuni.com

6 suites. Suite à partir de 288 €. Villa à partir de 2 350 € par semaine.

Dans une ambiance unique face à l'îlet Pinel que l'on peut rejoindre en kayak, les 6 suites du Karibuni Lodge offrent un cadre privilégié. Chaque suite est personnalisée et décorée avec une attention particulière aux détails. Les suites les plus luxueuses offrent une piscine privée. Parfait pour s'accorder une pause dans un environnement calme pour se déconnecter du monde. L'éco-restaurant se trouve sur l'îlet Pinel, juste de l'autre côté de la baie. Nombreux services, tels que kayaks à disposition et matériel de snorkeling.

PLAGE DE GRANDES-CAYES ★★

Accès libre.

Cette plage fait partie de la Réserve naturelle de Saint-Martin. Accessible depuis Cul-de-Sac en quinze minutes de marche via la randonnée du Chemin des Froussards, c'est peut-être le plus beau spot de l'île pour plonger avec un masque et un tuba. La barrière de corail ne se trouve qu'à quelques minutes de nage, et il n'est pas rare d'y croiser, selon la saison, des tortues marines. Attention toutefois, les courants y sont forts... à éviter donc les jours de forte houle. La plage offre une vue splendide sur l'île de Tintamarre.

13 TRAVAUX OF HERCULES €

Route de Pinel

✆ +590 690 83 00 72

Ouvert du lundi au samedi de 10h30 à 15h et de 18h à 22h, le dimanche de 10h à 22h. Comptez environ 25 € par personne.

Un restaurant aux saveurs locales, célèbre pour ses soirées du samedi soir ! Au programme, une cuisine créole (ribs, accras, lambis, assiettes créoles, poissons grillées... et la fameuse langouste grillée sur commande). C'est le restaurant typique dans cette partie de l'île. Hercule, le propriétaire, est un personnage dont vous n'oublierez pas l'accueil, ni l'humour. Il aura toujours une anecdote à partager. Il prétend servir le meilleur rhum maison et il vous l'offre en fin de repas. Plus qu'une bonne adresse, c'est l'assurance de passer une bonne soirée.

© MAGALI COUAILLET

Dans l'eau ou à la surface, à chacun son activité préférée.

SAINT-MARTIN

AL DENTE €

Route de Griselle
✆ +590 590 52 00 94
Ouvert du lundi au vendredi de 12h à 14h et de 17h30 à 21h30, le samedi de 17h30 à 21h30. Pizza dès 9 €.

Sur les îles, on souhaite tout d'abord découvrir les spécialités locales mais il arrive que l'odeur de la pâte à pizza et des aromates vous conduisent au restaurant Al Dente... Ici, c'est la vraie trattoria italienne avec de grandes tables familiales, et des cadres photo qui rappellent la plus pure gastronomie italienne. Une décoration chaleureuse et une carte étoffée de spécialités. Même avec une chaleur extérieure étouffante, les gnocchis au gorgonzola se dégustent avec envie sous l'air climatisé de la salle ! Belle adresse aux allures de *dolce vita* italienne.

SXM KITESCHOOL

Embarcadère de Cul de Sac
✆ +590 690 71 72 44
www.sxmkiteschool.com
École de kitesurf. Ouvert du lundi au dimanche de 8h30 à 17h30. Discovery : 1 cours de 2h à 150 €, 2 x 2h à 285 €.

Une équipe de passionnés par les sensations que procurent le vent et la mer ! Depuis 2010, cette école reçoit d'élogieux commentaires et c'est d'ailleurs une des références côté français. Le spot est aussi bien choisi pour apprendre à faire du kitesurfing ou du foil. Cette école propose des découvertes avec deux heures de cours, des initiations sur plusieurs jours et également des stages de perfectionnement. C'est aussi une bonne adresse si vous souhaitez du bon matériel pour la pratique de Kite, surf board... et recevoir des conseils.

RHUM ISLAND

90 route de Cul de Sac
✆ +590 690 47 22 22
www.rhumisland.com
Ouvert du lundi au vendredi de 9h à 18h.

Ici ce ne sont pas les cigognes qui sont porteuses de bonnes nouvelles, mais les pélicans ! La bonne nouvelle : désormais nous pouvons trouver du rhum élevé et assemblé à Saint-Martin grâce à l'ingéniosité de Valérie, son époux et leur ami. Une idée lumineuse pour une île qui ne cultive plus de cannes à sucre depuis au moins 100 ans ! Les rhums traditionnels sont de qualité (rhum de mélasse 2e presse de la canne à sucre et rhum à ti'punch, première pression). A découvrir absolument : le Rhum Tradition, Gold Ambré, Agricole, VO et XO.

RHUM MA DOUDOU

Les terrasses de Cul-de-Sac
✆ +590 590 87 30 43
www.rhummadoudou.com
Ouvert du lundi au vendredi de 8h à 15h.

Le rhum local est élaboré localement de façon artisanale depuis bientôt 20 ans. Les bouteilles et les flacons sont peints à la main et sont très joliment décorés et vous invitent à la découverte de cet univers « Caraïbes ». La palette de produits s'est considérablement étoffée avec des piments, des épices, des thés, du sucre roux, du miel, des confitures. Toutes les préparations sont issues d'un savant mélange entre fruits frais et épices locales agrémenté de rayons de soleil. Tout se mêle dans un doux mélange de couleurs, d'odeurs et de saveurs.

CARIBBEAN PADDLING

Rue de Cul de Sac
✆ +590 690 22 03 22
www.caribbeanpaddling.com
Ouvert du dimanche au vendredi de 9h30 à 12h30 et de 15h30 à 17h. Location de kayak à partir de 30 €.

Pour une sensation de liberté, optez pour le paddle. La meilleure façon d'apprécier le décor et la nature aux alentours de l'îlet Pinel notamment avec la randonnée kayak et snorkeling qui permet de découvrir la richesse sous-marine. Les randonnées accompagnées sont commentées uniquement en anglais. La traversée est facile mais si une personne ne souhaite pas participer, elle peut simplement rejoindre l'îlet en utilisant la navette. Également location de paddle car les sites de l'îlet Pinel et de Grand-Case sont particulièrement bien adaptés à cette pratique.

Lot 45 Terrasses de Cul-de-Sac
0590 87 30 43
rhummadoudou@gmail.com
www.rhummadoudou.com

Ilet Pinel.

© AUTHOR'S IMAGE

ÎLET PINEL ★★★

Selon la légende, c'est après avoir essayé de conquérir l'île de Saba qu'un flibustier, le capitaine Pinel, a découvert ce refuge marin. Devant la résistance des habitants de l'île, les envahisseurs se sont repliés, jusqu'à ce qu'ils s'échouent sur le magnifique îlet de la baie de Cul-de-Sac, lequel, depuis, porte son nom. C'est désormais le lieu privilégié des résidents et on en comprend vite la raison : une eau transparente, une bande de sable blanc, l'idéal pour un dépaysement total ! Emmenez votre masque et votre tuba, vous pourrez y faire un peu de plongée. Les restaurants proposent des grillades et des transats alignés sur la plage.

ÎLE DE TINTAMARRE ★

C'est un tout petit bout de terre de près de 100 ha qui reste encore sauvage. Il y a de jolies balades à faire qui permettent de voir les vestiges d'une voie ferrée et d'un aérodrome qui prouvent que l'île était autrefois habitée.Tintamarre fait partie de la Réserve naturelle de Saint-Martin. Vous n'y trouverez aucun commerce, prévoyez des rafraîchissements et de la nourriture. Sur place, vous découvrirez deux plages : une parfaite pour la baignade et l'autre plus sauvage où foisonnent des poissons multicolores et des tortues marines... On peut s'y rendre grâce à des saintoises qui assurent la liaison depuis Cul-de-Sac vers Baie-Blanche.

LE KARIBUNI €

✆ +590 690 39 67 00
www.lekaribuni.com

Beach bar, éco-restaurant. Ouvert toute l'année de midi à 16h. Menus autour de 25 €. Transats à disposition 15 €.

L'îlet Pinel est un site de carte postale : eau turquoise, cocotiers pour se mettre à l'abri du soleil… Karibuni signifie « bienvenue » en swahili. Le lieu est devenu un incontournable sur l'île et les habitués se retrouvent ici le week-end. Grillades au barbecue, ceviche, tartares, tapas et grandes salades sont au menu chaque jour. Le plat phare est bien sûr la langouste. Les salades de poisson sont excellentes. Après déjeuner, les transats vous tendent les bras pour une sieste. Ambiance détendue et accueil toujours souriant autour d'un vieux rhum arrangé.

© MARTIN SUN - SHUTTERSTOCK.COM

Ile de Tintamarre.

SAINT-MARTIN

YELLOW BEACH €

Face à l'embarcadère de Cul-de-Sac.
✆ +590 690 33 88 33

Ouvert tous les jours de 12h à 16h. Fermeture annuelle en mai et juin. Compter 30 € par personne.

C'est toujours dépaysant de prendre le bateau et se retrouver sur une île d'un côté très nature et de l'autre très festive. Au programme : petite photo avec les iguanes, tour au marché de couleurs et bien sûr baignade dans les eaux turquoise de l'îlet Pinel. Une fois l'heure du déjeuner, on passe à table sous les paillotes. Le cadre est enchanteur. Au choix : salades exotiques ou poissons parfumés aux saveurs des épices locales. Et pourquoi pas continuer le farniente sur un transat, accompagné d'un rhum vieux qui favorise par 30 °C la sieste.

MONT VERNON – HOPE ESTATE

Mont-Vernon et Hope Estate sont bien deux communes distinctes, que l'on regroupent pour leur proximité. Mont-Vernon surplombe la Baie Orientale et abrite de nombreux lieux de villégiature. L'endroit est idéal près des plages animées. Hope Estate, carrefour sur la route de Grand-Case et la Baie Orientale, est devenu un centre de shopping après Irma avec l'installation de plusieurs supermarchés et de galeries marchandes. Vous avez d'ailleurs de très belles boutiques de prêt-à-porter et de quoi vous régaler avec une très grande épicerie fine. Profitez aussi des bokits, ces petits sandwichs antillais de pain frit vendus sur le bord de la route.

GREEN MOTION CAR RENTAL

Hope Estate
✆ +590 690 64 03 20
www.greenmotion.com
Ouvert du lundi au vendredi de 8h à 17h et le samedi de 8h à midi. À partir de 50 € par jour.

Fondée en 2007 par Richard Lowden, un entrepreneur britannique, Green Motion a fait le pari de l'écologie. Cette start-up essaie de réduire au maximum l'empreinte carbone de son activité. Présente à Saint-Martin depuis plusieurs années, Green Car Rental propose des locations depuis l'aéroport de Grande Case ou de Juliana, côté hollandais. Green Motion n'offre que deux marques de voiture, plutôt luxueuses : des Mini-Cooper (décapotable ou non) et des BMW (berline ou SUV). L'agence envoie un chauffeur vous chercher à l'aéroport et vous dépose ensuite à l'agence.

IDOLEM ST-MARTIN RESIDENCE €

57 Mont-Vernon 1
✆ +590 690 59 12 23
www.idolemresidence.com
A partir de 90 €/nuit/personne en formule hôtelière. Tarifs dégressifs pour les séjours longue durée.

Autonomie et confort pour des vacances à votre rythme. La structure propose des formules qui permettent de s'adapter à votre type de séjour (service hôtelier pour les séjours de 1 à 6 nuits, séjour résidentiel pour 7 nuits et plus). Les studios sont conçus pour 2 personnes et les appartements peuvent accueillir jusqu'à 5 personnes. De très belles prestations. Le petit plus, c'est la possibilité d'opter pour une retraite yoga pour favoriser des vacances en zen attitude.

SOL E LUNA €€

61 Mont Vernon
✆ +590 590 29 08 56
Chambres à partir de 198 € et suites à partir de 342 €.

Certains lieux semblent être un mirage tant ils côtoient de près l'absolue perfection d'un agencement maîtrisé et d'une atmosphère unique. Artistique avec du mobilier style colonial, luxuriant avec des espaces verdoyants, l'hôtel vous invite à vivre une parenthèse enchanteresse dans l'une de ses 6 chambres toutes délicieusement personnalisées. Bercé par un luxe subtil et animé par un sentiment de sérénité, vous sentirez la profonde alchimie du lieu. Une promesse de délices que Frédéric et son équipe veillent en toute discrétion, à rendre réelle et inoubliable !

STUDIOS SXM €

Résidence Mont Vernon
✆ +590 690 56 42 21
www.studiorientbay.com
Studios à partir de 100 €.

Pour se plonger dans l'activité balnéaire et frétillante de la Baie Orientale, rien de tel que de séjourner dans un des seize studios de la résidence Mont Vernon. L'endroit est propice à la détente et le séjour en studio tout confort permet de s'organiser à sa guise. Très bien équipée, c'est la maison de vacances idéale. La résidence est sécurisée et offre de belles opportunités comme une grande piscine et des courts de tennis. La vue sur les îles environnantes est loin d'être déplaisante. Les locations se font à la semaine et les tarifs sont très compétitifs.

SOL E LUNA €€

61 Mont Vernon
✆ +590 590 29 08 56
Ouvert du lundi à vendredi de midi à 14h et de 18h30 à 22h, le samedi de 18h30 à 22h. Comptez 50 € par personne.

C'est peut-être à Saint-Martin que le soleil a rendez-vous avec la lune... c'est en tout cas le pari de ce restaurant chic et romantique. Les objets d'art chinés aux quatre coins des Caraïbes donnent une touche créole au décor élégant de Sol e Luna. Tenu par des amoureux de l'île, Thierry et son équipe revisitent les grandes spécialités italiennes et françaises avec une touche créole : conchiglionis aux fruits de mer, médaillon de veau aux cèpes, canard rôti de 7h... La cuisine ouverte nous livre un véritable spectacle et aiguise notre curiosité.

L'EXPRESS BY BACCHUS

Hope Estate
✆ +590 590 77 55 55
www.lexpressbakery.com
Ouvert du lundi au samedi 6h30-18h30, le dimanche de 7h à 13h. Formule petit-déjeuner dès 5 €, plat du jour 10,90 €.

Un temple de bonnes gourmandises en open space vient de prendre place à Hope Estate. Dans un décor au mobilier contemporain et très lumineux, vous avez le choix de venir picorer une pizza pour la pause de midi ou de craquer pour les excellentes mignardises, gâteaux maison, pains spéciaux ou encore glaces du côté pâtisserie ! À moins que vous veniez déguster les plats du jour sur place ou à emporter. Bacchus, c'est aussi l'univers des vins avec la possibilité d'être renseigné sur la grande gamme disponible de vins français et étrangers.

GRAPEWINE

10 rue Cafe Hope Estate
✆ +59 05 90 87 16 46
www.grapewineshop.com
Ouvert du lundi au samedi de 9h à 19h.

Se sentir au cœur des vignes au beau milieu des Caraïbes, c'est le pari de GrapeWine. Cette épicerie fine offre une vaste sélection de produits importés : il sera difficile de sortir sans craquer pour une bouteille de vin français. En poussant la porte, on se retrouve au beau milieu de fromages français, de foie gras et des meilleurs vins de Bourgogne, de Provence ou de Bordeaux. Laurence nous livre les secrets de sa cave et on se laisse tenter par les produits d'épicerie fine des grandes maisons : confit du Sud-Ouest, thés, caviar...

BAIE ORIENTALE (ORIENT BAY) ★★★

La Baie Orientale est la nouvelle attraction balnéaire à la mode dans la partie française de Saint-Martin, lovée sur une plage au sable blanc. L'endroit est propice à tous les sports nautiques. C'est ici que l'on s'essaie au kite, au surf, au foil, et même au parachute ascensionnel. Les familles adorent venir profiter de l'ambiance des *beach bars* sur la « Place du Village », où l'animation est présente. De nouveaux restaurants aux concepts les plus contemporains côtoient des adresses plus traditionnelles. Les DJ laissent la place aux groupes jazzy le soir dans les bars locaux. De très beaux complexes et boutiques-hôtels vous accueillent également.

TOTEM W&S

87 rue des Aborigènes
✆ +590 690 35 78 77
www.totem-wines.com
Ouvert du lundi au samedi de 10h à 12h30 et de 14h à 18h, le dimanche de 10h à midi.

Fondée par Jérôme Richard et Régis Hugonnet, cette boutique en plein cœur de la zone commerciale de Hope Estate est l'une des meilleures caves à vin de l'île. Totem W&S a sélectionné un vaste choix de bonnes bouteilles en provenance du monde entier, ainsi que d'excellents rhums des Caraïbes, des éditions limitées de vodkas, des whiskies écossais, etc. Le magasin propose également du gin français ! Les amateurs de cigares y trouveront une large gamme de tabac, du cigarillo au barreau de chaise. Quelques produits d'épicerie fine sont aussi disponibles.

FRANCIS ECK

47 Les Jardins d'Orient Bay
✆ +590 590 87 80 45
www.francis-eck.com
Visite sur rendez-vous.

Une évasion dans les couleurs des eaux de la Caraïbe ! Une visite des œuvres de Francis Eck chez lui, sur rendez-vous, vous emmène sur le chemin de la poésie. Délicatesse dans le style, palette de couleurs pastel et surtout une transcendance de la réalité. L'artiste est reconnu internationalement. Il puise son inspiration au fur et à mesure de ses voyages, avec un attrait particulier pour la nature. Certaines de ses toiles sont visibles dans des restaurants de Grand Case et de Marigot. Un aperçu de ses œuvres est également visible sur son site.

© OFFICE DE TOURISME DE SAINT-MARTIN - CLAUDE CAVALERA

Planche à voile à Orient Bay.

PLAGE DE LA BAIE ORIENTALE (ORIENT BAY) ★★★

Située entre Mont-Vernon et le Club Orient (naturiste), c'est LA plage touristique de Saint-Martin par excellence ! De plus, elle détient le titre d'être la plus grande de l'île. L'économie du service l'a vite compris et a suivi, s'intégrant pleinement dans le paysage (du moins dans la plupart des cas).

On y retrouve un petit côté Saint-Tropez. Vous pouvez louer transat et parasol, déjeuner ou collationner dans un des nombreux restaurants proposant diverses cuisines, vous rafraîchir dans une des terrasses ou un des bars, pratiquer un sport nautique, faire un peu de shopping ou flâner au hasard ou tout simplement observer le va-et-vient incessant des gens... Bref, les activités ne manquent pas. Pour compléter le tableau, vous avez une très belle vue sur les îles de Caye-Verte (et sa barrière de corail), Saint-Barthélemy, les îlets de Pinel et Tintamarre. Les soirées sont souvent animées : si vous vous rapprochez, en vous baladant, des habitués ou des locaux, ils ne manqueront pas de vous en tenir informé.

Depuis peu, l'extension de la plage a permis la création de petites unités de restauration où vous pouvez déguster des plats typiquement créoles ou tex-mex. L'accueil dans les établissements y est courtois et le service, en général, de bonne qualité. Attention, le site étant très prisé, il y a foule en haute saison, particulièrement le week-end... Mais bon, tout est relatif ! Vu les dimensions de la plage, vous trouverez sûrement un petit coin de bonheur.

PLAGE DU GALION

Située juste après la plage naturiste d'Orient Bay. Cette grande plage est surtout le paradis des surfeurs et véliplanchistes. Le spot s'y prête bien. On y trouve d'ailleurs une école de voile et de surf (pour différents âges). La mer est calme et l'eau peu profonde, l'idéal si vous êtes en famille. A lézarder sur cette belle bande de sable blanc ou à se baigner dans les eaux translucides de la baie, on oublierait presque de la frénésie toute proche d'Orient Bay. Placée en réserve naturelle, une balade entre mer et plage est un souvenir inoubliable.

GOOD MORNING CAFE

13 Orient Bay Plaza
✆ +590 590 87 50 76
Ouvert tous les jours de 6h à 16h.

L'une des adresses préférées des vacanciers d'Orient Bay pour un petit déjeuner à la française. Cette boulangerie traditionnelle propose un vaste choix de pâtisseries, de viennoiseries et bien sûr, de bons pains frais. Possibilité de prendre un café sur place ou à emporter. Il est possible de s'asseoir sur une petite terrasse ombragée. L'établissement propose également un service de restauration sur le pouce au déjeuner, avec des tartes, des salades, des quiches et des sandwiches faits maison. Gâteaux d'anniversaire personnalisables sur demande.

CARIBBEAN PRINCESS €€

Parc de la baie Orientale
✆ +590 590 52 94 94
Appartement à partir de 1 500 € en basse saison.

Les Caraïbes en mode Princess ! Toutes les suites de cette petite résidence balnéaire sont composées d'une cuisine américaine entièrement équipée (avec frigo américain, cafetière, micro-ondes...) ouverte sur un séjour très spacieux avec baie vitrée offrant des vues imprenables sur jardin ou mer ainsi que des chambres avec lit king size et salle de bains privée. Elles sont également climatisées et équipées de téléphone direct, TV par câble américain et satellite français. Wifi gratuit dans les chambres et au bord de la piscine.

HÔTEL LA PLANTATION €€

5 parc de la baie Orientale
✆ +590 590 29 58 00
www.la-plantation.com
Studio pour 2 personnes à partir de 144 €, suite à partir de 173 €, villa à partir de 309 €.

Situé au cœur du parc privé de la baie Orientale, avec sa plage de sable blanc, cet hôtel allie l'élégance à une pointe d'exotisme. Il se compose de dix-sept villas privées de style colonial entourées d'un jardin et dotées de terrasses dominant la mer. Chaque villa est composée d'une suite et de deux studios. La décoration des suites et des studios est dominée de couleurs chaudes, ravivée de fresques caribéennes personnalisées. Un restaurant, le Café Plantation, propose au bord de la piscine une cuisine française mélangée à des saveurs exotiques.

LA PLAYA ORIENT BAY €€

116 Parc de la Baie Orientale
✆ +590 590 87 42 08
www.laplayaorientbay.com
Chambre double de 296 € à 503 € (suivant la période).

Situé sur la plage d'Orient Bay, c'est un hôtel 4-étoiles entièrement rénové en 2019. L'hôtel dispose d'une piscine d'eau douce, d'une plage privée avec transats et d'un bar-restaurant La Playa bénéficiant d'un cadre exceptionnel où vous pourrez notamment prendre vos petits déjeuners face à la mer, les pieds dans le sable. Pour vous détendre, des massages sur demande sont à votre disposition, ainsi qu'une base nautique à proximité de l'hôtel. Ambiance détendue. Excellente adresse à des tarifs très abordables pour les prestations fournies.

GREEN CAY VILLAS €€€

Parc de la baie Orientale
✆ +590 690 88 97 86
www.greencay.com
Villa 3 chambres à partir de 2 800 € la semaine (4 nuits minimum).

Situé à Orient Bay, sur l'une des plus belles plages de l'île, cet établissement classé 4-étoiles propose seize luxueuses villas de 450 m^2 à l'architecture et au mobilier créoles. Chacune d'entre elles possède sa propre piscine privée et se fond au milieu d'une végétation tropicale luxuriante. Toutes comprennent deux terrasses, une cuisine entièrement équipée, un très vaste séjour et trois chambres climatisées. Le service hôtelier est assuré tous les jours. Le vrai luxe comme à Saint-Barth, si on peut se permettre la comparaison.

HACIENDA MARYLIN €

78 parc de la baie Orientale
✆ +590 590 29 50 63
hacienda-marylin.pagesperso-orange.fr
A partir de 400 € la semaine en basse saison, 440 € en haute saison.

Une location pleine de charme et l'impression d'être dans sa maison de vacances avec les tropiques en plus ! Les propriétaires des lieux sont très serviables et gèrent eux-mêmes les locations de leurs trois studios de standing bien équipés pouvant accueillir deux personnes chacun. La vue y est superbe sur l'îlet Pinel et sa réserve naturelle et le mont Vernon de l'autre côté. Piscine à débordement sur place. Une bonne adresse à un tarif raisonnable pour profiter des animations nocturnes du quartier d'Orient Bay en soirée et de la plage débordante d'activités.

ESMERALDA RESORT €€€

Parc de la Baie Orientale ✆ +590 590 87 36 36
www.esmeralda-resort.com
Chambre supérieure de 272 € à 595 €, avec vue sur la mer à partir de 373 €.

Le complexe se trouve sur l'extrême gauche de la plage d'Orient Bay, niché dans un magnifique jardin tropical planté d'hibiscus, de bougainvilliers, de cocotiers... 18 villas de luxe disséminées entre la plage et la végétation tropicale offrant 65 chambres. Tous les hébergements ouvrent sur une terrasse ombragée bordée par la végétation. Les chambres sont spacieuses et joliment décorées dans un style exotique de bon goût. L'équipement est à la hauteur. Vous avez même votre petite piscine privée rien que pour vous !

HÔTEL PALM COURT €€

parc de la baie Orientale
✆ +590 590 87 41 94
www.sxm-palm-court.com
Chambres de 2 à 4 personnes : de 146 à 210 €. Petit déjeuner inclus.

Il y a des lieux secrets que l'on souhaiterait garder pour soi... Orchestré par Anne et son équipe, le boutique-hôtel Palm Court est l'un de ces petits bijoux préservés du tumulte touristique. Les tons délicieusement épicés de votre spacieuse chambre (dotée d'une kitchenette et d'un lit *king-size*) donneront à vos vacances de belles touches caribéennes. L'architecture des 3 bâtisses, l'espace piscine, les jardins luxuriants forment une combinaison qui souligne l'harmonie de ce petit havre de paix. Goûtez aux délices d'un séjour alliant intimité et quiétude.

BIKKINI BEACH €

sur la plage
✆ +590 590 77 39 90
www.bikinisxm.com
Ouvert du lundi au jeudi de 9h à 21h et du vendredi au dimanche de 9h à 22h.

La toute nouvelle décoration réalisée après le passage du cyclone Irma s'harmonise à merveille avec la plage de sable blanc. Les pieds dans l'eau, en bikini ou pas, en tongs et paréo, on surfe entre baignades dans l'eau translucide et cocktails aux fruits frais ! Les journées ne seront pas assez longues pour profiter du soleil et de la beauté du lieu. Possibilité de déjeuner ou de boire un verre directement sur un transat. Les apéros et les concerts vous permettent de prolonger ces beaux moments en soirée, lové dans un magnifique fauteuil en rotin.

COCO BEACH €

Plage de Baie-Orientale
✆ +590 690 64 14 94
Ouvert du mardi au dimanche de 7h à 18h. Comptez 50 € par personne.

Racheté par une nouvelle équipe après Irma, le Coco Beach est une des adresses historiques d'Orient Bay. Ici, tout est mis en œuvre pour passer un bon moment en toute simplicité. Côté cuisine, la carte est variée avec d'excellentes suggestions du jour qui mettent en valeur les produits locaux comme le ceviche de langouste ou les poissons, comme la daurade au grill. On déguste ces spécialités sous l'ombre des carbets en profitant de la vue sur le lagon turquoise ou confortablement installé dans les transats, version lit à baldaquin entourés de voilages.

KKÔ BEACH BAR & RESTAURANT €

sur la plage
✆ +590 690 38 66 70
www.kkobeach.com
Ouvert tous les jours à partir de 7h30 à 16h, le dimanche jusqu'à 17h. Comptez 40 € par personne.

Situé les pieds dans l'eau, le KKÔ est un des meilleurs beach restaurants d'Orient Bay. Le menu est alléchant et propose de vous restaurer à toute heure de la journée depuis votre transat. Salades, pizzas, pâtes, hamburgers, poissons, grillades et cuisine créole sont à la carte. Les langoustes sont d'une fraîcheur absolue (elles sont vendues au poids) et font la renommée du lieu. En haute saison, des soirées sont régulièrement organisées (consulter la page Facebook).

L'ASTROLABE €€

Hotel Esmeralda
✆ +590 690 56 02 05
www.astrolabe-sxm.com
Ouvert du jeudi au mardi de 7h30 à 10h30 et de 18h30 à 22h. Comptez 50 € par personne.

Choisir l'Astrobale, c'est s'octroyer une pause raffinée loin du tumulte de la plage d'Orient Bay. Un havre de volupté et une gastronomie alliant légèreté et élégance. Le service se déroule au bord de la piscine, dans un jardin tropical. La cuisine est inventive et raffinée et de nombreuses soirées à thèmes sont orchestrées, comme le lundi : Surf & Turf and Jazz Sax Night, le vendredi : langouste fraîche et orchestre en *live*, le samedi : bouillabaisse caribéenne et musique *live*. Une équipe aux petits soins dans un écrin merveilleux.

KONTIKI BEACH SXM €

Sur la plage
✆ +590 690 66 24 25
Ouvert tous les jours de 11h30 à 16h. Comptez 40 € par personne.

Flambant neuf, l'équipe du Kontiki Beach est encore plus déterminée à savourer le bonheur qu'offre la vie. Les pieds dans le sable et le regard sur toutes les activités pratiquées dans le lagon, vous serez aux premières loges pour savourer salades croquantes et cocktails fruités. On sent les délicieuses et subtiles touches de la cuisine asiatique dans les plats comme le Pad Thaï au porc. C'est l'assurance d'un bon moment à partager, que vous soyez sur votre bain de soleil les pieds en éventail avec votre piscine de rosé, ou attablé confortablement !

MAISON MÈRE €€

Place du Village
✆ +590 690 381139
Ouvert du mardi au dimanche de 18h à 22h30. Comptez 70 € par personne.

Une des nouvelles adresses d'Orient Bay, la Maison mère propose une cuisine semi-gastronomique. S'inspirant de la plus pure tradition des grands restaurants parisiens ou lyonnais, en y ajoutant une touche créole, le chef réinvente les grands classiques de la tradition française : quenelles de vivaneau, aïoli créole, pigeon royal... La sélection des produits est rigoureuse : tout est frais et préparé maison. Un chariot de pâtisserie vous permet de choisir votre dessert préféré. Un menu à quatre mains avec accord mets & vins a été réalisé avec la maison Totem.

YELLOW SUB €

6 residence de la Plage
✆ +590 690 67 04 87
Ouvert tous les jours de 7h à minuit. Comptez 25 € par personne.

Qui goûte à l'ambiance Yellow Sub s'assure un moment de joie et de bonne humeur ! Vous deviendrez vite addict à l'esprit convivial qui règne dans ce restaurant au style pop-vintage de la Baie Orientale. Atypique il l'est : aussi bien steakhouse pour y déguster des viandes de qualité et des burgers gourmets, il devient un bar branché les soirs de concerts, salsa, jazz ou en encore karaoké. Tout n'est que prétexte pour s'ouvrir au monde et partager devant les écrans câblés sport, de purs moments amicaux autours des cocktails revisités.

LE PIMENT €€

La Place
✆ +590 590 52 43 12
Cuisine italienne et française. Ouvert du lundi au samedi de 18h à 22h. Comptez environ 30 € par personne.

A l'entrée de la place du Village d'Orient Bay, l'Italie et la Provence se donnent rendez-vous sous le soleil des tropiques. Les amoureux de plats copieux seront gâtés avec des plats de viande, de poisson, de pizzas et avec des idées originales comme le filet de bœuf camembert ou la salade et son chausson de saint-marcellin, Les plats sont annoncés sur l'ardoise et on vous fournira une tablette en guide de menu. Les assiettes sont pleines de soleil et l'ambiance est chaleureuse. De quoi pimenter votre soirée de bons moments et de bons produits.

LE TÉLÉGRAPHE €€

Place de la Baie Orientale
✆ +590 690 52 04 41
www.letelegraphesxm.com
Tous les jours sauf mercredi, de 17h à 23h30. Comptez 40 € par personne.

Besoin de revenir aux anciens moyens de télécommunication pour échanger entre amis ? Le Télégraphe est l'endroit idéal en bord de plage en journée pour déguster des mets de brasserie, des suggestions comme les tartares de crabe ou encore des tapas. Ce restaurant à la décoration moderne et aux tonalités urbaines propose de déjeuner décontracté autour d'une carte pleine de fraîcheur le midi et dans une ambiance plus cosy sur la place du village. Alex et toute son équipe veillent à servir avec efficacité et convivialité les gourmands convives !

PETIT CASINO

Avenue des Plages
✆ +590 590 29 09 40
Ouvert tous les jours de 8h à 18h.

Une supérette qui rivalise avec les grandes enseignes ! Très bien agencée et optimisée, elle offre tous les produits nécessaires à la vie de tous les jours. Elle mise sur les produits Bio pour nous garder en pleine santé et en forme. La présentation est dynamique avec la mise en avant de nouveaux produits en exclusivité, des animations pour les fêtes du calendrier. Le rayon frais propose d'alléchantes salades. Pour un apéro surprise, le rayon coupe fromage et charcuterie facilitera votre organisation. Une autre enseigne Casino se trouve à l'Anse Marcel.

BAYSIDE RIDING CLUB

Rue du Coconut-Grove
✆ +590 590 87 36 64
Ouvert du lundi au samedi.

Epris de nature ? Pourquoi ne pas découvrir l'île hors des sentiers battus au rythme des pas de votre cheval. Il sauta vous guider vers une nature encore sauvage et vous donner un autre aperçu de la plage. Pour une balade romantique à cheval au coucher de soleil. Le club se trouve sur la plage du Galion. De magnifiques balades à travers la réserve naturelle, une longue baie de sable blanc. Que vous soyez débutant ou confirmé, c'est une expérience à tenter durant votre séjour sur l'île. Cours de poney pour les petits à partir de 7 ans.

BIKINI BEACH WATERSPORTS

✆ +590 690 75 49 86
www.bikini-watersports.com
Ouvert tous les jours de 10h à 17h. Jet-ski 30 min à 70 €, 60 min à 110 €, flyboard 20 min à 100 €.

La plage d'Orient Bay est idéale comme base pour les loisirs nautiques. Les Alizés favorisent la pratique de sports alliant mer et vent comme le parasail et le parachute ascensionnel... Le Bikini Water Sport a toutes les astuces pour vous garantir une journée à la plage rythmée et pleine de sensations ! Il vous permet de partir en escapade en jet ski, partir dans les airs en Fly Board, vous amuser en banane ou bouée tractée. Pour ceux qui aiment quand la page rime avec activité plus que farniente. Des sorties snorkeling sont aussi proposées.

WIND-ADVENTURES

Parc de la baie Orientale
✆ +590 690 36 27 36
www.wind-adventures.com
Ouvert tous les jours de 9h à 17h. Session de 2h à 225 €.

La plage sera votre terrain de jeu ! Une multitude d'activités à votre disposition en stage ou en location de matériel : kitesurf, windsurf, en kayak de mer, paddle, hobie cat, E Foil... Le centre propose des écotours où, lors d'une navigation à la voile, vous aurez l'occasion de découvrir la réserve naturelle et ses oiseaux marins, dauphins, tortues, iguanes, mangoustes... Le centre propose également une sortie en catamaran ou des journées à thème comme celle de nager avec les tortues et les dauphins en hiver ou encore des sorties snorkeling.

WINDY REEF

Baie de l'Embouchure
✆ +590 690 34 21 85
Cours et locations de surfs et windsurfs. Cours surf 2h de prestation tout compris 55 €. Stages 5 Séances de 2h, 275 €.

Le club se trouve sur la plage du Galion à 5 minutes en voiture de la Baie Orientale ou 20 min à pied par la plage. Elle a choisi un spot de rêve où les vagues sont en rendez-vous 365 jours par an. De quoi offrir un terrain de jeux et sensations presque chaque jour ! Cette école de surf existe depuis 1995, les Waterboys & Girls du Galion, école de surf FFS labellisée, qui forme depuis quinze ans des petits et grands champions de surf et de windsurf. L'école propose des tours découvertes, des stages, des cours de perfectionnement dans un climat très sympathique.

WAIKIKI BEACH

Plage de Baie-Orientale
✆ +590 690 76 57 58
Beach bar. Danse sur la plage.

Ouf la mer n'est pas loin pour éteindre le feu qui émane du Waikiki Beach durant la période festive ! Le bar peut se transformer en soirée Pirates des Caraïbes, en soirée french cancan... Tout pourvu que la piste de danse à même la plage soit comble. Un espace qui privilégie les danses sur les tables en bois et les bulles de champagne. Ici, on sait que la fête sera à chaque fois différente car on aime changer de thème selon la période. La musique et le son sont omniprésents avec des DJ résidents et guest stars invités pour passer la meilleure des soirées.

CORALITA BEACH ★

La plage de Coralita se trouve à l'entrée d'Oyster Pond en venant du quartier d'Orléans. C'est une des bandes de sable les plus tranquilles de Saint-Martin. Peu fréquentée, la plage de Coralita a souvent des airs d'île déserte. Cocotiers et sable blanc sont au rendez-vous, mais attention, la mer y est souvent agitée. La faune marine y est très préservée, mais il vaut mieux être bon nageur pour explorer la baie avec un masque et un tuba, au risque de se faire prendre dans les courants. C'est également un des meilleurs spots pour admirer le lever de soleil.

OYSTER POND

La marina est située à la frontière, à l'est de l'île. Elle accueille de nombreux bateaux et l'ambiance est très « nautique ». Vous y trouverez de nombreux commerces et restaurants sur place qui se sont délocalisés côté Quartier d'Orléans après le passage d'Irma en 2017. Cette zone doit son attractivité passée à Olivier Lange, surnommé Captain Oliver. Ce grand aventurier, voyageur et propriétaire d'établissements de nuit est arrivé sur son bateau dans les années 1980. Aussitôt émerveillé par la beauté et la quiétude d'Oyster Pond, il a l'idée de créer une petite marina et un restaurant afin de pouvoir venir passer l'hiver sous le soleil des Antilles.

DAWN BEACH

Réputée pour la couleur turquoise de son eau, cette large plage de sable blanc est la seule d'Oyster Pond. Idéale pour des balades romantiques, main dans la main… Les clients du Westin y ont un accès pour ainsi dire privé. On adore la vue sur Saint-Barth par temps clair. On déplore les constructions proches de cette belle plage mais elle n'est pas pour autant trop fréquentée. Depuis Irma en 2017, les établissements hôteliers n'ont pas retrouvé leur éclat. La plage redevient donc tranquille. Un coin naturisme est possible en extrémité de plage.

© GILLES MOREL

Balade à cheval.

MARYN CHARVAT ★

56 rue des Arawaks
✆ +590 590 29 44 56
www.maryncharvat.net
Visite sur rendez-vous.

Diplômée des Beaux-Arts, professeur d'arts plastiques, c'est à Saint-Martin que Maryn puise depuis 1997 toute son inspiration. Ses peintures figuratives et abstraites révèlent sa manière de voir le monde avec une grande subtilité. Elle est une artiste pluridisciplinaire. C'est dans son petit coin de verdure qu'elle vous recevra. De ses œuvres émanent tous les souvenirs vécus de ses voyages. Ils animent l'artiste et guident sa touche artistique. Très active dans la vie culturelle, elle est initiatrice d'évènements à Saint-Martin.

© SÉVERINE VULLIEZ

Oyster Pond, Saint-Martin.

CARIBBEAN NATURE €€

Baie-Lucas
www.locasunsea.net
Tarifs pour 1 ou 2 personnes de 97 à 151 € selon la saison.

Cet espace naturiste très récent se situe à Baie-Lucas, à 150m de la plage de la Baie Coralita protégée par sa barrière de corail. La plage de Dawn Beach est à 500 m. Le site propose deux types d'hébergements indépendants. Les bungalows sont situés en rez-de-jardin, au niveau de la piscine tandis que le studio se trouve au rez-de-chaussée avec une vue panoramique sur les îles voisines. Le tout niché dans un grand et luxuriant jardin tropical. Les logements sont pourvus d'une kitchenette entièrement équipée, d'une salle d'eau et d'une grande terrasse.

BALCONS D'OYSTER POND €€

15 avenue du Lagon
✆ 0590 51 23 06
www.lesbalcons.com
Ouvert toute l'année. À partir de 90 € la nuit pour un bungalow simple de 2 personnes.

Oyster Pond est une perle naturelle et la résidence Les Balcons un écrin de beauté pour s'y ressourcer dans le calme avec une vue panoramique exceptionnelle. À seulement 10 min de la plage d'Orient Bay et de Philipsburg. C'est avec passion que Carine et David vous accueillent depuis plus 20 ans, avec des conseils sur les visites et une aide à la location de voiture. Un cadre charmant fleuri et décontracté, 19 bungalows entièrement équipés avec une magnifique vue sur la baie. Une piscine est à votre disposition et la plage de Dawn Beach est à 2 minutes.

BZH CREPERIE €

Avenue du lagon
✆ +590 690 10 16 01
www.bzh-oysterpond.com
Ouvert du lundi au samedi de 17h30 à 21h30. Comptez 25 € par personne.

Un petit air de Bretagne aux Caraïbes ! Pari réussi pour cette crêperie qui excelle dans les galettes de blé noir. On vient déguster les spécialités de la maison comme les galettes Normandy à base d'andouille de Guémené, la Western, ou la Chaudrizo. L'établissement propose également des grillades et des poissons locaux. L'ambiance est décontractée et la cave à vins risque de plaire aux amateurs de bons crus. Les portions sont très copieuses. Bel emplacement et tables sous une végétation tropicale. Concerts régulièrement organisés (consulter la page Facebook).

MAMA PIZZA €

94 Avenue du lagon
✆ +590 590 29 63 32
Ouvert du jeudi au mardi de 17h à 22h. Pizzas dès 14 €, salades dès 15 €.

Offrir une pizza à la pâte épaisse et croustillante est le savoir-faire de Mama Pizza. Ici, on se retrouve comme à la maison, on profite de la terrasse ensoleillée entre amis avec la vue sur la marina d'Oyster Pond. Les couleurs ne sont pas sans rappeler les trattorias italiennes et les saveurs mixent aromates méditerranéens et ingrédients locaux. On ne saura quoi choisir parmi les spécialités proposées ici, comme la pizza aux aubergines, les pâtes de « papa », les onctueuses lasagnes maison. Un beau moment de *dolce vita* italienne !

L'OASIS €

Rue de l'escale

+590 690 76 64 27

www.oasissxm.com

Ouvert du mardi au dimanche de 11h à 14h et de 17h à 23h. Pizzas à partir de 14 €.

Oyster a beaucoup souffert du passage d'Irma. Greg et Nelly sont le soleil incarné, ils transmettent leur bonne humeur à tous les clients de passage. Le restaurant propose une vaste carte dès le petit-déjeuner entre version continentale ou américaine. Côté repas, vous avez le choix entre des entrées chaudes, des salades, des pizzas, des plats traditionnels (Parmentier de confit de canard, filet de bar en croûte...). C'est aussi le repaire des habitants pour la convivialité partagée et l'esprit « village ». Vous serez très bien accueilli !

BAIE NETTLÉ ★★

La baie Nettlé est une langue de sable avec d'un côté, la mer des Caraïbes, et de l'autre, le lagon de Simpson Bay. Cette péninsule se trouve toute proche de Marigot. Elle est favorable aux balades car elle garde un caractère sauvage. Vous pouvez y apercevoir les ruines d'un ancien hôtel autrefois luxueux qui n'a pas survécu aux ouragans. Le site est idéal pour les amateurs de photos. La plage de la Baie Nettlé est surtout fréquentée par des locaux le week-end. Vous rejoignez la partie hollandaise de l'île par une route pittoresque qui traverse les Terres-Basses. Le meilleur centre de plongée de l'île, Odyssey Diving, se situe côté lagon.

BREAD AND BUTTER

Residence le rocher - Oyster pond

+590 690 59 67 47

Ouvert tous les jours de 7h à 19h30.

C'est bien plus qu'une simple épicerie, c'est l'endroit de ravitaillement du village ! Le matin, c'est l'endroit où venir chercher son pain et ses croissants croustillants. En plus de trouver tout le nécessaire pour le dépannage journalier en vivres, une belle sélection de vins et de produits épicerie fine vous régaleront. Un rayon frais et surgelés pour ceux qui souhaitent cuisiner et des plats et salades fraîcheur pour les petites pauses rapides. Des idées cadeaux gourmands à tenter également. Une adresse tenue par les propriétaires du restaurant Oasis.

PLAGE DE BAIE-NETTLÉ ★

Une longue plage de sable à 5 minutes de Marigot. Il faut prendre sur la droite en direction des Terres-Basses. Attention, on ne peut pas se baigner partout car il y a beaucoup de roches visibles ou non à certains endroits. Préférez la baignade dans les zones qui se trouvent occupées par les hébergements. La vue sur la plage ombragée de palmiers est très agréable. Nous devons vous prévenir que depuis Irma de nombreux stigmates de destruction sont encore visibles. Un hôtel, La Belle Créole, est d'ailleurs laissé à l'abandon depuis des années.

SXM FISHING

Marina de Captain Oliver

+590 690 30 80 75

Sortie pêche au gros à la journée à partir de 500 €.

Amaury est le propriétaire du Oualichi bar & restaurant situé sur le boardwalk à Philisburg. C'est également un pêcheur professionnel aguerri. Il propose aux pêcheurs confirmés de partir une journée avec lui pour traquer le marlin, le thon, la dorade coryphène ou autres thazards à bord d'un beau bateau entièrement équipé pour la pêche sportive hauturière... Fort de ses 15 années d'expérience à sillonner la mer des Caraïbes à la traque des plus gros poissons, il propose une prestation complète de qualité et à la carte (équipage, carburant, boissons, repas...).

DISCOUNT CAR RENTAL

C15 Galerie commerciale Baie Nettle

+590 690 71 95 51

www.sxm-car.com

Ouvert 7j/7 de 8h à 20h. Location par jour dès 30 €.

L'île se découvre en voiture plutôt qu'en bus. L'agence Discount Car Rental est une référence sur l'île depuis 2003. Cette longévité professionnelle est un réel gage de sérieux. Claude, le propriétaire, vous chouchoute avant et dès votre arrivée. Il connaît tous les secrets de l'île depuis 15 ans, date à laquelle il s'y est installé définitivement après une carrière de chef étoilé en France ! Ses conseils et sa bienveillance vous permettent de louer une voiture en toute sérénité. Il assure une prestation 5 étoiles à petit prix.

HOMMAGE HOTEL & RESIDENCES €€

173 Route de Baie Nettle
✆ +590 590 87 54 54
www.hommagehotel.com
Chambre double à partir de 174 €.

A 5 min en voiture du centre de Marigot, cet hôtel à l'architecture créole s'étend le long du lagon avec une vue sur les palmiers. Le cadre de l'hôtel est très art avec des sculptures design, des peintures et fresques modernes. Les chambres de catégorie standard et supérieure peuvent accueillir trois personnes, les duplex de catégorie standard et supérieure, quatre personnes. Tout est prévu pour vos loisirs : ping-pong, volley, plongée avec Odyssey Diving.

OASIS CREOLE €

306 Baie Longue
✆ 0690 76 89 38
www.oasiscreole.com
Location de chambres et bungalows. Terrasse, jardin et piscine. Quartier résidentiel sécurisé. De 80 € à 160 €.

Une demeure de charme qui respire la sérénité et le bien-être dans le cœur des Terres Basses à l'abri des regards et du tumulte de l'île. On vous promet un séjour délicieux dans un cocon intimiste. Grâce à la main verte de Nicole et Jean-Pierre, votre demeure baigne dans un luxuriant jardin d'Éden. La propriété permet de séjourner dans le bungalow Caraïbes à la décoration subtile et contemporaine, dans une des deux chambres d'hôtes ou encore dans la suite Jardin. Nicole et Jean-Pierre savent accueillir de manière personnalisée.

RÉSIDENCE ANSE MARGOT €€€

311 Residence Anse Margot
✆ +590 690 76 72 90
www.lagencesxm.org
Location via agence. Studio à partir de 140 €.

Dans un cadre de verdure, cette résidence est située entre la mer et le lagon, à deux pas de Marigot. L'accès à la plage du lagon est direct. Elle dispose de studios et de duplex qui ont tous une kitchenette sur le balcon ou la terrasse selon la taille du logement. Vous disposez d'une vue sur le lagon ou le jardin. Baie Nettlé bénéficie d'une situation calme et reste proche du côté hollandais. Possibilité de louer une voiture pour visiter l'île. Près de la résidence, vous trouverez une petite supérette et un centre de plongée renommé.

CÔTÉ LAGON €

601 Résidence la Lagune
✆ +590 690 28 42 05
Ouvert du mardi au dimanche de 10h à 21h. Comptez 15 € par personne.

Un cadre calme du côté des eaux turquoise du lagon de la Baie Nettlé. C'est très agréable pour un repas le midi avec une cuisine simple mais de bonne qualité. On y sert des tartares divers dont un excellent tartare de crabe et avocat, des wraps, des salades variées et autres plats du jour… Il est également possible de commander un sandwich ou un burger à emporter. Mention spéciale pour les shawarmas, d'excellente qualité et copieux. A ne surtout pas manquer, le ti' punch maison au moment du coucher du soleil, c'est magique !

DONUTS PARTY

87 route de Sandy Ground
✆ +590 690 40 70 85
www.donutspartyboat.com
Pack pour 4 à 8 personnes, à partir de 65 € par personne.

Une activité originale à faire en famille ou entre amis pour passer une journée en toute décontraction. Les bateaux sans permis, pouvant accueillir jusqu'à 8 personnes, sont en forme de Donuts. C'est une activité très prisée dans les Antilles. Le concept : naviguer sur les lagons de Saint-Martin et déguster un repas autour d'un verre. L'équipe de Donuts Party s'adapte à vos envies. Il suffit d'allumer le petit moteur, et de voguer sur les eaux cristallines des tropiques. Il ne reste plus qu'à choisir votre formule et votre musique. Le capitaine, c'est vous !

FABULOUS CAFE €

rue de Sandy Ground ✆ +590 590 87 93 16
www.fabulousfeasts.com
Ouvert du lundi au vendredi de 8h30 à 17h et le samedi de 9h à 14h. Formule du jour 15 € avec plat et boisson.

Un peu caché à l'extrémité du bâtiment de la zone commerciale de Baie Nettlé, le Fabulous Café mérite qu'on s'y aventure ! Une sympathique terrasse idéale pour profiter du service petit déjeuner à la française. C'est le repaire des locaux pour le petit café du matin. Le midi, le chef vous concocte des plats d'influences variées comme la bavette grillée ou encore le Mahi Mahi sauce papaye. Un endroit fort sympathique où l'on se régale le midi. Le soir, l'établissement est fermé. Pour les soirées privatives, il propose également un service traiteur très raffiné.

LE MA TI BEACH €€

Sandy Ground ✆ +590 690 75 11 36
Ouvert du mercredi au lundi de 11h45 à 22h30, le lundi jusqu'à 15h30. Comptez 30 € par personne.

A proximité du Flamboyant, sur le lagon de la Baie Nettlé, le Ma Ti Beach offre un cadre enchanteur, dans un magnifique écrin de verdure. Avec sa grande terrasse tout en bois, ou sous une des paillotes sur la plage, on y admire une des plus belles vues de Saint-Martin. Les cuisines proposent des plats créoles et français, en toute simplicité : poissons grillés, gambas flambées, etc. Les desserts sont également excellents. C'est un endroit parfait pour déguster un cocktail de saison en admirant le coucher de soleil des tropiques.

BOHO BEACH SXM €€

150 Route de la Baie Nettlé
✆ +590 690 61 64 65
www.bohobeachsxm.com
Ouvert le mercredi et le jeudi de 11h à 18h et du vendredi au dimanche de 11h à minuit. Comptez 60 € par personne.

Ouvert en 2022, le Boho Beach est devenu en quelques mois à peine une des adresses les plus branchées de Saint-Martin. Avec un accès direct à la plage, c'est un véritable restaurant de plage où il fait bon passer la journée sur un transat, à siroter un des excellents cocktails. Le restaurant propose une cuisine sophistiquée, mais adaptée à ce cadre idyllique. La lotte avec son émulsion de curry rouge est très réussie, tout comme le poulpe confit au citron. Les soirs de week-end, l'ambiance devient rapidement festive. Réservation conseillée.

LA CIGALE €€€

Rue de Sandy Ground
✆ +590 690 35 25 02
www.lacigalerestaurantsxm.com
Ouvert tous les jours de 17h à 23h30. Comptez 100 € par personne.

Depuis 1998, La Cigale est une des adresses phares de Saint-Martin. Avec deux toques attribuées par le *Gault & Millau* Antilles Guyane 2020, ce restaurant sublime une cuisine française traditionnelle dans un cadre exceptionnel. Sur le lagon, à l'ombre des cocotiers, déguster la cuisine de Stéphane est un moment rare, à savourer sans retenue. Le menu se concentre sur des classiques, comme la bisque de langouste et son dôme croustillant, le mignon de veau rôti au beurre de sauge ou encore la sole meunière (véritable classique de la Cigale).

MEZZA LUNA €€

501 Nettlé Bay Beach Club
✆ +590 690 73 19 18
Ouvert du lundi au samedi de 9h à 21h30. Pizza à partir de 11 €.

Vous pourrez déguster une vraie cuisine italienne élaborée à base de produits frais. Les pâtes sont faites maison et assorties avec des coquillages (*clams*), des gambas, de fines lamelles de truffes blanches d'Alba ou noires du Périgord, selon la saison. Toutes les régions d'Italie sont à l'honneur avec des plats aux saveurs exquises : les aubergines à la Parmigiana sont divines. Toute l'équipe est très sympathique et professionnelle. Réservation conseillée, à ne pas manquer. Pizzas de très bonne qualité à emporter ou à consommer sur place.

CADISCO

Route de la Baie Nettlé
✆ +590 590 27 17 44
Supérette et station-service. Station-service ouverte 24h/24. Supérette ouverte de 7h à 20h tous les jours.

Fuir les grandes surfaces et faire vos courses tranquillement mais rapidement en allant directement à l'essentiel ! Cadisco est une nouvelle supérette, ouverte en 2018, très bien achalandée. Elle propose le nécessaire, du rayon épicerie jusqu'aux cosmétiques, avec des boissons fraîches, tout pour faire un barbecue et surtout un agréable accueil. Très pratique, car l'établissement dispose d'un parking. Et le must, c'est la station-service : on s'occupe de tout avec le sourire caribéen en prime. Ah, ce sont de vraies vacances !

MA TI BEACH

RESTAURANT & BEACH BAR

BAIE NETTLÉ - ✆ 0690 75 11 36 - Maubert971@yahoo.fr

BLUE ODYSSEY DIVING

Hommage Hôtel & Résidences
✆ +590 690 64 35 87
www.blue-odyssey-diving.com
Plongées d'exploration, formations tous niveaux et snorkeling. Baptême : 100 €, Double Tanks : 100 €.

LE centre de référence de plongée de l'île. Toutes les richesses sous-marines sont connues de Philippe Jourdain, moniteur diplômé. Véritable passionné et plongeur aguerri, il vous guide vers les meilleurs spots. Grâce à sa situation idéale, vous pourrez plonger du coté français [Rocher Créole, Tintamarre] et aussi du coté hollandais [Récif de Prosélyte et les épaves]. Le centre propose deux plongées à la suite dans deux lieux différents à partir d'un zodiac de 8,50 m surpuissant. Plongées d'exploration, formations tous niveaux et snorkeling en famille.

TERRES BASSES ★

Le quartier des Terres-Basses est vraiment un lieu unique à Saint-Martin. C'est ici qu'est regroupée la majorité des villas de milliardaires. Encerclées par la mer de Caraïbes sur le nord et à l'ouest, et la lagune de Simpson sur le sud-est, les Terres-Basses sont reliées aux parties française et néerlandaise par deux bandes étroites de terre, les rendant privées et sélectes. Ce n'est pas le fruit du hasard si le plus bel hôtel de l'île a élu domicile dans cette zone. Les plages de baie aux Prunes, baie Longue et baie Rouge sont très tranquilles pour la promenade et la baignade. Les Terres-Basses offrent peu de restaurants ou de commerces.

© OFFICE DE TOURISME DE SAINT-MARTIN - CLAUDE CAVALERA

Les falaises de Terres-Basses.

BAIE-AUX-PRUNES [PLUM BAY] ★★

Accès libre.

La plage de la Baie-aux-Prunes est située dans la zone des Terres-Basses, à l'ouest de l'île. Elle est accessible par la route privée traversant les propriétés privées. L'accès à la plage se fait par un sentier de sable, grillagé des deux côtés afin de limiter l'accès motorisé. Entre la pointe du Canonnier et la falaise aux Oiseaux. Peu fréquentée car peu connue. Par temps de houle, elle attire les surfeurs. L'exposition à l'ouest de cette plage permet un bronzage maximum.

BAIE-ROUGE ★★

Accès libre. Le parking ferme à la tombée de la nuit.

Appelée ainsi grâce à la légère coloration de son sable qui prend une couleur feu au coucher de soleil. C'est certainement une des plus belles plages de l'île. Elle est bordée de belles et somptueuses villas des Terres-Basses, et la longueur de son arc vous offre la plus grande tranquillité. Elle cache, à l'est, une adorable petite crique accessible aux bons nageurs, et un peu plus loin, le Trou de David. Mais attention, elle est dangereuse à la baignade en raison de ses forts rouleaux. Vous pouvez faire une pause déjeuner dans un des restaurants de plage.

BELMOND LA SAMANNA €€€

Baie Longue
✆ +590 590 87 64 00
www.belmond.com
A partir de 875 € pour une chambre double, 1 325 € pour une suite.

L'hôtel à l'architecture méditerranéenne et en partie orientale est situé dans un parc très élégant surplombant la grande plage de Baie-Longue dans le quartier très sécurisé de Terres Basses. Un décor qui dégage une atmosphère feutrée de luxe exotique. Le restaurant principal bénéficie d'une magnifique vue panoramique et propose une carte raffinée. Tout un enchantement qui est forcément proportionnel au prix. C'est le plus chic hôtel de la partie française. Depuis La Samanna le coucher de soleil est grandiose ! Vous trouverez des offres sur le site Internet.

© OFFICE DE TOURISME DE SAINT-MARTIN - CLAUDE CAVALERA

BAIE-LONGUE ★★

Accès libre.

Une plage longue, très longue (une des plus grandes plages de l'île), aux eaux turquoise, où les amoureux de balades en solitaire trouveront leur plaisir. Elle part de la falaise où est nichée La Samanna et va jusqu'à la pointe du Canonnier. Elle est voisine de Baie-aux-Prunes. Il faut admirer le coucher de soleil depuis le bar du restaurant de La Samanna. Si explorer les fonds marins vous tente, vous pouvez plonger près de l'épave du *Gregory II*. Très nature, très peu fréquentée, c'est la plage quasi déserte comme on se l'imagine.

PHILIPSBURG ★★★

Ville historique, ce fut entre la langue de sable de Great Bay et l'étang salin que les premiers colons hollandais s'installèrent en 1631. La ville possède deux grands attraits : être le paradis du shopping détaxé et son *boardwalk* exceptionnel, un long front de mer où il fait bon flâner aux heures les plus fraîches de la journée. Les restaurants qui s'y trouvent s'adressent principalement à une clientèle américaine. En haute saison, c'est un lieu de fête effrénée. Les nombreuses boutiques de luxe vous invitent à découvrir les dernières nouveautés horlogères du monde entier. Les nombreux casinos sont ouverts jour et nuit pour le plaisir du jeu.

Argent

Dans les centres commerciaux de Sint Maarten, le dollar est roi. Dans la plupart des boutiques de la capitale néerlandaise, il faut privilégier les paiements en dollars, afin de ne pas avoir à faire attention au taux de change appliqué par les commerçants. Les distributeurs permettent d'obtenir les billets verts. Attention toutefois, selon les établissements, des frais bancaires peuvent être demandés au moment de retirer.

Tourisme

Philipsburg est le royaume du shopping en tout genre. La fameuse Front Street est un véritable Éden du lèche-vitrines : des bijoutiers, des magasins de hifi et d'électronique où vous trouvez parfois le dernier appareil photo numérique mais souvent des invendus et invendables en métropole. A vous d'avoir l'œil. Le centre commercial du bord de mer, le Sint Rose Shopping Mall, est situé entre la rue principale et la plage de Great Bay. Des restaurants, des bars, des magasins de vêtements et accessoires hommes et femmes, des cosmétiques... Une belle promenade à faire en fin d'après-midi après la plage. Le vendredi soir, le centre s'anime grâce à des concerts live. Sur Back Street, les commerces sont plus populaires et les prix beaucoup plus doux également.

Transports

A Philipsburg, tout se fait à pied. On traverse la ville d'est en ouest en moins de 15 minutes très facilement et le peu de circulation rend la marche à pied très agréable. Il y est d'ailleurs presque impossible de s'y garer : il est donc recommandé de laisser sa voiture dans un des parkings à l'entrée de Philipsburg.

BOARDWALK ★★

Boardwalk

Vous trouverez ici de quoi remplir votre valise de souvenirs. Cette charmante zone piétonne est l'endroit idéal pour faire du shopping luxe détaxé et siroter un verre face au magnifique lagon de Philipsburg. En journée, vous pourrez y voir de nombreux paquebots déposer des croisiéristes à la recherche des meilleures offres dans les boutiques *duty free* de la ville. C'est toujours très animé avec de la musique partout : voir les touristes danser à toute heure du jour ou de la nuit symbolise bien les vacances festives dont Sint-Marteen s'est fait une spécialité.

FORT AMSTERDAM ★

Accès libre.

L'histoire commence à Little Bay ! Le fort se situe entre Great Bay et Little Bay et présente les vestiges de la fortification la plus importante de l'île. Il fut construit en 1631 par les Hollandais et fut le premier fort néerlandais des Caraïbes. Il ne reste que quelques murs, un bâtiment de stockage et les restes de canons du XIXe siècle. N'abritant à l'origine qu'une garnison de 80 hommes et une dizaine d'armes, les murs du fort étaient construits en terre. Deux ans plus tard, les Espagnols prenaient possession du fort et en faisaient leur défense la plus importante. Pendant une quinzaine d'années, le fort fut occupé par 300 personnes ; un village surgit derrière les murs du fort, sur le côté sud. Des murs de calcaire furent érigés pour le protéger d'éventuelles attaques de navires militaires. La première tentative de Peter Stuyvesant pour reprendre le fort en 1644 échoua. Frappé par une balle de canon, il perdit une jambe et renonça. Puis les Espagnols réalisèrent que l'importance stratégique de l'île était décroissante et décidèrent en 1648 de le démolir avant de quitter l'île. Les troupes françaises et hollandaises prirent possession des lieux immédiatement, avant que le traité de partition soit mis en place. Pour des raisons inconnues, les Hollandais n'ont jamais totalement reconstruit le fort. En 1748, le capitaine John Philips en reconsolida une partie pour la défense de l'île, et le nomma le fort Amsterdam. Celui-ci appartient maintenant à une société privée qui a construit l'hôtel situé à son entrée.

FORTERESSE DE LA POINTE BLANCHE ★★

Surplombe Great Bay

Site naturel.

La Forteresse de la Pointe Blanche servait à l'époque à protéger Saint-Martin. En partant de Philipsburg, prendre la Front Street et tourner à gauche pour continuer jusqu'à une intersection en T. Prendre ensuite la montée vers les collines qui entourent Philipsburg. C'est une route panoramique où vous bénéficiez d'une vue extraordinaire sur les baies, les plages et plusieurs îles dont celle d'Anguilla. De la forteresse en revanche, il ne reste plus grand-chose.

OLD STREET ★★

Pour ressentir l'âme d'antan, il vous faudra découvrir l'architecture de la plus vieille rue de Philipsburg. Très petite (vous la traverserez en 5 minutes), son intérêt réside dans ses petites boutiques, et surtout dans son architecture. Les anciennes maisons coloniales sont très colorées et donnent un bel aperçu de ce qu'était la ville avant l'urbanisation massive de l'île. La vieille voiture est iconique et reste la star de la ruelle. Il faut savoir qu'après le passage du cyclone Irma en 2017, les rénovations ont embelli le quartier.

MAISON DU GOUVERNEUR RINK ★

88 Front street

Willem Hendrik Rink fut le dernier commandeur de Saint-Martin (1790-1800). Il conservera son poste pendant l'occupation française (1795-1801). Il fut démis par les occupants anglais en 1802. Il était propriétaire de Retreat, au Cul-de-Sac hollandais. Il acheta une maison sur Front Street bâtie en 1788. Il fit ajouter un étage de pierre. En 1960, l'immeuble fut partagé en deux et changea régulièrement de propriétaires. Aujourd'hui, la maison ne se visite malheureusement pas.

PLAGE DE GREAT BAY ★★

Plage et site touristique.

Philipsburg possède sa propre plage en plein cœur du quartier de la ville (à proximité immédiate de Front Street, du boardwalk et des casinos). L'occasion de piquer une tête dans l'eau bleue de Great Bay en admirant les paquebots au large entre deux sessions de shopping ! Ou alors faire comme beaucoup de touristes américains, commander un panier (basket) de bières et les consommer en toute gaieté directement dans l'eau autour d'une table et d'un parasol. A voir également, le va-et-vient des commerces ambulants qui vous proposent des souvenirs colorés.

© SÉVERINE VULLIEZ

Plage de Great Bay.

PLAGE DE LITTLE BAY ★

Little Bay Beach

A l'abri des vestiges du Fort Amsterdam datant du XVIIe siècle, et du tumulte de Philipsburg, voici une plage familiale prisée par les locaux. C'est aussi sur cette baie que les premiers navigateurs hollandais ont posé leurs pieds sur l'île. Les terrains en amont ont servi de dépôt de tri post-Irma mais sont aujourd'hui totalement réhabilités. Elle est l'une des plus petites plages de l'île et son charme ne manque pas d'attirer les promoteurs immobiliers. Pour l'instant, seuls trois hôtels bénéficient d'un accès direct à la plage de Little Bay.

SINT MAARTEN GUAVABERRY CO.

8 Front Street

✆ +1721 542 29 65

www.guavaberry.com

Ouvert du lundi au dimanche de 9h à 18h. Spécialités boissons locales.

Outre le rhum, voici une autre idée de boisson typiquement locale à découvrir. Guavaberry est la liqueur traditionnelle de Saint-Martin, l'île des Caraïbes. Les habitants de l'île la fabriquent depuis des siècles. Faisant partie de la culture locale, elle est évoquée dans les contes et les chansons populaires. Elle est faite de rhum et de baies sauvages, les *guavaberries*, récoltées au sommet des collines du centre de l'île. Lentement vieillie, la liqueur a un goût particulier, doux et amer, boisé et fruité à la fois. On la déguste en *colada* dans les meilleurs bars et restaurants de l'île. Quant à la vieille maison créole située au n° 8 de Front Street, elle fait partie de l'histoire locale depuis bientôt trois siècles. Construite à l'emplacement d'une synagogue, puis laissée à l'abandon, elle devint par la suite la demeure privée du gouverneur et, plus récemment, un restaurant fort en vogue. Situé au cœur du Philipsburg historique, le magasin a récemment changé de propriétaires. Mais les différentes variétés de rhums et de nombreux produits, tous réalisés selon la méthode traditionnelle avec des fruits frais ou des épices locales, suivent toujours les mêmes recettes. On y trouve également des articles de Noël et des souvenirs, des bouteilles en verre soufflé, du bois bandé, des vêtements exclusifs aux couleurs du vieil homme Guavaberry, des miels, des vinaigres, des sauces piquantes... Une dégustation gratuite vous sera proposée lors de votre passage.

SINT MAARTEN MUSEUM ★

7 Front Street

✆ +1 721 542 4917

Ouvert du lundi au vendredi de 10h à 16h. Entrée gratuite mais les donations sont les bienvenues.

Il n'existe que très peu de sites culturels sur l'île. Si vous souhaitez remonter le temps et comprendre l'histoire de l'île de Sint Maarten, alors une étape dans ce petit musée s'impose. Il vous sera raconté de manière simple, et grâce aux objets exposés, les grandes étapes de la construction de l'île. Une halte historique qui retrace les grandes lignes de la période arawak à nos jours. Expositions d'artisanat local, de photos anciennes et de différents objets du passé. On peut aussi y observer les dernières découvertes archéologiques sous-marines.

THE VINEYARD BUILDING

W A. Nisbeth Rd

Cette ancienne demeure du XIXe siècle était célèbre pour ses vignes. Son architecture rappelle le style des maisons coloniales américaines : toute la maison a en effet été importée en pièces détachées depuis la ville de Baltimore. Elle a été livrée par goélette en 1871 par la famille Van Romondt et assemblée sur place. Cette maison a d'ailleurs une jumelle aux États-Unis : le Martha's Vineyard, dans le Massachusetts. Aujourd'hui, la maison appartient à la famille Bucamper, qui maintient ce bâtiment historique en parfait état.

YODA GUY MOVIE EXHIBIT

19a Front Street

✆ +1 721 542 4009

Ouvert du lundi au mardi de 10h à 17h, du mercredi au vendredi de 9h à 17h et le samedi de 10h30 à 16h. Entrée : 15 $.

Fondé par le géant du cinéma hollywoodien Nick Maley, artiste maquilleur de renom, c'est le musée le plus insolite des caraïbes ! On découvre une collection sur la célèbre saga *Star Wars* ainsi que d'autres films comme *Krull*, *Terminator 2* et *Men in Black*. L'exposition est jonchée d'informations croustillantes sur les films à gros budget et plusieurs supports sont utilisés (vidéo, sculpture). On y voit aussi des story-boards comme celui de *Batman Returns*, ainsi que des visages moulés de nombreuses célébrités : Angelina Jolie, Jack Nicholson, Marlon Brando, etc.

Philipsburg.

ST. MAARTEN TOURIST BUREAU

#6 Juancho Yrausquin Blvd
✆ +1 721 549 0200
www.vacationstmaarten.com
Ouvert du lundi au vendredi de 8h à 17h.

Vous trouverez sur le site Internet et sur la page Facebook une mine d'informations sur leur site concernant les hébergements, les restaurants, les activités à faire, les endroits à visite... Afin de préparer vos vacances, le site vous permet de faire une réservation sur la plateforme afin de trouver le logement qui vous conviendra. Equivalent d'un office de tourisme, vous pouvez également vous rendre sur place si vous êtes à Philipsburg pour bénéficier de renseignements précis.

BOBBY'S MARINA

22H Juancho Yrausquin Blvd
✆ +1721 542 23 66
www.bobbysmarina.com
60 places. VHF canal 16.

Sans doute la marina la plus connue près de Philipsburg. Créée depuis plus de 30 ans, cette jolie marina propose de nombreux services : accastillage et services de communication (téléphone, wifi...), des boutiques duty free, des bijouteries de luxe, des restaurants, des toilettes et une douche. C'est également un des points de départ de navettes pour Saint-Barthélemy et Saba notamment avec la compagnie Great Bay Express et de centres de plongée. L'ensemble très coloré est tout proche de la Front Street de Philipsburg et de sa plage.

SEAGRAPETOURS

12 Ivory Shell Dr
✆ +1 721 586 0297
seagrapetours.com
Visites guidées de 69 à 120 $ par personne la demi-journée.

A votre rythme, découvrez les richesses naturelles de l'île. Ilja est passionnée par nature et de nature et culture ! Elle vous amène sillonner sur les petits sentiers à la recherche d'oiseaux endémiques dont elle connaît tous les secrets. Elle propose plusieurs thèmes de visites dont un tour qui parle de l'histoire de St Maarten et Saint-Martin avec la visite des forts, un tour comprenant une randonnée à Pic Paradis pour observer oiseaux, puis la faune d'un étang, et finir par nager avec masque et tuba autour une épave dans une baie calme.

GREAT BAY EXPRESS

22H Juancho Yrausquin Blvd
✆ +1 721 520 5015
www.greatbayferry.com
Réservation en ligne : 100 € aller-retour par adulte. Départs vers Gustavia à 7h15 (sauf le dimanche), 9h45 et 17h30.

Great Bay Express est la navette maritime reliant le côté hollandais (Bobby's Marina) de Saint-Martin à Saint-Barthélemy en 30 min. Le navire est rapide et moderne et peut recevoir jusqu'à 130 passagers. Trois rotations par jour relient les îles. La compagnie pratique des prix compétitifs pour les familles et les enfants. A bord, vous bénéficiez d'un service agréable et vous avez la possibilité de réserver en ligne votre place dans la navette pour le trajet depuis l'aéroport. Pensez à privilégier les réservations en ligne, plus avantageuses.

DOCK MAARTEN. PHILIPSBURG

Juancho Yrausquin Blvd
✆ +1721 542 57 05
www.dockmaarten.com
Marina 40 places. Départ de ferrys.

La principale marina de Philipsburg permet aussi bien d'accueillir des bateaux que la location de bateaux privés et de charters de voile et de pêche. Elle rassemble tous les services pour un arrêt idéal avec des services d'affrètement VIP, la location de jet-skis, des services de conciergerie complets, des services de ferry pour Saint-Barth, des excursions de plage... Le Dock Maarten abrite le restaurant Chesterfield's, célèbre pour ses fabuleux fruits de mer frais.

L'ESPÉRANCE HOTEL €€

4 Tiger Road
✆ +1 721 542 5355
www.lesperancehotel.com/
Appartement autour de 160 US$.

Si vous êtes à la recherche d'une alternative aux *resorts* à l'américaine, cet hôtel est fait pour vous. Petit, calme, familial et proposant des appartements propres et bien équipés, c'est une adresse à ne pas louper ! Le petit jardin au cœur de l'hôtel est bien entretenu et offre en son sein une belle piscine. Le personnel est charmant et disponible à toutes heures. Vous trouverez non loin de là l'un des plus grands supermarchés de l'île. Le petit hic serait l'emplacement, qui un peu loin de Philipsburg. Heureusement, de nombreux bus sont accessibles tout près.

JOSHUA ROSE GUESTHOUSE €

7 Back Street
✆ +1 721 542 4317
www.joshuaroseguesthouse.com
Chambre double à 90 US$. Ajoutez 15 % de service + 5 % de taxe gouvernementale.

Une adresse économique en plein centre de Philipsburg. Un hôtel familial de petite capacité installé dans un immeuble donnant sur Back Street qui détonne à côté des resorts qui sont pléthore sur la partie hollandaise. Les chambres sont bien équipées, le confort est modeste, mais c'est propre. Salle de bains privée, climatisation, balcon, téléphone et télévision. Vous pouvez loger dans la même chambre à 2, 3 ou 4 personnes (plus spacieux). La plage de Great Bay n'est pas très loin à pied. Tout est à proximité, les boutiques, les restaurants, les bars…

HOLLAND HOUSE BEACH HOTEL €€€

45 Front Street
✆ +1 721 542 2572
www.hhbh.com
Chambre à partir de 170 US$, vue sur la mer à partir de 195 US$. Suite junior et penthouse à partir de 295 US$.

Un hôtel historique datant de 1897 qui a su garder le prestige d'antan avec le design d'aujourd'hui. Situé sur la plage de Great Bay à Philisburg et à proximité du centre du shopping. Sur place, 55 chambres et suites qui ont été décorées par un architecte réputé à Saint-Barth pour associer le chic européen et la touche caribéenne. Tous les hébergements sont pourvus d'un excellent confort. Les terrasses des suites Junior ouvrent sur un superbe panorama.

VICKY'S KEYS €

The Keys road 2-8, Lane 3
✆ +1 721 58 68 435
www.vickyskeys.com
Chambre privée à partir de 65 €.

Si vous souhaitez vivre chez l'habitant en plein cœur d'un quartier local, alors ce petit établissement de 12 chambres est fait pour vous. Il se trouve à 5 minutes de Philisburg dans un quartier appelé The Keys in Suckergarden. Le confort y est très basique mais l'ambiance est très conviviale. Idéal pour faire de belles rencontres et se confronter à la vie au quotidien aux Antilles. Tourné vers la préservation de l'environnement, vous découvrirez l'Eco Garden de la résidence avec un système aquaphonique et la mise en application de la permaculture.

PASANGGRAHAN ROYAL GUESTHOUSE €€€

19 Front Street
✆ + 1721 5423588
www.pasanhotel.net
Chambre « Quartier des pêcheurs » de 100 US$ à 155 US$ + 20 % de taxe de service.

Pour un séjour dans l'authenticité caribéenne. De style colonial, l'hôtel était à l'origine la résidence pour les officiels du gouvernement néerlandais en visite à Sint-Maarten. Plusieurs types de chambres sont proposés, de la standard au penthouse en passant par des intermédiaires. Les lits à baldaquins apportent une touche élégante et exotique. La vue du balcon sur les bateaux de croisière est superbe. Le bar donne sur la plage avec accès direct aux transats et au restaurant.

CHESTERFIELDS €

Juancho Yrausquin Blvd
✆ +1 721 542 3484
www.chesterfields.sx
Ouvert 7j/7 de 7h30 à 22h. Plats dès 14 US$. Burgers dès 10 US$. Salades dès 13 US$.

Les pirates se sont longtemps réfugiés dans les baies de Saint-Martin. Un temps révolu certes, mais au Chesterfields on maintient le mythe et le décor vous plonge au temps des flibustiers. Gouvernail, harpons, objets rappelant la marine subliment ce restaurant posé sur le ponton de la marina. Prêt pour l'aventure ? C'est sans risque que vous pouvez déguster les plats généreux comme par exemple le mahi mahi en suggestion ou les crevettes au lait de coco. Une table connue des locaux qui adorent profiter du lunch et du menu du soir à base de crustacés.

FREEDOM FIGHTER ITAL SHAK €

7 Bush Road
✆ +1 721 542 0055
Ouvert du lundi au vendredi de 8h à 17h et le samedi de 18h30 à 1h. Plats entre 12 et 15 US$.

Amis végétariens, ce lieu est fait pour vous. Vous avez, en plus, l'impression d'être transportés jusqu'à la Jamaïque. La rencontre avec Ras Bushman, à l'initiative de ce lieu, est un moment que vous ne regretterez pas. Freedom Fighter ital Shak signifie que vous ne mangerez que des aliments biologiques et naturels. Les ingrédients qui sont utilisés pour préparer tous les jus et les plats sont du jour et proviennent du jardin. Esprit rasta garanti.

OUALICHI BEACH BAR €

Front Street
✆ +1 721 523 5099
Ouvert tous les jours de 9h à 17h. Comptez 25 US$ par personne.

Le nom est intrigant... Les responsables du restaurant vous expliqueront avec plaisir que le nom est la première appellation attribuée à Saint-Martin et qu'elle signifie « l'île aux femmes ». Proche de la Front Street et de Sint Rose Arcade, c'est idéal pour une pause après une folie de shopping. La cuisine met en avant les produits à base de poissons à l'image des tartares de *mahi-mahi* ou de thon. Des pizzas, des salades, des tapas, des spécialités françaises et une très belle carte de burgers certifiés « 100 % Angus Beef ».

LA PERLE BLEUE €

11 Boardwalk
✆ +1 721 550 0351
www.laperlebleurestaurant.com
Ouvert du mardi au dimanche de 8h à 19h, le week-end jusqu'à 21h. Comptez 25 US$ par personne.

La Perle Bleue se trouve tout au bout du *boardwalk*, à l'écart des bars les plus bruyants du front de mer de Philipsburg. Avec des tables sur la plage de la capitale de Sint-Maarten, c'est l'adresse parfaite pour déjeuner entre deux sessions shopping ou pour prendre l'apéro après avoir passé l'après-midi sur la plage. Côté cuisine, des spécialités créoles de bonne qualité (wings, ribs, poissons grillés...) et quelques spécialités françaises, mais plutôt destinées à une clientèle américaine. La Perle Bleue a également un autre établissement à Cole Bay.

GELATERIA MILANO

14 Boardwalk Boulevard
✆ +1 721 559 5150
Ouvert du mardi au dimanche de 15h30 à 18h30.

Cap sur les très onctueuses crèmes glacées italiennes. Une petite parenthèse glacée au goût exquis ! Des glaces italiennes élaborées avec des produits frais ! Rien n'est à redire dans cette petite boutique face à la plage : le personnel est sympathique, l'endroit propre, et le choix des glaces est excellent ! De nombreux (et excellents) cocktails et smoothies sont aussi proposés. L'endroit parfait pour une pause gourmande pendant une séance shopping ou pour varier les petits plaisirs. De nouvelles compositions viennent agrémenter la carte.

GREEN HOUSE

Bobby's Marina ✆ +1721 545 29 41
www.thegreenhouserestaurant.com
Réputé pour son happy-hour de 16h30 à 19h. Ouvert de 11h à 22h tous les jours. Tapas dès 12 US$. Piscine et accès plage.

Le *two for one* fonctionne à merveille et la clientèle est fidèle. L'établissement existe depuis 1986 (les propriétaires ont créé un autre Green House à Saint Thomas et à Simpson Bay). Chaque soir de la semaine a son programme bien précis. Les *happy hours* ont fait la réputation des Green House. Le côté décontracté et accueillant du restaurant vous assure de passer un merveilleux moment. A Simpson, une piscine sur place permet également de vous rafraîchir. Simple, décontracté et carte variée ! L'un des endroits à ne pas manquer lors de votre passage à Philipsburg.

BANANE VANILLE

116 Old Street
✆ +590 590 87 30 43
www.rhummadoudou.com
Ouvert du lundi au samedi de 9h30 à 18h.

Une jolie petite case bien colorée à l'image de sa grande sœur, la Boutique Rhums Ma Doudou, côté français. Vous y trouverez un vaste choix de rhums arrangés aux parfums parfois surprenants (comme la fraise Tagada), des confitures maison de fabrication artisanale mais également des épices locales, des thés, du sucre roux... Les rhums sont proposés dans des flacons peints à la main qui peuvent être personnalisés. Le packaging de chaque produit est tellement bien conçu que chacun représente un joli petit souvenir à rapporter et à partager.

BOOLCHAND'S

50 Front Street
✆ +1 721 542 2245
www.boolchand.com
Ouvert du lundi au samedi de 9h30 à 17h30.

Si vous n'avez que peu de temps et la forte envie de remplir votre sac, c'est la référence à Philisburg en termes de shopping. Vous y trouvez des bijoux, des montres, de l'électronique, des appareils photo... Les prix annoncés sont en dollars et tout peut vous être livré directement chez vous. Le public ciblé est bien sûr le touriste croisiériste qui reste très peu de temps dans ce paradis détaxé. Pensez à bien faire la conversion et surtout n'hésitez pas à négocier si vous souhaitez vous laisser séduire par un diamant ou une montre de luxe !

CACAO KANEL

116 Old street
✆ +596 696 43 42 64
Du lundi au samedi de 10h à 16h, le samedi jusqu'à 13h.

Un coup de cœur inédit pour cette galerie d'art qui dénote avec ce que l'on rencontre sur l'île. Tenue par une artiste très souriante qui aime dévoiler les secrets de ses créations. Son inspiration vient de la nature, elle récolte des coques de noix de coco et leur donne une seconde vie très précieuse grâce à la décoration de feuilles d'or, d'argent et de bronze. Les céramiques peintes à l'encre représentent des pommes cannelle, des fruits à pain, des cabosses de cacao. Cacao Kanel vient de lancer une production de vanille... Affaire à suivre !

LOLA FLOWERS

43 plaza soleil
✆ +590 690 52 03 90
Ouvert du lundi au samedi de 10h à 17h.

Une bouffée d'air pur que cette boutique ! Dans l'atmosphère parfois pesante de Philipsburg, Lola Flowers apporte quelque chose de frais, de rayonnant et surtout une mode de prêt-à-porter de qualité et dans l'air du temps. Un style bohème chic prédominant avec des robes à dentelles, des tenues de plages légères, des accessoires customisés. Les gérants partagent une boutique en Corse et une à Saint-Martin et trouvent le temps de créer des modèles hippie chic à l'esprit Caraïbes. Les créations sont uniques. Les vacances commencent par cette boutique, soyez-en sûr !

MERAKI

127 Front Street
Ouvert tous les jours sauf le dimanche.

Comme cela fait plaisir de retrouver, dans cette jungle de souvenirs en tout genre, une boutique où la créativité est de mise ! Merci... et Meraki, qui signifie en grec « adorer faire quelque chose avec passion ». Bianca donne de l'âme à cette boutique de vêtements qu'elle a elle-même imaginée. La décoration, le choix des vêtements et des bijoux exposés sont tous ses coups de cœur. C'est pourquoi il n'est pas rare de trouver un seul exemplaire qui rendra votre choix unique. Elle travaille avec trois designers et confectionne certains des bijoux.

SEA TREK ST. MAARTEN

Bobby's Marina
✆ +1 721 20 23 46
www.seatrekstmaarten.com
Ouvert du lundi au vendredi de 8h à 17h.
20-30 min de découverte à partir de 99 US$.

Une activité originale pour ceux qui souhaitent être sous l'eau sans en avoir l'air ! Et pourtant bien respirer tranquillement en observant les poissons. La visite dure environ deux heures et demie et commence à la marina de Bobby à Philipsburg pour ensuite prendre la navette de 15 minutes en bateau jusqu'à Little Bay. A l'aide de votre scaphandre, vous partez pour un tour sous-marin aménagé en toute sécurité. Votre circuit vous emmène sur des épaves de bateaux et d'hélicoptères où de nombreux poissons multicolores ont trouvé refuge. Une activité ludique !

COLE BAY ★

A l'ouest de Philipsburg, le port de plaisance de Cole Bay est un gigantesque complexe touristique comprenant le Princess Casino, hôtel de luxe et une marina abritée pour les plaisanciers. De nombreuses activités sont proposées depuis Cole Bay, comme des balades en bateaux pneumatiques... Lieu de sortie, en dehors des foules de Simpson Bay, quelques établissements ont pignon sur la marina. En soirée, les concerts live animent la baie, comme au Lagoonies, endroit prisé des locaux. La colline de Cole Bay Hill offre un très beau panorama sur une partie du côté hollandais (notamment le lagon) et sur les îles (Anguilla, Saba, Saint-Barth et Saint-Kitts).

Tourisme

Le quartier de Cole Bay est longtemps resté à l'écart des circuits touristiques de Sint-Maarten. Mais, depuis la construction du pont qui le relie à Simpson Bay il y a quelques années, cet ancien quartier industriel accueille de plus en plus de restaurants et de bars branchés. La marina près de la frontière française abrite de nombreux bateaux de plaisance. L'endroit parfait pour rencontrer des marins de passage ou admirer quelques luxueux yachts venus y passer l'hiver.

Transports

Le pont Simpson Causeway permet de relier Cole Bay à l'aéroport international Princess Juliana. Le pont permet aussi d'éviter les embouteillages en direction de Philipsburg.

PRINCESS PORT DE PLAISANCE RESORT €€€

Union Road
✆ +1 721 544 5222
www.worldofprincess.com
Suite à partir de 165 US$.

Port de Plaisance est un véritable resort de grand standing. Les suites Deluxe peuvent accueillir 4 adultes ou 2 adultes et 2 enfants. Une belle décoration où rien n'est laissé au hasard. Une fois sur place, vous n'avez plus à bouger. Station thermale avec un spa grandiose, piscines, tennis, club de sport, restaurants de toutes sortes et le casino. Des jetons gratuits sont même inclus dans le prix global de la chambre (à utiliser uniquement par les plus de 18 ans).

CAPPUCCINO €

83 Welfare Road
✆ +1 721 544 3331
www.cappuccinostmaarten.com
Ouvert 24h/24 et 7j/7. Happy hour de 15h à 20h. Wifi gratuit pour la clientèle.

Ce bar-restaurant propose des poissons, des viandes, des pizzas, des burgers, des sandwiches, des pâtes, une carte snack, une carte petit-déjeuner très copieuse avec notamment des pancakes au Grand Marnier, des œufs Bénédicte, etc. Mais le Cappuccino est surtout célèbre pour être ouvert à toute heure du jour et de la nuit. Le midi, les plats de poissons sont délicieux avec les crevettes à l'ail ou encore le saumon grillé. Tous les jours un plat du jour différent est au menu. Une adresse très appréciée des noctambules pour manger un morceau en fin de soirée.

© SÉVERINE VULLIEZ

Eglise de Cole Bay en partie Hollandaise.

PINEAPPLE PETE €

56 Welfare road
✆ +1 721 544 6030
www.pineapplepete.com
Ouvert du mercredi au lundi de 11h à 22h. Comptez 20 US$ par personne.

Le lieu est très prisé des Américains sans doute pour son ambiance décontractée et la variété de la carte qui propose burger-frites, cuisine italienne, crabes farcis, crevettes, langouste Thermidor (cuisinée avec des oignons et des champignons et gratinée au parmesan), tous les plats de rôtisserie... Des concerts live (reggae, jazz, blues, soul) sont organisés régulièrement lors des soirées. Vous pouvez également fondre devant une crème brûlée au rhum brun. Une salle avec des billards, des jeux d'arcade, des jeux de fléchettes, qui appartient au même propriétaire.

LE PIZZA CLUB €

Port de Plaisance Resort
✆ +590 690 77 36 66
Ouvert tous les jours de 17h à minuit sauf le dimanche. Pizzas dès 14 US$.

Logé en plein cœur du Port de Plaisance Resort, le Pizza Club vous accueille tous les soirs pour déguster en toute convivialité ses délicieuses pizzas. De bonnes odeurs sortent du four à bois et d'alléchantes pizzas artisanales réjouissent les convives en terrasse. Croustillante, garnie à souhait d'ingrédients fraîcheur, la star rassemble toutes les valeurs de la cuisine italienne. On apprécie l'originalité des recettes associant les produits locaux, comme la pizza aux lambis. Vous trépignerez d'impatience avant de la dévorer !

LA BRASSERIE €€

Port de Plaisance
✆ +1 721 559 3794
Ouvert tous les jours de 18h à 23h sauf le lundi. Comptez 30 US$ par personne.

Un air de chansons d'antan, de vieille France dans une ambiance un peu kitsch : la Brasserie joue des stéréotypes français qu'ont les Américains. Ce restaurant français se trouve au cœur du casino avec des tables cosy propices aux douces soirées ou d'autres surplombant les parieurs. Le jackpot est dans l'assiette avec de savoureuses recettes bistronomiques françaises comme le gratin dauphinois, le magret de canard et le fameux carré d'agneau aux herbes. A vous de jouer, mais vous sortirez de toute façon gagnant d'avoir découvert la Brasserie !

PELIKAAN BREWERY

7 Wellsburg road
✆ +1 721 550 2839
www.pelikaanbrewery.com
Ouvert du lundi au jeudi de 9h à 16h30, le vendredi jusqu'à 23h. Bières à partir de 3 US$.

Une bière 100 % saint-martinoise issue de la microbrasserie Pelikaan Brewery. Les associés Stephen et Nicolas produisent 3 500 litres de bière locale par mois. Des bières aux tempéraments différents allant du corsé très houblonné. On vous conseille de faire le tour de l'île avec : *Irma* qui est forcément corsée (I.P.A.), *Soualiga* (nom de Saint-Martin en langue caraïbe) un tantinet amère mais adoucie par la subtilité de la mangue, *Mont Careta* (le sommet de l'île) pour une randonnée nature et *Mullet Bay* pour une virée à la plage !

ST. MAARTEN NECTAR

15 Wellington Rd
✆ +1 721 544 2337
www.stmaartennectar.com
Ouvert du lundi au vendredi de 9h30 à 17h30, le samedi jusqu'à 15h30.

Pour Nalia, tout a commencé dans sa cuisine avec l'élaboration de recettes de crèmes pour les bienfaits de la peau à base de produits naturels. La marque Nectar propose des gammes pour le visage, de l'anti-moustiques, des protections solaires, des lotions pour le corps, plus de 26 huiles essentielles aux nombreuses vertus, des bougies à base d'essences tropicales... La boutique vous permet de tester les onctueuses crèmes et les sébums qui se révèlent sublimes sur nos corps bronzés ! Il est également possible de bénéficier de soins à partir de tous les produits.

JOGA

16 Welfare Drive
✆ +1 721 581 7119
www.jogasxm.com
Ouvert tous les jours. Détails des horaires et réservation des classes sur le site internet.

Se ressourcer en vacances grâce aux vertus du yoga. Une adresse où le bien-être et la zen attitude sont les maîtres-mots. Des cours de yoga très variés (Hatha, avancé, etc.) sont proposés, ainsi que des méditations guidées. Le bar à jus est quant à lui incontournable après un moment de détente. Chaque jus de fruit est frais et élaboré à base de produits bio. Pour le déjeuner, les plats ne sont pas variés, mais excellents et végétariens. Les plus gourmands se réjouiront des pâtisseries, peut-être moins *healthy* caloriquement parlant, mais tellement bonnes !

POWERBOAT ADVENTURES

57 Well Road,

✆ +1 721 520 5855

www.sxmboatcharter.com

Tour 1/2 journée 650 US$, boissons incluses.
1 journée 990 US$ repas inclus.

Traverser le lagon paisiblement, se faire éclabousser joyeusement par les vagues en mer, flirter avec les poissons lors d'une pause snorkeling : tout cela promet de vous en mettre plein les yeux ! Sam et son équipage vous emmènent découvrir Saint-Martin par la mer à bord de son *Devil Lady* pour une demi-journée ou une journée entière. Un service personnalisé et un bateau dimensionné pour un accueil réduit (12 personnes) garantissent une croisière très intime. L'atout de ces excursions est d'avoir un autre regard sur l'île. Sam nous raconte des anecdotes adorables.

RHINO SAFARI

58 Welfare Rd

✆ +1 721 544 3150

www.rhinotours.com

Ouvert tous les jours de 8h à 18h. Randonnées de 2h30 en watercraft à partir de 120 US$.

C'est l'une des attractions nautiques les plus prisées de l'île car elle allie fun et sécurité : les randonnées accompagnées en *watercraft*, un petit zodiac pour une ou deux personnes. Le départ s'effectue dans les eaux calmes du lagon de Simpson Bay, le temps de prendre en main l'engin et d'admirer les yachts sur votre passage. Ensuite direction Créole Rock, un spot de snorkeling de la réserve naturelle en longeant en longeant Galisbay, Friar's bay, Happy bay, Grand-Case. Le tour est encadré par deux guides se positionnant au début et à la fin du convoi !

PRINCESS CASINO

Union Road

✆ +1 721 544 4311

www.worldofprincess.com

Ouvert tous les jours.

Ce complexe détient toujours le titre du plus grand casino de l'île et figure également au palmarès des plus grands de toute la Caraïbe. Vous suivez tout d'abord une grande allée au milieu d'espaces verts parfaitement entretenus avant de parvenir sur les immenses parkings du casino. Tous les ingrédients d'une ambiance festive sont bien présents (cascade d'eau, sculpture, cristal...). Sur place, plus de 600 machines à sous, 20 tables de jeux (blackjack, roulette, poker, craps...). Vous y trouverez également plusieurs restaurants sur place.

SIMPSON BAY ★★

Un des quartiers de Sint Maarten les plus fleurissants en termes d'activités nocturnes et de restaurants. C'est une bande de terre étroite qui donne d'un côté sur la fabuleuse plage de Simpson Bay et de l'autre côté sur le lagon. Le pont du même nom sépare la partie est et ouest. Il s'ouvre plusieurs fois par semaine pour permettre aux bateaux de rentrer au mouillage dans le lagon ou à la marina de Simpson. L'aéroport de Juliana se trouve à l'extrémité de la lagune. Beaucoup de restaurants et de bars de toutes sortes... La culture américaine bat son plein, mais toutes les cuisines internationales sont représentées : japonais, italien, mexicain...

PLAGE DE SIMPSON BAY ★

Simpson Bay Beach

Accès libre.

Simpson Bay est sans doute l'une des plus connues du côté hollandais. Elle se situe près de toutes les activités, beach bars, restaurants, marinas, casinos... Elle fait un arc de cercle partant de Beacon Hill à Pelikan Key. Elle est une zone privilégiée pour le mouillage des bateaux et yatchs avant leur entrée dans le lagon. De nombreux beach bars sont installés sur la baie, comme Karakcter, Mary's boon, le Sephiro côté aéroport ou encore le Buccaneer. La longue plage et son eau turquoise sont idéales pour les adeptes du jogging et des baignades.

PRINCESS JULIANA INTERNATIONAL AIRPORT [SXM]

Airport Rd

✆ +1 721 546 7542

www.sxmairport.com

Si vous devez relier l'aéroport de Grand-Case à celui de Juliana, comptez entre 20 et 30 US$.

Petit aéroport militaire construit au début des années 1940, il est aujourd'hui devenu un *hub* de premier plan, le deuxième aéroport du Nord-Est caribéen, juste derrière celui de San Juan à Puerto Rico. Le Princess Juliana International Airport accueille la grande majorité des vols internationaux. Il est situé à 15 km de Philipsburg, la capitale de Sint Maarten, que vous pouvez rejoindre en taxi. De nombreuses enseignes de location de voitures sont présentes sur place.

Vue sur Bellevue depuis le lagon de Simpson Bay.

© OFFICE DE TOURISME DE SAINT-MARTIN - CLAUDE CAVALERA

LAGOON MARINA

33-35 Wellington Road
✆ +1 721 581 2111
www.lagoon-marina.com
Bureau ouvert du lundi au vendredi de 8h à 11h et de 15h à 17h. Fermé le dimanche.

On reconnaît de loin la Lagoon Marina avec son bâtiment rouge ! Elle dispose d'une capacité d'accueil d'une trentaine de bateaux. Elle offre de belles commodités comme l'accès Internet gratuit. La marina dispose d'un service de dépôt de linge, de douches et de toilettes propres, d'une alimentation électrique 110/220 V, d'un remplissage d'eau, de casiers de sécurité et de stockage. Si vous souhaitez un emplacement, il faut penser à réserver à l'avance. Sur place vous découvrirez le Lagoonies Bar et Cafe et son ambiance exceptionnelle avec de nombreux concerts live.

PALAPA MARINA

28 Airport Road
✆ +1721 545 27 35
www.palapamarina.com
VHF 68.

La marina Palapa peut accueillir jusqu'à 22 méga yachts. Elle dispose de tous les services confortables pour profiter de la destination. A votre arrivée, vous pourrez bénéficier des conseils en services bancaires, location de bateaux, approvisionnement de votre bateau et même recrutement de personnel pendant votre séjour. Des boutiques, restaurants, centre de relaxation et tout pour le loisir sont à proximité pour le confort des plaisanciers. Une marina très sécurisée qui offre des services de grande qualité au cœur de Saint-Martin.

EUROPCAR

122 Airport road
✆ +1 721 543 5270
www.europcar-sxm.com
Ouvert tous les jours de 8h à 18h. A partir de 30 € par jour.

Présent dans plus de 140 pays à travers le monde, Europcar est un leader de la location de véhicules. Du côté hollandais de Saint-Martin, l'agence se trouve à proximité de l'aéroport Juliana. Une vaste gamme de véhicules est proposée : en tout, ce sont plus près de dix modèles que l'on peut louer pour parcourir en toute liberté les routes de l'île. De la petite citadine passe-partout au SUV, à vous de choisir le style de conduite ! Toutes les voitures disposent d'une boîte de vitesse automatique. Possibilité de s'enregistrer en ligne.

THE EDGE & AQUA MANIA ADVENTURES

Pelican Marina
✆ +1 721 544 26 40
www.stmaarten-activities.com
Traversée sur l'île de Saba dès 75 US$. Bagages 20 US$ par pièce. Maximum 2 bagages.

Aqua Mania Adventures a débuté en 1987 dans la lagune de Simpson Bay, en faisant du ski nautique et du parachute ascensionnel. Les propriétaires ont obtenu le contrat au Simpson Bay Resort et après avoir acheté plusieurs de leurs propres bateaux pour faire des excursions d'une journée. Les catamarans à voile *Lambada* et *Tango* font des sorties à la journée à Anguilla, des sorties au coucher du soleil, des dîners en croisière. Edge Ferry relie les îles de Saba et Saint-Barth depuis 1993.

EL ZAFIRO BOUTIQUE HOTEL €€

34 White sands road
✆ +1 721 526 2031
www.elzafirosxm.com
Suite à partir de 149 US$.

Un petit bijou sur la plage de Simpson Bay à l'abri de la turbulence des quartiers de fêtes. El Zafiro est un boutique-hôtel qui brille de petits plus, comme la vue dégagée sur la mer turquoise, ses 8 suites équipées de balcon ou terrasse avec salon extérieur. Un confort et une décoration de bord de mer dans les blanc-bleu pour être en accord avec la beauté naturelle extérieure. Sur place, le beach restaurant propose une carte alléchante et de quoi savourer de goûteux cocktails. Près de l'aéroport, seul le bruit des avions peut perturber ce petit paradis.

JENNIFER'S VACATION VILLAS €€

Welfare Rd, Simpson Bay
✆ +1721 544 3107
www.jennifersvacationvillas.com
Villas à partir de 1 500 US$ par semaine.

Agence de location saisonnière spécialisée dans les villas privées de luxe de 1 chambre à plus de 5 chambres. Les villas proposées sont situées sur toute l'île. L'accueil réservé est de très grande qualité avec trajet privé depuis l'aéroport et de nombreux services extra. Elle vous aide à optimiser votre séjour avec des réservations avec les compagnies de charter locales. Elle est aussi spécialisée dans l'organisation des mariages avec service traiteur, limousine, hébergement...

BEACHSIDE VILLAS €€€

40 White Sands Rd
✆ +1 810 289 3142
www.beachsidevillas.com
Villa 1 chambre à partir de 175 US$.

A Simpson Bay, un emplacement exceptionnel pour cette résidence plantée sur une plage de sable blanc. Des villas toutes blanches qui s'ouvrent sur la mer. L'eau est à quelques mètres de votre chambre ! Terrasse privée, des chambres spacieuses et colorées, une cuisine bien équipée, un coin salon d'où vous pouvez des heures durant admirer cette eau turquoise. Et après une journée à la plage, vous faites un saut à la piscine d'eau douce pour vous dessaler ! Rien à dire, que du bonheur à des prix tout à fait raisonnables vu l'emplacement.

EL ZAFIRO €

34 White Sands
✆ +1 800 998 7922
www.elzafirosxm.com
Ouvert tous les jours de 8h à 22h30. Comptez 40 US$ par personne.

Couleur saphir et variation de turquoise pour ce restaurant sur la plage de Simpson Bay. Que l'on déguste un cocktail délicieux dans un confortable fauteuil avec vue sur mer, ou pour goûter aux spécialités péruviennes du chef, le Zafiro est une adresse que l'on n'oublie pas. L'endroit est cosy, les tables autour du bar central sont disposées de manière aérée. La musique représente les plats qui vous sont proposés : touches créoles, françaises et internationales. Et pour passer un moment de lâcher prise total, optez pour un transat !

SIMPSON BAY RESORT €€€

37 Billy Folly Road
✆ +1 954 736 5823
www.simpsonbayresort.com
Suite à partir de 290 US$, nombreuses réductions sur le site internet.

C'est un des plus grands *resort* à l'américaine de l'île ! Une véritable ville ! On y trouve une épicerie, des piscines, des boutiques, une salle de gym, des restaurants, des bars et même une marina… Les appartements proposés à la location sont très spacieux, équipés et assez bien décorés (on reconnaît tout de même le style à l'américaine). Chacun d'eux possède un balcon et est rénové récemment. On apprécie la petite plage aménagée et son beach bar. Pour ceux qui aiment la fête et le système de club, c'est l'établissement parfait.

KARAKTER €

121 Simpson Bay Road
✆ +1 721 523 9983
www.karakterbeach.com
Ouvert tous les jours de 9h à 22h. Comptez 30 US$/personne.

C'est un endroit qui a du « Karakter ». Le restaurant et le bar disposent d'un superbe emplacement sur la plage de Simpson Bay où vous pouvez profiter des joies de la baignade. Depuis leur belle terrasse, on peut admirer une vue dégagée sur la mer. La cuisine est internationale et sous forme de brasserie avec à la carte des burgers, des grillades, des pâtes... Parfait pour l'apéritif en attendant l'heure du repas et pour profiter des derniers rayons du soleil. On apprécie aussi la douche sur place. C'est l'endroit à choisir pour sa dernière baignade.

TOP CARROT

Welfare Road
✆ +1 721 544 3381
Ouvert du lundi au samedi de 8h à 17h. Compter 15 US$ par personne.

Sain et savoureux ! Une cuisine méditerranéenne et exclusivement végétarienne reposant sur des produits bio. Grand choix de salades, des jus de fruits frais et mixés, des légumes variés, des desserts faits maison, du bon café et du thé du monde entier. Avec son ambiance lounge et zen, ce restaurant se démarque des adresses plus festives de Simpson Bay. Seule fausse note, la terrasse située sur une rue très animée. Sur place, une petite boutique où l'on peut acheter des livres, de l'encens, du thé, des bijoux artisanaux et toute une gamme de produits bio.

ZEE BEST

Welfare Road
✆ +1 721 544 2477
www.zeebestrestaurant.com
Ouvert tous les jours de 7h à 16h, le dimanche jusqu'à 15h.

Tout le monde connaît Zee Best et pour cause c'est le QG pour apprécier un petit déjeuner thématique dès le matin. Vous serez reçus par un très bel accent canadien dans une ambiance familiale. On apprécie toutes les formules de petits déjeuners (viennoiseries maison, omelettes, crêpes...) avec une préférence pour le « Almond French Croissant » qui vous surprendra par son originalité (sorte de pudding à base de croissant aux amandes). Pour le déjeuner, la carte se compose de quiches, de potages, d'omelettes, de salades, de sandwiches...

BUCCANEER BEACH BAR

10 Billy Folly Road
✆ +1 721 523 0401
www.buccaneerbeachbar.com
Ouvert tous les jours de 10h à 23h. Comptez 25 US$ par personne.

Le spot idéal pour les happy hours et les rencontres avec les touristes américains qui adorent le lieu ! C'est le repaire des pirates des Caraïbes. Un bar à ciel ouvert, avec des kiosques en bois rappelant les anciennes embarcations, des bancs et tables colorés, des parasols en feuilles de palmier. Le décor est sympathique et l'ambiance très décontractée. On s'installe sur un transat à l'ombre d'un parasol en se rafraîchissaient de boissons. Le soir des concerts sont organisés, ainsi que des animations sur la plage. Une ambiance fiesta garantie.

CAROUSEL

60 Welfare Road
✆ +1 721 544 3500
www.toppersrhumtours.com
Ouvert tous les jours de 14h à 23h.

Le palais des familles qui viennent se rafraîchir et surtout déguster une bonne glace maison au Carousel ! C'est une véritable institution à Saint-Martin et pour cause, on y trouve les meilleures glaces de l'île ! Un très beau manège gratuit pour les enfants, un espace pour déguster sa glace avec délectation, et le laboratoire vitré pour suivre la confection des glaces. Cette adresse ne cesse de se perfectionner et concocte de nouvelles saveurs toutes plus intrigantes les unes que les autres ! On peut même y trouver des sandwichs de glace...

RUSTY ROCKET RUM & REGGAE BAR

Airport Road
✆ +1 721 545 3300
Ouvert du jeudi au samedi de 16h à 1h.

Une vague de bonnes ondes pour ce bar-grill aux allures de cabane colorée. C'est un point stratégique pour une pause avant ou après un long vol ! Le côté décontracté, la musique aux accents reggae et surtout les burgers excellentissimes font la réputation de ce spot. On vient s'y restaurer mais aussi se détendre autour d'une boisson locale. L'endroit est prisé des locaux qui aiment l'aspect authentique du lieu et très *reggae attitude*. De nombreux concerts ont lieu le week-end.

ANDROMDA YACHTS & CHARTER

Marina de Parapas
✆ +1 721 553 7353
A partir de 1 500 US$ la journée.

Une journée époustouflante d'émotions pour lâcher prise dans un confort ultime ! A bord d'un catamaran type Egaia 44 pieds ou d'un luxueux voilier de 90 pieds, cap sur Saint-Martin et Tintamarre, l'île Pinel, Anguilla et Saint-Barth pour vivre la découverte des îles depuis la mer. L'approche des côtes est grandiose, la baignade dans les plus belles criques donne la sensation d'être unique au monde. Laissez-vous bercer par le rythme doux d'une croisière riche sous le signe du luxe.

OCEAN EXPLORERS

113 Welfare Rd
✆ +1721 544 5252
www.stmaartendiving.com
Ouvert tous les jours de 7h à 17h.

Une adresse plongée côté hollandais. Programmes de PADI et de NAUI pour tous les niveaux (formation), au maximum huit plongeurs par bateau, plongée de scaphandre, magasin de plongée et location de matériel. Plongée et formation quotidienne sur une vingtaine de sites de plongée. Tout comme Dive Safari, les sites de plongée sont choisis le matin en fonction du temps et des conditions météo. Si vous êtes expérimenté, pensez à avoir votre carte avec vous. Si vous avez des problèmes avec l'anglais, sachez que l'un des gérants est français.

TRI-SPORT

14b Airport Road
✆ +1721 545 4384
www.trisportsxm.com
Ouvert du lundi au samedi de 10h à 17h. Location de vélo à partir de 20 US$ la journée.

Fous de sport en tout genre ? Vous serez comblés par la diversité des tours pour découvrir l'île sportivement. Parmi les plus appréciés : le tour du lagon à vélo, ou encore le tour historique et arrêt baignade. Tri-sport propose également des randonnées marines en kayak, boogie boarding et même en paddle. Réparation de VTT et location de kayaks et de cycles au magasin. Une équipe de très bon conseil et disponible. Tri-sport est aussi organisateur du Duathlon en octobre, et Tropical Shipping, au départ de Cole Bay. Possibilité de réserver en ligne.

RED DIAMOND

12 Airport Road
✆ +1 721 545 5069
www.reddiamondsxm.com
Ouvert tous les jours de 23h à 5h.

L'île est connue pour sa petite vertu, et ce club de strip tease est certainement attrayant pour les jolies filles qui font la richesse de l'établissement. Les danses acrobatiques et sensuelles ne laisseront pas de marbre les spectateurs ! Ici on vient boire un verre en regardant les prouesses des *pole* danseuses. Un lieu de nuit très connu qui organise de nombreuses soirées à thème, des défilés de lingerie dans le raffinement et le luxe. L'endroit n'est pas élitiste : le bar accueille de nombreux couples en quête de soirées animées.

TROPICANA CASINO

Welfare Road
✆ +1721 544 5654
Ouvert tous les jours de 11h à 2h (jusqu'à 3h le week-end).

La chance vous sourira-t-elle aux Caraïbes ? Le Tropicana Casino fait partie du groupe Princess. Très récent, il est l'un des paradis du jeu sur l'île. Tous les soirs la scène principale est investie par des spectacles thématiques. Ses 238 machines sont les plus modernes du moment (Queen of Cairo-Ocean, Dream-Dolphin, Treasure-Instant Winner et bien d'autres). Elles raviront les pulsions des plus grands joueurs ! Pour les classiques, des jeux de cartes, des tables de jeu, de poker, de black-jack et des roulettes sont disponibles.

MAHO BAY ★★

Un des quartiers les plus animés de la partie hollandaise. Il est réputé pour ses nuits festives. Casinos, restaurants, discothèques en bord de plage, boutiques ouvertes tardivement... Rien ne manque aux amateurs de folles sensations nocturnes ! La petite plage de Maho est une véritable attraction locale. Elle est à l'origine des photos les plus célèbres de Saint-Martin : des avions qui semblent frôler la plage ! Elle se trouve à l'extrémité de la piste d'atterrissage de l'aéroport de Juliana. Les gros porteurs sont attendus tout au long de la journée et les vols sont même annoncés dans les deux bars à l'extrémité de la plage pour ne rien manquer !

Sortir

Un quartier en pleine effervescence, situé entre la plage qui borde l'aéroport et le golf. Surtout fréquenté la nuit tombée, Maho a des allures d'un petit Las Vegas, avec son *strip* illuminé de centaines de néons. Côté restauration, vous ne trouverez certainement pas la gastronomie de vos rêves, car le choix est très limité, mais certaines adresses sortent quand même du lot et offrent autre chose que des hamburgers. C'est aussi une alternative à Philipsburg pour le shopping détaxé, avec de nombreux magasins pour acheter diamants, cigares, alcool... Maho est également le rendez-vous attitré des fêtards, qui viennent profiter des happy hours et des *sport bars*.

© SOLARISYS - SHUTTERSTOCK.COM

Maho beach.

MAHO BEACH ★★★

Accès libre.

La plage de Maho Bay est célèbre dans le monde entier : elle se trouve dans l'alignement de la piste de l'aéroport de Juliana. Certains la surnomment Kérosène Beach ! Les atterrissages et décollages des gros-porteurs sont la véritable attraction du coin. Vous êtes allongé sur la plage et vous voyez des avions passer juste au-dessus ! Un spectacle insolite ! Interdit de s'approcher du grillage de l'aéroport pour être plus près du spectacle : le gommage de peau grâce au sable est garanti. Au milieu de la plage, une planche de surf indique les horaires des vols.

ALINA SUSHI & IZAKAYA €€

1 Rhine Rd

✆ +1 721 587 8858

www.alinarestaurant.com

Ouvert du mardi au dimanche de 17h à 23h.

Comptez 50 US$ par personne.

Des spécialités japonaises qui n'hésitent pas à s'associer aux saveurs caribéennes. Un chef très inspiré qui réalise une véritable cuisine nipponne dans les règles de l'art. Ken a parcouru le monde de Tapeï à Tokyo, de Tokyo à Moscou... pour finalement s'ancrer définitivement à Saint-Martin. Riche de toute cette diversité culturelle et de cet accomplissement culinaire, ses recettes sont créatives et très minutieuses. Tentez par exemple le Chef's ceviche ou encore le Maguro Zuke Nigiri au thon jaune. Un petit régal à partager avec une Sapporo (bière japonaise).

SPICES OF INDIA €

14 Maho Plaza

✆ +1 721 553 4449

www.spicesofindiasxm.com

Ouvert du mardi au dimanche de 10h à 22h.

Comptez 25 US$ par personne.

Ce petit restaurant familial de Maho Bay vous transporte immédiatement en Inde. Ouvert par une famille originaire d'Inde et établie à Saint-Martin depuis deux générations, cette adresse offre une cuisine du sous-continent authentique. Que l'on soit végétarien ou carnivore, Spices of India propose une carte variée : dals, palak paneer, currys de poulet ou d'agneaux, etc. Le tout à déguster avec des pains indiens, comme des naans ou des parathas. L'ambiance y est familiale, et de nombreux Indiens établis aux Etats-Unis fréquentent l'établissement.

SUNSET BEACH BAR

Maho Beach

✆ +1721 545 2084

www.sunsetsxm.com

Ouvert tous les jours de 7h30 à 19h, le week-end jusqu'à 20h. Happy hour de 16h à 18h sauf le dimanche.

Un lieu de prédilection à choisir comme lieu de baptême lorsque l'on pose les pieds à Saint-Martin pour la première fois côté hollandais. On ressent tout de suite l'esprit et l'ambiance musicale caribéens. Des couleurs, du bois, la plage et surtout l'endroit est très prisé pour ses happy hours et ses pizzas très copieuses. A ne pas manquer avec sa vue imprenable, car les avions atterrissent à quelques dizaines de mètres. Le lieu est certes très touristique mais le service est enjoué et toujours prêt à vous faire découvrir le meilleur cocktail du moment.

© GILLES MOREL

Plage de Maho Bay.

CASINO ROYALE

Rhine Road 1
✆ +1721 545 2590
www.playmaho.com
Ouvert tous les jours de 13h à 2h.

L'art de la flambe est sans doute celui qui excelle à Sint-Maarten, avec ce casino à l'américaine. L'ensemble, assez imposant, où la finesse architecturale n'a pas trop été le souci majeur, se situe sur les bordures de la plage de Maho. À votre disposition plus de 200 machines à sous et toute la panoplie des jeux qui en découlent. Jeunes et moins jeunes s'y côtoient. Trois restaurants dans la partie hôtel (Palms Grill, Ocean Terrace International et The Point) et une grande salle de spectacle où se déroulent des shows avec quelquefois des airs de Pigalle.

LE PLATINIUM ROOM

Thames Rd
✆ +590 690 333 999
www.theplatinumsxm.com
Ouvert tous les soirs à partir de 22h à 5h.
Entrée gratuite.

Maho est connue pour son petit côté frivole. C'est le Las Vegas coquin de Saint-Martin. Lorsqu'on s'y rend pour la première fois, une impression de film accéléré vous gagne. En effet, tout se passe très vite... Le spectacle est permanent à partir de minuit. Le physique parfait de ces demoiselles peut vous faire oublier le goût de votre boisson, alcoolisée ou pas. Et pas de jaloux, les femmes ont maintenant aussi leur spectacle, le *male strippers*. Le lieu est très décontracté, le personnel plutôt agréable et il n'existe aucun problème de sécurité

MULLET BAY

La nuit, Mullet Bay s'illumine et ressemble à un mini-Las Vegas. Le jour, sa plage, située à côté du golf, dispose d'une eau cristalline bien calme et des *lolos* (petits snacks créoles). C'est du 100 % local ! Au menu : poulet grillé au barbecue, *ribs* avec de la salade, des frites, des bananes plantain, de la bière, du ti-punch. Les tarifs sont très raisonnables. Possibilité de transats sur la plage. Un bon plan simple mais efficace, comme on les aime... Si vous recherchez la quiétude, installez-vous plutôt à l'extrémité de la plage, loin des *lolos* qui peuvent être un peu bruyants. En haut-saison, la plage peut être en revanche rapidement bondée.

PLAGE DE MULLET BAY ★★

La partie ombragée de la plage attire bon nombre de pique-niqueurs, surtout le week-end. Le sable est chaud et la mer est belle. Les amateurs de bronzage tranquille trouveront des petites criques à quelques brasses de là, sur la droite de la plage. Soyez tout de même prudent car quelques courants sont connus pour emmener au large. Le tout nouveau beach bar vous concocte des snacks locaux et vous comble en boissons fraîches tout au long de la journée. C'est l'une des plus belles couleurs d'eau de l'île et un excellent spot pour un coucher de soleil romantique.

GOLF DE MULLET BAY

✆ +1721 545 30 69

www.sxmgolfassociation.com

Practice 18 trous.

C'est le seul espace vert réservé aux pratiquants de golf de l'île. Il s'agit d'un golf 18-trous. Un par 70 de 5 303 mètres qui serpente autour du lagon de Mullet Bay en bordure de la Mer des Caraïbes. Il recommandé pour sa difficulté technique et sa demande de jeu de précision. Stages débutant, perfectionnement, cours individuels, école de golf pour les enfants, accompagnement sur le parcours, vente et réparation de matériel. Pour un séjour combinant parties de golf et plages des Caraïbes. Possibilités d'initiation pour les débutants.

PIERRES CARAIBES - ST. MARTIN SOTHEBY'S REALTY €€€

1 Niger Road

✆ +1 213 805 0840

www.stmartinsir.com

Agence de location de villas.

Un allié pour dénicher votre plus belle villa de vacances. St. Martin Sotheby's Realty est spécialisé dans la location de villas très haut de gamme. L'agence propose des villas et condominiums de luxe de 1 à 11 pièces, à la Baie Orientale, à l'Anse-Marcel, à Terres-Basses et à Cupecoy, avec des prestations sur mesure. Vous bénéficiez d'un service de recherche très personnalisé pour la location ou pour des conseils d'achat ou encore d'investissement immobilier.

CUPECOY BAY

On accède à Cupecoy Bay par la route qui part de Simpson Bay vers les Terres-Basses. Ce quartier, en plein développement depuis quelques années, est gagné par l'urbanisation, ce qui est un peu dommage pour le site, qui bénéficie peut-être d'une des meilleures vues de l'île sur la mer des Caraïbes. La marina de Cupecoy est très bien agencée avec des commerces et restaurants. La plage de Cupecoy Bay est bordée de falaises qui la divisent en plusieurs criques successives, dont certaines sont prisées par les adeptes du bronzage intégral. Accès à pied avant le Sapphire Beach Club. L'endroit parfait pour apprécier le coucher du soleil, côté hollandais.

BAR CODE €

11 Jordan Road

✆ +1 721 559 3590

Ouvert du mercredi au lundi de 11h à 23h. Comptez 25 US$ par personne.

Un bar-restaurant très apprécié des locaux pour sa cuisine généreuse et inventive. Les burgers sont réputés pour la qualité du pain, de la viande et de leur originalité. Des plats familiaux sont également mis en avant comme les lasagnes aux aubergines ou le bœuf braisé, des plats méditerranéens comme le calamar au chorizo. Le côté *lounge* permet de passer un moment très détendu avant ou après le repas. Des soirées *live* et concerts endiablés sont souvent organisés pour rythmer votre repas. Un restaurant aux airs de bistro de quartier.

SAINT-MARTIN

© STEVE HEAP - SHUTTERSTOCK.COM

Cupecoy Bay.

SPAGHETTI HOUSE €

Jordan Road
✆ +1 721 586 2452
Ouvert du lundi au vendredi de midi à 21h. Pâtes italiennes de 9 à 16 US$.

Près de l'Université américaine de Médecine, dans le quartier Jordan, cette adresse très italienne est un régal pour les amateurs de pâtes fraîches. Spaghetti, fettucine, gnocchi maison dansent dans une sauce au choix comme la traditionnelle sauce tomate ou la sauce Alfredo au poulet. La simplicité et la générosité des plats expliquent le succès de cette petite adresse de quartier, fréquentée par des habitués. L'ambiance est très cosy et vous pouvez choisir de vous régaler sur l'une des banquettes blanches ou prendre à emporter.

SAPPHIRE BEACH CLUB RESORT €€

9 Rhine Road ✆ +1 721 545 5566
www.sbcwi.com
Chambre-studio à partir de 170 US$.

L'océan à perte de vue pour un séjour les pied dans l'eau, sous le soleil exactement ! Le simple mot « repos » prend tout son sens lorsque vous découvrez les chambres et appartements spacieux de l'établissement. Le Saphir Beach Club associe farniente dans un cadre enjôleur et sorties enivrantes, avec à deux pas toutes les attractions casinos, shopping et bars. Son ambiance conviviale convient parfaitement aux familles, qui s'en donneront à cœur joie dans la piscine du complexe.

TAÔ GARDEN €

Tigris Rd
✆ +1 721 554 0904
taogarden.business.site
Ouvert tous les jours de 11h30 à 14h30 et de 17h à 22h, le dimanche uniquement le soir. Comptez 30 US$ par personne.

Ouvert par un Français à proximité du campus de l'Université américaine, ce restaurant thaïlandais propose une cuisine authentique et raffinée. Le chef essaie de cuisiner le plus possible avec des produits locaux et de saisons. Mais il prépare également quelques spécialités importées, comme le *Sua leung reina pepiada* : de fines lamelles de bœuf marinées et grillées à la perfection, ou le *Kaï yang*, du poulet frit parfumé à la citronnelle ! La terrasse est très agréable une fois la nuit tombée, pour profiter de la fraîcheur nocturne.

MARIO BISTROT AT THE CLIFF €€

7 Rhine Road
✆ +1 721 523 2760
www.mariobistrot.sx
Ouvert du mardi au dimanche de midi à 14h30 et de 18h à 22h. Comptez 75 US$ par personne.

Mario's Bistrot est peut-être l'une des meilleures adresses de Sint-Maarten. Ce bistro aux allures romantiques, avec sa grande terrasse illuminée qui donne sur la mer des Caraïbes, est un choix idéal pour redécouvrir le plaisir du goût. Mario est un chef talentueux qui réinvente les grands classiques. Bouillabaisse, trio de crabes, Saint-Jacques rôties : une cuisine française traditionnelle qui mêle les influences asiatiques et caribéennes avec délicatesse, créativité et saveurs.

YAMI SUSHI €

15 Jordan Rd
✆ +1 721 522 0998
Ouvert tous les jours de 11h à 21h30. Comptez 30 US$ par personne.

Un adorable couple vous accueille dans la simplicité et vous garantit de passer un délicieux moment. Les sushis, sashimi sont confectionnés à la minute pour garder fraîcheur et saveur. Les Happy Dragon et Sushis saumon sont à tomber. Copieux, goûteux, esthétiques, les sushis sont servis avec une très grande gentillesse. Cette adresse est vraiment Yumi (« délicieux » en anglais) et mérite que l'on s'installe sur leur terrasse côté rue. Pour une envie de plats chauds, les raviolis (dumpling) sont croustillants et farcis de petits légumes croquants.

JULE'S

15 Jordan Road
✆ +1 721 586 3959
Ouvert tous les jours de 6h à 19h.

Voici l'illusion d'être en train de croquer dans un morceau de France grâce à la fraîcheur des viennoiseries de cette boulangerie à la française. Jule's est une des adresses historiques de Sint-Maarten pour les amateurs de pain français. Il existe également une autre boutique à Marigot. Vous trouverez des salades, des sandwichs, des quiches que vous pouvez choisir de manger sur place dans une salle moderne et agréable. Leurs pâtisseries sont également excellentes. Les odeurs de pain frais ne vous feront pas résister longtemps.

SAPPHIRE BEACH CLUB RESORT

Sint Maarten / Saint-Martin

Imaginez ...

Sur l'ile de Saint Martin/Sint Maarten, face à l'océan et à proximité des plus belles plages de l'ile, votre appartement, de 2 à 6 personnes, pour un sejour en familie ou entre amis.

Avec tous les services d'une résidence de loisirs:

Café/Brasserie, 2 piscines dont 1 pour les enfants, fitness, salon de beauté, épicerie, parkings privés, bureau de locations de voitures et d'informations touristiques, réception ouverte 24h/24 et 7 jours/7 avec personnel francophone.

A proximité des lieux qui font la réputation de Saint Martin/Sint Maarten:

Casinos, bars, restaurants et centre commerciaux.

www.sbcwi.com

✆ +1 721 545 2179 ✉ resahotel@sbcwi.com

Appels gratuits depuis la France: 0805 088 991

- Lit King-Size
- Canapé avec fauteuil ottoman
- Balcon privé étonnant
- Salle de bain avec mobilier en marbre italien
- Cuisine ou kitchenette entièrement équipée

147 Lowlands Cupecoy,
St. Maarten, Dutch Caribbean

PASSPORT

SAINT-BARTHÉLEMY

Saint-Barthélemy est peut-être l'île des Antilles françaises la plus connue dans le monde entier. Ce confetti de 24 km² attise les fantasmes les plus fous. Les stars et la jet-set internationale y ont élu résidence depuis les années 60, après que le milliardaire américain David Rockefeller en soit tombé amoureux. Mais il ne faut pas considérer Saint-Barthélemy comme un simple bouton de manchette pour un costume de millionnaire. L'art de vivre à la Saint-Barth se ressent par un accueil décontracté et sincère. Tout est question d'équilibre, entre luxe discret et simplicité. Tout le monde se connaît, tout le monde se tutoie et on se croise plusieurs fois par jour. L'auto-stop est courant, on circule en petite voiture. Un village français où il fait bon vivre et profiter de chaque instant. Une véritable définition de l'hédonisme, où l'on dîne dans les meilleurs restaurants des Caraïbes après une après-midi sur une plage quasi déserte !

SUR LES TRACES DE JOHNNY

Plus de 500 000 personnes sur le parvis de la Madeleine à Paris le 9 décembre 2017 sont venues rendre hommage au « taulier ». Un hommage national qui témoignait de cette affection indéfectible pour « l'idole des jeunes ». Après des entrées en scène fulgurantes tout au long de sa vie, sa sortie est tout aussi spectaculaire. Sa volonté de choisir le cimetière de Lorient comme lieu de repos éternel, a quelque peu dérouté certains de ses fans qui auraient bien voulu sans doute le sentir plus proche, en métropole par exemple, et pouvoir se recueillir sur sa tombe sans avoir à parcourir des milliers de kilomètres. Finalement, nombreux sont les fidèles qui entreprennent aujourd'hui ce pèlerinage et viennent lui rendre hommage et visiter Saint-Barth. Ils ressentiront comme Johnny, l'âme de Saint-Barth, loin des projecteurs qui transmettent une fausse image de la vie locale et loin des clichés relayés par certains médias internationaux.

Un endroit à soi

Johnny et sa famille passaient dans leur villa de Saint-Barth des vacances tranquilles, loin des projecteurs. Saint-Barth, c'est tout simplement l'île chère à son cœur. Ici, il était connu de tous et vivait une vie tranquille sans harcèlement médiatique. Entouré de sa famille, il privilégiait les moments de simplicité sans avoir besoin de dispositif de sécurité. Il faut reconnaître qu'ici plus qu'ailleurs, les célébrités ne sont pas gênées par les fans : leur quiétude est respectée. Les locaux et les saisonniers respectent l'intimité et la vie des gens, qu'ils soient fortunés ou non d'ailleurs.

Johnny et Saint-Barth

C'est par la mer que Johnny va découvrir Saint-Barth en 1977 ! Lors de son échappée dans les Antilles, il accoste au Port de Gustavia avec son ami Joe Dassin. Comme pour tout « marin » qui se respecte, un passage par Le Sélect (le bar mythique de l'île) semblait inévitable et restera un de ses lieux préférés. Le bar est simple, convivial, inspire liberté et voyage et ses valeurs sont chères à la star qui ne manquera pas d'y faire halte lors de ses prochains séjours. Il a été créé en 1949 par Marius Stakelborough, figure légendaire de l'île, malheureusement décédé en 2020 à l'âge de 98 ans. Tombé sous le charme de cette vie paisible, sans tracas de « m'as tu vu », Johnny construit sa résidence de vacances de 500 m² sur les hauteurs de la baie de Marigot. On peut l'apercevoir depuis la route en contrebas et s'imaginer la magnifique vue depuis la résidence nommée Jade en l'honneur de sa fille. Après le passage d'Irma en 2017, la maison sera terre d'accueil pour les sinistrés. La générosité de Johnny, et le bien-être qu'il venait chercher à Saint-Barth, se partageaient lors des belles soirées au **Ti-Saint-Barth** (p.211) à la Pointe Milou. Une ambiance festive et presque familiale où il côtoyait allégrement tous les invités de Carole Gruson, la propriétaire. Un repère tropical où le lâcher-prise plaisait à l'artiste. Nombreux de ses amis sont passés par ce lieu indissociable de la vie nocturne de l'île, comme Marc Lavoine, Jean Reno et tant d'autres… Il affectionnait cette ambiance parfois un brin démesurée, mais il avait aussi le souci de garder la forme ! Il adorait les dynamiques séances d'aquabiking du Club de sport de Gustavia, Ultimate Center.

Dans la peau d'un fan

Les fans croisés aux abords du cimetière ont tous des histoires différentes et attachantes à raconter. Philou par exemple, guitare tatouée sur son avant-bras gauche. Depuis l'âge de 7 ans, il est bercé par les chansons de son idole. Comme d'autres fans, il passe chaque jour se recueillir sur sa tombe et nous précise que le soir les bougies illuminées forment un cœur avec des ailes. Il est vrai que la tombe est toujours décorée avec soin : fleurs et surtout des galets aux phrases évocatrices et poignantes d'émotion. Les galets sont ramassés sur la plage de **Shell Beach** (p.178) ou encore à la **plage de Grand-Fond** (p.215) où Philou a eu la chance d'en trouver un en forme de cœur !

Comment honorer sa mémoire?

La première idée qui peut venir à l'esprit est de trouver un fleuriste sur place et d'égayer le sanctuaire de l'idole. À savoir, que les fleuristes ne sont pas très nombreux sur l'île et surtout la chaleur aura raison de votre choix. Nous ne sa-

© SÉVERINE VULLIEZ

Cimetière de Lorient.

vons pas de qui est venue l'idée de déposer des galets porteurs de messages sur la tombe, mais ils semblent être le plus beau des cadeaux. Les galets proviennent des plages environnantes et les messages inscrits témoignent de l'amour infini des fans. Ils transmettent un message simple à l'instar de la vie de l'île et permettent à tous d'avoir une petite place près de Johnny. Pour les personnes ne pouvant faire le voyage, une tentative de commerce de souvenirs à distance a même été envisagée.

« Johnny et son souvenir » permettent une découverte non superficielle de l'île

Les nostalgiques feront sans doute le voyage en sifflotant « Restez vivant ». Tout comme Philou, les fans aiment cette chaleur humaine, cette décontraction et cette simplicité qui émanent de l'île. Johnny, dans son écrin blanc du cimetière de Lorient rassemble et montre la voie pour ses fans qui repartent avec une vision non tronquée de Saint-Barth. Certains admirateurs bien sûr, tenteront de connaître toutes les habitudes de la star, demanderont de passer devant sa maison… Mais durant leur tour de l'île, la vraie richesse sera d'échanger avec des locaux et de découvrir l'humilité de ses habitants. Venus pour un voyage guidé par l'émotion, ils seront touchés en plein cœur par la philosophie de l'île.

Et les locaux ?

L'affluence des fidèles reste modeste et ne perturbe pas la vie des habitants comme on pouvait le craindre. À tel point que l'effervescence médiatique relayée en France autour des querelles liées à l'héritage n'atteint pas Saint-Barth. Les potins ne sont pas de mises et n'alimentent pas les discussions de comptoirs. Il existe bien un respect du défunt, de sa famille et une discrétion collective impénétrable. Saint-Barth ne sera jamais pollué par un tourisme de masse. Aucune enseigne de souvenirs n'a surfé sur la vague pour tirer profit de cette exception. Ici plus qu'ailleurs, la simplicité reste reine et vous pourriez être déçus si vous étiez en quête d'un effet showbiz. Par contre, le souvenir de Johnny permet à certains touristes de s'aventurer à Saint-Barth en se rendant compte que l'île, qui peut paraître inaccessible, offre des infrastructures accueillantes à prix raisonnables (chambres d'hôtes, cottages, hôtels familiaux).

Un futur mausolée dédié à la rockstar ?

Reste à savoir si la tombe de Johnny sera transposée dans un caveau familial à 4 places afin de garantir un meilleur accueil des passants et favoriser le recueillement des familles sur les tombes voisines ! Cela semble le souhait de l'épouse du chanteur… En septembre 2019, les deux tombes qui jouxtent celle de la rockstar ont bien été exhumées et transférées au cimetière suédois de Public. Une polémique surgit localement, car il s'agit de deux figures décédées à Saint-Barthélemy pendant la période suédoise (1854) : Elizabeth et Anastase Portelly. Ces deux tombes vieilles de 165 ans ont leur importance dans la conservation du patrimoine historique local. L'affaire est en cours : les enfants du chanteur étant opposés à l'exhumation de Johnny.

GÉOGRAPHIE

À l'extrême nord-est de la mer des Caraïbes, à la charnière des Grandes et des Petites Antilles, à 6 000 km de Paris, à 24 km au sud-est de Saint-Martin (13 milles), au point GPS 18N et 63W se situe l'île de Saint-Barthélemy ! Petite île d'origine volcanique, elle est sculptée de collines arides et d'un littoral découpé. Deux zones divisent l'île en deux parties. L'une, dite « au vent », est à l'est et subit le souffle des alizés venant de l'est. Elle reçoit plus de précipitations (comme en témoignent les étangs et anciennes salines) et est plus favorable à l'agriculture. L'autre zone « sous le vent », à l'ouest, est protégée du vent par le relief escarpé. Et c'est la pêche qui y prédomine. Cette distinction est de mise dans bon nombre d'îles des Antilles françaises ainsi qu'à la Réunion. Gustavia, la capitale, et une quinzaine de villages s'éparpillent au gré du paysage. Découvrons les spécificités de l'île…

Apparition des Petites Antilles

C'est lors de la période dite du crétacé (entre 135 et 65 millions d'années avant notre ère) qu'apparaît l'Atlantique, en commençant par sa partie méridionale. Les activités volcaniques ont débuté dans l'arc des Petites Antilles lors du crétacé supérieur, cependant les îles sont apparues à l'ère éocène. L'arc volcanique des Petites Antilles est le résultat du mouvement vers l'ouest de la plaque atlantique qui, en se plaçant sous la plaque continentale, pousse la plaque continentale américaine. C'est ainsi qu'une vingtaine d'îles environ a vu le jour, notamment Saint-Barth, Saint-Martin, Saba et Anguilla. Cependant, les Petites Antilles ne couvrent que 10 % de la surface de toutes les Antilles !

© MAGALI COUAILLET

Morne, vu depuis Grand fond.

Une des plus anciennes îles de la Caraïbe

L'île de Saint-Barthélemy se situe 18° N et 63° O dans l'extrême nord-est de la mer des Caraïbes, à 6 000 km de Paris, 2 500 km de New York, 180 km de Porto Rico et 24 km au sud-est de Saint-Martin (13 milles marins). À peine plus de 21 km² (24 km² avec ses îlets). L'île Chevreau, Coco, île Fourchue (important mouillage de plaisance), île Frégate, La Tortue, Île le Boulanger, Les Grenadins, Pain de Sucre, île Pelé, île Petit Jean, Toc Vers, Les Gros Islets, Les Petits Saints, Roche Plate (Table à Diable), Mancel (La Poule et les Poussins) constituent sa garde d'îlets rapprochée… Saint-Barthélemy a été formée entre le crétacé (secondaire) et l'éocène (tertiaire inférieur) et possède donc la particularité d'être l'une des plus anciennes îles volcaniques de la Caraïbe. Elle s'est formée par un volcanisme sous-marin en plusieurs phases. Les 2 plaques tectoniques (américaine et caraïbe) sont très actives et il n'est pas rare de sentir de petits tremblements.

Les collines ou petites montagnes que l'on nomme « mornes » sont de forme volcanique. Le Morne de Vitet (286 m) est le point culminant de l'île. Et les endroits que l'on nomme « fond », comme plaine de Grand-Fond ou la plaine de Saint-Jean sont l'héritage de dépressions formant des lagunes que des millions d'années de sédimentation ont fini par combler.

Deux zones géographiques distinctes

Pendant votre séjour, vous vous rendrez vite compte que le vent souffle davantage sur la côte est de Saint-Barth que sur la côte ouest, qui est beaucoup plus abritée grâce aux montagnes. Des mornes abruptes la divisent en vallées s'ouvrant le plus souvent sur la mer. Chaque vallée montre un cachet particulier ; sa topographie, son habitat et son architecture sont uniques. Voilà pourquoi l'île paraît plus grande qu'elle ne l'est en réalité. Vingt-deux plages entourent l'île,

© CDWHEATLEY - ISTOCKPHOTO.COM

Vue aérienne de Saint-Barthélemy.

chacune possédant son propre caractère, ce qui a la particularité d'être remarquable pour une si petite étendue. Elles sont pour la plupart protégées de la houle océane par une barrière de corail. Toutes sont publiques.

Les six visages géographiques de l'île

L'héritage volcanique se traduit par un sol aride, rocailleux. Une grande partie de forêt sèche recouvre l'île. Cette typologie favorise l'émergence d'espèces végétales coriaces dont les racines jouent un rôle contre l'érosion. Ce sol accidenté et hostile n'a jamais favorisé le développement de l'agriculture. La flore qui y prospère doit s'adapter au faible niveau d'eau. On y trouve notamment le Gaïac, un arbre imputrescible, le cerisier pays, le gommier rouge et ses écorces qui pellent, le latanier dont les jeunes feuilles étaient utilisées pour la confection de paniers.

L'autre visage caractérisant Saint-Barth est son littoral accidenté qui plonge droit sur les plages de sable. Il permet un bel abri pour la nidification des oiseaux marins et nicheurs. Lors de vos promenades sur le relief des Côtes Rocheuses, vous croiserez peut-être des pélicans bruns, des pailles-en-queue, des Tête à l'anglais (cactus), des frangipaniers sauvages…

Entre terre et mer, les terres marécageuses ou zones humides jouent un rôle essentiel de filtre contre les pollutions environnantes. Les étangs abritent une mangrove de palétuviers reconnaissables à ses racines aériennes. Ces imposantes racines protègent contre la houle. Les eaux saumâtres plaisent aux grands échassiers, comme les aigrettes, mais les crabes n'y sont pas en reste ! Sans oublier les iguanes (des Petites Antilles) qui adorent se pavaner le long des étangs et grignoter les mancenilliers.

Les plages, en plus d'accueillir nos serviettes de baignade, abritent des plantes racinaires qui résistent à l'eau salée, à la houle, au vent et permettent le maintien des berges naturelles face à l'érosion. La patate de mer, reconnaissable à sa belle fleur rose, maintient le sol du littoral avec ses racines rampantes. Le raisinier du littoral, le pourpier bord de mer s'adaptent à ce milieu sablonneux et salin. Les animaux, tels que le crabe chevalier, les tortues marines ont besoin des plages pour pondre ou vivre.

Le milieu naturel sous-marin est la seconde richesse naturelle de l'île. Comme la forêt d'Amazonie sur terre, l'herbier est un poumon vert pour l'écosystème sous-marin. Les feuilles des diverses variétés d'herbiers servent à retenir les sédiments et les rhizomes permettent de les fixer. À Saint-Barth on note la présence d'herbiers endémiques comme l'herbe à lamantin et l'herbe à tortue. Cette richesse végétale attire les tortues vertes.

Le récif corallien est très important également : on ne référence pas moins de 51 espèces de coraux dans les eaux de Saint-Barth (sur les 72 présents dans la Caraïbe). Non content de servir d'abris, de nurseries et de garde-manger pour les poissons et crustacés, le récif corallien joue un rôle de protection contre la houle. L'écosystème du récif est particulièrement riche et plusieurs associations veillent à la réimplantation des coraux comme Coral Restoration St Barth et Island Nature Saint Barth. Vous pouvez facilement rejoindre la réserve naturelle de la baie de Grand Cul-de-Sac et observer le corail corne d'élan, le corail cerveau, le corail de feu, le corail porite… Le cyclone Irma en 2017 a fracturé de nombreux coraux que ces trois organismes s'efforcent de restaurer.

NATURE

Un caillou de 24 km² qui présente pourtant une grande biodiversité côté mer et terre. Peu irriguée et constituée d'une grande forêt sèche en raison de son origine géologique volcanique, l'évolution des espèces s'est faite progressivement sur l'île. Une variation de paysages avec des côtes rocheuses et abruptes qui favorisent la nidification des oiseaux. L'île recense d'ailleurs le plus d'espèces d'oiseaux marins nicheurs des Antilles. Ses zones humides, avec le rôle essentiel des étangs qui filtrent et protègent, et ses plages, permettent une transition naturelle entre terre et mer. Tous ces écosystèmes rendent la faune et la flore de Saint-Barth riche en variété, avec des espèces endémiques. Une conscience collective et des mesures de sauvegarde permettent de préserver efficacement cette nature fragilisée par les variations climatiques, l'augmentation de la population et la fréquentation touristique.

Côté mer, une richesse à conserver

Lors d'une escapade sous-marine, vous pourrez rencontrer l'une des 183 espèces rares comme les tortues vertes (*Chelonia mydas*) ou des tortues imbriquées (*Eretmochelys imbricata*), protégées notamment par la convention de Washington. Les tortues luth viennent parfois pondre sur les plages. Les mérous de Nassau se laissent approcher et vous croiserez des bancs de tarpons et des barracudas. D'autres espèces sont connues comme la raie aigle ou l'hippocampe à long nez. Parmi les mammifères marins, la baleine à bosse et le grand dauphin sont visibles à certaines périodes. Saint-Barth est un des sites les plus riches en coraux des Antilles françaises avec 51 espèces ! Ils favorisent l'écosystème pour une multitude d'animaux : éponges, gorgones, oursins, crustacés, poissons... Une cinquantaine d'algues différentes peuplent les fonds marins ainsi que 5 espèces de phanérogames, dont l'herbe à tortue et l'herbe à lamantin.

Déployez ses ailes à Saint-Barth

Les moineaux pépient en métropole. Ici, vous entendrez le chant de petites espèces familières comme le solitaire à gorge rousse (*banaquit*). On rencontre quelques espèces de mammifères (chauves-souris principalement), des limicoles et quelques rapaces. Du côté des étangs, comme celui de Saint-Jean totalement réaménagé en 2019, on trouve les oiseaux sédentaires suivants : héron vert, frégate superbe, grèbe à bec cerclé, héron garde-bœufs, poule d'eau, crécerelle d'Amérique et bihoreau violacé. Mais le roi de l'île est sans conteste le pélican brun (le seul à pêcher en mer en plongeant parfois de très haut), aussi balourd sur terre que plongeur hors pair. Une fois sa proie repérée, il prend de la hauteur avant de piquer brusquement vers elle, telle une flèche. Symbole de générosité, il est respecté de tous à Saint-Barth. L'île en a fait son emblème. On trouve également les oiseaux migrateurs suivants : aigrette bleue, aigrette neigeuse, foulque américaine, grande aigrette, bécasseau semi-palme, chevalier branle-queue, sterne royale, bécasseau minuscule, petite sterne, mouette rieuse d'Amérique, échasse d'Amérique, pluvier semi-palme, balbuzard pêcheur, pluvier kildir et faucon pèlerin.

Côté terre, un caillou qui a de la ressource !

Climat et nature de la terre ne font pas de Saint-Barth un endroit idéal pour les cultures traditionnelles de l'arc antillais, comme la canne à sucre ou la banane. Néanmoins, diverses espèces tropicales y prospèrent, comme le raisinier en bord de mer, le dangereux mancenillier et une variété de cactus propre à Saint-Barth, la Tête à l'Anglais. On peut citer également deux arbres ayant leur importance dans l'histoire locale, le gaïac et le latanier.

Les animaux sauvages sont peu nombreux, mais vous verrez peut-être quelques iguanes. Ces rescapés de l'évolution sont en fait inoffensifs et surtout très craintifs. Parmi les reptiles, on dénombre également la tortue charbonnière, l'iguane des Petites Antilles, l'iguane commun et quelques serpents et amphibiens.

Une conscience environnementale

La préservation de l'environnement sur une si petite superficie comme Saint-Barth est essentielle surtout lorsque l'activité de l'île est économiquement tournée vers le tourisme. Les enjeux politiques et financiers, les spéculations immobilières et la construction... peuvent favoriser les approches empiriques et ralentir les actions purement environnementales.

A Saint-Barth, l'Agence Territoriale de l'Environnement (ATE, Établissement Public à Caractère Industriel et Commercial) a été créée en 2013. Elle mène notamment des actions sur la préservation de la faune et la flore (suivi écologique, sensibilisation, développement des économies d'énergie renouvelables...). Cette perspective de protection et de connaissance de la nature est également la priorité de l'association St Barth Essentiel depuis 2009. Son principal objectif est d'assurer « la protection des intérêts historiques, culturels, patrimoniaux et environnementaux de l'île de Saint-Barthélemy ainsi que son cadre de vie ».

TOP 10

FAUNE & FLORE

Faune sous-marine, oiseaux marins, espèces végétales tropicales… : Saint-Barth essaie de préserver au maximum ses ressources naturelles qui contribuent à en faire une destination touristique verte.

LE BERNARD-L'ERMITE

Famille des Paguroidea. Ce crustacé décapode a toujours une drôle d'allure.

© PCLARK2 - ISTOCKPHOTO.COM

LE PALÉTUVIER ROUGE

Il compose la mangrove et résiste à la houle et à la marée.

© APOMARES - ISTOCKPHOTO.COM

L'HIBISCUS

Arbuste tropical qui se reconnaît facilement par ses magnifiques fleurs de 2 à 6 cm.

© APCAT - SHUTTERSTOCK.COM

LE MABOUIA

Petit lézard transparent qui aime rentrer à l'intérieur des maisons.

© ATELOPUS - ISTOCKPHOTO.COM.JPG

LE CACTUS TÊTE D'ANGLAIS

Il aime se percher sur les pentes rocheuses et les falaises.

© STEVE HEAP - SHUTTERSTOCK.COM

LE LATANIER

Il n'est plus très répandu, mais il reste emblématique de l'île.

© PASCAL-L-MARIUS - ISTOCKPHOTO.COM

TORTUE CHARBONNIÈRE

En groupe, elles traversent les routes tranquillement et vous obligent à rester patient.

© MAGALI COUAILLET

LE CACTUS VIERGE

Ce cactus est une tige dressée cylindrique et pousse en nombre.

© ANDRZEJ BOCHENSKI - SHUTTERSTOCK.COM

FRUIT DE LA PASSION

Plante grimpante, la *Passiflora edulis* fournit un fruit acidulé au goût subtil.

© SHEDU - ISTOCKPHOTO.COM

LA GRANDE AIGRETTE

Avec un plumage entièrement blanc, l'échassier chasse dans les étangs.

© LUISSANTOS84 - ISTOCKPHOTO.COM COPIE

CLIMAT

Mère nature a-t-elle été particulièrement généreuse à l'égard de Saint-Barth ? Le soleil y brille de mille feux et quasiment tous les jours de l'année (seulement 5 jours sans soleil par an). Un ensoleillement exceptionnel qui rend la vie si douce ! Les températures ne sont pas écrasantes grâce à l'air marin des Alizés qui assure toujours un petit souffle d'air. Saint-Barth peut être très verte, comme très sèche, avec un relief parfois lunaire selon les conditions météorologiques. Les pluies s'avèrent parfois torrentielles et très vite les routes en béton se transforment en pistes glissantes grandeur nature. Mais ces pluies ne durent jamais très longtemps : très vite, le soleil reprend ses droits. Ce paradis est pourtant régulièrement soumis aux aléas cycloniques et de tout temps, ses habitants ont dû faire face à des épisodes dévastateurs. Irma en 2017 a engendré des dégâts matériels plus que considérables.

Passer entre les gouttes…

La saison des pluies, dite hivernage, est très bénéfique pour arroser ce caillou volcanique aride, mais reste néanmoins la période la plus étouffante, car l'humidité renforce la sensation de chaleur. Elle se tient de juin à novembre et est peut-être la moins agréable pour découvrir l'île. Mais soyons tout de même réalistes… lorsque l'on arrive de la métropole, la douceur reste enveloppante et suave. De plus, les pluies sont rarement de longue durée et tombent souvent en fin de journée et dans la nuit. La pluviométrie peut atteindre jusqu'à 1 000 millimètres sur l'année. Le relief joue également un rôle sur les précipitations. Les voyageurs attirant invariablement les moustiques seront d'autant plus vigilants lors de cette saison.

Le risque cyclonique

Selon les statistiques de météo France depuis 1950, on a enregistré 3 tempêtes tropicales et 11 ouragans. Les Antilles, les îles du Nord sont davantage touchées. En moyenne, l'île est touchée par 1 phénomène cyclonique tous les 3/4 ans et 1 ouragan tous les 5/6 ans. Irma, qui a frappé l'île de plein fouet en 2017 est encore dans tous les esprits même 3 ans après !

© JZENZENI - STOCK.ADOBE.COM

Balade vers le Colombier.

Les activités à privilégier selon la saison

- **Les balades nature.** Après la période de pluie, la floraison des flamboyants, ces arbres majestueux aux fleurs rouges ou roses annoncent la fin du carême, et l'arrivée de la saison sèche. Les sols sont parsemés de couleurs chatoyantes et font ressortir les tapis verts. Rien de tel que d'arpenter les pentes rocailleuses, de partir à la découverte de la flore et la faune grâce à de longues balades. Côté Pointe Milou, les vents d'est et nord-est offrent un paysage de steppe. Le sentier des Pêcheurs vous invite à cette immersion sauvage et les piscines naturelles de Petit Cul-de-Sac vous enchanteront. L'Association St Barth Essentiel, propose des balades commentées dans le plus pur respect et la valorisation de l'écosystème local.
- **L'eau dans tous ses états.** La température de l'eau est délicieuse toute l'année (26 °C en moyenne). Elle atteint son maximum de juillet à octobre et favorise baignades et sports nautiques. Mais cette saison est également celle des cyclones (le pic ayant souvent lieu en septembre). De décembre à mars, c'est en revanche le moment idéal pour les surfeurs qui cherchent les meilleures vagues. Le kitesurf se découvre et se pratique sur différentes plages, mais le spot de Grand Cul-de-Sac est un must à cette période. Gustavia et toute l'île se trouvent illuminées pendant les nombreuses régates (West Indies Regatta, Les Voiles de Saint Barth, Bucket Regatta, Arrivée de la Transat AG2R) qui passent au large, partent ou accostent à Saint-Barth. Les voiliers multicolores des équipages du monde entier sont un sacré feu d'artifice. La période de mars à avril favorise la réussite de ces événements, car les conditions climatiques sont optimales.

ENVIRONNEMENT

Saint-Barthélemy, archipel de l'Arc des Antilles, est soumise à des risques naturels, liés à sa géographie et sa géologie, mais aussi à ses activités humaines. L'île doit également faire face à un déficit chronique d'eau et à la nécessité d'importer la plupart de ses produits. La fréquentation touristique de l'île n'est pas non plus sans impact en termes de pressions sur les milieux et de risques de pollution. Le visiteur est ainsi invité à utiliser avec parcimonie les ressources de ce petit paradis de biodiversité et à adopter des comportements écoresponsables. Mais grâce aux efforts des autorités de l'île et des pratiques touristiques respectueuses de l'environnement, Saint-Barthélemy est sans doute l'une des îles des Petites Antilles les mieux sauvegardées. Les coraux sont encore en bonne santé, les fonds marins bien préservés et la façade maritime, lois françaises obligent, n'est pas bétonnée.

Espaces protégés et réserve naturelle de Saint-Barthélemy

L'archipel possède des écosystèmes exceptionnels, tant maritimes que terrestres, associant une flore et une faune endémiques telles que scorpions (solifuge de Béatrice, scorpion de Saint-Barth), et serpents (typhlops de Saint-Barth). L'île constitue également un site de nidification pour des espèces d'oiseaux, et de ponte pour des tortues (tortues vertes et tortues imbriquées). Le milieu marin abrite quant à lui des herbiers de phanérogames, plus de 50 espèces de coraux et plus de 180 espèces de poissons (dont, raie aigle et hippocampe à long nez) ainsi de que des mammifères marins (baleine à bosse, grand dauphin). Le constat de menace pesant sur cette biodiversité a conduit à la création, en 1996, de la réserve naturelle de Saint-Barthélemy, actuellement gérée par l'Agence Territoriale de l'Environnement (ATE) de Saint-Barthélemy et divisée en plusieurs zones, aux statuts de protection différents. La gestion de cet espace inclut également une mission d'information et de sensibilisation des publics. Les botanistes pourront herboriser à la recherche des orchidées, cactus et lys blancs présents dans la forêt sèche.

Gestion des risques et politiques environnementales

Les activités humaines accroissent la vulnérabilité des milieux face aux risques climatiques et génèrent également des atteintes à la biodiversité, notamment par des pollutions. Le réchauffement climatique pourrait augmenter la fréquence et la gravité des événements extrêmes, à l'image de l'ouragan Irma. L'urbanisation de l'île a accru sa vulnérabilité aux risques naturels. Le mitage et l'imperméabilisation des surfaces constituent une menace pour la biodiversité (disparition et dégradation des milieux naturels) et une entrave à l'évacuation des eaux de ruissellement dans le sol. Le tourisme génère de nombreuses problématiques environnementales : approvisionnement en eau potable, traitement des effluents aqueux, et notamment déversement des eaux usées dans le milieu naturel en cas de forte précipitation (saturation des dispositifs d'épuration). L'île souffre d'un manque de ressources en eau et des efforts sont actuellement conduits concernant les infrastructures pour produire l'eau potable, mais également traiter les eaux usées. En matière d'énergie, l'Agence Territoriale de l'Environnement a développé un programme de développement des énergies renouvelables sur l'île. Un autre point de vigilance est la pollution des mers, notamment la concentration en métaux lourds des poissons et mammifères marins, induisant la contamination de toute la chaîne alimentaire. L'introduction d'espèces exogènes génère un risque de déséquilibre des écosystèmes et de perte de biodiversité, notamment par la fragilisation des espèces endémiques. En résumé, Saint-Barth est bien un paradis pour la biodiversité, qui nécessite des efforts constants et partagés pour sa sauvegarde.

© MAGALI COUAILLET

Tortue verte.

HISTOIRE

L'exotique « Ouanalao » signifiant « pélican » est le premier nom donné à l'île par les habitants. Elle a été fréquentée par les Taínos des Caraïbes orientales : les Arawaks. Lors de son deuxième voyage outre-Atlantique, Christophe Colomb accoste sur l'île le 25 septembre 1493 et la nommera Bartolomeo. Une petite île, aride et pourtant porteuse d'histoires complexes. Tantôt française, suédoise, nouvelle collectivité d'Outre-mer en 2007, port franc… Elle a même été parfois un peu délaissée administrativement, ce qui a sans doute forgé l'indépendance d'esprit de ses habitants et de leurs initiatives de développement. Elle est à présent une destination singulière, authentique par ses valeurs et enviée par sa qualité touristique. Jetons l'ancre dans le port de Gustavia à la découverte de son histoire et remontons au temps des Indiens Tainos, des conquistadores, des Suédois et des Français qui la convoitent.

Époque pré-colombienne

Les Arawaks s'installent aux Antilles sans jamais se sédentariser sur l'île. Juste de passage, quelques objets ont été trouvés près de la plage de Saint-Jean sur l'actuel aéroport.

DÈS 1492 Après son voyage historique, le célèbre cartographe et marin génois Christophe Colomb (1451-1506) découvre d'abord Saint-Martin et les îles environnantes.

1493 L'île est appelée Ouanalao par les indigènes, et lors de son deuxième voyage, Colomb lui donne son nom actuel en hommage à son frère Bartholomeo, ce qui ne changera pas grand-chose à la vie de l'île, car déserte, sans aucun potentiel agricole ni aurifère, elle continuera à demeurer loin des yeux et des cœurs jusqu'en 1648. Les Espagnols ne développent pas l'île, car jugée trop petite.

1648 Les Espagnols ne témoignent pas d'intérêt pour Saint-Barthélemy. L'île est alors occupée par soixante colons français menés par Jacques Gentes (ou Le Gendre) sur l'ordre du commandeur Philippe de Longvilliers de Poincy (1583-1660), membre des chevaliers de Malte.

1651 L'île est vendue à l'ordre de Malte pour 120 000 livres. Et Philippe de Longvilliers de Poincy demeure gouverneur de l'île jusqu'à sa mort. Une poignée de Français développe la culture du tabac.

1659 La France récupère l'île sous l'influence du ministre Colbert.

1671-1687 La poignée d'habitants en 1671 était constituée d'esclaves qui servaient surtout d'ouvriers agricoles (290 blancs et 46 esclaves). Les familles fondatrices qui s'installent sont les Gréaux, les Aubin et les Bernier, puis les familles Questel, Laplace et Lédée arrivent entre1681 et 1687.

1ER MARS 1764

Après des épisodes de dépeuplement pour cause de possession et de guerre entre la France et la Grande-Bretagne, Saint-Barthélemy revient sous la coupe de la France après une courte période anglaise (1748). Le Traité de Paris, le 1er mars 1764 dépossède la France de certaines colonies comme le Canada, mais elle garde Saint-Barthélemy. Au musée du P'tit Collectionneur à Gustavia, vous découvrirez des bouteilles datant de 1700, des pièces, des sabres de l'Infanterie…

1ER JUILLET 1784

Convention franco-suédoise. Sous Louis XVI et Marie-Antoinette, amis intimes du roi de Suède. Charles Gravier, comte de Vergennes (1719-1787) et ministre des Affaires étrangères vend l'île au roi de Suède, Gustave III, en échange de droits commerciaux en Suède à Göteborg. C'est l'unique territoire que la Suède possède dans le Nouveau Monde. Le Domaine de Félicité à Public vous plonge dans cette période franco-suédoise.

1785

Gustave III

Saint-Barthélemy est déclarée port franc.

Gustave III de Suède, né le 24 janvier 1746 à Stockholm et mort assassiné le 29 mars 1792, affectionne la philosophie des Lumières et les arts. Francophile, il connaît mieux la langue de Voltaire que le suédois. Orchestrer une île française ne pouvait que le combler… Gustave III, compte bien rentabiliser son acquisition en lui redonnant un rôle commercial de premier plan. En 1799, on dénombre le mouvement de 1 504 navires dans le port !

© TRABANTOS - SHUTTERSTOCK.COM

Statue du roi Gustave III.

1784-1878

Période suédoise : le commerce, l'architecture et l'agriculture prospèrent

Une belle ouverture économique grâce au port de Gustavia (anciennement nommée le Carénage). Il servira de base de ravitaillement sur le chemin des Indes occidentales. Le port se développe et la mise en place d'une administration organisée voit le jour. Équiper le port est essentiel tant les navires sont nombreux à venir mouiller dans ce lieu protégé. L'île est déclarée port franc en septembre 1785 et prend le nom de « Gustavia » en 1786 en l'honneur du roi. Le port franc permet de devenir un lieu de passage privilégié pour les bateaux de toutes nationalités qui fréquentent les Caraïbes. Un statut qui est depuis cette période toujours d'actualité. Une urbanisation rapide se développe durant cette période. Lors de l'arrivée des premiers Suédois, la ville ne comptait que 23 habitants, dont 6 esclaves. On pave les rues. La période suédoise est signe de prospérité commerciale et la population atteint les 6 000 âmes en 1800. Vous trouverez à Gustavia un attachement fort à ce passé, comme en témoigne le nom des rues traduites en suédois, comme « rue du Général de Gaulle » en « östra Strandgatan ». Les bâtiments inscrits de l'île datent de cette période de développement prospère. On se dote de trois forts pour assurer la défense de l'île : le Fort Gustave assurait la défense de l'Anse de Public, le Fort Octave, le Fort Karl). Et d'un hôtel de ville. Citons aussi la Maison Dinzey (connue sous le nom de Brigantin), la Wall House (connue sous le nom de Maison Steinmetz), qui servait de maison d'hôtes, le clocher suédois... À Public, se trouve le monument en mémoire des Suédois dans le vieux cimetière. Au niveau de l'agriculture, on continue de cultiver le tabac que les Français avaient planté. Mais cela sera de courte durée, car l'île n'est pas propice aux vastes plantations. Les arbustes « indigotiers » foisonnent et on comptera jusqu'à 9 indigoteries sur l'île. L'indigo est très utilisé à cette époque pour colorer les tissus ensuite exportés.

1848

Abolition officielle de l'esclavage par la Couronne suédoise.

1852

Période de déclin notamment à cause de débâcles climatiques (cyclones, sécheresse, pluie torrentielles) et un incendie qui enflamma Gustavia. En 1875, le nombre d'habitants dans le port est réduit à 793.

16 MARS 1878

Oscar II, roi de Norvège et Suède décide alors de se défaire de l'île par le traité du 10 août 1877. La décision est largement approuvée par la population (351 voix contre 1), consultée par référendum en août, et devient effective le 16 mars 1878, date à laquelle s'effectue l'échange de drapeaux. L'île est rattachée administrativement à l'archipel guadeloupéen situé à 230 kilomètres plus au sud dont elle devint l'une des communes en 1946.

1946

Rémy de Haënen

Cet hôtelier pilote pose le premier avion sur l'île et permet à Saint-Barth de s'ouvrir au monde. Une première liaison aérienne permet de rapprocher le nord de l'Amérique et la Guadeloupe. L'aventurier né à Londres d'une mère française et d'un père hollandais, passionnée par l'aviation, pose son petit avion au milieu des chèvres de la plaine de Saint-Jean. C'est le premier sur cette si petite île ! Personnage atypique et épris de l'esprit de l'île : des habitants qui ont des valeurs, qui vivent et s'accommodent d'une vie simple sur une petite partie de roche souvent aride... Il choisira comme point d'ancrage le rocher de la plage de Saint-Jean qu'il nommera l'Eden Rock. Son nid d'aigle deviendra un hôtel fréquenté par David Rockfeller, le « Capitaine Troy », Greta Garbo ou encore Robert Mitchum. Rémy ne vit pas qu'une vie, mais plusieurs, tout aussi riches et complémentaires les unes aux autres : il deviendra maire de 1962 à 1977 et aussi conseiller général de l'île pendant 21 ans. C'est le premier à penser à un statut particulier pour l'île au niveau touristique. Plongez-vous dans la vie trépidante de cet aventurier, ses envies de liberté et découvrez son intégrité et son amour pour Saint-Barth avec le livre « The Flying Gentleman », éditions Bartoloméo, un vaudeville caribéen narré par Rémy de Haenen.

1960 Prémices des débuts du tourisme avec l'arrivée en 1957 de l'homme d'affaires David Rockefeller qui tombe amoureux de Saint-Barth pour son côté sauvage. Ce sont les débuts d'un tourisme élitiste ou une poignée de richissimes, hommes politiques, artistes d'Hollywood viennent séjourner à Saint-Barth encore inconnue. A cette époque, l'île est rurale et les terrains n'ont pas de valeur foncière. Les premiers biens seront vendus à cette élite en quête de destination discrète.

David Rockfeller

Alors que l'île sommeille tranquillement, presque oubliée de la carte des Caraïbes, l'homme d'affaires américain David Rockefeller arrive par hasard sur le rocher et il est séduit par la nature tropicale et le côté encore rural de l'île. Habitué aux Bahamas, il trouve dans Saint-Barthélemy un côté plus authentique. Il achète une propriété en 1957 de 27 hectares au nord de l'île avec une vue grandiose sur la baie de Colombier. Ses amis tout d'abord investissent en achetant du terrain, puis assez vite les richissimes familles américaines suivent la tendance. L'île amorce son orientation en tourisme de luxe avec l'installation de villas privées.

1977 Nouvelles armoiries de Saint-Barthélemy, description :

Ouanalao : le nom indien caraïbe de Saint-Barthélemy,

La Croix de Malte illustre que l'île a appartenu à l'Ordre de Malte.

La fleur de lys représente la monarchie française : elle marque le règne de la France.

La couronne murale en or représentant les déesses grecques qui protégeaient la fortune d'une ville.

Les couronnes de trois rois suédois : époque suédoise de l'île.

Les pélicans : la popularité de ces oiseaux en a fait la mascotte de l'île.

© МАКСИМ ЛЕБЕДИК - ISTOCKPHOTO.COM

HISTOIRE

2003

Décembre 2003, l'île entame une nouvelle identité statutaire : les électeurs de Saint-Barthélemy approuvent par consultation populaire le projet institutionnel faisant de leur île une collectivité territoriale à assemblée unique détachée du DOM-ROM de la Guadeloupe.

21 FÉVRIER 2007

La loi organique du 21 février 2007 créait ainsi deux nouvelles collectivités d'outre-mer à part entière (COM) Saint-Martin et Saint-Barthélemy. Elles peuvent conserver les avantages fiscaux qu'elles ont acquis.

JUILLET 2007

Naissance de la collectivité. Les premières élections territoriales de Saint-Barthélemy sont convoquées en juillet 2007 et l'île devient, le dimanche 15, officiellement collectivité d'outre-mer : la commune de Saint-Barthélemy est dissoute, de même que l'arrondissement départemental et le canton. Les 19 membres du Conseil ont élu M. Bruno Magras (UMP) à la présidence de l'Assemblée territoriale. Saint-Barth s'apparente au fonctionnement d'une principauté française : elle a ses propres lois et règles fiscales (sauf en matière de droit bancaire, de sécurité, d'éducation et de quelques autres domaines régaliens).

Sa population (491 habitants en 1974, 9 417 habitants aujourd'hui) a intégré des habitants aux origines nouvelles, mais demeure jugulée par les capacités volontairement restreintes des infrastructures locales. De nombreuses demeures sont la propriété de richissimes célébrités comme Roman Abramovitch, Jean Reno... Saint-Barth privilégie la tranquillité médiatique et l'hôtellerie est principalement composée de petits établissements dont 60 % sont dans la catégorie luxe.

Bruno Magras

Bruno Magras est originaire de l'île, il fait partie de ses 10 grandes familles. Il est élu pour la première fois Président du conseil territorial de Saint-Barthélemy le 15 juillet 2007 après avoir été maire en 1995. Il sera ré-élu en 2012 et en 2017. Il est connu pour être un homme d'affaires intrépide et pragmatique. Il possède la seule compagnie d'aviation de St Barth : St Barth Commuter.

5 SEPTEMBRE 2017

L'île vit sa plus longue nuit d'angoisse. Au petit matin, le cyclone Irma de catégorie 5 a littéralement défiguré l'île ! La solidarité se met en place, ses habitants s'affairent et l'île est reconstruite en un temps record. Deux ans après, l'île bénéficie de toutes nouvelles infrastructures et d'une offre à la pointe des exigences touristiques modernes.

2017

En 2017, l'île chic aux yeux des médias est aussi devenue une île choc avec l'enterrement de Johnny Hallyday à Lorient.

2020-2022

Comme toutes les Antilles, dont l'économie dépend presque entièrement du tourisme, Saint-Barthélemy se retrouve en crise avec la pandémie de la COVID 19. Près de 5 000 cas et 5 décès ont été recensés sur l'île. Avec l'allègement des mesures sanitaires et la réouverture des frontières, la saison 2022 a été bonne. Saint-Barthélemy a retrouvé ses niveaux de fréquentations habituelles.

LES ENJEUX ACTUELS

Soleil, plages, maisons de rêve, économie galopante... Saint-Barth, un bijou convoité ? Sans aucun doute, mais l'île le doit à plusieurs facteurs, notamment à son histoire ainsi qu'à ses changements de statut. En devenant une collectivité, elle a bénéficié d'une situation financière confortable qui lui a permis de se lancer dans des projets de développement du territoire, contribuant ainsi à l'attractivité de la destination et à l'amélioration du cadre de vie de ses habitants. Sur les 5 707 entreprises recensées par l'INSEE en 2014, 63,1 % exerçaient une activité de services marchands, 13,7 % de BTP, 15,5 % de commerce. Elle s'oriente vers le respect de son environnement et le perfectionnement de sa qualité d'accueil déjà élitiste, tout en prenant aussi conscience de ses fragilités (comme sa petite superficie et son manque d'espaces). Politique, citoyens et touristes, tous se réclament de « l'esprit Saint-Barth ».

Une émancipation réussie

La loi organique du 21 février 2007 crée deux nouvelles collectivités : Saint-Martin et Saint-Barthélemy qui étaient, jusqu'à cette date, des communes du département de la Guadeloupe (depuis la loi du 19 mars 1946 relative à la départementalisation). Chaque collectivité se substitue dorénavant au département. Cette institution est dotée d'une autonomie et d'un régime législatif avec des exceptions relevant de la spécialité législative. Avant 2007, Saint-Barth avait un statut politique de commune française. Après le référendum du 7 décembre 2003, l'île a massivement confirmé (95,51 % avec un taux de 21,92 % d'abstention) le projet de loi visant à la transformer en Collectivité d'outre-mer à part entière (COM), tout en ayant la possibilité de conserver ses avantages fiscaux. Saint-Barthélemy se voit désormais conférer l'ensemble des compétences préalablement dévolues aux communes, au département et à la région de la Guadeloupe, ainsi que celles que l'État lui a transférées. Ce nouveau statut permet à l'île d'adapter, si besoin, des lois et dispositions appliquées en métropole. Cette possibilité ne concerne pas les domaines comme la sécurité, la défense, les affaires étrangères, la monnaie et la justice qui continueront à rester du ressort de l'État français. Elle a su adapter les lois et règlements en vigueur localement et fixer des règles dans certaines matières comme les impôts, la circulation routière, la voirie ou le tourisme.

Le tourisme : pilier de l'économie de Saint-Barthélemy !

Principalement tourné vers un tourisme haut de gamme qui privilégie la sécurité et le calme, son positionnement touristique diffère de celui de la Guadeloupe et de l'espace Caraïbe. Petite île aride, elle ne peut accueillir ni cultures agricoles ni industries. Longtemps isolés et pauvres, les Saints-Barths ont trouvé depuis une vingtaine d'années une source inattendue de revenus avec le développement du tourisme. Contrairement à la grande majorité des autres îles de la Caraïbe, qui ont attiré un tourisme de masse, son accès difficile (aucun long-courrier ne peut y atterrir) a attiré une clientèle très aisée. Même si le tourisme tend aujourd'hui à s'y démocratiser. Le premier hôtel qui ouvre la voie est l'Eden Rock (p.192), héritage du coup de foudre de Rémy de Haënen pour le site.

Séduite par la beauté du site, sa quiétude, sa sécurité et le développement harmonieux de son urbanisme (qui commence à se modifier dangereusement), une clientèle fortunée et désireuse de trouver une certaine tranquillité vient fidèlement à Saint-Barth depuis les années 1950.

De ce fait, les retombées touristiques ont considérablement amélioré la situation économique des habitants de l'île (pour preuve le PIB/habitant de 38 994 € en 2014, contre 35 893 € en 2011, soit une croissance annuelle moyenne de 2,8 %). La fréquentation touristique était en hausse jusqu'au passage d'Irma (cyclone en septembre 2017) qui a ralenti considérablement le flux. On ne trouve pas à Saint-Barth de cas de surendettement, comme il est fréquent de constater en Guadeloupe, en Martinique ou à Saint-Martin. De même, le chômage semble avoir épargné l'île et la collectivité se félicite de l'absence de besoins en logements sociaux.

En 2020, le nombre de touristes a augmenté de 20 % par rapport à 2016. L'estimation de l'offre est actuellement 2 100 chambres en villas et 550 en hôtels. La quantité de touristes est actuellement agréable, équilibrée et suffisante pour soutenir l'économie actuelle de la collectivité. La crise sanitaire a bouleversé cette économie, mais la fréquentation retrouve peu à peu ses niveaux habituels.

© NAPA - SHUTTERSTOCK.COM

Yachts dans le port de Gustavia.

L'envers du décor : paradis pour les locaux ?

Pas évident de vivre, de travailler et surtout se loger dans cette île de rêve ! La collectivité manque cruellement de logements pour les locaux et ils sont nombreux à devoir choisir la colocation (renforcée après Irma). La grosse problématique de l'île, c'est la difficulté pour les saisonniers et habitants de trouver un logement, car la priorité de la construction a longtemps été accordée aux investisseurs et promoteurs de villas de luxe. On espère toutefois voir un ralentissement des nouvelles constructions pour une population fortunée au profit de la population locale. Lors de notre venue, la difficulté de trouver un logement restait inchangée et de nombreuses personnes peuvent déménager jusqu'à 4 fois par an, souvent dans des colocations. Les difficultés que doivent affronter les Saint-Barths en raison de leur insularité sont réelles. Le coût de la vie est plus cher du fait de l'éloignement et de l'obligation d'importer des produits par rapport à une île comme la Guadeloupe. Certaines contraintes spécifiques à Saint-Barth (absence d'eau potable, coût élevé de la construction...) contribuent également à alourdir les charges supportées par les habitants. On estime le différentiel de coût de la vie entre Saint-Barthélemy et la Guadeloupe à environ 25 % (rappelons que la Guadeloupe subit, déjà pour sa part, un surcoût de 30 % par rapport à la métropole).

L'immobilier : une manne très lucrative qui a pourtant ses limites

Nous pourrions presque comparer la gestion de Saint-Barth à la gestion d'une entreprise. Certes, la collectivité se félicite de l'équilibre financier de son île, d'autant qu'elle ne reçoit aucune aide financière de la France. Il existerait environ 5 000 entreprises pour moins de 10 000 habitants (beaucoup de micro-entreprises). Mais l'une des principales activités lucratives de l'île est sans aucun doute l'immobilier. La rareté des terrains constructibles explique aussi leur prix (1 000 à 5 000 euros le mètre carré). À titre d'exemple, une villa bien située se négocie entre 5 et 10 millions d'euros ! En 2017, les autorités ont voté une hausse considérable de la taxe sur les plus-values immobilières. Elle passe alors à 35 % si le vendeur occupe son bien depuis moins de cinq ans, au lieu de 20 % en cas d'occupation antérieure. À savoir que la plupart des résidences ne sont que très peu occupées par leurs propriétaires : elles sont un pur investissement ou un moyen de défiscaliser. Nombreux sont ceux qui confient leurs biens à des agences de locations comme la renommée Sibarth Villa Rentals (p.181) qui se chargent de les louer.

ARCHITECTURE

Saint-Barthélemy est une autre île des Petites Antilles françaises et qui attire de nombreux visiteurs venus profiter d'un cadre naturel de toute beauté et paradisiaque. Une visite de Gustavia, l'ancienne capitale suédoise et aujourd'hui siège de la collectivité, donne un joli aperçu de l'influence suédoise encore très présente et il est agréable de flâner dans ses rues et ruelles simplement pour admirer les habitations. Quelques bâtiments historiques, comme l'église, sont typiques de cette architecture qui mélange style suédois et matériaux caribéens. En plus de quelques monuments phares à voir absolument, on repère aussi assez rapidement en se déplaçant dans l'île que celle-ci fait la convoitise des personnes aisées et des célébrités, qui n'hésitent pas à y construire d'énormes villas, y compris dans un esprit contemporain. Les hôtels les plus luxueux sont de véritables monuments de luxe et de design ultra-moderne.

Gustavia, l'authenticité

Bénéficier d'un panorama sur **Gustavia** ★★★ (p.175), principal bourg de Saint-Barthélemy, est un moment sublime. Et pour cause, ici pas d'immeubles qui viennent dénaturer le superbe environnement, mais des habitations uniformes, que l'on distingue par leur toit rouge ou vert typique. La seule exigence pour les constructions de la ville est celle d'être solide, car ici aussi, les cyclones ne sont pas rares. Les habitations et monuments sont de plus intelligemment construits : la pluie se faisant rare, des systèmes sont mis en place afin de récupérer la moindre goutte. Les maisons prennent place sur des soubassements en pierre afin de résister aux intempéries et aux nuisibles. Les murs sont eux épais, faits à base de pierre apparente, sur lesquels sont installées des fenêtres vitrées. Seuls les étages utilisaient le bois. L'implantation des maisons d'influences suédoise, américaine et française respecte la topographie pentue de la ville. D'ailleurs, l'influence suédoise se repère assez vite dans la cité. En dehors des habitations, on le constate en allant voir la **Maison des Gouverneurs** (p.177), bâtiment qui fut construit pendant la colonisation suédoise en tant qu'administration des douanes, durant l'occupation par la Compagnie des Indes à la fin du XVIIIe siècle. Elle possède depuis 1995 le titre de monument historique. De même que la Maison Dinzey, dit Le Brigantin, dont l'architecture mérite aussi qu'on s'y arrête. À Wall House, c'est la pierre qui est de mise. Ce bâtiment, qui abrite désormais le musée d'Histoire et la bibliothèque, est l'un des plus imposants de l'île. Toutes ces bâtisses, que l'on peut associer à l'Europe du Nord et sa fraîcheur, se fondent merveilleusement avec l'univers tropical proposé par Gustavia. Le Fort Gustav et le **Fort Karl** (p.176), deux autres monuments qui datent de l'époque suédoise, sont aussi à voir dans le secteur. Les murs et les canons présents relatent de la longue histoire de l'île et des volontés passées de la protéger.

Le luxe et le contemporain

Dans le petit village de pêcheurs de **Corossol** (p.198), on peut encore observer quelques cases, ces petites maisons construites à la chaux, colorées, et qui comportent toujours deux espaces : la chambre et le séjour, ainsi qu'un autre bâtiment, à proximité, qui fait office de cuisine ou de citerne. Aujourd'hui, l'architecture a néanmoins bien changé à Saint-Barth. Même si elles sont toujours solides afin d'affronter les ouragans, ce sont bien de somptueuses villas avec toutes commodités qui ont peu à peu pris une grande place dans le paysage de l'île. Et même si la direction de Saint-Barthélemy a pris des restrictions pour ne pas dénaturer l'identité du territoire, il n'est pas rare que certains riches propriétaires achètent une maison pour la détruire entièrement, afin de reconstruire par-dessus une habitation plus contemporaine et somptueuse. L'île attire en effet sans cesse les grandes fortunes, mais leur volonté de se construire de vrais petits coins de paradis est loin d'être très écologique...

© MAGALI COUAILLET

Case typique de Saint-Barthélemy, à côté du rocher avec St Louis, qui veille sur les pêcheurs.

BEAUX-ARTS

Les artistes de l'île s'inspirent surtout de la beauté des paysages qui les entourent. On retrouve souvent les couleurs chatoyantes des îles. Louis Lédée (dit Pompi), Robert Danet, Hélène Donadieu, Antoine Heckly, Denis Hermengue... et bien d'autres encore. Que ce soit des artistes locaux ou des étrangers venus s'installer à Saint-Barth, ils y puisent tous leur inspiration. Plusieurs galeries exposent leurs tableaux à Gustavia (rue Général-de-Gaulle) ou encore vous pourrez admirer leurs œuvres dans différents hôtels et restaurants. Véronique Vandernoot parsème l'île de ses petits carreaux de faïence peints et émaillés de belles couleurs tropicales. Des œuvres en guise de panneaux comme pour les plages, les hôtels, les lieux d'intérêt naturels. Une galerie d'art grandeur nature ! Un récent engouement pour l'art donne lieu à des initiatives originales, comme l'Art Week qui associe peinture et gastronomie dans les grands hôtels de l'île.

Collectif d'artistes et Art Week

L'association Artists of St Barth a été créée en 2016 pour promouvoir l'art contemporain local auprès des habitants de l'île et des visiteurs. Depuis 2019, son président est le célèbre photographe de mode Antoine Verglas qui partage son temps entre New York et Saint-Barth. Le collectif regroupe cinquante peintres, sculpteurs et photographes. Leurs œuvres sont visibles dans la galerie de l'association, Pati's Gallery, ainsi que sur son site Internet www.artistsofstbarth.org. Ils exposent également durant les Art Parties organisées tous les trois mois dans les hôtels 5-étoiles de l'île en partenariat avec le CTTSB (office de tourisme) qui présente ainsi son action : « L'un de nos objectifs est de permettre à l'art de jouer un rôle clé dans la fidélisation de notre clientèle haut de gamme ainsi que de hisser l'île de Saint-Barthélemy en tête des destinations artistiques des Caraïbes. »

Tous les ans, l'association organise en partenariat avec CTTSB et la Collectivité de Saint-Barthélemy l'Art Week. Six expositions individuelles sont proposées en parallèle d'événements publics : sept soirées, une au musée et six dans des établissements étoilés de l'île. Au programme de l'édition 2020, Paddy Cohn, Luca Bornoffi, Éric Demarchelier, Jason Bereswill, Dominique Le Grand Philouze et Gabriela Berrutti. Tous inspirés par l'île, les artistes invités créent par leur art un pont vers l'extérieur qui séduit les gens de passage autant que les locaux. Le restaurant Sereno a imaginé à cette occasion « un tableau, une assiette » autour des peintures de Luca Bornoffi. Pour le chef, le défi consiste à proposer un menu spécial inspiré des œuvres, une retranscription de l'art dans les assiettes.

Le collectif se veut grand public. Dans ce but, il organise tous les mois, en soirée, Art & Food Markets. Il propose par ailleurs des ateliers de peinture gratuits ouverts aux enfants et aux adultes qui peuvent ainsi recevoir les conseils d'un artiste local au musée territorial. Pour clore l'Art Week, un concours désigne l'artiste amateur de l'année qui remporte du matériel de peinture et voit ses œuvres exposées durant l'été.

Des sculptures inventives

La sculpture se montre rarement à Saint-Barth. Cependant, vous allez obligatoirement passer devant une sculpture symbolisant à merveille cette petite île : Savaku, en arawak « l'esprit des forces de la nature ». Situé sur le rond-point de la Tourmente (ce nom est dû au vent qui aime s'y engouffrer), ce magnifique personnage en bronze a été réalisé par Guillaume Blanchard. Ce guerrier protège l'île grâce à sa lance et, à l'aide du lambi, invoque les forces de la nature. Placés debout sur un rocher, qui représente l'île de Saint-Barthélemy, on peut voir un iguane et un pélican, les animaux symboles de ce petit bout de Caraïbes.

Citons enfin quelques sculpteurs significatifs de la variété des styles présents à Saint-Barth. Mickael Doudeu recycle des pièces de moteur qu'il allie à des matériaux nobles comme le bronze ou le cuivre pour façonner des œuvres gracieuses comme un long palmier argenté ou une guitare fondue en forme d'île. David Martin marie dans ses créations des bois précieux de différentes essences. Jimmy Lafaurie, établi à Saint-Barth depuis vingt ans, conjugue dans ses sculptures la pierre, le bois et le métal. Michael Rumiz quant à lui est photographe animalier. Au retour d'un reportage en Afrique, il s'est lancé dans la sculpture pour prolonger ses images en trois dimensions.

MUSIQUES ET SCÈNES

C'est la plus petite île des Antilles françaises. Et surtout l'île des stars et de la jet-set. Il est rare d'entendre prononcer le nom de *Saint-Barth* sans qu'il soit associé à une célébrité. Si la vie locale semble monopolisée par l'actualité people et le tourisme, Saint-Barthélemy n'est pourtant pas une jolie coquille vide de culture, au contraire. Par son histoire et sa situation géographique, Saint-Barthélemy vit aux rythmes des musiques et danses des Caraïbes, qu'elles viennent des Antilles françaises (le zouk, la biguine) ou au-delà (soca de Trinidad, kompa haïtien ou reggae jamaïcain). Fait unique dans les îles, le grand festival se tenant chaque année au mois de janvier propose concerts de jazz et musique de chambre en conviant des artistes de renommée internationale. Un rendez-vous très prisé, élevant Gustavia et Lorient au rang de capitales du classique dans les Caraïbes.

Le zouk

Grand divertissement des Antillais, le zouk peut parfois paraître l'apanage d'un monde fermé, régit selon des règles non écrites où le collé-serré se pratique à l'instinct, au feeling. Le zouk est sans doute l'export le plus connu des Français des Petites Antilles. Le mot désignait à l'origine un espace de danse populaire ou peu conventionnel, ou pourrait provenir de *mazouk*, la mazurka créole. Quoi qu'il en soit, il revient à Kassav de populariser le genre fin 1970-début 1980. Le succès est immédiat dans toutes les Antilles, le genre sert même à l'époque – comme la langue créole – d'outil de défense de l'identité antillaise. Les groupes et tubes vont pleuvoir tout au long de la décennie comme Zouk Machine en 1989 avec *Maldon*, chanson dont le succès va l'imposer en emblème du genre. Le zouk fait des émules, comme le zouk-love, une variante plus lente, douce et sensuelle. Patrick Saint-Éloi est incontestablement un des précurseurs dans les Antilles françaises. S'ensuit une perte de vitesse lors des années 1990 puis l'émergence d'une nouvelle génération dans les années 2000, fondatrice du zouk R'n'B. Aujourd'hui, le zouk est de plus en plus influencé par la musique américaine. Comme l'ensemble des musiques caribéennes, on peut entendre du zouk durant la plus grande fête de l'année, le Carnaval de Saint-Barthélemy, le soir venu après les défilés de tambours.

Le kompa

Originaire d'Haïti, il est à sa création dans les années 50, un genre trempé de jazz, de calypso et de merengue. Il est d'ailleurs fortement conseillé d'écouter quelques grands noms de l'époque comme Nemours Jean-Baptiste, l'Orchestre Tropicana ou l'Orchestre Septentrional, un vrai délice de langueur. À partir des années 80, le kompa conserve peu ou prou le même rythme chaloupé, mais devient « digital » en accueillant boîtes à rythmes et synthétiseurs à la place de l'orchestre traditionnel. C'est souvent ce kompa-ci que l'on entend à Saint-Barthélemy (et partout ailleurs), avec bien entendu, la version contemporaine rafraîchie au rap, R'n'B, reggae ou ragga. Pour se faire une idée du genre, on peut écouter des stars haïtiennes comme Carimi ou Sweet Micky. Fait amusant, ce dernier est si populaire qu'il a été président d'Haïti entre 2011 et 2016.

La soca

Très populaire dans toutes les Antilles, la soca est cette musique de fête au tempo très rapide que l'on croise régulièrement dans toutes sortes de célébrations. Né à Trinidad dans les années 1970, le genre descend du calypso dont il est, peu ou prou, une version accélérée. Enjouée, bouillante, excitée pour ne pas dire frénétique, la soca est une musique de défoulement par où toutes les fêtes des Caraïbes passent forcément.

La musique classique et le jazz

Il serait faux d'affirmer qu'à l'année, Saint-Barthélemy est une île de musique classique ou de jazz. Par contre, une fois par an, chaque mois de janvier, elle devient un haut lieu du genre lors du Saint Barts Music Festival. Ce festival est né du pari un peu fou de deux amis, Charles Magras et Frances de Broff. Séduits par l'impact qu'avait eu sur l'île un concert d'un petit groupe américain en 1985, ils eurent l'idée d'exploiter cet engouement et de faire de Saint-Barth un lieu important de la musique aux Caraïbes. D'année en année, le festival s'est étoffé – surtout du jazz et de la danse – et internationalisé. De plus en plus prestigieux, on peut y voir des représentations de danseurs de l'Opéra de Paris ou du New York City Ballet et de musiciens renommés. En quelques jours, c'est presque une centaine de musiciens qu'il est donné de voir dans les églises de Gustavia. Inratable.

La danse

Si une grande partie des danses antillaises (ré)apparaissent ici ou là, à Saint-Barth, c'est surtout la biguine que l'on danse. Mélange de bèlè (musique et danse traditionnelles martiniquaises) et de polka, la biguine se décline en trois styles : la biguine de salon, la biguine de bal et la biguine de rue. Les fêtes de la Saint-Louis (à Corossol), de la Saint-Barthélemy ou des Quartiers du Vent (Lorient) sont une bonne occasion d'en voir et d'en danser.

LITTÉRATURE

La littérature de Saint-Martin et Saint-Barthélemy s'inscrit dans ce que l'on nomme la « littérature des Caraïbes ». Des styles sont nombreux. Et des auteurs qui cherchent à transmettre aux nouvelles générations la riche histoire de leur île, à en partager l'âme et la beauté. Que ce soit à travers la poésie, le roman ou les contes, la littérature est à l'image de sa population, hétéroclite. Les poètes parlent d'amour, de la mer et de la nature qui les entourent. Certains contes et récits évoquent l'histoire des peuples indiens, la colonisation des Européens ou la période esclavagiste. Si vous souhaitez vous plonger dans l'atmosphère de cette littérature des Caraïbes, malheureusement encore méconnue, nous vous conseillons de vous intéresser aux auteurs locaux. De Françoise Gréaux à Rémy Laurent Kraft, en passant par George Cocks, vous trouverez divers ouvrages, livres de recettes, et contes pour enfants.

Saint-Barthélemy

Même s'il est né en Guadeloupe, on ne peut pas aborder la littérature de Saint-Barthélemy, et des Antilles en général, sans évoquer l'œuvre de Saint-John Perse (1887-1975). Contraint de quitter son île natale pour la Métropole à l'adolescence, le poète – qui recevra le prix Nobel de littérature en 1960 – en ressentira une profonde déchirure et ce sont toutes les réminiscences de son enfance et de ce passé glorieux qu'il fera ressurgir dans le *Cycle antillais*, véritable ode à cet « Éden tropical ». L'ouvrage est composé du recueil de poèmes *Éloges* (1904-1910) et du recueil *La gloire du roi* (1948). Aussi difficile d'accès que soit sa poésie, elle est un subtil éloge à sa créolité transpirante de sensations. Pensons également à Derek Walcott (1930-2017) qui a, lui aussi, reçu le Prix Nobel de littérature en 1992. Cet écrivain et poète a écrit, entre autres, une adaptation de l'*Iliade* aux Caraïbes : *Omeros*. Dans son œuvre, il n'aura de cesse de retranscrire la culture caribéenne. Parmi ses recueils de poésie traduits en français, on citera *Une autre vie* (1973) ; *Le Royaume du fruit-étoile* (1979) ; *Heureux le voyageur* (1981). Et quelques pièces de théâtre : *Ti-Jean et ses frères* (1958) ; *Rêve sur la montagne au singe* (1967).

Quant à Aimé Césaire (1913-2008), c'est l'une des grandes figures du mouvement de la négritude. Arrivé à Paris où il suit des études brillantes, il fonde une revue intitulée *L'Étudiant noir*. Colère, révolte, quête d'identité transcendent sa poésie. L'année 1939, qui marque son retour en Martinique, paraît *Cahier d'un retour au pays natal* considéré comme sa plus grande *œuvre*. Sur ses terres natales, il crée le Parti progressiste martiniquais (PPM), devient maire puis député. On lui doit également un *Discours sur le colonialisme*, paru en 1950, mais aussi diverses pièces de théâtre telles que *Et les chiens se taisaient* (1958), *La Tragédie du roi Christophe* (1963), *Une saison au Congo* (1966) et *Une Tempête* (1969).

Saint-Martin

Du français à l'anglais, en passant par le néerlandais, l'espagnol, le créole ou le papiamento, la littérature de Saint-Martin est rédigée en plusieurs langues. Les auteurs, qui participent à la tradition littéraire des Caraïbes, cherchent, chacun à leur manière, à créer leur propre identité. Pensons par exemple à Robert Romney. Né à Saint-Martin, il a été tour à tour professeur d'anglais agrégé, inspecteur d'académie, représentant du recteur de Saint-Martin et Saint-Barthélemy, et nommé Inspecteur d'Académie Honoraire, Chevalier de l'Ordre national du Mérite et Officier des Palmes Académiques. On lui doit plusieurs ouvrages : *Saint Martin Talk* qui est une sorte de dictionnaire des expressions et vocabulaire parlés sur l'île, *From Saint Martin Talk to Standard English* et *Saint Martin de Tours*. Robert Romney est également l'auteur d'une biographie sur un curé néerlandais *Révérend Père Verstappen* et d'un roman en anglais *Big Rock, The king of the Rock*. Dans cet ouvrage, il évoque une vie idyllique d'adolescents dans une société sans violence. Il y met également en exergue le parler de son île adorée. Parmi les autres auteurs saint-martinois, citons Laurelle Richards et son *The Frock & Other Poems* ou encore Yvette Hyman avec *Yvette Kitchen to your table*.

TOP 10

LECTURE

Des ouvrages des grands auteurs ou dédiés aux plus petits, notre sélection d'ouvrages sur des îles qui font rêver. Pour tous les goûts.

POÉSIE

Eloges, Vents ou Amers. Par un grand poète et diplomate guadeloupéen.
Saint-John Perse, *Gallimard.*

UN ROMAN

© ÉDITIONS VIA ROMANA

Secouons le cocotier. Un roman décapant sur les récits de voyage, truffé d'anecdotes savoureuses.
Jean Raspail, *Via Romana.*

UNE ÉTUDE

Les Gisements précolombiens de la Baie orientale : Campements du Mésoindien et du Néoindien sur l'île de Saint-Martin. Pour les amoureux de Préhistoire, d'histoire et d'archéologie.
Collectif, *Éditions de la Maison des sciences de l'homme.*

POUR LES ENFANTS

La Belle histoire de Dorsie. Avec émotions et douceur, l'auteur met à l'honneur les racines de Saint-Barthélémy.
Françoise Gréaux, *Fleur de corail.*

POUR LES ENFANTS

© RLK EDITIONS

Collection St-Barth Autrefois. Livres pour les enfants avec de très belles illustrations pour découvrir la vie à Saint-Barth.
Rémy Laurent Kraft, *RLK Éditions.*

UN CLASSIQUE

© PRÉSENCE AFRICAINE

Et les chiens se taisaient. Une tragédie sur fond colonial, un homme au cœur de ses révolutions, de ses rêves et de sa solitude.
Aimé Césaire, *Présence Africaine.*

POUR LES ENFANTS

La Petite sardine et le vieux pélican. Un récit tendre pour faire revivre le Saint-Barthélémy d'antan.
Françoise Gréaux, *Fleur de corail.*

UN ESSAI

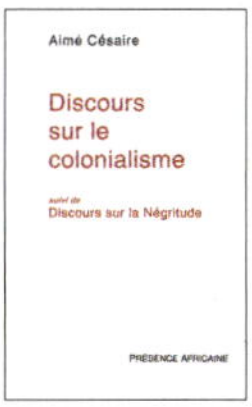

© PRÉSENCE AFRICAINE

Discours sur le colonialisme. Parce qu'il est toujours intéressant et bon de porter un regard sur l'histoire.
Aimé Césaire, *Présence africaine.*

UN DICTIONNAIRE

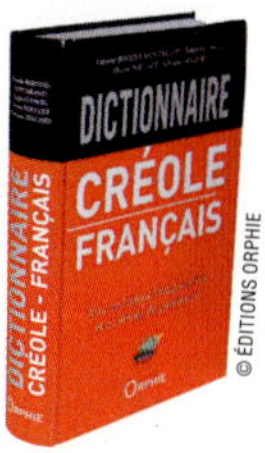

© ÉDITIONS ORPHIE

Dictionnaire créole-français. Ouvrage de référence, très précis, qui peut s'avérer très utile une fois sur place.
Ludwig Montbrand, Poullet et Telchid, *Orphie.*

UN BEAU-LIVRE

Saint-Barthélémy (îles de rêve). Un ouvrage avec de belles photos pour rêver ou pour faire sa valise !
Collectif, *France Loisirs/Minerva.*

A L'ÉCRAN

On pourrait croire qu'une île de 25 km² comme Saint-Barthélemy a peu de choses à offrir au monde du 7e art. Et pourtant, cette île paradisiaque des Petites Antilles s'offre une place dans le cinéma avec plusieurs documentaires comme *La Belle et l'Avion* de Pierre Brouwers et *Les Petites Antilles, Cœur Battant* de Julie Mauduy et Thierry Trésor, ainsi qu'un festival cinématographique (le St Barth Film Festival) qui fête sa 25e édition cette année. Pour le petit écran, l'île partage avec Saint-Martin, le cœur de Jean-Luc Azoulay (célèbre producteur et réalisateur de séries françaises), qui vient capturer ses plages de sable blanc pour les besoins de la série culte *Les Vacances de l'amour*. Dans le monde de l'audiovisuel, Saint-Barthélemy flotte donc entre son histoire, ses valeurs et le cliché, toujours charmant, d'amour sur fond de paysages époustouflants, de mer turquoise et de ciel toujours bleu.

Le St Barth Film Festival

Le SBFF voit le jour en 1996 et a pour but de permettre aux habitants de l'île d'accéder aux richesses culturelles et au cinéma caribéen. Depuis cette première édition qui connaît un franc succès, le festival réunit chaque année les férus de cinéma. Pour les projections de films caribéens, on passe à l'AJOE (unique cinéma vieux de plus de 30 ans et en plein air, situé dans le quartier de Lorient), sur la plage des Flamands ou sur les quais. Le festival organise également des rencontres avec les cinéastes ainsi que des ateliers dans les établissements scolaires de Saint-Barthélemy. En 2019, le festival propose une projection du film *De Mémoire d'Anciens* (2007), réalisé par la Belge Victoire Theismann. Ce documentaire se fonde sur les récits de plusieurs locaux de l'île, qui nous parlent d'un Saint-Barthélemy moins touristique, de la récolte du sel à Saline, de la contrebande d'alcools et de cigarettes et d'une vie plus simple où les hommes, par pénurie de travail, partent clandestinement à la recherche d'un emploi sur l'île de Saint-Thomas.

© MTCURADO - ISTOCKPHOTO.COM

Piste de l'aéroport de Saint-Barth, mise à l'honneur dans le documentaire "La Belle et L'Avion" de Pierre Brouwers.

Balade aérienne et romance sur sable blanc

C'est en 1993, dans le cadre de son émission « Le Club Dorothée », que Jean-Luc Azoulay découvre les Petites Antilles. Producteur et créateur de nombreuses séries *low cost*, Azoulay est à l'origine de nombreux programmes à succès, surtout dans les années 1980 et 1990. Avec sa série *Les Vacances de l'amour* (Spin-Off de la série culte *Hélène et les Garçons*), Azoulay passe par Saint-Barthélemy et y tourne l'un des baisers mythiques d'Hélène et Nicolas. Il faut trois voyages sur l'île à Pierre Brouwers (journaliste et réalisateur belge), pour capturer toutes les images nécessaires à son documentaire *La Belle et l'Avion* (2008). Avec son œuvre, Brouwers met à l'honneur la piste aérienne de l'île, unique terrain plat qui permet à Saint-Barth d'accéder à la modernité. Le réalisateur sillonne l'île et nous raconte les fêtes et les rencontres dans cet hommage rendu aux pionniers de l'aviation. En 2018, c'est Julie Mauduy et Thierry Trésor qui arrivent dans les petites Caraïbes, pour les besoins de leur film *Les Petites Antilles, Cœur Battant*. Cette œuvre est encadrée par Connaissance du Monde, une organisation française fondée en 1945, célèbre pour ses conférences filmées. Avec ce voyage à travers les îles composant les petites Caraïbes, Mauduy et Trésor nous racontent l'histoire des Amérindiens, des colons européens, mais aussi de la nature qui est l'identité commune des Antillais. Contrairement à Azoulay, qui nous présente Saint-Barth comme l'île de l'amour, Brouwers, Mauduy et Trésor rejoignent Victoire Theismann dans le désir de montrer le caractère authentique, riche en histoire et en souvenirs de Saint-Barthélemy.

POPULATION

L'île de Saint-Barthélemy diffère des autres îles des Antilles françaises par son peuplement. La majeure partie de l'île est habitée par les descendants des Vendéens, Normands et Bretons qui s'installèrent à partir du XVIIe siècle, sous l'Ancien Régime. Les familles d'origine s'appellent Bernier, Magras, Gréaux, Aubin, Lédé pour les plus connues et/ou répandues. La période d'occupation suédoise n'a pas laissé de traces dans la population, mais plutôt dans l'architecture. Les habitants de Saint-Barth ont un caractère singulier : d'un seul roc, ils se sont toujours accrochés à leur caillou rocailleux, et pour beaucoup, sans jamais le quitter ! Pillages, violences et déportations au cours de leur histoire n'ont pas suffi à les décourager. Aujourd'hui, l'île compte près de 9 100 habitants, dont une population de souche restée très conservatrice, préservant fièrement les traditions et coutumes héritées de son ascendance.

Pas d'esclaves à Saint-Barth ?

Eh si, hélas ! On la surnomme « l'île de Blancs » et pourtant on oublie que les esclaves sont arrivés avec les Français (utilisés comme main d'œuvre pour la culture de l'indigo). Gustavia, ses ports, ses routes, sous la période suédoise, ont été construits grâce à leurs efforts. Au début du XVIIIe siècle, au plus fort de l'activité de l'île, il y avait 6 000 habitants à Saint-Barth, dont 4 000 à Gustavia. Parmi eux 1 000 Blancs, 2 000 esclaves, et 1 000 hommes et femmes libres de couleur (des esclaves affranchis).

Immigration ralentie car île peu accessible

Très peu accessible, Saint-Barth a longtemps souffert de la sécheresse et de la pauvreté de ses ressources, comme en témoigne la faible croissance de sa population jusqu'au milieu des années 1980. Son éloignement et le coût de la vie fort élevé l'ont rendue relativement imperméable à l'immigration. Sa structure sociale est longtemps restée très familiale et traditionnelle. Plus de la moitié des habitants sont des Saint-Barths de souche. Quoique relativement peu peuplée, l'île a triplé sa population en trente ans (3 000 habitants en 1982 et plus de 9 793 de nos jours). Si l'accroissement de la population se maintient à ce rythme, elle doublera tous les vingt ans.

Des langues

Le français est la langue officielle, mais l'anglais est couramment pratiqué. Entre eux, les Saint-Barths de souche parlent parfois une sorte de vieux « françois », un patois dérivé des origines bretonnes ou normandes de certains émigrants du XVIIIe siècle. En fait, il en existe deux sortes, selon qu'on se trouve dans le quartier Sous-le-Vent (Flamand) ou dans le quartier Au vent (Saline) où le parler est créole. De même, on peut entendre à Saint-Barth deux variétés de langue créole. L'une, proche du français, parlée dans les quartiers du Vent-de-l'île ; l'autre, identique au créole guadeloupéen, en usage à Gustavia. Une telle variété de langues, dans un espace si réduit, est extrêmement rare et contribue également au dépaysement.

La population aujourd'hui

Près de la moitié de la population résidente dans l'île est issue d'une immigration récente, de moins de vingt ans. Deux populations se côtoient à l'année : ceux qui y vivent et ceux qui y passent pour une saison… L'île, où le chômage demeure très faible (moins de 5 %), accueille depuis quelques années une main-d'œuvre étrangère essentiellement européenne. La communauté étrangère représente 12 % de la population totale de Saint-Barthélemy. Les Portugais étant les plus nombreux à près de 50 % puis viennent les Américains (8 %) et les Belges (6 %) et quelques trentaines d'autres nationalités. Contrairement à sa voisine Saint-Martin, seuls 11 % sont originaires de l'espace Caraïbe. Avec les phénomènes climatiques (Irma en 2017), une main-d'œuvre dans le bâtiment s'est installée sur l'île pour la reconstruction.

SOCIÉTÉ

Il règne une sensation de liberté et de joie de vivre dans ce grand village de presque 10 000 âmes. Chacun vit à son rythme, loin de l'agitation et quelque peu hors du temps. Toutefois, les habitants souhaitent avant tout conserver leurs traditions et leurs particularités et ne pas devenir une île « spectacle ou musée ». L'exotisme de cette île se traduit par un grand mélange social : trois grandes catégories se partagent l'île, les Saint-Barths (originaires de l'île), les immigrés et saisonniers venus pour y travailler et la clientèle de villégiature profitant des luxueuses résidences. Ce trio contribue à favoriser la sociabilité de l'île que les visiteurs adorent. La quiétude, le sentiment de sécurité, la facilité de contact sans distinction sociale et l'esprit famille forment la genèse de cet « esprit Saint-Barth ». Ce microcosme vit en harmonie en acceptant aussi les exigences et les travers de l'île.

Un réel esprit Saint-Barth

L'esprit Saint-Barth est partout… Sur des t-shirts, grâce aux créatifs de l'île comme Pati de St-Barth, sur des tableaux comme ceux de l'artiste **Les Petits Carreaux** (p.187), dans les fragrances de **Ligne St-Barth** (p.208). Une île qui inspire, qui respire les idées nouvelles et qui insuffle une attitude résolument positive. Quel est le secret de l'île ? Réussir le doux mélange de prestige et simplicité est un art en soi ! Ici plus qu'ailleurs, des établissements hôteliers extrêmement luxueux comme **le Christopher Hôtel** (p.210), l'**Eden Rock** (p.192), **Le Sereno** (p.212)… se marient avec de plus humbles demeures, non dépourvues de charme, comme **Les Sucriers Cottage** (p.202), ou encore dans un esprit familial, l'hôtel **Les Ondines sur la Plage** (p.212) à Grand-Cul-de Sac. L'esprit Saint-Barth, c'est être sociable, prendre son temps, être solidaire, s'ouvrir aux autres. Une tolérance qui en devient une vraie philosophie de vie. Les plages sont toutes publiques et entretenues par les services verts de la collectivité et les bénévoles d'associations comme Island Nature pX ou encore *l'association St Barth Essentiel.* Il est vraiment très appréciable de profiter de la quiétude de plages dénuées de panneaux publicitaires !

© MAGALI COUAILLET

Shell Beach.

Une réalité pas toujours idyllique !

De prime abord, vous pourriez penser que vivre sous les tropiques est un rêve éveillé chaque jour de l'année… Mais il n'a pas été toujours facile pour les habitants pure souche de survivre sur une si petite île aride, sans eau et difficilement accessible ! Vivre à Saint-Barth, c'est avoir conscience que le paradis a un prix. Cohabiter sur un petit territoire, accepter de parler couramment l'anglais, de bénéficier d'un service de soin minime (un seul petit hôpital : le centre hospitalier De Bruyn avec seulement 20 lits), prévoir pour les jeunes de s'expatrier s'ils veulent poursuivre leurs études : un seul collège d'une capacité de 400 jeunes et en tout cinq établissements scolaires accueillant au total 1 258 élèves scolarisés en 2019 dans les différentes structures privées et publiques.

Point de fragilité : le logement

La croissance de la population pose des problématiques de logement et nombreux (surtout les saisonniers) sont contraints de vivre en colocation et de changer plusieurs fois de domicile chaque l'année. Le passage d'Irma en 2017 et la reconstruction ont également accentué le phénomène. Une crise du logement que l'on ne soupçonne pas devant une offre d'hébergement touristique importante constituée d'environ 70 % de villas et de 30 % d'hôtels pouvant accueillir 270 000 visiteurs par an. Les logements sociaux n'existent pas sur l'île. Depuis 2019, le service social de la collectivité lutte contre les états de sur-occupation et n'hésite plus à condamner les propriétaires proposant des logements insalubres.

RELIGIONS

Le nom de « Saint » Barthélemy témoigne de la présence du catholicisme sur l'île. Quand Christophe Colomb la découvre en 1493, il décide de la nommer en l'honneur de son frère, Bartolomeo, et du saint homonyme. Saint-Barthélemy accueille une population à la fois traditionnelle (originaire de l'île) et de nouvelles générations venues d'ailleurs comme de France métropolitaine et de Pays ibériques. La religion tient toujours une place importante et l'Église catholique reste au cœur de la vie locale. Rattachés au diocèse de Basse-Terre en Guadeloupe (59 prêtres pour plus de 400 000 habitants), plusieurs lieux de culte sont animés par les célébrations religieuses. Outre la religion dominante, d'autres communautés religieuses regroupent des fidèles dans leurs propres espaces. Une île à tendance monothéiste et très multi-culturelle qui favorise l'harmonie grâce à la grande tolérance et l'ouverture d'esprit de la population.

La répartition des religions

Le christianisme demeure la religion majoritaire et le catholicisme est pratiqué par 70 % de la population. Cet attachement correspond à l'histoire de l'île tournée vers la religion catholique depuis le XVe siècle et au flux migratoire dont le dernier dans les années 1980 avec la main-d'œuvre portugaise, très pieuse. D'autres communautés sont représentées comme l'Église Évangélique avec son temple à la Pointe dans Gustavia. La religion méthodiste est pratiquée sur l'île dès 1790 et l'**Église Anglicane St Bartholomew's** (p.176) face au port de Gustavia est construite en 1853. C'est une charmante et sobre bâtisse qui résiste malgré les aléas climatiques (destruction lors du passage du cyclone Luis en 1995 et toit endommagé au passage d'Irma en 2017). Sa conception cossue de briques, de pierres de lave de St Eustache a jusqu'à présent garanti sa robustesse. L'espace accueille des concerts, et des conférences, des séances de méditation sont organisées dans l'annexe par des bénévoles. Cela favorise le partage et la sociabilisation.

La religiosité dans la vie de l'île

Alors que l'on note de façon notoire une baisse de religiosité dans le monde, Saint-Barth garde une ferveur religieuse qui se traduit dans l'attachement aux traditions. En termes de pratique, les familles aiment se retrouver dans les deux églises principales de **Notre-Dame de l'Assomption** (p.176) à Gustavia et l'*église de Lorient* ★★★ (p.205) ou encore dans la petite chapelle de Colombier. Les églises se remplissent chaque dimanche, pour chaque fête du calendrier catholique, pour les naissances, baptêmes, première communion, fiançailles, mariage ou funérailles. Les cimetières et plus particulièrement celui de *Lorient* valent le détour pour le patchwork de couleurs qu'ils offrent : les tombes blanches sont rehaussées de bouquets fleuris. Ici, il est coutume de porter le blanc pour les cérémonies de funérailles.

Les fêtes de quartiers entre traditions populaires et religion

Si vous avez l'occasion de planifier votre voyage pour profiter d'une fête de quartier, alors vous aurez le privilège de vous immerger dans le quotidien des habitants. Le dernier week-end d'août, la Saint-Barthélemy commence avec la messe des marins à l'église catholique **Notre-Dame-de-l'Assomption** (p.176) à Gustavia, suivie de la procession jusqu'au monument aux morts. Les réjouissances se poursuivent sur les quais avec des jeux populaires comme les dominos. La fête patronale de la Saint-Louis à Corossol le lendemain commence également par une messe au pied du rocher Saint-Louis. Autrefois, les femmes du village portaient la coiffe ou encore le chapeau de paille tissé par les femmes de Corossol. Conservateurs et fiers de leur ascendance, les habitants préservent ces fêtes autrefois très religieuses qui permettent aujourd'hui réjouissances et retrouvailles.

© MTCURADO - ISTOCKPHOTO.COM

Notre-Dame-de-l'Assomption.

QUE RAPPORTER ?

Les fashionistas risquent fort de préférer Saint-Barthélemy aux plus grandes capitales mondiales ! Certes, comparée à Paris, Milan, New York ou Londres, Saint-Barth paraît minuscule, mais, en plus de la qualité des boutiques, les plages sont là pour se distraire et se rafraîchir entre deux séances shopping. Rien de tel que d'essayer son bikini et le baptiser dans l'eau limpide des Caraïbes... La plupart des grandes marques internationales ont une boutique à Gustavia. Toutes proposent des prix détaxés qui défient toute concurrence. Ce serait trop bête de passer à côté de si bonnes affaires ! Terre de créativité ? Saint-Barth inspire et sait faire naître les créateurs : mode, chaussures, bijoux..., le choix est vaste. De nombreuses marques locales ont su tirer leur épingle du jeu. Ambiance artistique et partage des traditions se côtoient allègrement. Une île où l'on se révèle et où l'on craque aussi côté souvenirs.

Boutiques haut de gamme à Gustavia

Cela peut paraître déroutant au premier abord de retrouver dans une si petite ville, une concentration importante de boutiques haut de gamme ! La mode à Saint-Barth a un petit air de famille avec celle de Saint-Tropez. Dans la rue de la République à Gustavia, les marques de luxe ne se sont pas fait prier pour poser leurs valises face au port ! Les visiteurs n'affluent pas toute l'année, et pourtant les grandes maisons se plaisent et dévoilent leurs magnifiques collections haute couture dans les vitrines à l'agencement chic. Le prêt-à-porter « French Touch » séduit par la renommée et la qualité de ses confections. Les plus en vogue comme Louis Vuitton et Hermès se découvrent à la **Cour Vendôme** (p.186). La « classe à l'italienne » est rendue possible avec les maisons comme Dolce & Gabbana où vous pourrez en profiter pour faire une pause-café ou cocktail dans le bel écrin du **Martini Bar by Dolce & Gabbana** (p.185). Les collections sont pleines d'élégance et se marieront avec raffinement lors d'une soirée pailletée. Pour compléter votre belle tenue, les joailleries et bijouteries sont également très présentes. Gardons à l'esprit que le côté détaxe pour vos achats effrénés peut se révéler être un bel argument... Un coup de cœur pour la bijouterie de **Fabienne Miot** (p.186) qui est la plus ancienne de l'île et propose des créations sur mesure et surtout un accueil des plus chaleureux et personnalisé.

Derrière le caillou Saint-Barth... de belles perles !

Très vite, vous constaterez que la population de Saint-Barth est une grande communauté. On ne sait pas par quel vent, ou quel courant est arrivée la petite perle du Pacifique sur le caillou de Saint-Barth, mais depuis que les créateurs s'en sont emparés comme **Kalinas & Tainos** (p.187), elle est devenue le symbole en bijoux artisanaux de l'île ! Elle se porte en version « cool » avec un simple bracelet en cuir, ou de manière plus prestigieuse associée à d'autres pierres précieuses. Elle est devenue un immanquable. Devant sa légèreté et son incarnation du voyage, il est évident que vous craquerez ! Dans la même idée, les médaillons « Les Îles du monde » portés en bracelet ou en collier sont aussi considérés comme incontournables.

Des boutiques trendy pour tous les goûts

Soyez rassurés, le shopping ne se limite pas qu'au luxe... De nombreuses boutiques « trendy » et surtout abordables vous régaleront de leurs collections fruitées et colorées. Du côté de Saint-Jean à la Villa Créole, la mode est plus décontractée. Les vitrines sont alléchantes et vous offrent une petite parenthèse d'air conditionné avant votre farniente sur la plage ! On craque raisonnablement pour les maillots de bain de chez **Soraya** (p.196), sur les sacs à l'effigie de Saint-Barth de chez Kiwi... Les boutiques de créateurs et designer comme Original Saint Barth qui customisent vos vêtements de perles ou encore la célèbre marque locale de prêt-à-porter Pati de St Barth.

Une invitation au bien-être

Pour garder longtemps la douce odeur de votre passage au paradis, emportez la fragrance des îles avec vous. **Ligne St. Barth** (p.208), sa gamme de soins et parfums confectionnés à Lorient depuis 30 ans est la marque beauté par excellence de Saint-Barth. Dans le respect des traditions et de la qualité, la marque propose de l'évasion et du bien-être.

Souvenirs locaux

Depuis le XIXe siècle, le travail de la paille était de coutume. Depuis la feuille de latanier, les familles confectionnaient de minutieux accessoires tels que des chapeaux, des paniers. Il est encore possible de trouver quelques pièces à l'Épicerie de Corossol en s'adressant aux habitants. Pour des petits souvenirs à l'effigie de l'île (bijoux, coquillages, pochettes...), Les Mouettes boutique est l'endroit idéal.

SPORTS ET LOISIRS

Si vous n'êtes pas du genre à lézarder sur une plage déserte durant toutes vos vacances, ne vous inquiétez pas, à Saint-Barth les loisirs sont disponibles à profusion. Les activités sont tournées évidemment avant tout vers la mer. Les sports nautiques sont privilégiés tout autour de l'île, à commencer par la voile. Tout est possible sur l'eau ou sous l'eau avec quelques beaux spots de plongée. À terre aussi, le choix est multiple avec tennis, golf, équitation, randonnée ou encore vélo, et l'on pourra s'élever dans les airs en parcourant le ciel en hélicoptère. Côté infrastructures, il faut noter que l'oligarque russe Roman Abramovitch, propriétaire du club de football de Chelsea au Royaume-Uni et d'une résidence secondaire sur l'île, a déboursé 3 M€ pour la rénovation du seul stade mixte de rugby et football, à Saint-Jean. On pourra par exemple aller y voir jouer les rugbymen du club des Barracudas.

Croisières et sports nautiques

Si la voile est le sport nautique le plus prisé, on peut aussi louer (sur un ou plusieurs jours) un bateau à moteur, avec ou sans skipper, pour partir à la découverte des îlets, faire le tour de l'île, admirer un coucher de soleil. On y pratique aussi beaucoup le paddle, la planche à voile, le kitesurf, le jet-ski, le ski nautique. Bref, les choix ne manquent pas pour se jeter à l'eau ! Les surfeurs profitent aussi de quelques bons spots à Saint-Jean, Anse-des-Cayes, Lorient et Grand-Cul-de-Sac.

Vive le monde du silence !

S'il existe un seul endroit au monde où vous pouvez débuter sans danger la plongée sous-marine, c'est bien à Saint-Barth ! Pour accéder à la quinzaine de sites (d'une profondeur de 30 m au maximum) dans la réserve naturelle marine, pas plus de 5 à 20 minutes de bateau. L'île repose sur un plateau continental et les plongées sont adaptées aux débutants comme aux plongeurs confirmés. Pour les plongeurs niveau 1 confirmés et plus, d'autres sites plus éloignés, de 20 à 35 minutes, seront plus exposés à la mer particulièrement agitée en hiver. La température de l'eau varie sur l'année entre 25 °C et 30 °C. La meilleure période pour plonger est le deuxième trimestre de l'année civile, du fait de la naissance d'une multitude de poissons.

Pêche au gros

Saint-Barth est devenue un haut lieu de la pêche au gros dans la Caraïbe. Des concours de pêche sont organisés tout au long de l'année et les meilleurs des Antilles viennent s'affronter. Le plus connu se déroule au mois de juillet, le St. Barth Open Fishing Tournament, organisé par Océan Must. Plusieurs agences proposent des sorties à la journée ou à la demi-journée. Mais attention, la pêche au gros ou la pêche sportive n'est pas une simple petite balade en mer ! Il faut avoir le pied marin, car vous êtes un peu secoué tout de même.

Le rêve ? Survoler l'île !

Enfin, quoi de plus spectaculaire qu'une vision des îles par les airs ? Une expérience hors norme rendue possible grâce à des compagnies comme West Indies Helicopers (p.192). Casque sur les oreilles, les yeux grands ouverts pour ne rien perdre du voyage, nos émotions atteignent des sommets à la vue du bleu insolent de la mer des Caraïbes et de ses îlots qui rehaussent sa beauté ! Un sentiment de liberté, une multitude de sensations et une façon insolite de visiter les îles de la Caraïbe. Plusieurs options s'offrent à nous (on aimerait les essayer toutes tellement l'adrénaline nous fait pousser des ailes), celle du transfert d'île en île, celle d'un tour panoramique de l'île, pour des journées entières de découvertes. Une aventure à s'offrir pour vivre pleinement l'expérience des îles !

© LIZASBH - ISTOCKPHOTO.COM

Les fonds-marins de Saint-Barthélemy.

GASTRONOMIE

Lovés au cœur des Petites Antilles, les 24 km² de Saint-Barthélemy semblent être un paradis avec ses plages de sables blancs et ses eaux turquoise. Si la cuisine de l'île a longtemps été rurale, faite de produits simples, peu coûteux et disponibles sur place directement, les goûts évoluent et s'affinent et l'île voit arriver de nombreux chefs qui essayent de valoriser les produits locaux tout en apportant de nouvelles traditions culinaires, offrant un terreau fertile à une cuisine-fusion savoureuse, et bien sûr réservée à une clientèle haut de gamme, Saint-Barthélemy ayant orienté son économie vers un tourisme de luxe. Néanmoins, on y retrouve de nombreux basiques, communs dans les Caraïbes comme une utilisation généreuse de poissons et de fruits de mer, alors qu'une place de choix est laissée aux bananes plantain, au manioc, aux fruits tropicaux et bien sûr, au rhum, qui entre dans la composition du non moins célèbre *ti'punch*.

La cuisine créole à l'honneur

Saint-Barthélemy avec son relief, sa déforestation ancienne et ses faibles précipitations font que les pluies ne sont pas assez retenues pour fournir les habitants en eau potable. Cette dernière, assez chère au mètre cube, est importée en bouteille ou fournie au robinet à partir d'eau de mer dessalée par osmose inverse. L'agriculture sur l'île est donc limitée, mais il existe néanmoins une production locale de fruits et de légumes, même si beaucoup de produits sont exportés. La viande de prédilection est historiquement le cabri, c'est-à-dire la chèvre, animal qui s'accommode bien de la végétation broussailleuse de l'île, même si le poulet est aussi très apprécié. Bien sûr, les poissons jouent un rôle majeur dans la cuisine de l'île et c'est une des rares denrées présentes abondamment sur Saint-Barthélemy. On peut citer bien sûr l'excellent mahi-mahi (daurade coryphène) – un poisson très apprécié pour la pêche sportive – ainsi que le vivaneau, le thon, la langouste et également le requin. Les légumes locaux qui accompagnent les plats sont la patate douce, l'avocat et le giraumon – une grosse courge en forme de poire avec une peau vert sombre – alors que les fruits tropicaux venus des îles voisines sont le fruit de la passion, la mangue, l'ananas, la banane, la papaye, ainsi que le quenette, un fruit d'Amérique du Sud, étrangement similaire à un citron vert, mais avec une pulpe fondante et très sucrée qui entoure un gros noyau blanc.

© JANDRIELOMBARD - ISTOCKPHOTO.COM

Langouste au barbecue.

© FANFO - SHUTTERSTOCK.COM

Le colombo de poulet est un classique de la gastronomie des Antilles.

En apéritif, on sert le traditionnel *ti'punch*, mélange de sucre de canne, de jus de citron et de rhum blanc. Ce délicieux cocktail sera suivi d'accras de morue ou encore de boudin créole. Les saveurs antillaises se retrouvent dans les plats à base de poissons comme la christophine à la morue, ou encore la langouste au barbecue ou en fricassée. Les jours de cérémonie, on cuisine le *blaff* de poisson qui est un ragoût de poisson, ce dernier étant mariné dans du citron puis cuit dans un court-bouillon garni de piment et d'oignons, ou le *colombo* de cabri. En plus d'être un plat, le *colombo* est aussi un mélange d'épices très commun dans l'ensemble des Antilles contenant entre autres du curcuma, des graines de coriandre, du poivre noir, ainsi que du piment de la Jamaïque, ou du piment *habanero* pour les plus courageux, car il peut être férocement piquant. On utilise également l'huile de roucou pour parfumer les plats en sauce et relever les bouillons. En dessert, on compte quelques spécialités comme le *poudine à patates* (pudding de patates douces).

Restauration et habitudes alimentaires

En comparaison aux autres îles de la Caraïbe, la restauration à « Saint-Barth » est d'un niveau généralement supérieur : les tarifs sont plutôt élevés, ainsi que l'hôtellerie. Les qualités qui font de Saint-Barthélemy un lieu à part, ce sont l'accueil et le service souvent irréprochables, quels que soient la catégorie et le cadre souvent magnifique. La gastronomie française a maintenant pris beaucoup d'ampleur sur l'île. Les saveurs se mêlent à celles de la Caraïbe pour donner de belles variations aux mets. Les chefs de renom viennent de plus en plus exercer leur talent sur l'île et y ont ouvert récemment des tables prestigieuses.

Certains restaurants gastronomiques se situent dans l'enceinte des hôtels de luxe. On retrouve néanmoins quelques offres comme les *BBQ parties* du dimanche, les brunchs, les menues langoustes, etc. Si vous hésitez, sachez que le journal gratuit *Le News St Barth* publie quotidiennement les meilleures propositions pour le déjeuner. Malheureusement, la cuisine créole n'est pas extrêmement présente sur les grandes tables de l'île, la clientèle étant plutôt internationale et préférant goûter aux plaisirs des traditions culinaires françaises, asiatiques et italiennes, par exemple. Vous trouverez tout de même également des restaurants plus abordables aux saveurs locales où les insulaires aiment se retrouver pour déguster des spécialités caribéennes. Des lieux parfaits qui vous feront découvrir l'âme et les traditions culinaires de ce petit bout de paradis.

Saint-Barthélemy
COLOMBIER
Anse à Colombier
La Petite Anse
Ile Petit Jean
Anse Gros Jean
L'Oignon
Le P'tit Morne
Anse des Flamands
Pointe à Etages
FLAMANDS
Terre Neuve
Merlette
Colombier
La Grande Montagne
Anse Gascon
Hansen
La Grande Vigie
Le Palidor
Anse à Galets
Pointe Lézarde
Anse des Lézards
ANSE-DES-CAYES
Quartier du Roi
COROSSOL
Site Caraïbe
Vers Saint Martin
Anse Corrosol
PUBLIC
Aérodrome
Baie de St Jean
Anse de Public
Col de la Tourmente
SAINT-JEAN
Fort Gustaf
Mer des Caraïbes
Fort Oscar
GUSTAVIA
Les Petites Saints
Anse Petits Galets
Anse de Grand Galet
Lurin
Morne Lurin
Carenage
Morne Dépoudré
Col Tourterelle
La Grande Saline
GOUVERNEUR
Anse du Gouverneur
Pointe Nègre
Grande Pointe
Grottes Montbars
Pointe Gouverneur
Anse Chauvette
Morne Criquet
LORIENT
La Petite Saline
Morne de Grand Fond 274 m
SALINE
Anse de Grande Saline
Morne Rouge
POINTE MILOU
Mont Jean
Marigot
Pointe Mangin
Anse Maréchal
Anse de Marigot
Camaruche
GRAND-CUL-DE-SAC
Grand Etang
Anse du Grand Cul de Sac
Anse du Petit Cul de Sac
La Tortue
Vitet
Morne Vitet 286 m
PETIT-CUL-DE-SAC
Dévet
Les Petits Anses
GRAND FOND
TOINY
Anse Toiny
Point de Toiny
Point de Vue
Anse de Grand Fond
Océan Atlantique
Principaux sommets
Routes
10 KM

PAGES

● ● OUEST DE L'ÎLE (SOUS LE VENT)

175

Cette partie, bordée par la mer des Caraïbes et protégée des alizés, accueille sa capitale Gustavia où sont situées la majorité des boutiques de luxe. Face à Gustavia, Saint-Jean accueille l'aéroport. C'est également un des hauts lieux touristiques de l'île. Plus au nord, les villages de pêcheurs de Flamand et Corossol ont su conserver leurs traditions. Encore plus au nord, l'anse de Colombier est un véritable paradis bordé de sable blanc et à l'eau turquoise.

GUSTAVIA ★★★

175

Gustavia, une ville, un port et une capitale ! Son nom lui provient de son héritage scandinave, en l'honneur du roi de Suède Gustave III. Bâtisses historiques, mythiques bars comme le Sélect... Gustavia garde une âme de voyageurs et fait briller les yeux avec le shopping luxe et les yachts qu'elle accueille. Elle est tournée vers la mer avec ses nombreuses régates.

SAINT-JEAN ★★

189

Après Gustavia, Saint-Jean est la ville la plus animée de l'Île. Sur place, on profite des bars branchés, des restaurants les pieds dans l'eau turquoise du lagon en observant les petits avions quitter ce caillou unique au monde. Les locaux aiment se retrouver dans les cafés pour échanger les nouvelles de bon matin. Sur place, on retrouve tout : shopping, supermarché et de nombreux services.

ANSE DES CAYES ★★★

197

Une Anse sauvegardée que les surfeurs affectionnent pour ses rouleaux. De nombreux cailloux et coraux rendent la baignade plus sauvage et plus technique. Le village est calme et reste authentique même avec la présence d'établissements hôteliers.

COROSSOL

198

Corossol, c'est l'authenticité pure de Saint-Barth. Un village de pêcheurs qui revendique vouloir garder son âme villageoise plutôt qu'adhérer au lucratif développement touristique. Sa fête de village en août, ses traditions, sa plage et son port, ses commerces de proximité donnent un charme irrésistible à ce village.

© MAGALI COUAILLET

Shell Beach.

PAGES

© LEONARD ZHUKOVSKY - SHUTTERSTOCK.COM

Plage de Lorient.

●● EST DE L'ÎLE (AU VENT)

La partie est de l'île, « au vent », bénéficie d'une pluviométrie plus intéressante que l'ouest, plus escarpé et situé « sous le vent ». Cet avantage procure des conditions plus favorables à la végétation comme vous pourrez le constater à Saline. C'est dans cette zone qu'était exploité le sel dans des conditions très pénibles jusqu'en 1972. Aujourd'hui, c'est surtout la beauté du site qui retient l'attention du visiteur. Quant à Lorient, il s'agit de l'un des premiers quartiers de Saint-Barth.

LORIENT ★★★

Plage des surfeurs et cimetière devenu mythique ! Lorient dessert l'est de l'île. Carrefour animé avec une vraie vie de village : supérettes, vente de produits locaux. Johnny Hallyday a choisi ce lieu en dernière demeure et anime de sa tombe fleurie le cimetière tranquille du village.

GUSTAVIA ★★★

Gustavia, la capitale de l'île, s'est construite autour de son port naturel, à l'abri des tempêtes. Son architecture témoigne de son passé scandinave : l'histoire suédoise de l'île se manifeste par la présence des forts Karl, Oscar et Gustav... Cette localité regroupe à peu près tout ce que l'on recherche sur l'île. Elle abonde en restaurants et c'est également le lieu idéal pour faire du shopping. Le quartier de Gustavia est la capitale administrative de l'île, bien que Saint-Barthélemy soit une commune et que les villages de l'île en soient les quartiers. Les détaxes attirent toujours autant les amateurs des divers designers aux noms prestigieux.

BATTERIE SUÉDOISE DU FORT GUSTAV III ★★

Rue August Nyman

Accès libre.

Derrière le phare rouge et blanc de Gustavia, construit en 1961, se trouvait le fort Gustav. Il ne reste que quelques pierres de l'enceinte, les citernes, la poudrière et la boulangerie. Plusieurs canons et des boulets retrouvés sur l'île datent de cette époque. Construit par les premiers colons, il est fort utilisé durant la période suédoise. Il perd de son importance à la rétrocession de l'île à la France en 1878. C'est un point de vue parfait pour apprécier le coucher du soleil.

CLOCHER SUÉDOIS [SWEDISH BELFRY] ★★

Rue de l'église

Proche de la sous-préfecture, le clocher en pierre et en bois lazuré vert rappelle les toits en pointe des églises scandinaves. C'est l'une des rares constructions à avoir traversé les siècles presque sans dommage. Dans le cadre du réaménagement de la ville qui vit ses rues pavées, la Couronne suédoise offrit, en 1799, à Carénage, qu'on appelle depuis Gustavia, un clocher préparé spécialement à Stockholm. La cloche installée fut baptisée Sofia Magdalena (clin d'œil à la reine de Suède Marie-Madeleine de Danemark). Elle a été coulée à Stockholm et acheminée dans le port de Saint-Barthélemy. Le son de la cloche prévenait les décès sur l'île, et sonnait le couvre-feu fixé par les Scandinaves le matin à 6h et le soir à 20h. Si vous pensez que, dans les années 1800, il n'y avait guère que 6 000 âmes, on peut mieux saisir le rôle que ce clocher a dû jouer dans le quotidien des ses habitants. L'église qui était adjacente au clocher a disparu au XIXe siècle. Le son de la cloche ne retentit plus dans la ville depuis que la mairie l'a remplacé par une horloge dans les années 1930. Le 1er août 1995, le clocher est inscrit aux Monuments historiques. Le clocher avait été placé plus haut que l'église afin que le son porte plus loin et pour éviter qu'il ne tombe sur les habitations en cas de cyclone. En 2017, une fois encore la puissance des vents a endommagé le toit du clocher. Le dévastateur cyclone Irma ne l'a pas épargné mais tout est de nouveau en place.

© AUTHOR'S IMAGE

Gustavia vue depuis le fort Gustav.

© SEANPAVONEPHOTO - ISTOCKPHOTO.COM

Vue sur Gustavia.

ÉGLISE ANGLICANE ST BARTHOLOMEW'S ★★

Rue Samuel Fahlberg
✆ +590 690 54 17 99
www.stbartholomewsanglicanchurch.com
Messe le dimanche à 9h.

La construction de cette église date de la période suédoise entre 1784 et 1878. Le père anglican Rock, en route pour Antigua et Anguilla, a soutenu la petite communauté anglicane à organiser un service. Elle fut construite en pierres locales entre 1853 et 1855. Elle a été dévastée par le cyclone Luis en 1995 et restaurée grâce à la générosité et au bénévolat des habitants. De nombreux concerts, dont ceux de la chorale de Saint-Barth ont lieu dans l'enceinte de l'église.

ÉGLISE CATHOLIQUE NOTRE-DAME-DE-L'ASSOMPTION ★★

Rue de l'église
✆ +590 590 27 95 38
Messe un dimanche sur deux à 8h30.

En contrebas du clocher suédois, cette église a la particularité d'être surélevée afin d'être protégée d'un raz-de-marée. En pierres volcaniques de Saint-Kitts et Saint-Eustache, elle est pourtant robuste. L'édifice date du début du XIXe siècle et sa façade principale est d'influence hispanique. La particularité de cette église est que son clocher est séparé de l'édifice. Il aurait été construit dans les années 1880 lors de l'installation de l'abbé Prual.

FORT KARL ★

Rue Victor-Schoelcher
Accès libre.

Après quelques marches, vous atteignez l'endroit où se trouvaient les fortifications. Nommé « Karl » en hommage au duc Karl, le frère du roi Gustaf III, il ne reste malheureusement plus rien de cet ancien fort. En effet, vous y trouverez que quelques pierres d'une ancienne poudrière ainsi que certaines zones pavées. Selon les archéologues, ce site n'a jamais été un lieu à l'armement impressionnant… Mais la vue mérite le détour ! Un beau panorama sur la plage de Shell Beach et les îles voisines (Saba, Saint-Eustache, Saint-Kitts et Nevis) vous y attend.

HÔTEL DE LA COLLECTIVITÉ ★

rue de Pitea ✆ +590 590 29 80 40
www.comstbarth.fr
Ouvert du lundi au vendredi de 7h30 à midi et de 13h30 à 17h.

Inauguré en 2002, il était autrefois l'hôtel de ville et changea de statut lorsque l'île devint une collectivité d'outre-mer au sens de l'article 74 de la Constitution depuis le 15 juillet 2007. Saint-Barth était alors une commune et un arrondissement, dépendant du département d'outre-mer de la Guadeloupe. C'est dans cet édifice que se réunit le conseil territorial. Il est représenté au Sénat par une sénatrice, Micheline Jacques, depuis 2020. Le conseil territorial est composé de 19 membres, avec un conseil exécutif de 7 membres et un président (Xavier Lédée).

MAISON DES GOUVERNEURS DE GUSTAVIA ★

Rue August Nyman

Si vous avez vu la sous-préfecture, il vous faut continuer avec l'ancienne mairie, qui est très proche du centre (continuité de la rue Couturier). Elle date également de la période suédoise. Tout d'abord utilisée en tant qu'administration des douanes par la Compagnie des Indes jusqu'à la fin du XVIIIe siècle, elle fut par la suite la résidence du percepteur, les bureaux des Archives départementales, l'administration gouvernementale puis elle devint la mairie jusqu'en 2001.

MAISON DU MAJOR [ANCIENNE TRÉSORERIE] ★

Rue de la France

La Maison du Major était destinée au responsable de la garnison et de la police dans les années 1780. Ce bâtiment a été successivement tribunal, école puis caserne des pompiers. L'acte de rétrocession de l'île à la France a été signé dans ces murs, le 16 mars 1878. Après une rénovation à l'identique en 2006 destinée à lui redonner son cachet d'origine, ses murs ont été recouverts de boiseries et son toit d'essentes. Il abrite maintenant des services administratifs.

MUSÉE TERRITORIAL

rue Victore Schoelcher

✆ +590 590 29 71 55

Du lundi au vendredi de 9h30 à 12h30 et de 15h à 19h, le mercredi de 14h à 19h et le samedi de 9h30 à 13h. Accès libre.

Installé dans le bâtiment de la Wall House, il se consacre à l'histoire de l'île et la présente sous toutes ses coutures géographiques et touristiques. Le bâtiment, datant du XVIIIe siècle, a été entièrement restauré par des compagnons en 1995. Les ruines d'un four à pain sont visibles à l'extérieur de la bâtisse. Le musée fait revivre les grandes heures qui ont présidé au développement de l'île, à travers des documents et photographies, et d'une exposition d'objets et de costumes d'époque. Des expositions temporaires l'animent régulièrement.

MUSÉE DU P'TIT COLLECTIONNEUR

Rue Dugommier

✆ +590 590 27 67 77

Ouvert du lundi au samedi de 10h à 12h et de 16h à 18h et sur demande. Entrée 2 €.

Plus de quarante ans qu'André Berry trouve de grands et de petits trésors dans les sols de l'île. Ses premières trouvailles, il les doit à la construction de sa maison : des pièces espagnoles, des bouteilles de gin datant des années 1700. Très vite, il sera séduit à la fois par cette chasse au trésor et par le patrimoine oublié qu'il souhaite faire revivre. Le « petit Berry » n'avait qu'une chose en tête : gratter la terre, surtout lorsqu'il pleuvait. Sa famille, ses amis viennent le soutenir dans cette quête d'objets du passé. Dans son petit musée personnel au sein de la maison familiale, vous découvrirez à la fois des souvenirs personnels, comme le coffre-fort de son grand-père, la collection de timbres et billets de son père, un reste de pipes anglaises du XVIIIe siècle, le premier phonographe importé sur l'île, un moule pour repasser des chapeaux, et des objets insolites comme un renard de navigation en acajou (pour les bateaux à voile des années 1920). C'est bien plus qu'une simple visite muséale, c'est le témoignage d'une vie passée à Saint-Barth pour mieux comprendre l'histoire de l'île. André nous parle des salines où, petit, il portait de petits sacs de sel, de l'île sans voiture, sans électricité, de son travail de charpentier payé à la journée… Une époque révolue qu'il fait bon de s'entendre narrer pour comprendre l'authentique Saint-Barth, celui qui est encore dans le cœur des habitants ; grâce à ce genre d'initiative, encore pour longtemps…

PLACE DE LA RÉTROCESSION ★

Anciennement appelée « place du Bicentenaire ». Elle évoque le retour de l'île à la France après quatre-vingt-treize années de possession suédoise. L'ancre, lourde de 10 tonnes, posée sur le socle, a été retrouvée par hasard par un remorqueur, en 1981. On peut y lire l'inscription « Liverpool… Wood… London ». L'histoire raconte qu'elle proviendrait d'un navire qui croisait dans les Caraïbes de 1700 à 1825, armé d'une soixantaine de canons. L'équipage aurait coupé l'ancre et sa chaîne dans le fond du port de Gustavia pour permettre de dériver…

© NAPA - SHUTTERSTOCK.COM

Port de Gustavia.

PORT DE GUSTAVIA ★★

✆ +590 590 27 66 97
www.portdegustavia.fr
Ouvert de 7h à 18h. Capitainerie VHF, canal 12.

Un des mouillages les plus beaux des Caraïbes ! Il y a encore quelques décennies, Gustavia n'était qu'un petit village perdu. Quelques vestiges de l'époque suédoise se dressaient sur la rade. L'envol touristique de l'île, au début des années 1980, a permis le développement rapide des infrastructures. Il est aujourd'hui fort agréable de se balader le long des quais et de fantasmer sur les yachts qui occupent le port durant la saison. A la période de Noël, les quais prennent des allures de fêtes traditionnelles avec en toile de fond les magnifiques yachts.

SOUS-PRÉFECTURE ★

8 Rue Lubin Brin
✆ +590 590 27 64 10
Ouvert du lundi au vendredi de 8 à midi, le mercredi jusqu'à 13h.

Elle date de l'ère suédoise (début XIXe siècle) et, après avoir été reconvertie pour différentes utilisations (même comme prison !), elle est devenue le siège de la sous-préfecture en 1963. En 1995, elle souffrit sérieusement lors d'un de ces terribles cyclones (Luis) qui marqua le passé de l'île. Elle a été reconstruite juste après. Son architecture est typique avec un soubassement et un escalier en pierre. Le toit à quatre pans en tôle rappelle les maisons au style créole. Vous apercevrez sans doute un drapeau français qui flotte en permanence.

SHELL BEACH ★★

Rue de la plage
Accès libre.

A seulement 5 minutes du cœur de Gustavia, Shell Beach vous surprendra car ici pas de sable blanc mais des milliers de fragments de coquillages, comme son nom l'indique, qui lui confèrent cette teinte rosée. La plage offre un panorama unique sur les îles voisines de Saint-Eustache et de Saba. Elle est bien protégée lorsque le vent souffle fort. Sur place, vous pouvez boire un verre ou bien vous restaurer. L'ambiance y est à la fois chic et décontractée. Souvent les enfants à la sortie de l'école viennent s'y baigner. Très bel endroit pour le coucher de soleil.

COLLECTIVITÉ DE SAINT-BARTHÉLEMY

rue de Pitea
✆ +590 590 29 80 40
www.comstbarth.fr

Que vous soyez touristes ou insulaires, la Collectivité est l'embryon décisionnel de la politique de l'île. C'est aussi un espace pour les citoyens avec tous les services administratifs liés à la vie de l'île : service des actions sociales, des droits de quai, état-civil, financier, valorisation et propreté, police territoriale et dépôt de permis si vous avez envie de vous installer. Le conseil territorial se réunit une fois par mois. Il est actuellement présidé par Xavier Lédée.

COMITÉ DU TOURISME DE SAINT-BARTHÉLEMY

10 Rue de la France
✆ +590 590 27 87 27
www.saintbarth-tourisme.com
Ouvert en semaine de 8h30 à 17h et le samedi de 8h30 à midi.

Le Comité du Tourisme a pour mission de promouvoir l'île et d'organiser des évènements. Le petit bureau de Gustavia regorge d'informations, notamment des brochures concernant l'histoire, des plaquettes pratiques sur les restaurants, les hôtels, les activités... Le site Internet vous permet également d'organiser votre séjour à Saint-Barth avec des contacts et toute l'offre touristique, naturelle, économique de l'île. Parfait pour préparer son voyage !

SNSM DE ST BARTH

capitainerie
✆ +590590277942

La Station SNSM [Société Nationale de Sauvetage en Mer] de Saint-Martin a pour rôle d'assister les marins en difficulté. C'est une station très active avec un grand nombre de missions de sauvetage par an. En cas d'urgence, la vedette appareille avec son équipage 15 minutes au plus après l'alerte et la zone d'intervention s'étend jusqu'à 50 milles nautiques de Saint-Barthélemy. Les équipiers sortent par tous les temps [sauf pendant le passage d'un cyclone] et les interventions ont généralement lieu la nuit et dans des conditions météo parfois difficiles.

EASY TIME

Rue de la République
✆ +590 690 63 46 09
Randonnées à partir de 30 € de l'heure.

Hélène Bernier est une passionnée. Elle aime transmettre la beauté de son île et sa fragilité aussi. Originaire de l'île, elle connaît mieux que personne toutes les facettes de Saint-Barth. La nature, elle la préserve, la culture elle la protège et nous gratifie de toutes ses connaissances lors de ses visites et randonnées. Les formules visites + repas sont idéales et modulables à volonté. Pour un peu d'exercice, optez pour les randonnées accompagnées à Colombier, une randonnée aux piscines naturelles de Grand-Fond ou de Toiny, Anse de Colombie.

Ils sont bénévoles.
ils sauvent des vies.

CROSS AG 196

En mer
vous ne serez
JAMAIS SEUL.

Soutenez
les Sauveteurs
en Mer.

Faites
un DON.

STATION SNSM DE SAINT-BARTHELEMY
B.P. 131 - Gustavia - 97095 Saint-Barthélemy cedex
tél. +590 590 27 57 58 / e-mail: snsmsbh@orange.fr

BARTH'LOC

Rue de la France
✆ +590 590 27 52 81
www.barthloc.com
Du lundi au samedi de 8h à 12h30 et de 13h30 à 18h, le dimanche de 9h à 12h et de 16h à 18h. A partir de 35 € par jour.

L'une des offres les plus complètes, du vélo au cabriolet en passant par le scooter, le quad ou la voiture électrique, la mythique Mini Moke est aussi disponible. Un très bel accueil et des gérants toujours à même de vous arranger pour que votre visite de l'île soit votre plus beau souvenir. Professionnelle et familiale, c'est l'agence où vous serez toujours très bien servis. Tous les véhicules sont récents. Et surtout, ne manquez pas de vous offrir le must d'une balade sur l'île les cheveux au vent à bord d'une décapotable !

GREAT BAY EXPRESS

✆ +1 721 520 5015
www.greatbayferry.com
Départ de Bobby's Marina (partie hollandaise de Saint-Martin). Ouvert tous les jours de 6h30 à 18h30.

Deux compagnies assurent les liaisons entre St-Martin et St-Barth, dont le Great Bay Express. Un ferry rapide qui vous emmène d'un paradis à un autre comme il l'affirme. Il pratique des traversées hebdomadaires de Saint-Martin à Saint-Barth. D'autres destinations sont également possibles comme Saint-Eustache ou Saba selon les saisons. Si vous arrivez de l'aéroport Juliana, un *shuttle service* est organisé pour vous conduire à l'embarcadère. Au départ de Saint-Barth, prévoir de vous rendre 30 minutes avant le départ au guichet du Great Bay.

VIA FERRY

Port Maritime ✆ +31 552020015
www.stmartinbookings.com
De Saint-Barth à Saint-Martin jusque Marigot, Philipsburg et Simpson Bay. 75 US$ l'aller, 90 US$ l'aller-retour.

Viaferry.com est une plateforme de réservation en ligne qui vous permet de réserver facilement vos billets de ferry entre Saint-Martin et Saint-Barth. Un site bien utile qui vous permet de comparer rapidement les offres sur les différentes lignes maritimes des deux îles. Idéal pour se faire une idée des différents horaires et pour choisir celui qui convient le mieux à votre voyage. Vous y trouverez aussi de nombreuses informations utiles telles que les cartes, le service proposé dans le ferry et les possibilités de transfert à l'aéroport.

OSCAR CAR RENTAL

Rue du bord de mer
✆ +590 690 65 38 33
www.oscar-car-rental-stbarth.com
Stationnement à la journée : 55 €, à la semaine : 336 € (hors fêtes de fin d'année).

L'agence propose une sélection de voitures adaptées à l'île. La structure dispose également de 2 parkings privés (Oscar Park) au cœur de Gustavia. Service de voiturier en haute saison. Le pass pour y accéder s'obtient par mail ou bien à la boutique Tom Shop de Gustavia. Les clients bénéficient d'une remise sur l'achat de la carte de stationnement. Si vous louez une Fiat 500 Convertible ou une Mini Cooper pour au moins une semaine, le stationnement au parking privé est gratuit. Le parking est également accessible aux non-clients.

PORT DE GUSTAVIA

✆ +590 590 27 66 97
www.portdegustavia.fr
Capitainerie ouverte tous les jours, toute l'année, de 7h à 18h. 60 places à quai, 14 mouillages. VHF, canal 12.

Le port de Gustavia est à la fois de plaisance et de commerce. Les informations pratiques concernant le port de Gustavia sont disponibles à la capitainerie. De nombreux service sont proposés comme l'eau, le wifi disponible avec un code d'accès, le tri sélectif pratiqué pour les poubelles, les sanitaires ouverts de 7h30 à 18h pour les usagers. Pour toutes les formalités, le site vous redirige vers les autorités compétentes. L'équipe du port travaille en collaboration avec la Réserve marine et agit également pour la sécurité de tous.

VOYAGER

Quai des ferries
✆ +590 590 87 10 68
www.voy12.com
Départs depuis Marigot à partir de 88 €.

C'est la compagnie locale par excellence ! Voyager est une référence depuis 20 ans entre les îles de Saint-Martin et Saint-Barth grâce à sa régularité, sa fiabilité et sa convivialité. Elle propose 3 rotations par jour à bord de son bateau *Voyager3 Dreamliner*, catamaran hydrofoil de 28 mètres et qui dispose d'un pont inférieur climatisé et d'un pont supérieur extérieur ensoleillé (capacité 164 passagers). Laissez-vous tenter par la cabine panoramique Business class à l'étage. Plus qu'une traversée, c'est une expérience, une mini-croisière avec un accueil au top !

LA PRESQU'ÎLE €

Rue Augustin Cagan
✆ +590 590 27 64 60
Ouvert toute l'année. Chambre double à partir de 100 €.

Un petit hôtel de charme de 10 chambres situé sur le port et à 5 minutes de la plage qui n'a pas la prétention de jouer dans la cour des grands. Il existe cette catégorie d'établissement à Saint-Barth, et c'est très bien ! De confort simple mais douillet, votre chambre bénéficie d'une vue imprenable sur le port de Gustavia. C'est un lieu calme et vous serez à la fois proche de la ville et des plages, ce qui reste un bon compromis. Très bon accueil des propriétaires qui sauront vous guider dans les immanquables de cette île où ils exercent depuis des générations.

SUNSET HOTEL €

15 rue de la République
✆ +590 590 27 77 21
www.sunsethotel-sbh.com
Chambre double à partir de 123 €.

Avec un nom invitant à caresser les derniers rayons de soleil de la journée, le Sunset promet une halte douce. A l'entrée du centre-ville, avec une magnifique vue sur le port et sur la presqu'île. Anne-Valérie vous accueille chaleureusement dans son hôtel à dimension humaine (dix chambres) qui bénéficie d'une belle vue sur le port. Les chambres sont climatisées et équipées de télévision, satellite, minibar, salle de bains, sèche-cheveux mural et téléphone direct avec terrasse. La plage se trouve à environ 10 min à pied, boutique au rez-de-chaussée et parking.

HÔTEL BARRIÈRE LE CARL GUSTAF €€€

Rue des Normands
✆ +590 590 29 79 00
www.hotelsbarriere.com
Chambre double à partir de 1 100 €.

Une adresse historique qui surplombe le centre-ville de Gustavia. Construit dans les années 80, il a été entièrement rénové par le groupe Barrière, qui a fait appel au célèbre cabinet d'architecte Gilles & Boissier. Cette maison coloniale propose 21 chambres, allant de la double classique à la villa grandiose. Les plus prestigieuses possèdent leur propre piscine privée, avec vue sur le port. Une certaine idée du luxe. Le Carl Gustaf accueille également le restaurant le Fouquet's.

SIBARTH VILLA RENTALS €€€

37 rue Samuel Fahlberg
✆ +590 590 29 88 90
www.sibarthrealestate.com
Ouvert du lundi au samedi de 8h à 18h.

Logé dans un écrin historique d'une maison en brique de 1841 érigée lors de la période suédoise, Sibarth met un point d'honneur à valoriser ce patrimoine. Vous serez accueilli chaleureusement dans un décor soigné avec des meubles d'époque. L'agence tenue par Ashley et Kristina Lacour est spécialisée dans la location de villas de luxe. Si vous avez toujours rêvé d'une villa ouverte sur la mer, sauvagement perchée dans les hauteurs : voici l'adresse qu'il vous faut ! Très orientée service clients, vous trouverez une belle sélection sur son site Internet.

NATURAL DELIGHTS SAINT BARTH €

Rue Oscar-II
✆ +590 5 90 27 15 32
www.naturaldelights-stbarth.fr
Ouvert du mardi au dimanche de 15h à 22h. Glaces, milk-shakes et smoothies et wrap et sandwiches dès 7,50 €.

Un vert plein de peps donne le ton à ce petit snack où tout est fait maison et où le rapport qualité-prix est excellent. Les glaces sont délicieuses, tout comme les sandwiches et *wraps*. A tester pour son originalité et son côté sain, le quinoa burger. Les crêpes valent également le détour. Une grande palette de parfums originaux reste disponible pour les glaces. C'est également possible de les retrouver à l'aéroport, et dans le supermarché AMC de l'île.

LA CANTINA €

Rue du Bord-de-Mer
✆ +590 590 27 55 66
Ouvert tous les jours de 10h30 à 23h. Comptez 30 € par personne.

La cantina est un bar a tapas, une bodega, une taverne de marins, où se côtoient les capitaines de yachts, les pêcheurs de marlins, les mangeurs de mahi, les touristes amateurs de langoustes ! On y mange, on y boit, on y chante, on y danse, on y rit, on y rencontre Saint-Barth en toute simplicité. Les locaux aiment le lieu sur le port de Gustavia. On voit toujours passer un ami sur la route principale qui s'empresse de rejoindre ce repaire très attachant. Atmosphère conviviale, bon enfant, où le temps passe vite quelle que soit l'heure de la soirée.

LA CRÊPERIE €

Rue de la France
✆ +590 590 27 84 07
www.creperiestbarth.com
Ouvert du lundi au samedi de 11h30 à 14h et de 18h à 22h. Galettes à partir de 16 €.

C'est l'adresse des spécialités bretonnes de l'île. Situé dans le centre-ville de Gustavia, ce petit établissement propose des grandes salades, une variété de crêpes sucrées et salées, des galettes, des plats du jour et une carte snack. La crêperie propose des soirées à thème comme « mardi, je ne peux pas j'ai crêpes » avec un menu galettes à volonté... Une adresse que les locaux affectionnent car elle est sympathique. L'ambiance bistrot est très conviviale et les commerçants du quartier aiment s'y retrouver. Service de plats à emporter pour les plus pressés.

QUARTER KITCHEN & COCKTAIL LAB €

25 Rue du Général de Gaulle
✆ +590 590 27 51 82
www.25sbh.com
Ouvert tous les jours de 18h à 2h. Comptez 35 € par personne.

Emplacement idéal sur les quais pour ce nouveau venu dans la capitale de Saint-Barth pour des apéritifs branchés autour d'une variété de tapas aux saveurs du monde : quesadillas, tacos au foie gras... Coloré et vivifiant, ce bar-restaurant transmet la joie de vivre et donne l'envie de partager de bons moments. C'est aussi un must plein de fantaisie notamment au niveau de la carte des cocktails. Une dégustation qui se vit comme une expérience en soi. Demandez à goûter les rhums !

L'ENTRACTE €

Rue du Bord-de-Mer
✆ +590 690 72 80 80
Ouvert tous les soirs de 19h à 23h. Fermé le dimanche en basse saison. Comptez 25 € par personne.

En guise d'entracte entre l'apéro et la fin de soirée, voici un endroit décontracté où l'on aime s'installer pour un repas sans chichis. L'accueil est agréable et les assiettes sont généreuses. On adore la variété des plats, les tartares, la trilogie dorade-Saint-Jacques-gambas, la viande de Black Angus, le ris de veau à la crème de truffe. Le menu change régulièrement pour s'adapter à la saison ou à la pêche du jour. La tendance cuisine française régale les locaux et c'est très plaisant de pouvoir faire la fête au cœur de Gustavia.

LE REPAIRE €

Rue de la République
✆ +590 590 27 72 48
Ouvert tous les jours de 7h à 23h. Comptez 40 € par personne

Le Repaire, l'un des plus vieux restaurants de l'île, est une halte sympa quelle que soit l'heure de la journée. On aime la maison en bois tout de blanc vêtue, l'ambiance brasserie et son atmosphère sympathique propice au repaire des gourmands ! Petit déjeuner le matin dès 7h (idéal si vous arrivez ou partez en ferry), une cuisine française et créole, un bar à cocktails qui propose une carte bien fournie et des glaces et sorbets maison à toute heure. Côté spécialités, le chef propose ses suggestions qui évoluent tous les jours.

FISH CORNER €

41 rue de la République
✆ +590 590 51 36 33
Ouvert du lundi au samedi de 9h à 14h45. Comptez 35 € par personne.

Quel plaisir de pouvoir à la fois acheter son poisson avec les conseils avisés des gérants et de se laisser séduire par un repas sur place. Littéralement tourné vers les produits frais de la pêche du jour, Fish Corner veut offrir le plaisir de la mer. Tous les poissons communs aux Caraïbes se dégustent sur place comme la bouillabaisse revisitée locale, du mahi-mahi en fish & chips et toujours accompagnés de légumes et de sauces à tomber ! Une plongée s'impose dans ce petit coin décontracté où cuisine rime avec singularité et respect du produit.

LE SÉLECT €

Rue de la France
✆ +590 590 27 86 87
Ouvert tous les jours de 7h à 22h. Spécialités burgers et tex mex, salades dès 4,50 €.

L'indémodable bar de l'île sert aussi des burgers appétissants et croustillants. C'est une halte pittoresque où vous êtes sûr de rencontrer une clientèle éclectique composée de navigateurs, habitants, personnes célèbres et touristes. Et pour assouvir une petite fringale, le coin restauration, à proximité du bar, vous concocte de délicieux burgers accompagnés à votre guise de frites ou d'onion rings. Craquez pour les spécialités de tapas tex-mex. Ici, on ne lésine pas sur la quantité et les maitres-mots sont simplicité dans la cuisine et belles rencontres en terrasse.

SHANKAR JUICE €

Passage de la Crémaillère
+590 590 87 78 03
Ouvert du lundi au vendredi de 10h à 17h.

Une adresse très « healthy » dont on ne se lasse pas ! Grande créativité au niveau des salades avec la spécialité de la maison, le « bowl ». Ce bol se décline selon les envies. Chaque ingrédient choisi a ses vertus : il ne faut pas hésiter à demander conseil aux sympathiques serveuses. Les jus proposés sont sous forme de *smoothies*, toujours goûteux. Si vous désirez profiter de ces vacances pour faire une cure bien-être intérieur, le Shankar Juice est le lieu le plus approprié ! L'établissement vous propose un programme détox.

BLACK GINGER €€

Rue Samuel Fahlberg
+590 590 29 21 03
www.blackgingersbh.com
Ouvert du mercredi au lundi de 18h30 à minuit. Comptez 50 € par personne.

Une allure sobre et raffinée vous plonge dans un décor de rouge intense et de noir. Toute la délicatesse de la cuisine thaïe est à portée de bouche. Les deux associés déploient une belle énergie à rendre votre repas unique et d'une grande finesse. Tout un art, du service aux plats proposés, doux et pimentés. Le Black Ginger est une sorte de gingembre aux saveurs uniques, comme la carte de ce restaurant. Goûtez aux délicieux mets : poulet aux noix de cajou, porc sauté au basilic thaï, curry vert au lait de coco, canard rôti dans son jus thaï...

SHELLONA €

Rue de la plage
+590 590 29 06 66
www.shellonabeach.com
Ouvert de 11h à 18h tous les jours. Comptez 45 € par personne.

Comme son nom l'indique, le Shellona se trouve sur la plage aux coquillages ! Une ambiance douce et décontractée qui vous invite à fermer les yeux et vous imprégner des lieux : une grande terrasse sur sable blanc et fin, une cuisine merveilleusement préparée par le chef Yiannis Kioroglou (un des jeunes prodiges de la gastronomie grecque) et une vue magnifique sur la mer. La musique live vient rythmer votre repas et très vite l'envie de danser les pieds dans l'eau vous envahira. Partagez cette gaieté communicative en dégustant fruits de mer ou mezze grecs.

CASA RESTAURANT €€

2 rue de Dinzey
+590 590 27 63 77
www.ociela.com
Ouvert tous les jours de 18h30 à minuit. Comptez 45 € par personne.

L'Ociela a changé de nom et de cuisine. Aujourd'hui, la Casa restaurant propose une cuisine semi-gastronomique, aux accents créoles. La spécialité du chef reste la langouste, qu'il revisite à toutes les sauces : en lobster rolls, en salade, ou tout simplement grillée. Avec sa vue panoramique sur le port, son design épuré et ses assiettes raffinées, c'est une des plus belles adresses de Gustavia. Au même endroit, on trouve également le Casa Lounge pour boire un verre et un night-club pour faire la fête. De quoi passer une soirée complète en somme !

BAZ BAR €€

Port de Gustavia
+590 590 29 74 09
www.bazbar.com
Ouvert du lundi au samedi de 10h à 22h. Comptez 50 € par personne.

Une belle vue sur le port pour les amateurs de sushis, makis, sashimis… C'est le temple de la gastronomie du pays du Soleil Levant. De délicieuses compositions alliant la finesse et le goût de la mer. Des sushis originaux au thon blanc, au mahi-mahi, à l'anguille qui s'apprécient en combinaison avec des sashimis. Les petits rouleaux arrivent aussi par bateau et se dégustent à 2 comme à 36 ! Le chef propose également des spécialités thaïes. Baz Bar organise régulièrement de nombreux concerts pour des soirées branchées et colorées.

EDDY'S €€

12 rue Samuel Falhberg
+590 590 27 54 17
www.eddysghetto.com
Ouvert du lundi au samedi de 19h à minuit. Comptez 40 € par personne.

Un petit paradis de verdure luxuriante au cœur de Gustavia ! Passer un moment au Eddy's, c'est s'octroyer une pause intimiste dans un décor magique. Un très bel espace entre aménagement à ciel ouvert et tables en bois isolées par les plantes tropicales. Le lieu est plein de charme, bucolique et le bruit naturel des criquets et des petites grenouilles vous accompagne tout au long du repas. La famille souhaite que ce havre de paix reste convivial. Revisités, les mets caribéens mélangent les continents comme les nouilles sautées à la dorade.

L'ISOLETTA €€

Rue du Roi Oscar II
+590 590 52 02 02
www.lisolettastbarth.com
Ouvert tous les jours de midi à minuit, le dimanche de 17h30 à minuit. Pizza à partir de 25 €.

Petites faims, s'abstenir ! Ici, c'est au mètre que la pizza se partage ! Dans un cadre *roots chic*, confortablement lové sur des banquettes, on déguste sur les tables basses en bois de généreuses portions de pizza. C'est un petit coin de l'Italie qui diffuse des airs vaporeux et volubiles des pays du Sud ! Les ingrédients proviennent directement d'Italie et tout est confectionné dans la plus pure tradition. Pour accompagner ces spécialités, le restaurant vous conseille de très bons vins. La découpe des longues pizzas est un vrai moment de partage !

LA GUÉRITE €€€

Rue de Pitea
+590 590 27 71 83
www.saintbarth.restaurantlaguerite.com
Cuisine française semi-gastronomique. Ouvert tous les jours sauf le dimanche de 19h à 2h.

Cap sur un plaisir gourmand et sophistiqué. La cuisine méditerranéenne est mise à l'honneur grâce au chef grec Yannis Kioroglou. Un voyage gustatif vous y attend, où les poissons frais locaux côtoient le savoir-faire culinaire du bassin méditerranéen. Pendant votre escale gourmande, vous pourrez y admirer le ballet des bateaux dans le port. Le service est très attentionné et le cadre relaxant. Côté lounge, la place est aux cocktails signatures et inventifs. Une réservation est plus que recommandée, la Guérite est victime de son succès.

BONITO €€€

Rue Lubin Brin
+590 590 27 96 96
www.bonitosbh.com
Ouvert tous les jours de 18h30 à 23h30. Comptez 90 € par personne.

Un emplacement exceptionnel pour un panorama qui l'est tout autant. Un décor raffiné dans lequel vous apprécierez une cuisine sud-américaine orchestrée par un chef péruvien. Un cuisine avant-gardiste et faisant preuve d'une grande délicatesse. Ici, la cuisine est artistique. Les *ceviche* et *tiraditos* péruviens s'accompagnent dans certains plats de délicats aliments comme des truffes. Deux espaces pour vous accueillir : le salon-bar pour admirer le coucher de soleil, le fameux *Bonito Sunsets* en dégustant un apéritif, ou bien la salle à manger sur la terrasse.

L'ISOLA €€€

33 Rue du Roi Oscar II
+590 590 51 00 05
www.lisolastbarth.com
Ouvert tous les soirs. Comptez 80 € par personne.

L'Isola est un restaurant italien traditionnel à l'ambiance chic et feutrée. Sa lumière tamisée est propice à la romance. C'est l'élégance gastronomique de l'Italie en plein cœur de Saint-Barthélemy. Les produits de saison sont savamment orchestrés par le maestro en cuisine. Pâtes, risottos, raviolis, gnocchis, toutes les saveurs de la Botte sont ici habillées de glamour et de subtilité dans l'assiette. Le risotto aux fruits de mer est excellent et les produits sont préparés avec une grande précision. Belle sélection de vins italiens.

LE FOUQUET'S €€€

Rue des Normands
+590 590 29 79 35
www.hotelsbarriere.com
Ouvert tous les jours de 7h30 à 10h30, de 12h à 14h30 et de 19h à 22h. Comptez 125 € par personne.

La célèbre brasserie des Champs-Elysées s'invite dans les Caraïbes. Au sein de l'hôtel Carl Gustaf, la terrasse en bois rare du Fouquet's domine tout le port de Gustavia. Les architectes Gilles & Boissier ont voulu adapter la tradition de l'élégance à la française à l'atmosphère décontractée de Saint-Barth. En cuisine, le chef triplement étoilé Pierre Gagnaire a créé un menu d'exception en revisitant les grands classiques de la gastronomie parisienne, comme le médaillon de homard poché au beurre et au gingembre ou le thon mi-cuit, foie gras et shiso.

OREGA €€€

Rue Samuel-Fahlberg
+590 590 52 45 31
www.oregarestaurant.com
Ouvert du lundi au samedi de 19h à 22h30. Comptez 100 € par personne.

Dîner à l'Orega, c'est une expérience unique dans les Caraïbes. Le chef Clément Laffitte mêle une cuisine japonaise élégante et les techniques françaises. Son pari : sublimer des recettes méconnues de la gastronomie japonaise. La recherche est autant dans l'effet de surprise à la dégustation que dans le dressage époustouflant des assiettes. La tarte meringuée au yuzu est excellente et illustre à la perfection la réussite de ce mix franco-nippon. Le menu change régulièrement, en fonction de l'inspiration du chef ou de la pêche du jour.

BAGATELLE

24 Rue Samuel Fahlberg
+590 590 27 51 51
www.bagatelle.com
Ouvert du lundi au jeudi de 19h à 1h, samedi et dimanche de 19h à 2h. Comptez 80 € par personne.

Un lieu à l'image de Saint-Barth : paillettes et ambiance de fête sont au programme. Ce bistrot est l'un des temples des soirées mondaines à Saint-Barth. L'ambiance y est bon enfant et distinguée, mais toujours avec une touche de convivialité. En bref, une bonne table dans un environnement chic et décontracté. La cuisine imaginée par Jules Pronost est d'inspiration méditerranéenne. Le chef travaille des produits d'une extrême fraîcheur, avec une attention particulière aux détails : ceviche de mahi-mahi à la citronnelle, piccata de veau grillé au citron vert...

BAR DE L'OUBLI

3 Rue de la France
+590 590 27 70 06
www.bardeloubli.com
Ouvert tous les jours de 7h à 23h. Comptez 25 € par personne.

Le Bar de l'Oubli est l'alter ego du Sélect. Tous les deux sont les adresses de Gustavia où l'on peut boire un verre ou manger un morceau en toute décontraction. L'Oubli est également l'endroit parfait pour commencer sa journée avec les purs jus frais en terrasse, pour se rafraîchir avec un frozen aux fruits frais ou pour s'abandonner à une soirée oisive devant un cocktail sur mesure. En prime, la vue sur le port de Gustavia et l'activité passante de la rue de la République. L'impossible serait d'oublier ce lieu mythique et chaleureux à l'empreinte locale.

CAFE GLORIETTE

47 rue Samuel Fahlberg
+590 590 27 13 71
www.rhum-lagloriette.com
Ouvert du lundi au samedi de 8h à 15h. Comptez 20 € par personne.

Au cœur de Gustavia, le café Gloriette propose de se régaler avec des suggestions saines et savoureuses. Le top départ à l'aube se passe autour d'un jus frais ou d'un latte matcha et la pause lunch se croque autour d'une salade de taboulé au quinoa ou d'une tortilla aux courgettes. Une carte *healthy* inspirée par les influences culinaires du monde entier en mariant légèreté et originalité. Découvrez également les rhums arrangés La Gloriette, célèbres dans toutes les Caraïbes, autour d'une dégustation dans la boutique adjacente.

LA CANTINA

Rue du Bord-de-Mer
+590 590 27 55 66
Ouvert tous les jours. Le soir, carte de tapas de 17h30 à 23h. Comptez 30 € par personne.

En plein cœur de Gustavia, c'est l'endroit rêvé pour se retrouver à l'heure de l'apéritif, autour d'une bière bien fraîche ou un cocktail maison. La carte propose des tapas apéritives concoctées avec des produits frais et des poissons issus de la pêche locale [mahi-mahi, langoustes]. Les tapas se dégustent en musique ou devant la diffusion en direct d'un match sportif ! Une belle programmation de soirées live et de soirées sunset, organisées toute l'année. La Cantina, c'est la famille locale qui aime accueillir et qui vous fait sentir chez vous.

MARTINI BAR BY DOLCE & GABBANA

Rue de la République
+590 590 52 84 03
www.dolcegabbana.it
Ouvert de 10h à 13h et de 16h à 22h. Cocktails dès 16 €, tapas apéritives 11 €.

Lové dans un patio aux allures de jardin tropical, le Martini Bar by Dolce & Gabbana nous garantit une pause raffinée pour profiter des saveurs méditerranéennes lors d'un *aperitivo*. Les palmiers royaux s'élancent vers le ciel et nous invitent à lâcher prise. Ici, on vous concocte des cocktails signatures dans une ambiance *chill*. Dans cette ambiance chic et intimiste, des soirées salsa sont organisées une fois par mois pour des amoureux des soirées *caliente*.

LE SÉLECT

Rue de la France
+590 590 27 86 87
Ouvert tous les jours de 7h à 22h. Spécialités burgers et tex mex, salades dès 4,50 €.

Ouvert par Marius en 1949, c'est le premier bar de Saint-Barth. C'est le QG des habitants de l'île. En plein cœur de Gustavia, sous l'ombre des flamboyants, c'est l'endroit parfait pour passer un moment détendu et participer aux discussions des locaux. Des musiciens s'y produisent certains soirs de fête. C'est l'endroit incontournable où l'on vient boire un verre par tradition. La clientèle y est toute en couleurs et les grands de ce monde y passent obligatoirement. On y sert aussi des salades et des sandwichs, sans oublier le cultissime burger.

AMC

rue de la République
✆ +590 590 27 71 72
Ouvert du lundi au vendredi de 8h à 19h et le samedi de 8h à 18h.

L'AMC, c'est une étape obligatoire de tout séjour sur l'île. Il s'agit d'un des rares supermarchés de Saint-Barth. Non loin de l'embarcadère, vous verrez le grand panneau « Le libre-service » : c'est un des supermarchés indispensables pour vos courses à Saint-Barth. AMC propose des produits importés d'Europe ou des Etats-Unis. L'enseigne offre également des produits locaux de Saint-Martin, de Saint-Barthélemy, de Guadeloupe, etc. Le magasin est régulièrement approvisionné, mais il n'est pas rare que certains produits frais ne soient pas disponibles.

COUR VENDÔME

Le luxe se concentre ici, dans ce mini centre commercial. Organisé sous forme de petites rues, c'est le lieu parfait pour assouvir vos pulsions shopping et remplir vos valises ! Ne vous inquiétez pas, vous ne vous perdrez pas. Vous trouverez les plus grandes marques telles que Louis Vuitton, Hermès, Chopard, etc. Ici, le porte-monnaie va vite se vider au fil des articles ! L'ambiance qui se dégage de ce centre du luxe est a contrario très simple et décontractée. L'exemple parfait de la combinaison du luxe et de la philosophie de service façon Saint-Barth.

CARTIER

rue de la République
✆ +590 590 27 66 69
www.cartier.fr
Ouvert du lundi au samedi de 10h à 12h30 et de 15h30 à 19h.

Une fois débarqué sur le port de Gustavia, on ne peut pas s'y tromper : Saint-Barth est le temple du luxe dans les Caraïbes. Sur le quai, des dizaines de boutiques de grandes marques s'enchaînent, faisant tourner les têtes. Alors, impossible pour le célèbre joaillier Cartier de ne pas avoir sa boutique à Gustavia. Montres rares, colliers étincelants de diamants, bracelets en or... Toutes les créations de Cartier s'exposent sous le soleil des Caraïbes. Et bien entendu, toutes sont détaxées. Alors, pourquoi ne pas craquer et s'offrir un bijou d'exception ?

DIAMOND GENESIS

rue de la République
✆ +590 590 27 66 94
www.diamondgenesis.com
Ouvert du lundi au samedi de 9h30 à 13h et de 15h30 à 19h30 du 15 octobre au 31 août.

Diamond Genesis est, entre autres, le créateur du médaillon original de l'île de Saint-Barthélemy « collection Saint-Barth », qui en devenu le symbole. Vous le trouverez dans de nombreuses autres vitrines de Gustavia. Il est reconnaissable par son bracelet simple de couleur et la carte de l'île déclinée en or ou en argent et version homme et femme. Dans cette boutique, impossible de ne pas savoir l'heure car les plus grands noms de l'horlogerie suisse sont également disponibles en exclusivité. Bijoux, accessoires, montres : toutes les plus grandes marques s'y trouvent.

CHAMADE

12 rue de la République
✆ +590 590 27 51 13
Ouvert du lundi au samedi de 10h à 19h.

Une des premières boutiques de souvenirs de l'île créée en 1987. Tout est à l'effigie de Saint-Barth. Le culte de l'île se retrouve sur les t-shirts, polo de la marque Marque Territoriale, des serviettes de plage, des bijoux fantaisie, de nombreux accessoires à l'effigie du premier pavillon de l'île (un citron vert sur un fond noir). Un grand choix de produits qui ont le mérite d'être à des prix abordables. Tout est très coloré, la boutique spacieuse permet de prendre le temps avant de faire son choix. L'équipe vous conseillera avec un grand sourire.

FABIENNE MIOT

Rue de la République
✆ +590 590 27 73 13
www.fabiennemiot.com
Ouvert du lundi au samedi de 9h30 à 19h. En basse-saison, fermé de 12h30 à 15h.

Fabienne Miot est créatrice de bijoux depuis 40 ans. Son savoir-faire est réputé sur l'île de Saint-Barth. Ses parents étaient les premiers bijoutiers de l'île dans les années 1970. Son style reflète l'amour qu'elle a des belles choses simples et délicates : collier, bracelet que l'on peut décliner comme on le veut, avec diamants ou perles. Pour les créations, elle compose avec des éléments naturels. Les collections satisfont toutes les bourses de 15 à 30 000 €. Un savoir-faire transmis à sa fille et un duo attachant qui partage de belles anecdotes sur l'île.

FRENCH WEST INDIES SAINT BARTH

1 Rue du bord de mer
✆ +590 590 27 78 04
www.patidestbarth.com
Ouvert de 9h30 à 20h.

Pati est une artiste peintre arrivée en bateau à Saint-Barth. Un véritable coup de cœur pour elle qui fut déterminant. Elle développe la première marque locale de prêt-à-porter de Saint-Barth en 1986. Son style moderne et jeune séduit et devient identitaire. Agréable au porter, les vêtements de confection unique sont en coton très léger. Pour revenir décontracté de vos vacances, adoptez un souvenir *fashion* un brin root's chic made in Saint-Barth !

HUMAN STEPS

rue du général de gaulle
✆ + 590 590 27 93 79
www.human-steps.fr
Ouvert du lundi au samedi de 9h30 à 20h.

Une boutique de luxe présentant de beaux modèles de chaussures et de maroquinerie. Cette boutique existe depuis 20 ans et expose à la vente uniquement du haut de gamme. La sélection de pièces et les collections de créateurs choisies sont prestigieuses. Parmi quelques-unes connues : Balenciaga pour la bagagerie, G Gucci, Dionysus, Tod's, Stella McCartney, Miu Miu... Des très beaux accessoires (bracelets, lunettes, porte-clés, etc.). Pour une séance shopping privilège, il est possible d'organiser une vente privée sur rendez-vous dans la boutique.

KALINAS & TAINOS

23 rue du Général-de-Gaulle
✆ +590 690 65 93 00
www.kalinasperles.com
Ouvert du lundi au samedi de 9h30 à 20h.

La perle des boutiques à Saint-Barth ! Jérémy, voyageur et musicien techno, son frère Cyril et Aurore ont souhaité vivre cet aventure créative et ont développé un atelier de perles. Devenue incontournable, leur boutique regorge de bijoux uniques, simples, avec une touche des îles. Perles noires de Tahiti, de perles blanches du Japon ou encore des perles d'Australie aux couleurs jaune et crème, ces petites merveilles sont reliées par du cuir roulé à la main et fait à Saint-Barth. Une boutique pleine de charme avec des passionnés du monde.

LA CASE AUX LIVRES

9 rue de la République
✆ +590 590 27 15 88
Ouvert du mardi au samedi de 9h à 12h30 et de 14h30 à 18h30.

Pour passer une journée sur la plage, quoi de mieux qu'un bon livre pour lézarder au soleil ? La Case aux livres est une des plus vieilles librairies de l'île. Elle a sélectionné une vaste sélection d'ouvrages en tout genre, avec une section coup de cœur et un éventail de livres consacrés aux Antilles, et plus particulièrement à Saint-Barthélemy et Saint-Martin, afin de mieux connaître ces îles. Le rayon presse est également bien fourni, même si les journaux nationaux arrivent parfois en retard et on y trouve même des livres en anglais.

LES PETITS CARREAUX

Rue du Roi Oscar II
✆ +590 690 39 92 74
Ouvert du lundi au samedi de 10h à 13h et de 16h à 19h.

Une petite boutique où le travail de l'artiste Véronique Vandernoot est mis à l'honneur. Ici, vous pourrez même effectuer des commandes et personnaliser vos projets ! Entrée de villa, cuisine, ou salle de bains, à vous de choisir où vous allez placer votre future œuvre d'art faite de carreaux de céramique ! L'art céramique et la peinture de l'artiste s'exporte partout sur île. Vous pourrez apercevoir certaines de ses œuvres, notamment comme signalétique des plages. C'est une belle idée que d'exposer ses œuvres au public dans une galerie à ciel ouvert.

VILEBREQUIN

Rue de la République
✆ +590 590 27 77 69
www.vilebrequin.com
Ouvert du lundi au samedi de 10h à 19h30.

Sous le soleil des tropiques, votre silhouette se doit d'être sublimée. L'amour de la famille et des bons moments passés au soleil sont donnés en héritage par Fred Prysquel lorsqu'il crée la marque Vilebrequin en 1971. Depuis, le maillot de bain Moorea pour homme est constamment réactualisé. Le bermuda est toujours décliné dans des motifs et couleurs assorties. La boutique de Saint-Barth vous tend les bras avec un espace accueillant, coloré et propose une belle collection. Mathieu saura vous conseiller pour que vos journées plage soient pleines de gaieté.

BEAUTY SECRET

33 rue Jeanne d'Arc
✆ +590 590 51 30 25
www.beautysecrets-sbh.com
Ouvert du lundi au samedi de 8h30 à 19h30.

Une équipe très glamour, féminine jusqu'au bout des ongles qui révèle ce qu'il y a de plus beau en vous. Elles prennent le temps de vous chouchouter avec la pause de vernis, des soins du regard. Une très belle gamme de massages, soins cosmétiques, séances d'amincissement vous est proposée pour vous sentir bien. Le corps et l'esprit se retrouvent en accord pour émaner positivement. L'institut est également connu pour ces tatous artistiques et la pause de piercings. Prévoyez ainsi de rester quelques jours sur l'île si vous choisissez cette option.

SERIAL DIVERS

Quai de la Collectivité
✆ +590 690 51 67 86
www.serialdivers.com
Ouvert tous les jours de 8h30 à 18h30. Plongée exploration à partir de 80 €.

Serial est surtout un très sérieux centre de plongée. Les membres de l'équipe qui entoure Isabelle et Emmanuel sont comme eux, des plongeurs invétérés. L'eau est leur élément et surtout ils ont à cœur de faire découvrir aux débutants, comme aux avancés, la richesse de la biodiversité marine de la mer des Caraïbes. Un encadrement de qualité quelles que soient les sorties de plongée : plongées de nuit, randonnées palmées... Leur atout, outre la sympathie, la qualité et leur expertise, c'est également la formation tous niveaux.

INSTITUT VENUS HEALTH & BEAUTY SPA

35 rue de la République
✆ +590 590 27 59 46
www.venusuniversebeautyspa.com
Ouvert du lundi au samedi de 9h à 19h.

Le bien-être vous ouvre grand les chakras et les pores de votre peau. Déverrouillez toutes vos tensions avec une grande gamme de massage d'une durée de 1h30 comme massage crânien, massage à 4 mains, massage aux pierres chaudes, réflexologie plantaire... Outre les différents soins, épilations et manucures proposés, l'institut présente des méthodes pour accéder au bien-être en lien avec la médecine parallèle comme une harmonisation des chakras ou des soins reiki.

SPA EXCELLENCE DES SENS BY CHRISTOPHE MARCHESSEAU

Cour Vendôme
✆ +590 590 29 48 10
www.excellencedessens.com
Massages signature dès 150 €.

Le soin que toutes les stars s'arrachent ! Christophe Marchesseau, masseur kinésithérapeute et son équipe reçoivent sur rendez-vous au centre ou bien à domicile. Diverses activités sont proposées : massages, soins du corps, rituel du hammam, soins thérapeutiques, gyrotonic [pour la souplesse et l'énergie vitale], Powerplate [galber et tonifier son corps] et Icoone, une technologie pour affiner, sculpter et redessiner sa silhouette en quelques séances.

SEABOB ST BARTH

Shell Beach
✆ +590 690 55 42 66
www.seabobstbarth.com
Ouvert tous les jours de 10h30 à 17h30.
Initiation pour les enfants à partir de 100 €.

Se sentir libre de contempler les fonds marins sans forcer grâce au Seabob c'est possible. Ce véhicule nautique et écologique s'apparente aux scooters sous-marins. Une immersion sous le rideau de la mer et la sensation de glisser sur ou sous l'eau est incroyable. Le moniteur vous explique précautionneusement le mécanisme et une fois informé, vous partez pour 30, 40 ou 60 minutes de pure exploration. La James Bond Expérience vous permet pendant une journée de varier les plaisirs parmi ces activités nautiques Seabob, le Jetski, le FlyBoard, la plongée sous-marine.

ST BARTH SAILOR

✆ +590 690 18 60 66
www.stbarthsailor.com
Ouvert tous les jours de 8h à 19h.
A partir de 880 € la demi-journée.

Miguel Danet est presque né avec des palmes ! Il est relié à l'univers marin depuis sa plus tendre enfance. A croire que c'est de l'eau salée qui coule dans ses veines tellement il est à l'aise à dompter les vagues et le vent des Caraïbes ! Il a notamment participé à la course mythique AG2R Trans-Atlantique qui part de Concarneau en Bretagne. Son amour de la mer, il la partage avec ses clients lors d'échappées avec son catamaran. Pour vivre une sensation rafraîchissante et une aventure en mer, c'est une très bonne option de choisir St Barth Sailor.

THE ART OF SELF CARE BY DIANA BOUREL

Cour Vendôme
✆ +590 690 49 99 21
www.theartofselfcare.com
Sur rendez-vous.

Diana Bourel est une des professeures de yoga parmi les plus expérimentés et diplômés de Saint-Barth. Egalement thérapeute transpersonnelle, elle initie à l'art du bien-être grâce à des techniques axées sur le yoga, la méditation et le développement personnel. Elle propose aussi des stages de bien être, anime des événements et des retraites spirituelles. Inspirée par différentes cultures, elle est dotée d'une connexion aux autres hors norme et habitée par un fort sens de la communauté.

SAINT-JEAN ★★

Saint-Jean est une des communes animées de l'île. On y trouve de bons restaurants situés directement sur la plage, un centre commercial flambant neuf et quelques restaurants adossés à la colline bénéficiant d'une vue grandiose sur la baie. C'est le repaire de quelques établissements branchés de l'île et de bons plans shopping à la Villa Créole. C'est aussi à cet endroit que les avions atterrissent avec un plongeon assez impressionnant entre flanc de colline et la plage. Seuls des petits avions peuvent atterrir à Saint-Jean. La beauté de la baie avec le mythique rocher se reflétant dans le lagon translucide ne manquera pas de vous émerveiller !

CASA CLUB ST BARTH

2 Rue des Dinzey
✆ +590 690 28 17 06
Ouvert tous les jours de 23h à 5h.

Les endroits ne manquent pas pour passer des soirées branchées. La Casa, c'est presque comme à la maison avec du son à outrance et une ambiance de folie. Repaire de la jeunesse dorée, le Club propose un doux mélange de musiques actuelles. Les noctambules de Saint-Barth en ont fait son lieu de prédilection et le week-end le club ne désemplit pas. Ambiance cosy. Son décor baroque contemporain a vraiment belle allure. Un lieu ultra-tendance avec une belle programmation d'artistes. Une des meilleures adresses de Saint-Barth pour faire la fête jusqu'au petit matin.

AÉROPORT RÉMY DE HAENEN

✆ +590 590 27 65 33
L'aéroport ferme 15 minutes après le coucher du soleil (de 18h à 19h selon les périodes de l'année).

Typique et mémorable ! C'est en 1945 que Rémy de Haenen fit atterrir le premier avion sur l'île. La piste de 650 m de long ne permet pas à de gros avions de se poser. Seuls de petits avions d'une vingtaine de personnes peuvent exécuter la manœuvre. Les compagnies desservent les aéroports Princess Juliana à Sint Maarten et L'Esperance, l'aéroport de Grand-Case à Saint-Martin. La rotation prend environ 10 minutes. Il est également possible de venir de Guadeloupe (45 minutes de vol) ou encore d'Antigua notamment avec Saint-Barth Commuter.

SAINT-BARTHÉLEMY

© COMITÉ TERRITORIAL DU TOURISME DE SAINT-BARTHÉLEMY

Bateau au mouillage à Saint Jean.

La plage de Saint Jean et le fameux Nikki beach.

© PHOTOSTRAVELLERS

PLAGE DE SAINT-JEAN ★★★

Cette baie était autrefois protégée des corsaires par une batterie installée en son milieu. Depuis le début des années 1950, c'est un hôtel, le premier de l'île, qui s'y trouve. Construit par Rémy De Haenen, un Suédois devenu maire de 1962 à 1977, cet hôtel, fréquenté par M. Rockfeller, a sans doute fortement contribué à promouvoir l'île auprès de la clientèle américaine. L'Eden Rock sépare la plage en deux parties. D'un côté, l'aéroport et de l'autre, une plage tranquille pour nager ou pratiquer le snorkeling. C'est aussi l'une des plages les plus dynamiques de l'île ! Vous y trouverez au bord de nombreux établissements qui vous permettront de siroter un cocktail tout en profitant des eaux cristallines de ce lieu fabuleux. Cette plage paradisiaque devient une véritable petite discothèque avec des concerts live organisés. Plusieurs grandes personnalités des platines ont déjà fait trembler ce sable blanc. Attention, ne pas croire que l'ambiance en journée ne vaut pas le détour ! Le Nikki Beach, restaurant à l'enseigne internationale, marie musique lounge et un décor de rêve et le Lil'Rock, côté aéroport, propose une ambiance davantage caribéenne. La plage de Saint-Jean est le lieu idéal si vous êtes à la recherche d'une ambiance festive dans un cadre paradisiaque. Elle peut également être un lieu de relâche et de zénitude avec les cours d'aqua-yoga où il n'est pas rare de croiser une tortue. Et pour les amateurs de sports nautiques, vous serez tentés par un tour de jet-ski ou du snorkeling.

MAURICE CAR RENTAL

Aéroport de Saint-Jean
✆ +590 590 27 73 22
www.mauricecarrental.com
Ouvert tous les jours de 8h à 18h. À partir de 35 € la journée.

Fondée par le Saint-Barthinois Francis Questel, Maurice Car Rental est une entreprise familiale. Depuis plus de trente-cinq ans, son équipe se distingue grâce à la qualité de ses services. Citadines, voitures de luxe, scooters et quads, Maurice Car Rental dispose d'une vaste flotte de véhicules pour tous les budgets. Pour les amoureux des voitures de collection, Francis loue également une Fiat Spider Pininfarina. Parfait pour rouler cheveux au vent, sous le soleil des Caraïbes. En haute saison, il est vivement conseillé de réserver plusieurs semaines à l'avance.

SOLEIL CARAÏBE

Aéroport de Saint-Jean
✆ +590 590 27 67 18
www.soleilcaraibe.com
Ouvert tous les jours de 8h à 18h. À partir de 30 € par jour.

Depuis plus de 30 ans, cette agence de location locale est gérée par Ludivine et Sydney Magras. Cette équipe de professionnels, avec une longue expérience dans la location de voiture à Saint-Barthélemy, dispose d'une vaste flotte de véhicules, adaptée aux routes étroites de l'île. Soleil Caraïbe propose également plusieurs modèles décapotables, dont la célèbre Mini Cooper. L'agence se trouve dans les locaux de l'aéroport. Ludivine et Syndey peuvent également donner des conseils pour passer le meilleur séjour possible à Saint-Barth.

ST BARTH COMMUTER

Aéroport de Saint-Barthélémy Remy de Haenen
✆ +590 590 27 54 54
www.stbarthcommuter.com
Liaison entre Saint-Martin et Saint-Barthélemy. Compter environ 85 € le vol.

C'est la compagnie de référence pour les trajets inter-îles entre Saint-Martin (les deux aéroports) et Saint-Barthélemy. Le trajet entre les deux îles est de 15min de vol. L'atterrissage est une expérience en soi. St Barth Commuter a été fondée par Bruno Magras et Michel Martinon en 1994 dans l'objectif d'ouvrir la destination et faciliter le déplacement pour les locaux. La compagnie opère des rotations plusieurs fois par jour et des décollages de nuit sont disponibles 7j/7 pour réaliser des vols médicaux vers Saint-Martin, Guadeloupe ou Martinique.

TOP LOC

Aéroport de Saint-Jean
✆ +590 590 29 02 02
www.toplocstbarth.com
Ouvert tous les jours de 8h à 18h. Location à partir de 44 € par jour.

Pour profiter des routes de Saint-Barth, il vaut mieux une petite citadine qu'un SUV encombrant. C'est le pari de Top Loc, qui propose à la location une flotte de petites voitures adaptées à la conduite en toute sécurité. Top Loc est également le premier loueur de Saint-Barth à proposer autant de modèles de véhicules électriques, afin de respecter l'environnement fragile des Caraïbes. Et pour ceux qui veulent vivre la dolce vita à la saint-barthinoise, Top Loc peut également louer la célèbre Mini Cooper. Réservation à l'avance conseillée en haute saison.

WEST INDIES HELICOPTERS

Aéroport de Saint-Barthélemy-Rémy-de-Haenen
✆ +590 590 77 80 00
www.westindies-helicopters.com
Transferts privés inter-îles et tours de l'île [10, 20, 30 min et une heure] à partir de 600 € pour 1 à 5 personnes.

Vous reconnaîtrez forcément ce petit papillon orange au nom de West Indies Helicopters qui virevolte au-dessus des îles... Ses couleurs chatoyantes vous invitent à bord pour butiner d'îles en îles [charter] de la manière la plus agréable possible, sans les contraintes du transfert aérien. Estelle et Jérôme sont des passionnés de Saint-Barth et souhaitent rendre accessibles les trajets dans les airs par hélicoptères. Leurs prestations sont uniques. C'est à ce jour la seule compagnie à proposer des tours, des découvertes et même un côté utilitaire.

HÔTEL LE VILLAGE ST BARTH €€

Colline de St. Jean
✆ +590 590 27 61 39
www.levillagestbarth.fr
Chambre double à partir de 190 €.

Un lieu qui aime recevoir. Une atmosphère unique faite de sympathie et d'élégance et ce depuis 50 ans. L'art de vivre s'y conjugue au pluriel : vue imprenable sur la baie de Saint-Jean, la proximité du centre animé [à 100 m de la mer] et un endroit charmant où les cottages se fondent dans la végétation luxuriante. Chacune des chambres dispose d'une cuisine équipée, d'une terrasse pour contempler l'horizon azuréen. La très belle piscine à débordement se confond avec la mer au loin.

LES ÎLETS DE LA PLAGE €€

Plage de Saint-Jean
✆ 0590 27 88 57
www.lesilets.com
Tarif villa à partir de 320 €.

Ici on sait cultiver le « vivre Saint-Barth d'antan ». De manière décontractée, on vous accueille dans ce ravissant complexe composé de 11 villas. Face à mer, les pieds dans le sable blanc, les villas plage n'ont qu'un seul but, celui de la décontraction totale. Dans le pur style caribéen, c'est l'évasion à l'état pur ! Equipement très rationnel avec terrasse privative en teck, cuisine, chambre climatisée, wifi... Les îlets de la plage s'avèrent l'idéal pour ceux qui veulent conserver leur indépendance durant leur séjour tout en bénéficiant d'un superbe cadre.

LE PEARL BEACH €€

Plage de Saint-Jean
✆ +590 590 52 81 20
www.pearlbeachstbarth.com
Chambre double à partir de 420 €.

Le Pearl Beach vous promet un séjour exceptionnel au cœur de la baie. C'est quasiment les pieds dans le sable que vous êtes accueilli par une équipe adorable. Un lieu exclusif, un boutique-hôtel luxueux qui privilégie le côté familial et décontracté. Intimistes et nichées dans le jardin secret de l'hôtel, les 14 chambres sont équipées à la perfection. Les couleurs vives de la décoration vont de pair avec le côté branché. Au restaurant-bar, vous rythmez vos journées de délicieux cocktails et vous êtes sur place pour des soirées gourmandes et endiablées...

EDEN ROCK €€€

Baie de Saint Jean
✆ +590 590 29 79 99
www.edenrockhotel.com
Chambre double à partir de 1 900 €.

Une pépite de luxe qui brille sur la mer ! L'hôtel mythique de Saint-Barth, construit par l'aventurier Rémy De Haenen, il y a cinquante ans reste l'un des plus prisés de l'île. Il fait d'ailleurs partie de son identité à part entière car c'est le seul à s'être niché sur un promontoire rocheux juste au-dessus de l'eau cristalline. Cet établissement prestigieux appartient maintenant à la famille Matthews qui a su garder l'âme de la maison : l'art de recevoir, l'art du détail et le goût pour les belles et bonnes choses. La quintessence du luxe !

WIMCO €€€

La Savane
✆ +590 590 51 07 51
www.wimco.com
Ouvert tous les jours de 9h à 19h. À partir de 5 000 $ la semaine.

L'une des agences les plus spécialisées de Saint-Barth, elle vous aide à trouver la perle rare en vous proposant des terrains et villas à la vente et des locations pour des séjours. Selon votre souhait, l'agence sélectionne le lieu où vous souhaitez passer votre séjour. De nombreuses villas sont à disposition, ainsi que des propositions dans des hôtels. Wimco, c'est aussi le spécialiste des locations de luxe dans la Caraïbe, et pas seulement à Saint-Barth, offrant aussi un service de conciergerie haut de gamme pour optimiser votre séjour.

LE JARDIN €

La Savanne
✆ +590 590 27 73 62
Ouvert du lundi au samedi dès 7h. Plat du jour dès 13 €. Sandwicherie à emporter de 5 à 8 €.

Face à l'aéroport, le restaurant le Jardin propose un décollage immédiat pour un repas savoureux dans une ambiance colorée et pleine de verdure. Une case à la décoration multicolore pour voir la vie en rose et déguster une cuisine tutti frutti : salades variées, poissons aux saveurs locales, tartare de crabe, lasagne du jour… Une bonne adresse décontractée avec un service accueillant. Le cadre est lumineux. Il est possible de choisir son sandwich maison à emporter pour les pressés ou en prévision d'un pique-nique sur la plage.

CHEZ JOE AEROSNACK €

Aéroport
✆ +590 590 27 71 40
Ouvert de 7h à 16h30 sauf le dimanche. Plat du jour dès 14 €.

Aux premières loges pour voir le défilé époustouflant des avions. Joe Félix, le propriétaire des lieux, est un Saint-Barthinois passionné d'aviation. Il a crée le premier bar de l'aéroport. Parfait pour déguster un dernier snack avant le grand départ. Ce restaurant, propice aux rencontres, est d'ailleurs le repaire de nombreux habitués qui apprécient les suggestions du jour et le poisson venu directement de deux pêcheurs locaux. Une bonne ambiance conviviale et possibilité de grignoter un snack tout au long de la journée. Service à emporter.

LE PIMENT €

Route de Saline
✆ +590 590 27 53 88
www.lepimentbistro.com
Ouvert du mardi au dimanche de 8h à 2h. Comptez 30 € par personne.

Idéal pour prendre son petit-déjeuner ou bien déjeuner rapidement d'une salade ou un hamburger. A partir de 18h, pimentez votre soirée avec la dégustation de tapas au goût relevé ! Un large choix à partager entre amis pour un apéritif avant une folle soirée. L'ambiance est décontractée et plaît à de nombreux locaux qui viennent s'y retrouver en fin de journée. Et surtout ne partez pas sans avoir découvert la spécialité digestive, la Madeleine, qui contrairement à celle de Proust, n'est pas fait pour raviver des souvenirs d'enfance.

LA CUISINE DE FRED €€

✆ +590 690 75 15 22
www.lacuisinedefred-stbarth.com
Menus à partir de 80 €. Service, 550 € minimum.

Exerçant depuis plusieurs années, Fred est une cheffe à domicile passionnée. Elle se chargera de vous cuisiner de bons petits plats directement chez vous. Le luxe ultime : elle laisse libre cours à votre imagination et se charge de réaliser vos rêves gustatifs ou vous propose un grand choix de menus comme Sud de la France, Dégustation, Caraïbes, le menu asiatique, le menu sans gluten… De plus, la chef ne travaille qu'avec des produits de très bonne qualité. Des prestations culinaires de haut vol sont au rendez-vous et surtout, sans stress pour vous.

KIKI E MO €€

Route de Saint-Jean
✆ +590 590 27 90 65
www.kikiemo.com
Ouvert tous les jours de 9h à 19h. Comptez 20 € par personne.

On pourrait passer sa journée chez Kiki e Mo, car du petit-déjeuner au snack, au plat du jour, tout est gorgé de soleil et de belles saveurs ! Ce traiteur, qui se déplace aussi à domicile, est spécialisé dans la cuisine italienne et méditerranéenne avec une touche locale. Des recettes très saines autour de son bar à jus et à salades. Vous trouverez aussi le midi tout pour vous restaurer : tacos, bruschettas, baguettes et paninis. Tous les ingrédients sont pétillants de fraîcheur. Les locaux affectionnent cet endroit qui permet de prendre soin de son alimentation.

LIL' ROCK SAINT-BARTH €€

Baie de Saint-Jean
✆ +590 690 40 56 62
www.lilrockbeach.com
Ouvert tous les jours de 11h à 18h30. Comptez 40 € par personne.

On en pince pour Lil'Rock ! Ce Beach Bar a tous les atouts : les tables au bord de l'eau surplombant le Lagon offrent une vue exceptionnelle sur la baie de Saint-Jean. Le cadre est décontracté en journée, l'ambiance un peu bohème chic une fois le soleil couché. Un paradis de douceur aux tonalités caribéennes où l'on vient déguster des langoustes grillées, se délecter d'un risotto de langoustines ou savourer des desserts maison. Propice aux moments festifs et chaleureux, on vient faire la fête aux rythmes ensoleillés en s'enivrant de cocktails fruités.

NIKKI BEACH €€

Plage de Saint-Jean ✆ +590 590 27 64 64
www.nikkibeach.com
Ouvert tous les jours de 11h à 19h. Fermeture annuelle en septembre et en octobre. Comptez 80 € par personne.

Le Nikki Beach est installé depuis une quinzaine d'années sur une des plus mythiques et belles plages du monde. C'est une des adresse iconiques de l'île pour ceux qui aiment faire la fête les pieds dans le sable. Ici, décontraction rime avec chic et prestations de qualité. Les saveurs du monde sont mis en valeur dans une carte pleine de fraîcheur avec les fameux plateaux de sushis et sashimis préparés par le chef pour les amoureux de la cuisine japonaise. De nombreuses soirées sont régulièrement organisées. Sans aucun doute un des immanquables de Saint-Barth.

PEARL BEACH €€

Plage de Saint-Jean
✆ +590 590 52 81 20
www.pearlbeachstbarth.com
Ouvert le lundi de 7h30 à 16h et du mardi au dimanche de 7h30 à 22h. Comptez 50 € par personne.

Quelle que soit votre envie, boire un cocktail en pleine journée les pieds dans l'eau, danser en soirée sur la sable chaud ou déguster une langouste fraîche, ce restaurant est l'un des sites les plus réputés de l'île, fréquenté par les locaux. La carte est plus orientée vers les saveurs méditerranéennes et tropicales, avec un ceviche de mahi-mahi et fruit de la passion, une salade de poulpe et wakamé, des *linguine alle vongole*, etc. Les desserts maisons sont originaux et faits maison, comme la tarte au citron *yuzu*. La réservation est vivement conseillée.

ZION ST BARTH €€

Centre Vaval
✆ +590 590 27 63 62
www.zion-sbh.com
Ouvert du lundi au samedi de 18h30 à 22h. Comptez 60 € par personne.

Pousser la porte du Zion, c'est partir à la découverte d'une cuisine créative et spontanée. Avec son décor subtile et raffiné, le Zion Saint Barth offre un cadre propice à la détente. La nature comme ornement et des produits minute inspirés par le chef Jean-Baptiste Piard : ris de veau au sirop d'érable, Mahi-Mahi et riz soufflé... Fervent voyageur, son insatiable curiosité confère à ses plats une dimension sans limite. La cuisine se vit de l'intérieur ! D'où le souhait d'ouvrir l'espace cuisine avec la table du chef et la dégustation de 7 plats.

CLUB HOUSE DES BARRACUDAS

La plaine des jeux
✆ +590 690 59 11 99
Ouvert les soirs de match, pour les diffusions en direct et les troisièmes mi-temps.

Pour une soirée décontractée avec les rugbymen de Saint-Barth, tout se joue au Club des Barracudas ! L'accès au site n'est pas réservé qu'aux membres et le club accueille bien volontiers toute personne désireuse de partager bonne humeur et activités. Il propose une bonne programmation d'événements comme des soirées de rediffusion de matchs. Un lieu de rencontre des locaux qui fleure bon l'esprit rugby avec pour valeurs convivialité, chaleur et humanité.

LE GLACIER DE SAINT-BARTH

Route de Saline
✆ +590 590 27 71 30
Ouvert tous les jours de 6h à 23h, le dimanche de 7h à 23h. Comptez 25 € par personne.

Un petit bistro à l'ambiance familiale ! On s'y sent comme à la maison grâce à l'accueil de Manu et Hélène. C'est l'endroit fédérateur pour les amateurs de sport. Ici, 4 écrans géants pour diffuser en continu les évènements sportifs. Les accros de rugby côtoient les fous de foot en toute convivialité. L'essentiel est de s'évader dans la bonne humeur locale. Cerise sur le gâteau, les prix sont abordables et nombreux sont ceux qui viennent s'y retrouver à midi autour du menu du jour.

LE PAPILLON IVRE

Les Amandiers
✆ +590 690 73 25 30
Ouvert du jeudi au mardi de 19h à minuit. Comptez 35 € par personne.

Tout dans ce bar-bistrot rappelle l'univers du vin, du terroir et des bonnes bouteilles ! Tel un papillon, il est plaisant de virevolter de touches fruitées en touches corsées et s'accorder une parenthèse œnologique de grande qualité. La table vous régale avec des saveurs simples et rustiques, comme cette bonne soupe à l'oignon à la crème légère montée au comté, des ravioles du Dauphiné, ou des éclairs à partager. Un concept original qui rappelle que dîner entre amis, partager un bon vin et une bonne cuisine... est l'un des secrets des gens heureux !

SAYOLITA

31 Les Jardins de Saint-Jean

✆ +590 590 27 13 30

Ouvert du mardi au dimanche de 17h à 2h. Tapas de 19h à 22h dès 5 €.

Pour rencontrer des locaux en toute décontraction, se divertissant après leur journée de travail, c'est le spot à ne pas manquer. La nuit tombée, les lumières du bar en surplomb de Saint-Jean agissent comme un phare pour guider les gens de la mer ! Et c'est d'ailleurs le spot préféré des surfeurs, des amoureux de la régate et des fêtards. Il n'est pas rare que l'endroit soit bondé de monde et que la rue devienne la terrasse improvisée du bar. En vogue sans effet de mode, c'est une adresse animée et incontournable avant d'aller en boîte de nuit.

ILÉNA

Villa Créole

✆ +590 590 29 84 05

Fermé de septembre à mi-octobre. Ouvert du lundi au samedi de 10h à 19h.

Iléna est une boutique ultra féminine située à La Villa Créole, qui vous accueillera dans son univers raffiné et élégant. C'est une adresse incontournable si l'on veut trouver les plus belles créations de maillots de bain et de prêt-à-porter « beachware ». Iléna a sélectionné les plus belles marques pour la plage, comme Andres Sarda, Rittrati, Verde Veronica, Argentovivo, Raffaella D'Angelo, etc. La boutique vend également des grandes marques de lingerie. La propriétaire saura vous guider pour trouver la perle rare qui habillera vos vacances.

BAMBOO

Pelican Beach

✆ +590 590 52 08 82

Ouvert tous les jours de 10h à 22h non-stop et le dimanche de 11h à 18h. Fermé en juin et de septembre à mi-octobre.

Y a-t-il un look Saint-Barth ? Nous dirions que oui, et cette boutique de mode reflète la légèreté et la philosophie de vie sur l'île. Les confections sont fraîches, acidulées et donnent envie d'être portées. Bamboo habille toute la famille en favorisant des prix raisonnables. De quoi trouver un tee-shirt Saint-Barth pour rapporter en cadeau, ou des maillots de bain à tester de suite dans le lagon, et pour le côté fantaisie, de multiples accessoires : boucles d'oreilles, chapeaux, ceintures… Isabelle, la gérante, trouvera toujours de quoi vous mettre en valeur.

MARCHÉ U

La Savanne

✆ +590 590 27 68 16

Ouvert du lundi au samedi de 8h à 20h.

C'est le grand supermarché de l'île avec des produits locaux antillais et tous les produits français importés. Le Super U de Saint-Barth est un commerce de proximité où l'on trouve des produits pour tous les goûts. Vous trouverez une boucherie traditionnelle, un rayon de charcuterie traditionnelle et de fromage à la coupe, une cave à vins ainsi qu'une large sélection de fruits et légumes et de produits frais. Le Marché U propose un service traiteur et des plats à emporter. La carte de fidélité, à demander à l'accueil, permet de profiter de nombreux avantages.

FILLES DES ÎLES

Villa Créole

✆ +590 590 29 04 08

Ouvert du lundi au samedi de 10h à 13h et de 15h30 à 19h.

Ouvrez la porte de cette belle boutique de Saint-Jean et découvrez des collections de prêt-à-porter venant de France, du Danemark, de Londres et d'Espagne. Filles des Îles propose une vaste sélection d'accessoires, de bijoux, de chapeaux, des sandales, etc. Cette boutique est également l'endroit idéal où trouver le maillot de bain parfait pour lézarder sur les plages de l'île. Les collections sont régulièrement renouvelées. Les Filles des Iles, c'est une belle sélection originale pour être à l'aise toute l'année à Saint-Barth.

SEA SPICE

Les Amandiers

✆ +590 590 29 64 16

Ouvert du lundi au samedi de 9h à 19h.

Une boutique fondée par des fans de voyage. On y trouve de nombreux objets réalisés par des artistes locaux de différents horizons. Ce qu'on aime, ce sont les produits alimentaires de grande qualité comme les mélanges d'épices réalisés en partenariat avec des chefs résidents sur l'île ou l'extrait de vanille de Le Gall. Ou encore les confitures au goût des îles comme ananas, passion et mangue. Tout est labellisé commerce équitable. Côté artisanat, vous pourrez choisir votre plage en céramique ou en magnet peinte par l'artiste locale Véronique.

SORAYA

Plage Pélican
✆ +590 590 27 64 00
www.maillotsoraya.com
Ouvert tous les jours de 10h à 19h, le dimanche à partir de 11h30.

Prêt pour un plongeon ? Soraya est un prénom qui évoque la joie de vivre et la volupté. Depuis 10 ans, les imprimés déclinés en plusieurs modèles font la réputation de la marque ensoleillée et restent la parure préférée des Miss France. Les collections obéissent à une qualité de grand choix, les tissus sont versatiles et les coupes subliment la silhouette. Chaque année, une collection capsule [série limitée] spécial Saint-Barth est inspirée de ses clientes. La boutique est tenue par la charmante Haby qui vous conseille selon vos envies et votre morphologie.

CARIB WATERPLAY

Plage de Saint-Jean ✆ +33 6 65 95 43 52
www.caribwaterplay.com
Ouvert tous les jours de 9h à 17h30. Location à partir de 20 €. Cours de catamaran à partir de 160 €.

Depuis plus de 30 ans, l'école de Jean-Michel dispense des cours de planche à voile et de catamaran pour les débutants ou les personnes en cours de perfectionnement. Possibilité de louer des surfs, bodyboards, kayaks, paddle-boards, palmes, masques et tubas. Son fils Lucas anime le centre et propose avec son équipe une gamme de leçons pour toutes les activités nautiques. Vous pourrez vous familiariser avec le catamaran, le surf ou encore le windsurf. Le spot de rêve sur la plage de Saint-Jean pour ne rien louper de ce que la mer a à vous offrir comme sensations.

CLUB DE RUGBY LES BARRACUDAS

La plaine des jeux
✆ +590 690 59 11 99
Ouvert à tous après les matchs et selon les évènements.

Un club de rugby qui existe depuis 20 ans, récemment champion de Guadeloupe, aux valeurs familiales qu'il transmet avec passion. C'est le seul club dans les Caraïbes qui réunit une grande famille de 150 personnes autour d'une école de rugby, une équipe de seniors « les Barracudas », une équipe de vétérans les « Poissons Clowns » et, depuis 2017, une équipe de féminine « les Rascasses » ! Paul, l'entraîneur des équipes féminines et des seniors, veille à faire perdurer la bonne humeur.

EDEN ROCK SPA BY LIGNE ST BARTH

Eden Rock
✆ +590 590 29 79 99
www.lignestbarth.com
Sur rendez-vous.

Imaginez l'un des hôtels les plus cotés de l'île s'associer avec la ligne de soins la plus fameuse de Saint-Barth et vous obtenez un spa qui allie élégance et douceur caribéenne. C'est le seul établissement à proposer des massages utilisant les produits, élaborés sur l'île, de Ligne Saint-Barth. Les prix proposés sont assez élevés, mais l'originalité et la qualité des prestations valent le détour. L'établissement utilise même des fruits frais pour certains soins !

HOOKIPA SURF SHOP

Route de Saline
✆ +590 590 27 71 31
Du lundi au samedi de 9h à 19 et le dimanche de 10h à midi.

Tout pour être au top en bord de plage et dans la mer ! Le magasin de vêtements et de matériel de sports aquatiques est bien connu des habitués de l'île. Un spot où l'on trouve une large gamme de très belles planches de surf en bois et des bodyboards. Les conseils avisés des vendeurs vous orienteront selon votre niveau et l'usage que vous souhaitez faire de votre matériel nautique. Avant de vous lancer, vous pouvez opter pour de la location. La boutique propose également des accessoires, vêtements et équipements pour la chasse sous-marine...

MODJO

Centre Vaval
✆ +590 590 29 75 69
Ouvert du dimanche au jeudi de 19h à 2h, du vendredi au samedi de 19h à 5h.

Le Modjo vient du Blues, c'est au sens large un terme signifiant « avoir la pêche », être en super forme pour vivre une nuit de folie en faisant la fête. L'ambiance est dans style *old school*. De 6h du matin jusqu'à 5h le lendemain, il est possible de vivre une expérience Modjo grâce au concept bien pensé par les gérants : petit-déjeuner ou snack en matinée, restaurant et bar la Terrasse en soirée et club pour se divertir ! Trois identités ayant pour seul but de partager de bons moments et se retrouver. Une adresse culte depuis 2014.

ANSE DES CAYES ★★★

Un super spot pour les surfeurs avec ses rouleaux. Anse des Cayes reste très sauvage et, comme son nom l'indique, elle est rocailleuse [cayes = cailloux]. Ses fonds sont recouverts de coraux. Les plongeurs et baigneurs peuvent profiter du saisissant paysage et se risquer avec prudence dans les eaux parfois agitées et habitées d'oursins. Des hôtels comme le prestigieux Manapany et des chambres d'hôtes ont choisi les hauteurs d'Anse des Cayes pour la tranquillité des lieux. Ils respectent la quiétude et s'intègrent dans la topographie littorale. Privilégiez les promenades en bord de mer pour profiter de l'air vivifiant venu de l'Atlantique !

MANAPANY €€€

Plage d'Anse des Cayes ✆ +590 590 27 66 55
www.hotelmanapany-stbarth.com
Labellisé « Clef Verte ». 43 chambres. Tarifs par nuit selon la saison et la catégorie de chambre dès 550 €.

Revenir aux origines, voilà la promesse que le groupe B Signature s'est engagé à respecter. Un retour aux sources avec l'utilisation de matériaux nobles : tuiles en bois - *guapa* -, mur blanc. Une conscience environnementale est voulue avec les panneaux solaires, la station de désalinisation et d'épuration. On se déplace les pieds dans le sable avec légèreté et insouciance du restaurant à la plage, en traversant des jardins luxuriants omniprésents. Des chambres et suites de 25 à 50 m² émane un luxe discret. Prolongez cette bulle de sérénité avec le magnifique spa.

LE NID D'AIGLE SAINT BARTH €

Anse des Cayes
✆ 06 90 55 90 09
1 chambre double. À partir de 150 € la nuit [haute saison]. Petit déjeuner compris. 2 nuits minimum.

Sur les hauteurs de l'Anse des Cayes, Ginette Gréaux a décidé, dans les années 2000, d'ouvrir sa maison aux visiteurs de passage. De retour sur l'île, son fils Jean-Louis reprend sa mission. Ce qui fait la différence ici, c'est l'accueil qu'il vous réserve. La chambre est spacieuse, bien décorée, équipée d'un coin kitchenette avec micro-ondes, réfrigérateur et plaque de cuisson. Sans parler de la vue panoramique sur les Mornes et les eaux turquoise jusqu'à la pointe Milou.

CHEZ YVON €

✆ +590 590 29 86 81
Ouvert tous les jours midi et soir, sauf le dimanche. Comptez 20 € par personne.

Yvon et son épouse favorisent une cuisine maison et généreuse depuis 1997. Le restaurant familial est bien connu de la population locale pour savourer le plat et le poisson du jour. Dans la salle pleine de couleurs fraîches et de photos-souvenirs des voyages du couple, on vous sert les meilleures frites maison et le plus délicieux flan coco de l'île ! Les acras sont à tomber et il est plaisant de déguster une cuisine authentique comme les gambas au cognac ou le filet de daurade. Un duo attachant dont la cuisine mérite le slogan « Chez Yvon tout est bon ».

SAINT-BARTHÉLEMY

© CHRISTIAN GRAUGART - SHUTTERSTOCK.COM

La plage de Saint-Jean.

MANAPANY €€

Plage d'Anse des Cayes
✆ +590 590 27 66 55
www.hotelmanapany-stbarth.com
Ouvert tous les jours de 7h30 à 10h30, de midi à 14h30 et de 19h à 21h30. Comptez environ 60 € par personne.

Ici on pourra sentir les grains de sable caresser délicatement nos pieds nus tout en dégustant les mets du chef Edouard Fabius. Un décor comme celui de l'Anse des Cayes inspire forcément la mise en valeur des produits de la mer. L'aïoli de mahi-mahi, les gambas sauce abricot ou encore les *taglioni* à la langouste illustrent à la perfection la symbiose des éléments. La carte reflète les saveurs subtiles des îles que l'on marie avec légèreté et fraîcheur. Un côté élégant surfe sur le restaurant Manapany qui nous garantit un pur moment d'évasion culinaire.

MANAPANY SPA

Plage d'Anse des Cayes
✆ +590 590 27 52 12
www.hotelmanapany-stbarth.com
Ouvert tous les jours de 10h à 20h. Soin du corps à partir de 65 €.

Un des meilleurs spas de l'île. Les adeptes du spa vivront une expérience unique face à la mer. Qu'il s'agisse de peaufiner son teint lumineux ou d'apprendre à lâcher prise et prendre soin de soi, le Manapany Spa cumule de nombreux atouts : piscine au bord de la mer, salle de détente, 4 cabines cocooning, un coiffeur et des cosmétiques de grande qualité signés Dr. Hauschka (soins bio-esthétiques). S'offrir une parenthèse de volupté dans le calme et la beauté d'Anse les Cayes deviendra vite une nécessité à programmer ! Accessible aux non-clients de l'hôtel.

COROSSOL

Le petit village de Corossol reste traditionnel. Des femmes âgées travaillent les feuilles de latanier pour leurs ouvrages de vannerie et perpétuent ainsi la tradition. Le langage typique, les couleurs des bateaux, l'environnement local, la simplicité des maisons participent à sa beauté. La baie de Corossol abrite les *doris*, les embarcations traditionnelles de pêcheurs de 3 ou 4 mètres. Sur place, les habitants défendent leurs traditions et organisent chaque année la Fête du Saint-Patron en août. Corossol, c'est l'âme authentique de Saint-Barth, sans superflu ! Vous fondrez pour le coucher de soleil qui enveloppe la baie de ses rayons délicats.

ALC ASSOCIATION

✆ +590 690 55 20 82
Calendrier des événements à consulter sur la page Facebook.

Une association qui ne manque pas d'idées et de bonne volonté pour faire perdurer les traditions de Corossol. Une vingtaine de membres et de nombreux bénévoles déploient toute leur énergie autour du président, M. Bernier, pour faire vibrer ce village. Depuis sa création en 1983, les initiatives se perpétuent comme l'organisation de la Fête de Corossol en août, des ateliers thématiques, le Carnaval... L'objectif est de promouvoir et défendre l'identité du village, l'unifier et le rendre dynamique tout en préservant les traditions (comme le patois encore parlé).

© COMITÉ TERRITORIAL DU TOURISME DE SAINT-BARTHÉLEMY

Bateaux au mouillage à Corossol.

LE REGAL €

Entrée du bourg

+590 590 27 85 26

Ouvert du mardi au samedi. Comptez 20 € par personne.

Lorsque vous pénétrez à Corossol, vous découvrez l'âme de Saint-Barth. Un village qui sait garder ses valeurs et Le Régal est le bistrot de quartier où les locaux se retrouvent autour d'un plat du coin dans la plus grande simplicité. C'est aussi le « bar des sports » du quartier avec une affection pour les footballeurs de la métropole qui aiment se rendre dans cet endroit typique et vrai. La cuisine créole vous ensoleillera avec les accras, la fricassée de chatrou, riz, pois d'Angole ou encore le ragoût de lambis. Gardez une place pour le gâteau de la Mamie Marie !

LA SAINTOISE €

+590 590 27 68 70

Ouvert du mardi au dimanche de 18h à 22h. Pizza entre 13 et 21 €.

Nous sommes guidés par l'odeur attirante de la pâte cuite au feu de bois. Et pas n'importe lequel ! Celui parfumé du quenetier et du tamarin. Cela confère un goût particulier aux pizzas qui sont très copieuses et inventives, pas moins de 20 sortes dont les plus originales au poisson du jour. Selon les arrivages, la pizza se décline au requin, au mahi-mahi, à la langouste ! Alan et Katia se sont installés en 2013 et veillent à faire perdurer cette histoire de famille, car depuis 20 ans le four à pizza régale les insulaires et les gens de passage parfois célèbres !

ÉPICERIE DE COROSSOL

+590 590 52 04 87

Ouvert du lundi au samedi non stop de de 6h30 à 19h30, le dimanche de 7h à 12h30.

Le rendez-vous pour les petites courses du village ou pour les gens de passage. L'accueil est très sympathique et l'essentiel se trouve dans la boutique [alimentaire et autre]. La petite épicerie ouvrant sur une grande terrasse dans la descente vers la plage de Corossol. Les locaux se plaisent à discuter ensemble dans ce point stratégique de passage. Une petite restauration très abordable composée de sandwichs, paninis salés et sucrés viennent compléter l'offre de cette épicerie de quartier. Il est également possible de grignoter sur place.

MAGALIE WEB

+590 690 39 39 19

www.magaliweb.com

Ouvert du lundi au vendredi de 8h à 18h.

Magali a vécu aux 4 coins du monde avant d'arriver à Saint-Barth en 2007. Elle est passionnée par la photographie, plus particulièrement par la nature, la macrophotographie, et le monde sous-marin. Saint-Barth est donc une source d'inspiration perpétuelle pour cette généreuse photographe et vidéaste ! Magali est également une spécialiste de la communication digitale : de l'audit d'un site à la gestion des réseaux sociaux en passant par la création d'un site. Par sa collaboration avec le Petit Futé, c'est d'expérience que nous la conseillons.

PUBLIC

C'est un petit village, autrefois très rural et bordé d'un étang salin, qui a bien changé ! L'anse est plutôt connue comme la zone industrielle et assure des fonctions vitales pour l'île de Saint-Barth : usine de production électrique, production d'eau, stockage du gasoil, et bien sûr le port de commerce ! Sa plage très familiale garde un certain charme et reste méconnue des touristes. Le restaurant israélien Sella est le seul du quartier et propose une vue panoramique sur la baie. L'école de voile vous propose des bateaux en location. C'est aussi un spot culturel avec le Domaine Félicité qui retrace l'histoire du quartier de Public et de toute la vie d'antan.

© SEAN PAVONE - SHUTTERSTOCK.COM

Vue sur Public.

DOMAINE FÉLICITÉ

✆ +590 590 27 67 11

Ouvert le mercredi, le samedi et le dimanche de 15h à 18h. 10 € l'entrée.

Une mine de ressources, comme un miroir sur le passé qui montre l'attachement des hommes pour leurs traditions. Il relate la vie des occupants dans leur environnement depuis le XVIIe siècle. Le Domaine Félicité, ce sont deux siècles d'histoire qui se découvrent au fil d'une visite alliant passage dans les cases traditionnelles et promenade dans un magnifique jardin botanique. Un travail titanesque que ce frère et cette sœur passionnés, Alain et Arlette Magras, ont eu à cœur de réaliser dans le seul but de partager et de faire perdurer la mémoire de Saint-Barth. Sur 4 000 m^2, la promenade sera dense en anecdotes familiales. Une séquence émotion pleine de confidences et de pointes nostalgiques vous attend. Les récits des initiateurs sont précis et vibrants de souvenirs. Des objets familiaux, des objets références, des photos, des plans d'urbanisme, des peintures en héritage, qui ont suscité des années de recherches et d'expertises généalogiques et botaniques.

L'histoire du Domaine :

Le grand-père d'Arlette et Alain, Joseph Alexis Magras, acquit le grand domaine de 28 ha en 1918. Ces terres arides et rocailleuses étaient consacrées à la culture [maïs, arbres fruitiers] et à l'élevage [plus de 100 chèvres que le grand-père connaissait toutes !]. A l'époque, la vie était dure et l'éducation sévère. La journée était cadencée de tâches que les sept enfants de Joseph et son épouse Anastasie effectuaient sans rechigner ! Ici, « l'écran était la nature », la télévision n'existait pas et le terrain de jeu était l'extérieur. Sans doute que cela a influencé Alain pour la partie jardin. En remontant encore le temps, on apprendra que la première maison du Domaine fut construite par M. Johan Norderling [gouverneur suédois] en 1820. Le nom de la propriété viendrait de cette époque. Les fondations datant de deux siècles sont encore visibles ! Le Domaine de Félicité aura vu passer quatre gouverneurs suédois, deux maires et une famille de commerçants.

Le jardin :

«Le bout du monde et le fond du jardin contiennent la même quantité de merveilles » disait l'écrivain Christian Bobin. La visite se veut inspirante et relaxante. Une évasion bucolique insoupçonnée entre le croisement de Corossol et La Tourmente. Le charme opère dès les premiers pas sur le petit sentier qui serpente parmi les 300 essences de plantes, arbustes, arbres et fleurs. Les plus populaires sont le poirier rose, le quenettier, le gommier, les bougainvilliers, le papayer. Le plus spectaculaire, et qui inspire le respect, est sans doute le cordia, mapou rouge, planté il y a 200 ans par le gouverneur Johan Norderling. Les odeurs nous transpercent, le toucher des feuilles nous révèle leur texture et le ballet des papillons sur les orchidées pays nous exalte. D'un geste naturel, Arlette et Alain enlèvent au passage les mauvaises herbes et nous témoignent de leur affection pour les moments de jeu dans les cabanes entre les rochers. De ces mêmes rochers jaillissent des cascades d'eau reliant tous les éléments de la nature.

La visite des cases :

On passe de case en case après avoir sillonné le jardin. Outre l'intérêt de la construction elle-même de ces habitations traditionnelles [dont l'une fut déplacée et remontée sur place], les salles thématiques abordent tous les sujets liés au passé de l'île et de la famille. Une âme se dégage de chaque espace ! On commence la visite par l'accueil et la « Boutique Bazar vide poche » du nom de la première boutique ouverte sur île par l'arrière-grand-mère, puis la Case de Bas avec la Salle Norderling relatant la période suédoise de 1784 à 1878, la Salle Deveau avec les origines et les généalogies des familles de l'île, la Maison de Mlle Henriette avec tous les souvenirs liés à l'école et à l'institutrice, grand-tante de la famille. La Cuisine Mary nous plonge dans une cuisine d'époque avec l'élément phare : le foyer pour la cuisson au charbon. La Salle est liée à la marine et permet de découvrir la fabrication d'une pirogue ou encore le premier canot « Strada » de la famille, l'histoire des marins et des goélettes. La Salle des Métiers nous livre une belle collection d'outils anciens comme le rabot qui servait à fabriquer les gouttières en bois, la Salle Zulma [ancêtre de la lignée du père] se consacre à l'époque de 1860 à 1944 avec la rétrospective du commerce à Saint-Barth. Enfin la Salle familiale présente l'intimité et la vie de la famille : berceau des enfants, jeux, travaux de couture et de crochet, bibliothèque, objets du quotidien.

Les traditions à découvrir :

Le tressage de la paille est une tradition qui perdure très modestement sur l'île [quelques femmes exercent encore du côté de Corossol]. Ce savoir-faire a pourtant fait la renommée de l'île et a donné du travail aux femmes durant le siècle dernier. Dans la Salle des Métiers, vous découvrez la dizaine de types de tressage [tresse à trous, tresse à boutons, tresse à mailles, tresse à dents...]. C'est une technique très minutieuse, car il faut ouvrir les feuilles de latanier, les faire sécher au soleil de manière homogène pour éviter les taches, et dissocier les feuilles pour le tressage. L'artisanat était différent selon si l'on était du côté de l'île sous le vent ou au vent.

Une autre tradition était, pour les dames, de porter la coiffe traditionnelle, la calèche. Aussi appelée quichenotte, c'est une large coiffe blanche. Deux types sont exposés : la calèche à platine, faite de tresses cousues entre elles, et la calèche à bâtons faite de fines baguettes de bois insérées dans le tissu.

SELLA ST BARTH €€

Plage de Public
✆ +590 690 56 15 22
www.sellasaintbarth.com
Ouvert du lundi au samedi de 19h à 1h. Comptez environ 70 € par personne.

Un cadre idyllique où le bois se mélange à merveille avec la douceur de la mer. Ce restaurant israélien a ouvert ses portes en mars 2022, à la place du restaurant historique de Public, le Maya's. La grande terrasse qui surplombe la baie a été entièrement rénovée. Aux commandes des cuisines, le célèbre chef Assaf Granit revisite les classiques de la gastronomie moyen-orientale : fattoush, lhamacun, etc. Le Sella propose également des créations originales, comme le poulpe glacé à l'amba (une sauce à la mangue) et au sirop d'érable. Réservation conseillée.

SAINT-BARTH YACHT CLUB

Plage de Public
✆ +590 590 27 70 41
www.stbarthyachtclub.com
Cours de voile pour les plus jeunes le mercredi et samedi. A partir de 150 € par trimestre.

Saint-Barth est propice à l'apprentissage de la voile. La mer s'offre à vous et vous invite à faire corps avec cet élément grâce à la technique que l'Ecole de voile vous apprendra. Affiliée à la Fédération française de voile, c'est une association à but non lucratif. Vous pouvez bénéficier de cours ou simplement louer un dériveur, kayak ou paddle par exemple. Sur place une boutique propose une gamme de produits dérivés aux couleurs du Club. L'ambiance sportive est très communicative. L'association participe à de nombreuses organisations de régates durant l'année.

FLAMANDS

De l'autre côté de Petite-Anse par rapport à la Pointe-à-Colombier, un site aux eaux turquoise très bien préservé malgré son accès assez aisé (la route arrive au bord est de l'anse). Le village reste très typique et les habitants entretiennent les traditions de Saint-Barth. Si de nombreuses infrastructures hôtelières se fondent dans le paysage, certains affichent discrètement le prestige du luxe en bout de plage. Le sable blanc et la clarté de l'eau vous invitent à musarder pendant des heures. La houle et le vent favorisent les sports nautiques et la baignade peut être agitée. De belles promenades vous offrent un panorama sur l'île Bonhomme au large.

PLAGE FLAMANDS ★★★

Plage des Flamands
Accès libre.

Superbe plage de sable blanc et fin. C'est également la plus grande de l'île que l'on affectionne pour ses eaux parfois agitées qui rendent la baignade plus sportive. Un vrai bain à remous naturel ! De nombreuses activités ont lieu sur la plage en pleine saison, ce qui rend l'endroit animé et apprécié aussi bien des touristes des hôtels que des locaux. Elle est connue pour ses vagues qui attirent les surfeurs confirmés. Attention toutefois lors des baignades car le lit de sable descend à pic et on perd vite pied. La vague pourrait vous surprendre !

SAINT-BARTHÉLEMY

© MAGALI COUAILLET

La longue plage de Flamands.

AUBERGE DE TERRE NEUVE €

Route de Flamands
✆ +590 590 27 75 32
www.aubergedeterreneuve.com
Chambre double à partir de 130 €.

Une adresse parfaite pour ceux qui voudraient éviter les hôtels haut de gamme. Dix bungalows créoles, plantés face à la mer au-dessus de Flamands avec la plage à quelques pas. Tout le confort pour les petits budgets : salle de bains, télévision câblée, minibar, wifi et cuisine. Service blanchisserie sur demande et navette vers aéroport. Le lieu est très calme et vous avez au choix des bungalows avec vue sur mer ou côté jardin. Cette propriété familiale donne envie d'y séjourner simplement comme dans une résidence secondaire ! Vue magnifique depuis l'auberge.

CHEVAL BLANC ST. BARTH ISLE DE FRANCE €€€

Baie des Flamands
✆ +590 590 27 61 81
www.chevalblanc.com
Chambre double à partir de 750 €.

Cet hôtel très luxueux de quarante chambres et villas se situe à l'anse des Flamands, réputée pour sa plage de sable blanc fin. La décoration remaniée par Jacques Grange en 2018, apporte équilibre et nouvelle harmonie à cette maison de charme. Les meubles en rotin habillent discrètement d'exotisme les suites. L'emplacement panoramique est idéal si vous souhaitez combiner douceur et volupté, Les chambres spacieuses ont une vue sur l'océan Atlantique ou la palmeraie.

HÔTEL BAIE DES ANGES €€

Baie des Flamands
✆ +590 590 27 63 61
www.hotel-baie-des-anges.fr
Chambre double à partir de 290 €.

Voilà un bel exemple d'hôtel familial tenu par des gens du cru. Annie et sa famille ont bien raison de défendre leur île. Ils prônent un tourisme familial et non standardisé. Lové sur la magnifique plage de Flamands, l'hôtel est un petit nid douillet pour être aux anges ! Il a du caractère et qui peut s'enorgueillir d'avoir deux piscines et un restaurant. Une partie de l'hôtel est composée de dix chambres-studios tout confort avec une vue imprenable sur l'eau turquoise de Flamands. Les suites sont de très haut standing avec un excellent rapport qualité-prix.

AUBERGE DE LA PETITE ANSE €

1 Petite Anse
✆ +590 590 27 64 89
www.auberge-petite-anse.com
Chambre double à partir de 140 €.

Suger, le propriétaire, propose 16 bungalows très confortables, avec une vue à couper le souffle sur la partie sauvage de Flamands. En surplomb de la falaise, vous avez la sensation d'être sur le pont d'un grand navire de croisière. Le logement bénéficie d'une cuisine équipée et d'une grande terrasse avec une vue magique sur la mer. Les cases colorées peuvent accueillir jusqu'à 4 personnes. La nature toute proche vous tend la main pour une baignade dans la piscine naturelle !

LE P'TIT MORNE €€

Route de Colombier
✆ +590 590 52 95 50
www.timorne.com
Chambre double à partir de 120 €.

Niché sur un morne, ce petit hôtel 3-étoiles, à l'architecture typique de l'île, est composé de chambres standard, supérieures et de luxe. Elles ont toutes, selon la catégorie, une ou deux terrasses avec une vue imprenable sur l'océan. Elles offrent un très bon confort. La chambre New Moon d'inspiration coloniale est, pour notre part, la plus agréable autant pour son confort que pour sa vue panoramique qui permet, entre autres, d'admirer le spectacle des baleines à partir de février. Très calme car assez loin du centre économique de l'île.

LES SUCRIERS COTTAGES €

Quartier Merlette
✆ 0690 61 20 77
www.sucrierscottages.com
2 cottages. De 140 € à 380 € la nuit selon la saison.

Un appel à la détente et l'évasion tropicale ! Les deux cottages offrent un confort douillet (cuisine équipée, salon et belle chambre climatisés) pour vivre comme à la maison à Saint-Barth. Armelle connaît bien son île et vous transmet avec générosité, passion et une grande joie de vivre l'envie de saisir la subtilité de Saint-Barth. Dans ce cocon très cosy et lumineux, vous vous délecterez sur la terrasse du passage intrigant des tortues ou de l'envol des petits sucriers. Un hymne à la douceur des Caraïbes dans un cottage minutieusement décoré et agencé.

CHEZ ROLANDE €

A l'entrée du village de Flamands
✆ +590 590 27 51 42
Ouvert du vendredi au mercredi, midi et soir.

Sous les flamboyants géants, Rolande vous promet une cuisine créole de qualité et un confort en terrasse d'une rare quiétude et authenticité. Coin pour les enfants, hamac pour une sieste après un bon repas. Commencez donc par un cocktail du jour, comme le Doudou mangue coco à base de fruits frais. C'est avec amour qu'elle vous propose d'excellentes recettes créoles (langouste, assiette créole, fricassées, ragoûts…) servie dans le jardin champêtre tropical d'une petite case créole. Plein d'exotisme, c'est un arrêt conseillé en direction de la plage de Flamands.

LES BANANIERS €€

Route de Colombier
✆ +590 590 27 93 48
Ouvert du lundi au samedi de midi à 22h, le samedi à partir de 18h30. Pizza de 12 à 22 €. À la carte, comptez 30 €.

Un nom exotique très alléchant. On s'imagine déjà dans une bananeraie... Et pourtant le cadre est très contemporain. L'ambiance y est chaleureuse et intimiste sur la terrasse bien ventilée. Les locaux connaissent bien cette adresse pour les menus du jour. Une cuisine française de qualité, qui vaut le détour comme le Parmentier de canard ou la lotte à la crème d'ail, les papillotes de mahi et également des pizzas sur place et à emporter. Les plats du jour sont variés et le café gourmand récompense ceux qui auront opté pour un plat léger.

LA CASE DE L'ISLE €€€

Hotel Cheval Blanc St-Barth Isle de France
✆ +590 590 27 61 81
www.chevalblanc.com
Ouvert tous les jours de 7h à 10h30, de 12h à 14h30 et de 19h à 21h30. Comptez environ 80 € par personne.

Il s'agit du restaurant de l'hôtel Cheval Blanc St-Barth Isle de France. Le midi, vous déjeunez au bord de la piscine ou sur la plage dans un style chic mais décontracté. Du petit déjeuner au dîner, vous succombez dans cet univers de mer et de sable à la cuisine raffinée et légère du chef Jean Imbert. Moment prometteur de délices, la Case est un véritable enchantement des sens. Les touches d'épices, de cacao, les poissons locaux donnent matière à de belles créations culinaires. Une explosion de saveurs colorées. Un des hauts lieux de la gastronomie de l'île !

COLOMBIER

Sans doute l'un des plus beaux sites de l'île ! C'est une plage qui se mérite et elle en vaut la peine. Eau translucide, la baie est préservée. On aperçoit seulement l'ancienne demeure de Rockfeller qui se fond dans la nature. De nombreux bateaux choisissent le mouillage dans cette réserve naturelle. Côté flamand, après une petite randonnée à flanc de falaises, vous rejoignez la baie de Colombier. Le spectacle est grandiose et d'une beauté authentique. Le village de Colombier abrite des lieux de villégiatures, boutiques-hôtels discrets et de famille. Le belvédère sur les hauteurs du village vaut le détour pour son point de vue panoramique.

SAINT-BARTHÉLEMY

© COMITÉ TERRITORIAL DU TOURISME DE SAINT-BARTHÉLEMY

L'anse de Colombier.

© CHRISTIAN GRAUGART - SHUTTERSTOCK.COM

Plage Colombier.

PLAGE COLOMBIER ★★

Colombier

Réserve naturelle : zone de mouillage réglementée.

C'est l'une des plus belles criques de Saint-Barth. A la pointe ouest de l'île, une plage protégée car difficile d'accès : une petite demi-heure de marche sur un sentier pédestre de Petite Anse ou de Colombier ou bien par bateau comme pour la plupart de ses amateurs. Ses eaux turquoise et limpides sont idéales pour le snorkeling. La quiétude du lieu favorise un lâcher-prise total. Se baigner à Colombier, c'est vivre un moment unique dans une beauté immaculée. La nature est très bien préservée et vous rencontrerez sans doute des cactus « tête à l'anglais ».

FRANÇOIS PLANTATION €€€

Route de Colombier

✆ +590 590 77 53 06

www.saint-barth.villamarie.fr

Ouvert tous les jours de 7h30 à 9h30, de midi à 14h30 et de 19h à 21h30. Comptez environ 80 € par personne.

Vous êtes déjà dans un décor idyllique, mais l'éblouissement atteint des sommets au François Plantation. Un cadre illustre aux teintes et à la décoration coloniale. Le jaune flamboyant utilisé par touches vient agrémenter l'univers boisé. Un lieu de prédilection pour les gourmets et passionnés d'univers raffinés. La subtilité est sans doute l'art par excellence de la maison. Le mariage des odeurs, des épices explosent en bouche dans les plats « signature » : aubergine fumée, risotto à la truffe, suprême de volaille, etc. Une adresse enchanteresse !

VILLA MARIE SAINT-BARTH €€€

Route de Colombier ✆ +590 590 77 52 52

www.saint-barth.villamarie.fr

Chambre double à partir de 350 €.

Véritable invitation à la détente et à l'exotisme, la Villa Marie Saint-Barth assure des vacances exceptionnelles dans un luxe non ostentatoire. Sur les hauteurs de Colombier, dans un écrin verdoyant de plantes tropicales, les chambres s'articulent discrètement dans le parc pour préserver votre intimité. Le style harmonieux respecte les tonalités coloniales avec des touches subtiles de couleurs chatoyantes comme le jaune vif qui illumine les bois soyeux de l'ameublement. L'art de vivre à la française se confond à merveille avec l'apaisante félicité des Caraïbes.

LA PETITE COLOMBE

Route de Colombier

✆ +590 590 27 95 27

Ouvert tous les jours de 5h30 à 13h30.

Les bonnes odeurs de pain frais nous mettent l'eau à la bouche dès le pied posé dans la cour ! La boulangerie propose de beaux assortiments de pâtisseries et du pain croustillant à souhait. Pour le côté gourmand, croquez dans un chausson aux pommes : la surprise sera de trouver une vraie pomme et non de la compote ! Les glaces maison sont exquises, particulièrement la mangue au goût des îles : fruitée et douce. L'accueil est très sympathique et toujours avec le sourire. On apprécie le coin terrasse pour la dégustation du petit café du matin ou la pause déjeuner.

LORIENT ★★★

Carrefour important et fréquenté, Lorient dessert tout l'est de l'île. Le bourg doit son nom, comme on peut le deviner, à des pionniers bretons qui ont planté ici leur drapeau gwenn ha du. C'est la plage des surfeurs très reconnaissable avec la petite cabane de couleurs vives reconstruite après Irma. On peut visiter son cimetière très fleuri, ainsi que son église et son presbytère. Et bien sûr, au même titre que toute l'île, Lorient est sortie de sa quiétude depuis que la dernière demeure de Johnny Hallyday s'y trouve. Sur place, vous trouverez des logements confortables à prix raisonnables même en bord de mer et de quoi vous approvisionner.

PLAGE DE LORIENT ★

Accès libre.

Une partie de la plage est calme et idéale pour les familles avec des « petits bassins » comme les surnomme la population locale, protégés par la barrière de corail. Au large, ses rouleaux sont bénis par les surfeurs. A savoir qu'il faut faire juste quelques brasses pour trouver le sable fin. La plage de Lorient est en fête le week-end début août : la Fête des quartiers du vent, avec de la musique sur la plage et des spécialités locales à déguster. C'est aussi sur cette plage que les fans de Johnny Hallyday se réunissent pour lui rendre hommage.

CIMETIÈRE DE LORIENT ★★

Cimetiere de Lorient

Accès libre.

Ce cimetière marin est typique de l'île. Les petites tombes, bordées de sable, sont toutes de blanc vêtues et toujours très colorées de fleurs souvent artificielles. C'est un lieu gai et rayonnant lorsque le soleil se reflète sur les pierres tombales. Johnny Hallyday y repose depuis le 11 décembre 2017. Fleurs et cailloux gravés de messages des fans tapissent le sol. Le soir des petites bougies sont allumées. Si vous visitez le cimetière, c'est bien sûr possible, n'oubliez pas que c'est un lieu de recueillement et pas une attraction.

HOTEL LES MOUETTES €€

Plage de Lorient

✆ +590 590 27 77 91

www.lesmouetteshotel.com

Bungalow pour 2 personnes à partir de 130 €.

Une pépite les pieds dans l'eau ! Sept charmants studios équipés de climatisation, kitchenette et terrasse avec vue sur l'océan vous attendent pour une pause de pure détente. Une belle alternative aux hôtels pour passer un séjour les pieds dans l'eau tout confort. Une offre rare sur l'île que de pouvoir bénéficier d'une location sur la plage. A proximité des commerces et une boulangerie de l'autre côté de la rue. Un endroit très calme, avec une vue époustouflante et un charmant agencement des bungalows. Et surtout un accueil familial qui fait toute la différence !

SAINT-BARTHÉLEMY

© AUTHOR'S IMAGE

Cimetière fleuri de Lorient.

Cabane des surfeurs à Lorient.

© AUTHOR'S IMAGE

LES ISLETS FLEURIS €€

Hauts-de-Lorient

✆ 0590 27 64 22

Ouvert toute l'année. Studios à louer dès 580 € par semaine avec véhicule.

Pour revenir aux sources et privilégier un séjour à l'état pur, sans chichis ! Au sommet d'une colline, au-dessus de la petite commune de Lorient, la vue est grandiose. Les îles offrent six studios et une suite dans un magnifique jardin tropical avec piscine. Tous les studios disposent d'une chambre pour deux personnes, d'une kitchenette et d'une grande terrasse. Une halte idéale pour les amoureux de la nature. Un bon rapport qualité-prix pour cette formule incluant la location d'une voiture. A l'arrivée, vous êtes accueillis à l'aéroport.

CRE'AGE €

Route de la plage

✆ +590 590 29 65 40

Spécialités créoles sur place ou à emporter. Le midi : ribbs 8 €, poulet rôti entier 12 €, accras 10 €.

Les saveurs traditionnelles créoles à ne pas manquer. Il n'est pas toujours évident de trouver des spécialités créoles à emporter et sans prétention lorsque vous passez vos vacances à Saint-Barth. Dans ce petit établissement, on retrouve l'ambiance des grandes îles des Caraïbes avec les accras, le riz créole servi avec des *ribbs* ou des crevettes fricassées. Le soir on repart avec son *bokit* (sandwich au pain frit et fourré) à déguster sur la plage de Lorient à deux pas. On peut même se laisser aller à la gourmandise avec le *bokit* au Nutella.

JOJO BURGER €

Route de la plage

✆ +590 590 27 50 33

Ouvert de 10h à 22h du jeudi au lundi. Burger de 10 à 19 €. Sur place et à emporter.

C'est *the place to be* pour déguster les meilleurs burgers de l'île. Elisabeth et son époux, les gérants depuis plus de 10 ans, aiment créer la surprise avec des recettes insolites et créatives. Les Burgers deviennent gourmets avec du pain maison, des produits de qualité selon les envies. Pour varier les plaisirs, ils n'hésitent pas à composer avec du foie gras, des œufs bio, du poisson du jour. Les desserts sont détonnants comme la rose des sables, et son ananas caramélisé. Le service est rapide et agréable. Les locaux affectionnent ce lieu !

LE BOUCHON €

Centre Oasis

✆ +590 590 27 79 39

Ouvert du lundi au vendredi de 10h à 22h30, le samedi jusqu'à 23h. Comptez environ 25 € par personne.

Très apprécié des locaux pour les menus du jour. Un vaste choix de pizzas, un plat du jour, une carte de snacks très copieuse. Les bagels et les burgers sont originaux et très gourmets. Vous pouvez opter pour le côté mer avec le burger mahi-mahi ou, si les montagnes ou le froid vous manquent, le burger savoyard ! Le chef propose de varier les plaisirs avec des coups de cœur comme les raviolis mahi-mahi maison. Ouvert sur l'extérieur comme un grand kiosque, le Bouchon est toujours animé. De quoi se restaurer pour pas trop cher. Possibilité d'emporter.

LE PORTUGAL À SAINT-BARTH €

Route de Saline

✆ +590 590 29 23 55

Ouvert du mardi au dimanche de 9h à 23h, le dimanche jusqu'à 14h. Comptez 35 € par personne.

Il ne faut pas oublier qu'un quart de la population est d'origine portugaise sur l'île. C'est ici que la communauté portugaise de l'île aime se retrouver. La cuisine lusitanienne est évidemment mise à l'honneur avec la morue cuisinée de multiples façons : au four, *a braz*, à la vapeur ou à la façon Maria. C'est un service simple et une cuisine familiale qui rapproche et donne une ambiance très vivante à ce restaurant. Une idée pour varier de cuisine...

CHOISY BOULANGERIE

Centre de l'oasis

Ouvert tous les jours de 5h30 à 13h.

Le week-end, apprêtez-vous à faire la queue devant cette boulangerie convoitée pour ses délicieuses viennoiseries. Après une baignade ou promenade matinale, pourquoi pas se faire un petit déjeuner simple, mais copieux ? La Boulangerie Choisy à l'Oasis center propose plusieurs formules à petit prix qui invitent à prendre son café du matin à l'extérieur. Pains, viennoiseries, glaces, macarons, sandwiches et paninis sont à consommer tout au long de la journée. Un petit coup de cœur pour la brioche feuilletée au goût de croissant.

CHEZ JOJO

Route de la plage
✆ +590 590 27 63 53
Ouvert du lundi au samedi de 8h à 20h, le dimanche de 9h à 12h30.

Une petite supérette accolée au fameux Jojo Burger, qui sont de véritables institutions pour les locaux de Saint-Barth. On y trouve tous les produits dont on peut avoir besoin, dont du pain et des fromages (bons et affinés !), de l'alcool, etc. L'adresse est reconnue pour sa large gamme de produits bio sélectionnée par Emmanuelle et Maryse depuis le début des années 1990, à l'époque où importer et proposer des produits bio sur l'île était un véritable défi. Les adeptes de nourriture saine y trouveront leur bonheur entre produits bio, sans gluten et végans.

TI'MARCHÉ

Route de la plage
✆ +590 590 52 00 59
Ouvert selon les arrivages par bateau. En général, ouvert du lundi au samedi, le matin et l'après-midi.

C'est le rendez-vous des connaisseurs. Dans cette petite épicerie ouverte seulement les jours d'arrivage des produits frais des Caraïbes, on trouve toutes les saveurs exotiques et gorgées de soleil. Alors, il faut faire vite pour s'approvisionner en bons produits comme les avocats, les mangues, l'eau de coco et autres boissons fraîches. Tout est artisanal, même l'huile de coco, les huiles essentielles et les sirops. C'est un des endroits les plus authentiques de l'île pour trouver les vrais produits des îles. Un accueil très charmant.

LIGNE ST. BARTH

Route de Saline
✆ +590 590 27 82 63
www.lignestbarth.com
Ouvert de 9h à 19h du lundi au samedi et le dimanche de 9h à 13h.

Plonger dans l'élixir de Saint-Barth ! La boutique cosmétique de Saint-Barth par excellence. Il s'agit d'une collection de produits de beauté et soins du corps à base de plantes tropicales exclusivement fabriqués sur l'île. Les créateurs se sont inspirés des traditions ancestrales des Indiens de la Caraïbe pour concevoir leur gamme : graines de roucou, papaye, coco, aloès… toutes ces plantes et ces fruits naturels ont des vertus bien précises sur la peau. Les textures sont légères et les senteurs en accord avec les arômes des îles.

U EXPRESS OASIS

Centre l'Oasis
✆ +590 590 29 72 46
Ouvert tous les jours de 9h à 20h30.

Le U Express situé à Lorient est un commerce de proximité qui propose des produits de qualité, dont une large gamme de produits bio et d'épicerie fine. Le magasin possède une cave à bières venant du monde entier ainsi qu'une cave à vin dont une sélection de grands crus. U Express propose une rôtisserie et une belle sélection de produits frais : poissons, fruits et légumes et produits laitiers. La carte de fidélité, à demander à l'accueil, permet de profiter de nombreux avantages. Son emplacement est très pratique, sur la route entre Saint-Jean et Lorient.

LES MOUETTES BOUTIQUE

Plage de Lorient
✆ +590 590 27 77 91
www.lesmouetteshotel.com
Ouvert de 8h30 à midi et de 14h30 à 18h, le samedi de 9h à midi.

Envolez-vous vers la boutique de l'hôtel des Mouettes pour faire le plein de souvenirs à l'effigie de l'île ! On remarque le très bon goût des propriétaires pour le choix des objets estampillés Saint-Barth. Les enfants rapporteront des casquettes, des pendentifs, des jeux… Tout est pensé pour ne jamais oublier votre île grâce à cette large sélection d'objets de tous les jours : dessous-de-plat, ouvre-bouteilles, torchons, ou encore, porte-clés, mobiles en bois flotté qui seront plaisants à offrir. L'essentiel est de partager l'esprit de l'île et sa gaieté.

LA LOUVE DES MÈRES

✆ +590 690 35 92 90
Accompagnatrice à la naissance.

Par sa technique de relaxation, sa connaissance de la maternité, Soïzik, la doula de Saint-Barth, aide les futures maman à vivre leur grossesse. Elle intervient dès le 5ᵉ mois de grossesse. Son rôle est de mettre dans une bulle de bien-être la future maman, pour qu'elle soit en harmonie avec les changements générés par la grossesse. Donner la vie n'est pas anodin, surtout lorsqu'il faut prévoir à l'avance son installation sur une autre île. « Etre au service de » est primordial pour la doula qui partage intensément ses connaissances et sa bienveillance.

SALINE ★

A Lorient, ne ratez pas la bifurcation pour Saline, une des plus belles plages de l'île. Sur la route, plusieurs restaurants se sont installés et vous accueillent pour un repas gastronomique ou local. Après avoir longé les étangs, vestiges des salines d'antan peuplés aujourd'hui de nombreux oiseaux, faites quelques pas sur un chemin escarpé. Arrivé en haut, la plage et ses couleurs féeriques se dévoilent. Saline garde un côté naturel, sauvage. Aucune construction ne vient abîmer l'endroit, tout semble immuable et c'est tant mieux. L'extrémité de la plage accueille discrètement les adeptes du naturisme. Un petit paradis naturel à découvrir !

PLAGE DE SALINE ★★★

Anse de la Grande Saline

Accès libre.

Une des plus belles plages, qui marie un sable trop blanc à une eau trop turquoise, sur fond de douces collines vertes. La plus grande plage de l'île après celle de Flamands. On n'y accède qu'à pied, à partir d'un parking. La Grande Saline doit son nom aux anciennes salines exploitées par les Saint-Barths. A noter que vous pouvez pratiquer le naturisme sur cette plage. C'est l'une des plus grandes plages de l'île. Elle convient pour les amateurs de bodyboard. Les vagues peuvent être impressionnantes pour les enfants, soyez prudent.

ANSE CHAUVETTE ★★

Anse de Chauvette

Accès libre.

Entre la Grande Saline et le Gouverneur, un site adorable et moins fréquenté que ses deux voisines, parce qu'on n'y accède pratiquement que par bateau. En effet, la randonné pour y aller est complexe et traverse des terrains privés, elle n'est donc pas recommandée. Seulement les très bons nageurs peuvent s'y aventurer à la nage depuis la plage de Saline (en partant de l'extrémité droite, quand on est face à la mer), mais les courants y étant particulièrement importants, il est tout de même vivement déconseillé de tenter sa chance.

FLEUR DE LUNE €€

Grande Saline

✆ 0590 27 70 57

www.st-barth-fleurdelune.com/

5 chambres et cottages. Chambre double de 180 € à 350 €. Cottage de 380 à 1 200 €. Petit déjeuner inclus.

Dans le bel écrin de Saline, un endroit encore préservé de l'île. Pour ceux qui souhaitent trouver le calme, Fleur de Lune est l'endroit parfait. L'une des plus belles plages de l'île se trouve à 5 min de cette charmante maison et table d'hôtes. Très cocooning, la décoration et l'aménagement sont harmonie. Vous avez le choix entre plusieurs catégories d'hébergement allant de la villa, au cottage et chambre d'hôtes. L'accueil charmant de l'hôtesse et le cadre idyllique vous feront oublier les petites odeurs de l'étang qui peuvent survenir.

SAINT-BARTHÉLEMY

© MAGALI COUAILLET

Vue sur Saline.

SALINES GARDEN COTTAGES €€

Grande Saline ✆ 0590 51 04 44
www.salinesgarden.com
Cottage de 140 € à 250 €, cottage kitchenette de 160 € à 290 €, petit déjeuner inclus. Wifi.

Au sein de la végétation tropicale sont lovés cinq cottages confortables et bien agencés. Leurs noms évoquent les atmosphères des voyages que les propriétaires, Laurence et Jean-Philippe, ont aimés dans leur vie. La décoration est ethnique et permet l'évasion. Lit king size, climatisation et petit-déjeuner dans un coin de paradis. La piscine est au cœur d'un luxuriant jardin et un espace détente aux accents marocains y est aménagé. Tout est réuni pour passer un séjour relaxant dans la douceur et les odeurs caribéennes. Un havre de paix.

POINTE MILOU

C'est aussi ça Saint-Barth : pas de plage mais une vue imprenable sur les différentes baies. La pointe Milou, c'est un balcon panoramique à flanc de falaises qui offre un excellent terrain de jeu pour des balades nature et sauvages. Vous passerez des quartiers plutôt résidentiels à d'autres parsemés de superbes villas à louer. C'est aussi un lieu mythique et incontournable de l'île. La Pointe Milou accueille les épicuriens au Ti' St. Barth qui viennent se trémousser entourés de célébrités. Icône du tout-paillettes si propre à l'île, le Ti' St. Barth représente la quintessence du luxe en paradoxe total avec ce lieu pourtant si tranquille.

LE GRAIN DE SEL €€

Route de Saline
✆ +590 590 52 46 05
www.access-stbarth.com
Ouvert tous les jours sauf le dimanche soir et le lundi. Comptez environ 40 € par personne.

Une pincée de sel pour aromatiser votre quotidien. Le Grain de Sel vous accueille toujours dans la bonne humeur à flanc de colline, près de la plage de Saline. Au menu, grillades et poissons, salades variées et suggestions du jour… Un cadre très joli et simple, nature, entouré de verdure et de rochers qui permet de se restaurer entre deux baignades. Le chef, d'origine guadeloupéenne, propose une cuisine du monde au déjeuner et des spécialités créoles pour le dîner. Les plats du jour sont pleins d'originalité. Une halte gourmande dans un havre calme et décontracté.

CHRISTOPHER HOTEL €€€

Pointe Milou
✆ +590 590 27 63 63
www.hotelchristopher.com
Chambre double à partir de 690 €.

Les trois voiles du *Christopher* nous invitent à vivre un voyage intemporel dans un hôtel phare de la palette des 5 étoiles. Au cœur d'un jardin tropical et tourné vers l'océan, situé à 5 minutes des plages, l'établissement dispose de quatre catégories d'hébergement sont proposées. L'hôtel dispose de villas situées au-dessus de l'océan pour assister, entre autres, à de magnifiques couchers de soleil. La lumière douce qui pénètre dans les chambres réveille les couleurs grises et orange de l'ameublement, clin d'œil aux couleurs de la maison Hermès.

L'ESPRIT JEAN-CLAUDE DUFOUR €€€

Route de Saline
✆ +590 590 52 46 10
Ouvert du mardi au samedi de 19h à 22h. Comptez environ 80 € par personne.

Incontestablement une des meilleures tables de l'île. Vous dînez la tête dans les étoiles dans un jardin tropical. Ambiance romantique à souhait dès la tombée de la nuit. Une cuisine inventive et structurée, alliant les saveurs du monde, préparée avec une certaine simplicité et à base de produits nobles. Une des spécialités du chef, Jean-Claude Dufour, est le pigeon. Tout est un raffinement minutieux qui réveille vos papilles et tous vos sens. Un cadre décontracté et harmonieux.

LE MANGO BEACH CLUB €€

Hôtel le Christopher
✆ +590 590 27 63 63
www.hotelchristopher.com/restauration/
Ouvert tous les jours de 11h à 20. Comptez 50 € par personne.

Tout incite à l'hédonisme au Mango Beach Club. Que l'on vienne pour un lunch les pieds dans le sable, une après-midi farniente au bord de la magnifique piscine ou pour se délecter des couleurs du soleil couchant, c'est une véritable promesse de délices ! Ambiance cosy et mer à perte de vue : le cadre et le panorama sont grandioses ! Pour que l'expérience soit complète, on vous incite à succomber à la délicate cuisine du chef Nicolas Tissier. Il ose le mariage des saveurs, apporte créativité et fraîcheur pour que gourmandise rime avec surprise et prestige.

LE TI-SAINT-BARTH €€

Pointe Milou
✆ +590 590 27 97 71
www.letistbarth.com
Fermé le lundi. Ouvert le soir de 19h30 à 2h. Addition moyenne 80 €.

Le temple de la nuit sous les étoiles du ciel caribéen ! Une caverne secrète comme repaire pour des pirates en quête de fun et de bonnes accolades… Un club pas comme les autres, créé il y a quelques années déjà (le 25 décembre 1995) par Carole Gruson, « reine de la nuit », le chef Pascal Giglio et Franck N, DJ passionnés de musique. La cuisine y est raffinée et créative avec wok de gambas, big tataki de thon, Genghis Khan (tartare de bœuf)… ou encore le traditionnel Charcoal Barbecue. Au programme, des soirées à thèmes, des défilés… et des nuits endiablées.

SPA SISLEY

Hôtel le Christopher
✆ +590 590 52 47 24
www.hotelchristopher.com
Ouvert tous les jours de 9h à 20h. Tarifs : soins de 85 à 595 €, massages dès 145 €, rituel dès 245 €.

Le spa Sisley du Christopher conjugue tous les bonheurs. Elégance et nature dans l'aménagement et le choix des matières brutes, il suggère un total lâcher prise. Les cabines s'ouvrent sur l'océan, source de force et de quiétude. Pour retrouver l'équilibre et nous ressourcer, les soins phyto-aromatiques Sisley nous promettent une évasion sensorielle : soins aromatiques jeunesse repeuplant à la rose, soins zen-harmony, massage balinais, massage ayurvédique, lomilomi (Hawaï)... On s'octroie un moment privilégié dans une bulle de volupté et de bien-être.

GRAND CUL-DE-SAC ★★

Grand-Cul-de-Sac est un lagon aux eaux limpides et peu profondes. Protégées de toute incursion par des barrières de corail encore bien préservées, elles offrent une belle tranquillité et permettent diverses activités nautiques. Il n'est pas rare d'apercevoir des tortues marines. Les surfeurs profitent de cette côte au vent suffisamment encaissée dans les anses pour ne pas être dangereuse. Elle accueille des boutiques-hôtels comme les Ondines sur la Plage, et complexes de luxe comme le Guanahani, le Séréno et le Barthélemy. L'anse est favorable aux échappées en kayak jusqu'à la barrière de corail. Il n'en reste ensuite qu'à plonger avec masque et tuba !

PLAGE DE GRAND-CUL-DE-SAC ★★

Grand Cul de Sac
Accès libre.

Un brin sauvage avec la présence de quelques algues dans le lagon. La plage de Grand-Cul-de-Sac est idéale pour les activités nautiques. C'est aussi la plage des kite-surfeur, car le vent et le grand espace dans le lagon est propice à cette activité. Grand Cul-de-Sac et Petit Cul-de-Sac sont classées en réserve naturelle marine. Les tortues viennent volontiers à votre rencontre et n'apparaissent pas perturbée par les activités de loisirs de l'homme.

© MAGALI COUAILLET

Grand Cul-de-Sac.

TURBE CAR RENTAL

Grand-Cul-De-Sac

✆ +590 590 27 71 42

www.turbe-car-rental.com

Ouvert tous les jours de 7h45 à 18h. À partir de 25 € par jour.

Une agence de location de voiture idéale si vous logez au nord-est de Saint-Barthélemy. L'équipe de Turbé Car Rental peut livrer votre véhicule directement à l'aéroport ou à votre hôtel. Avec plus de 18 modèles différents, allant de la petite citadine à la berline allemande décapotable, vous trouverez la voiture idéale pour votre séjour. Turbé Car Rental est également une des rares agences qui proposent des voitures à boîte de vitesse manuelle, une rareté sur cette île dominée par les modèles automatiques, clientèle américaine oblige.

HÔTEL VILLA LODGE 4 EPICES €€

Plage de Grand-cul-de-sac

✆ +590 690 40 55 99

www.villalodge4epices.com

Chambre double à partir de 285 €.

Un trésor caché sur les hauteurs de Grand-Cul-de-Sac. L'hôtel est là pour sublimer votre séjour et vous emmène sur la route d'une aventure colorée. A la croisée de la maison d'hôtes et de boutique-hôtel, cet établissement est l'œuvre des parents de Jacyinte, tombés amoureux de la vue panoramique sur la baie. Le charme, le raffinement et l'inspiration arty font de ce lieu un endroit unique. Les matières tantôt douces et soyeuses ou minérales et brutes illuminent d'élégance les lodges.

LE BARTHÉLEMY €€€

Baie de Grand Cul de Sac

✆ +590 590 77 48 48

www.lebarthelemyhotel.com

Chambre double à partir de 760 €. Villa à partir de 35 000 € la semaine.

Le Barthélemy compose à merveille avec la nature environnante et les activités insulaires avec le va-et-vient de petits pêcheurs locaux. Il s'inscrit dans la préservation de l'environnement avec une construction écoresponsable (panneaux solaires) et soucieux de la fragilité de l'écosystème marin. Les chambres sont un clin d'œil aux lataniers, les détails colorés rappellent l'essence des îles. Le spa vous garantit une pause détente inédite. Pour mettre vos sens en ébullition, le restaurant Aux Amis vous promet d'envoûtantes expériences gastronomiques.

HÔTEL LES ONDINES SUR LA PLAGE €€€

Baie de Grand Cul de Sac

✆ +590 590 27 69 64

www.lesondineshotel-stbarth.com

Chambre double à partir de 490 €.

Les pieds dans l'eau face à un tableau naturel en toile de fond, ce petit havre de paix respire la quiétude. Les fées de la mer, « les ondines », veillent sur votre bien-être et partagent leurs ondes positives. Les Ondines ont quelque chose de poétique et nous inspirent un lien fort avec la mer omniprésente. Les suites sont très spacieuses, équipées avec des matériaux nobles : bois par touches agréables, décoration qui rappelle la nature. La piscine et la plage vous tendent les bras !

LE SERENO €€€

Grand Cul-de-Sac

✆ +590 590 29 83 00

www.lesereno.com

Chambre double à partir de 850 €.

L'hôtel se trouve directement sur le lagon de Grand-Cul-de-Sac. 36 chambres réparties en trois catégories. Un cadre luxueux qui s'affiche anti-paillettes, anti-bling-bling. L'essentiel est de s'imprégner du décor naturel grandiose et de profiter d'un service haut de gamme en toute décontraction. Les bungalow sont spacieux, les espaces sont ouverts vers l'extérieur. La décoration est minimaliste et design : alliance de bois et de tissus beige donnant un style très épuré. La mer est à quelques pas devant vos yeux… Le restaurant installé sur un deck domine la mer.

YO SUSHI MANIA €€

✆ +590 690 65 12 55

www.yosushimania.com

Ouvert du mercredi au dimanche de 11h30 à 19h. Comptez 50 € par personne.

Le poisson tout mignon dans des sushis maison. Une adresse glamour qui surplombe l'Anse Marigot et l'Anse de Grand-Cul-de Sac. Ce petit restaurant plein de charme bénéficie d'une vue panoramique sur le lagon. En retrait des spots touristiques, il privilégie la discrétion et le cocooning. L'atout fraîcheur se retrouve dans l'assiette et le chef ne vous mène pas en bateau mais vous l'amène sur table avec une proposition de 15 à 250 sushis ! La piscine réservée aux consommateurs favorise la détente après le repas. Un concept rare à Saint-Barth.

AMIS ST. BARTH €€€

✆ +590 590 77 51 16
www.amisrestaurant.com
Ouvert tous les jours de 19h à 23h. Comptez 90 € par personne.

Aux Amis Saint-Barth, retrouvez les saveurs du Sud de la France et de la Méditerranée au sein de ce nouveau restaurant du Grand-cul-de-sac, et profitez d'une expérience culinaire sur mesure. L'établissement propose un menu découverte de plusieurs services, afin d'apprécier toutes les variations culinaires du chef. Au bar ou durant le dîner, laissez-vous conseiller par le sommelier pour un accord mets-vins, avec les plus grands crus français, ou laissez-vous tenter par un des nombreux cocktails originaux. De nombreux événements sont organisés par l'hôtel.

OUANALAO DIVE

Plage de Grand Cul de Sac ✆ +590 690 63 74 34
www.ouanalaodive.com
Ouvert tous les jours de 8h à 18h. Fermeture annuelle du 1er au 15 septembre. Baptême à partir de 105 €.

Affiliés aux organismes PADI, SSI et FFESSM/CMAS, le centre et son équipe composée de Turent natif de l'île et son équipe vous accompagnent lors des plongées organisées côté Atlantique ou Caraïbe selon la météo. Il y en a pour tous les niveaux. Du débutant à l'expérimenté, vous explorerez les fonds marins en toute sécurité. Possibilité également de louer canoë, stand-up paddle, palmes masque et tuba, kit scooter sous-marin, bateaux à pédales... Le centre organise des sorties privées en snorkeling ou plongée avec plusieurs arrêts « découvertes » possibles.

PETIT CUL-DE-SAC

Eau turquoise et sable blanc, voici encore un petit coin de paradis de Saint-Barthélemy. Cette anse fait partie de la réserve naturelle et sa barrière de corail offre une mer tranquille. Aucune construction touristique ne vient perturber la quiétude des lieux. Elle est parfaite pour une halte pique-nique avec ses coins d'ombre sous les cocotiers. Les familles aiment venir passer le dimanche à pratiquer des activités nautiques tout en respectant les fonds marins. Ici, les eaux sont calmes et favorisent les baignades. Le snorkeling est conseillé pour avoir la surprise de découvrir les tortues et poissons exotiques du lagon. Un petit bijou naturel !

TOINY

L'anse de Toiny représente la partie sauvage de l'île avec Grand Fond. Le quartier est plutôt résidentiel avec la présence de villas privées accolées discrètement à la montagne et l'hôtel Toiny qui se fond à merveille dans le paysage. L'aménagement parking près de la plage de galets permet l'accès facile pour vous évader le temps d'une randonnée. Ici plus qu'ailleurs, vous avez le choix : balade depuis l'hôtel Toiny, vers la maison en bois de Rudolf Noureev (célèbre chorégraphe et danseur classique) pour accéder à la grande montée vers le morne Tourterelle après Grand Fond. Côté baignade, soyez prudent, l'océan est ici toujours un peu agité.

© MAGALI COUAILLET

Toiny, un des spots de surf de l'île.

MORNE DE VITET ★

Vitet

Accès libre.

Une forte envie d'atteindre des sommets ? Lorsqu'on est sur l'île et au niveau de la mer, on souhaite parfois prendre de la hauteur. On vous conseille une randonnée vivifiante à faire au moins une fois pendant votre séjour : l'escalade du Morne de Vittet. Elle vous invite à grimper sur le plus haut sommet de Saint-Barth, à 281 m d'altitude. Une vue imprenable vous attend sur les autres mornes de Saint-Barth et sur les îles voisines : Nevis, Saint-Kitts, Saint-Eustache, Saba, Saint-Martin (dans le sens des aiguilles d'une montre).

LE TOINY €€€

Anse de Toiny

✆ +590 590 27 88 88

Suite à partir de 1 000 €.

La merveille bien cachée de Saint-Barth. L'hôtel est situé sur la côte sauvage de l'île, dans l'anse de Toiny, une baie aux couleurs paradisiaques. Le complexe dispose de 22 suites dotée d'une piscine privée, le tout dans un jardin tropical de 17 ha. Un sentier permet l'accès direct à la mer. L'intimité de chaque villa est scrupuleusement préservée par une conception intelligente. Une décoration épurée : le bois lasuré blanc favorise l'expansion de la lumière. Une grande varangue s'ouvre sur la piscine suggérant une halte hédoniste au restaurant gastronomique.

PLAGE DE TOINY ★★

Anse Toiny

Accès libre.

Prêt pour dompter les vagues ? C'est le deuxième spot de surf après Lorient, pour les surfeurs avisés. Cette plage est le repaire des amateurs de sensations fortes car les courants dominants sont forts. La baignade est donc vivement déconseillée. L'anse garde son caractère authentique et sauvage, vous ne trouverez pas de coin ombragé. A la pointe de Toiny, dans l'eau, on trouve une roche sous-marine officiellement baptisée « Caye à Florence », en effet il s'agit d'une roche sur laquelle Florence Arthaud, après une escale à Saint Barth, a heurté son embarcation.

LE TOINY RESTAURANT €€€

Hôtel Toiny

✆ +590 590 27 88 88

Ouvert tous les jours de 12h à 14h30 et de 19h à 22h. Comptez environ 100 € par personne.

Une atmosphère élégante pour ce gastronomique réputé de Saint-Barth. Ce restaurant se niche dans le cadre merveilleux Relais et Château de l'île : Le Toiny. Une cuisine aux tonalités européennes où nous vous recommandons de déguster les poissons. Un pur bonheur gastronomique dans un décor balnéaire chic ! Outre le cadre et la qualité de la cuisine, le service reste sans conteste l'un des plus impeccables de l'île. Le Toiny dispose également d'un Beach Club, les pieds dans le sable, qui propose une carte plus simple mais très alléchante.

SAINT-BARTHÉLEMY

© MAGALI COUAILLET

Piscine naturelle à Grand fond.

© MAGALI COUAILLET

La plage de Gouverneur et ses vagues.

GRAND FOND

Ici, on oublierait qu'on se trouve à Saint-Barth tellement le paysage sauvage dénote. Ce quartier est assez isolé. Un des rares quartiers sans vue, puisqu'il est tout plat. De longs petits murets en pierres rythment le paysage. Ils font partie de l'histoire identitaire et rurale de l'île. Il s'agit également du départ de la randonnée vers les Mornes (petits monts), à faire avec un guide, on vous conseille Hélène Bernier Easy Time, l'experte en la matière. Lors de cette randonnée, vous pourrez profiter d'une vue exceptionnelle sur Salines qui se trouve de l'autre côté des Mornes. La plage de Grand-fond est propice aux balades plus que la baignade.

GOUVERNEUR

Si on devait se référer à un quartier, il s'agirait plutôt de Lurin qui se situe à l'est de Gustavia. Gouverneur est surtout connu pour sa plage. L'une des plus enchanteresses de l'île ! La route plongeante en lacets qui y mène offre à elle seule une balade panoramique. Avant la construction de la propriété privée sur la baie dans les années 1970, cette zone était entièrement naturelle. Dans les hauteurs, on trouve les Grottes de Gouverneur. Un site rare avec une succession de plusieurs petites grottes. La spéléologie à Saint-Barth, c'est possible si vous êtes accompagné ! Il n'est donc pas rare de trouver la présence de fossiles dans cette zone.

SAINT-BARTHÉLEMY

PLAGE DE GRAND FOND ★★

Accès libre.

Baignade déconseillée en raison des nombreux rochers qui affleurent à la surface. C'est une plage qui a du caractère car elle est recouverte de galets et ses vagues sont considérées comme un brin dangereuses (style « machine à laver »). Préférez une balade le long de l'eau sur la plage. De nombreux coquillages font le bonheur des amateurs. C'est aussi par cette plage que l'on accède aux fameuses piscines naturelles de Grand-Fond, après une balade de vingt minutes le long de la côte entre pâturages et falaises. Il est prudent d'être bien chaussé pour la randonnée.

LE SANTA FE €€

Route de Lurin

✆ +590 590 27 61 04

Ouvert du jeudi au lundi, de midi à 14h et de 19h à 22h. Comptez 50 € par personne.

Ce restaurant est certainement le plus haut de Saint-Barth et offre une superbe vue sur les îles voisines (Saint-Eustache, Saba, Saint-Kitts). Au déjeuner, vaste choix de salades, de pâtes, de brochettes, de burgers, de sandwiches… Pour le dîner, la carte est plus raffinée avec une langouste puisée dans le grand vivier, et des spécialités comme la soupe de poisson de roche, les cuisses de grenouilles, le poulpe grillé, les ris de veau. Une très bonne adresse dans un cadre différent que celui du bord de mer pour ceux qui aiment prendre de la hauteur.

PLAGE DE GOUVERNEUR ★★★

Accès libre.

En venant de Gustavia, prendre la direction de Gouverneur. Un petit parking vous permet l'accès facile à l'anse. Un décor époustoufflant et sans doute l'une des plus belles plages de Saint-Barth. Entre le sable blanc et les eaux turquoise, cela semble être un avant-goût du paradis. Une des rares plages où vous êtes abrité en cas de vent. Elle garde toute son authenticité : pas de restaurants ni de transats à louer, juste la nature pour notre plus grand bonheur. La légende veut que le pirate Monbars y aurait caché un trésor !

© SANDRA FOYT - SHUTTERSTOCK.COM

ORGANISER SON SÉJOUR

Ça paraît être une destination très lointaine et pourtant en huit heures de vol, vous aurez le sable qui vous chatouille les pieds et le soleil des Caraïbes pour vous réchauffer ! Munissez-vous de votre passeport biométrique obligatoire pour atterrir à Saint-Martin, réservez votre vol et votre hébergement... Les eaux turquoise de Saint-Martin et Saint-Barthélemy n'attendent que vous. C'est très facile d'organiser son voyage, car les offres des agences ne manquent pas. Depuis 2017 et le passage d'Irma, tous les établissements ont fait peau neuve pour offrir les atouts les plus tendances. Sur place, il sera plus facile de visiter les îles avec une voiture de location. Les agences françaises viennent vous chercher à l'aéroport. En transit inter-îles, vous pourrez suivre les instructions pour rejoindre Saint-Barthélemy. N'oubliez pas que du côté hollandais, l'anglais est la langue la plus courante.

S'Y RENDRE

Depuis la métropole, Saint-Martin est facile à rejoindre par vols long-courriers directs. L'aéroport Pricess Juliana Saint-Martin Sint Maarten (SXM) est l'un des plus fréquentés de la Caraïbe. Il est impératif de se renseigner sur les dernières restrictions d'entrée sur le territoire, pandémie de Covid-19 oblige. La compagnie de vols réguliers Air France KLM part de Charles Gaulle, et les compagnies Corsair et Air Caraïbes International d'Orly. Le plus petit aéroport de Grand-Case l'Espérance (SFG) dessert la Guadeloupe. Les deux aéroports vous permettent de rejoindre Saint-Barthélemy en 15 min de vol. Il existe de nombreux tour-opérateurs spécialisés de cette destination. Ils produisent eux-mêmes leurs voyages et sont généralement de très bon conseil, car ils connaissent la région sur le bout des doigts. À noter que leurs tarifs se révèlent souvent un peu plus élevés que ceux des généralistes.

AIR CARAIBES GUADELOUPE

LES ABYMES
✆ 0820 835 835
www.aircaraibes.com

Sur son réseau régional, la compagnie aérienne Air Caraïbes dessert la Martinique (Fort-de-France), la Guadeloupe (Pointe-à-Pitre), Saint-Martin (Grand Case) et la République dominicaine (Saint-Domingue). La destination de Saint-Barthélemy est aussi proposée avec une desserte opérée par St. Barth Commuter. Elle offre également une liaison air-mer vers Marie-Galante, la Dominique et Les Saintes avec navigAIR, via la Guadeloupe. La compagnie relie également la province et la Belgique aux Caraïbes au départ d'Orly grâce à TGV AIR.

AIR ANTILLES

Aéroport de Grande-Case
✆ +33 890 648 648 - www.airantilles.com

Comptez aux alentours de 200 € pour un aller/retour Pointe-à-Pitre / Saint-Martin ou Saint-Barth.

Il s'agit d'une compagnie régionale qui se positionne sur le créneau des prix. Elle effectue jusqu'à 5 rotations pour Saint-Martin (aéroport de Grand-Case sur la partie française) et pour Saint-Barthélemy. Le vol se déroule à bord d'un ATR72 48 places, d'un Twin Otter 19 places ou d'un Cessna 9 places, notamment pour Saint-Barthélemy. Si vous souhaitez en profiter pour découvrir toute la Caraïbe, Air Antilles dessert la Barbade, la Guadeloupe, la Martinique, Sainte-Lucie, la Dominique, la Guyane, Saint-Domingue, Punta Cana, Porto Rico, Miami, Port-au-Prince.

AIR FRANCE

✆ 09 69 39 36 54
wwws.airfrance.fr/

Réservations par téléphone (tous les jours de 8h à 20h) et en ligne.

L'île de Saint-Martin est desservie par les Airbus A340-300 de la compagnie jusqu'à sept fois par semaine en période de pointe, au départ de Roissy Charles-de-Gaulle (2 E). Possibilité de voyager en cabine Economy, Premium Voyageur (cabine intermédiaire) ou en cabine Business. La compagnie Air France met en place un nouveau Parcours Express : vous pouvez imprimer vous-même l´étiquette de vos bagages sur une borne libre-service. Vous vous rendez ensuite directement au comptoir dépose bagages Express, sans perdre de temps dans la file d´ attente.

BSP AUTO

✆ 01 86 26 90 80
www.bsp-auto.com

Site comparatif accessible 24h/24.

Il s'agit là d'un prestataire qui vous assure les meilleurs tarifs de location aux conditions les plus avantageuses auprès des grands loueurs de véhicules dans les gares, aéroports et les centres-villes du monde entier. Le kilométrage illimité et les assurances sont souvent compris dans le prix. Avec BSP Auto, vous pouvez réserver dès maintenant et payer seulement cinq jours avant la prise de votre véhicule. Autre bonus du courtier BSP : pas de frais de dossier ni d'annulation (jusqu'à la veille). La moins chère des options zéro franchise.

AIR CARAÏBES

✆ 0820 835 835
www.aircaraibes.com

Air Caraïbes, compagnie aérienne française, spécialiste des Caraïbes, propose des vols vers Saint-Martin, via la Guadeloupe. La destination de Saint-Barthélemy est aussi proposée avec une desserte opérée par St. Barth Commuter au départ de Pointe-à-Pitre. La compagnie relie également la Belgique et la province à Saint-Martin au départ de Paris Orly grâce à Train + Air. Des promotions sont disponibles toute l'année sur leur site Internet.

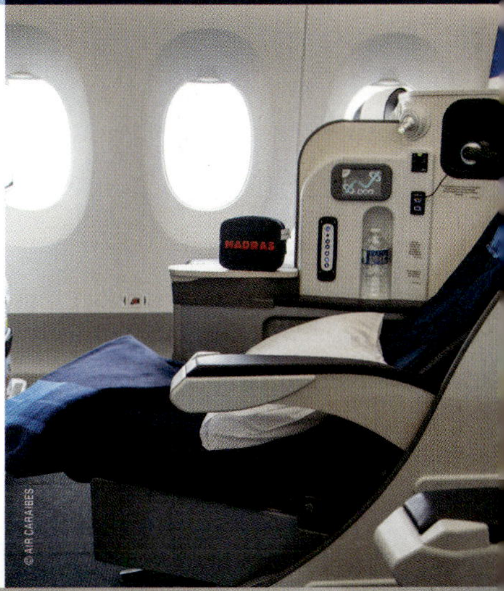

ST BARTH
ST MARTIN
RÉSERVEZ
MAINTENANT
PASSEZ DE
L'AUTRE CÔTÉ
DE L'ÉCRAN !
ET PLUS DE 22 DESTINATIONS
À DÉCOUVRIR SUR
airantilles.com
Antigua - Barbade - Bonaire - Cayenne - Curaçao
Dominique - Guadeloupe - Martinique - Miami
Punta Cana - St-Barth - St-Domingue
San Juan - Ste-Lucie - St-Martin...
Interreg
Caraïbes
Caribsky
20 ANS
airantilles
Caribbean United

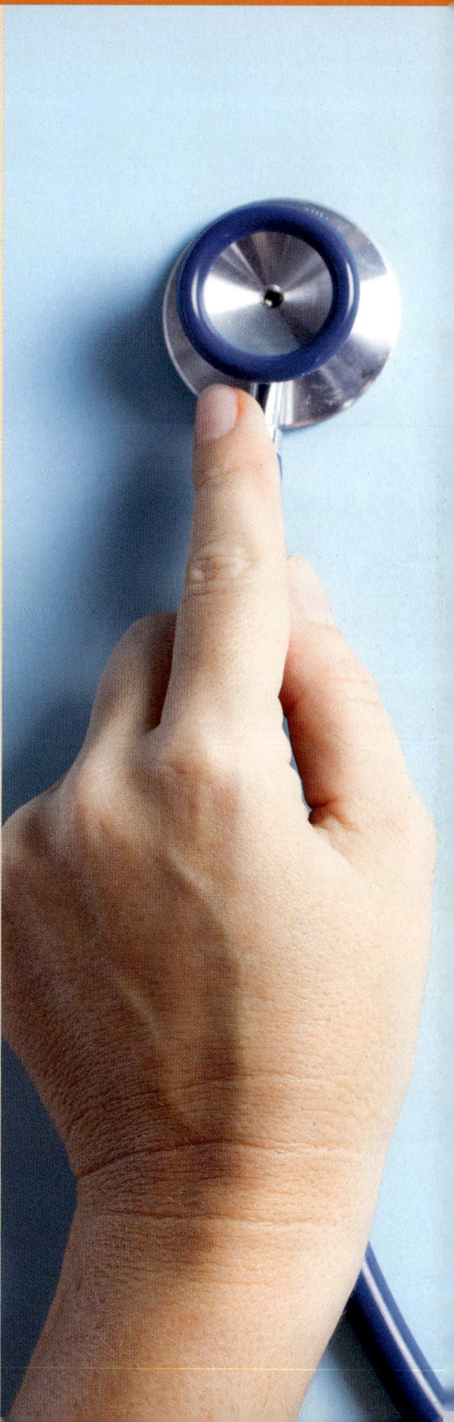

© NEIRFY

L'ASSURANCE VOYAGE, LE MEILLEUR MOYEN POUR PROTÉGER SA SANTÉ À L'ÉTRANGER

avec le DR MICHEL NAHON, directeur médical d'Allianz Travel

En cas de souci de santé sur place, que faut-il faire ?

Si l'on se trouve dans une situation urgente (accident grave, morsure d'animaux...), il est conseillé d'appeler les numéros d'urgence locaux. Une fois à l'hôpital, appeler son assisteur pour déclencher les procédures de prise en charge.

Est-il possible d'entrer en contact avec un professionnel de santé en cas de besoin ?

Allianz Travel dispose d'un service de téléconsultation médicale accessible en visio qui permet de s'entretenir avec un médecin français 24h/24, 7 jours sur 7. La consultation se fait en français et des conseils sont donnés sur les démarches à effectuer. Une ordonnance peut également être délivrée.

S'agissant des frais médicaux, est-on forcément couvert par son assurance maladie et sa mutuelle à l'étranger ?

La sécurité sociale et la mutuelle fonctionnent en France et dans les pays de la Communauté économique européenne, à condition d'avoir fait une demande d'extension de garantie avec la carte européenne d'assurance maladie (CEAM). Il est malgré tout conseillé de souscrire une assurance voyage, car la prise en charge des frais ne sera pas la même qu'en France.

Quel est le meilleur moyen de voir ses frais médicaux pris en charge ?

Dans les pays hors Europe, il est recommandé de souscrire à un contrat d'assistance avec un bon niveau de couverture des frais médicaux. Il est également important de choisir un acteur solide, qui dispose d'un important réseau international dans le domaine médical.

L'assurance voyage prévoit-elle le rapatriement ?

Le rapatriement n'est pas systématique. Il faut un réel intérêt médical. Si le patient peut être traité sur place, l'assisteur oriente vers un médecin ou une structure médicale adaptée localement. De même qu'en cas d'accident dans une zone désertique, le patient sera d'abord orienté vers l'hôpital le plus proche pour stabiliser la situation, avant d'envisager le rapatriement.

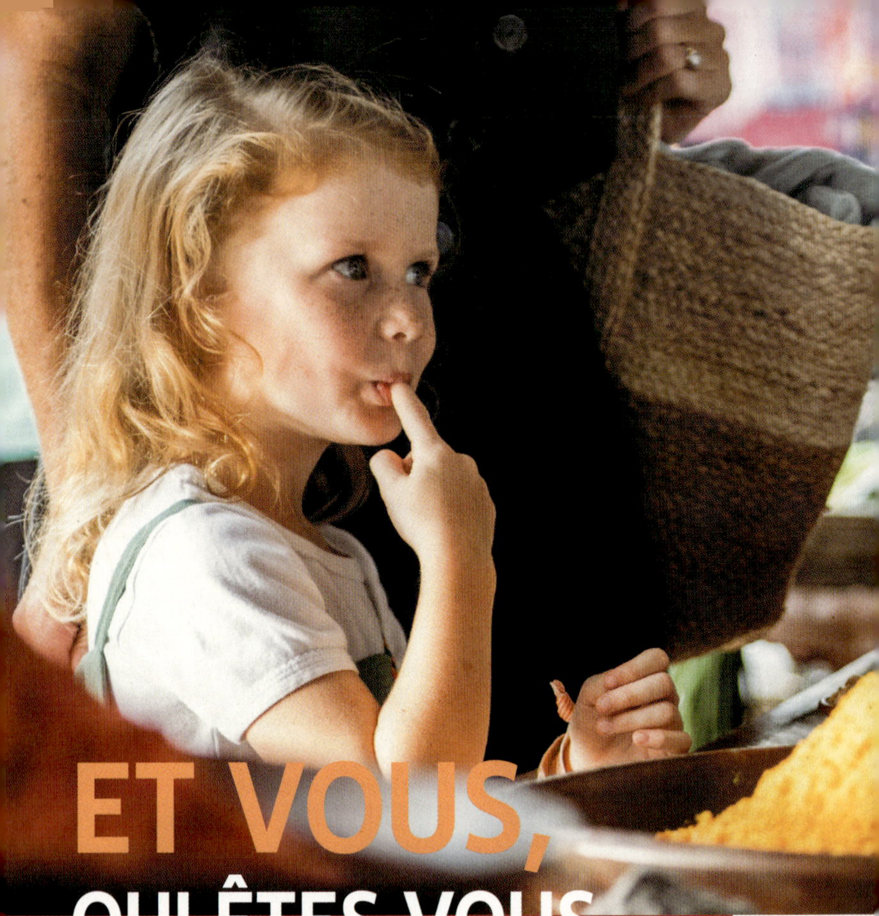

ET VOUS,
QUI ÊTES-VOUS
EN VOYAGE ?

Assurez celui ou celle
que vous serez en voyage

www.allianz-voyage.fr - 01 73 29 06 10*

Allianz | Assureur Officiel

Allianz Travel

AWP FRANCE SAS - Siège social : 7, rue Dora Maar - CS 60001 - 93488 Saint-Ouen cedex - Société par Actions Simplifiée - au capital de 7 584 076,86 € - 490 381 753 RCS Bobigny - Siret : 490 381 753 00055 - Société de courtage d'assurances - immatriculée à l'Orias (www.orias.fr) - sous le n°07 026 669
*du lundi au vendredi de 9h à 19h et le samedi de 10h à 18h, sauf jours fériés. Octobre 2019
Photographie : Eric Vernazobres / Favorite production - Conception : Insign 2019

SÉJOURS ET CIRCUITS

Les deux îles sont petites et pourtant elles débordent d'activités et de plaisirs à vivre. Un séjour de 8 nuits sur place est réellement le minimum pour découvrir une partie de leurs secrets. Saint-Martin, avec ses deux visages (français et hollandais), se déguste du matin au soir : petit déjeuner face à la mer des Caraïbes et le dîner dans une ambiance musicale côté Atlantique ! Un circuit est bien sûr possible sur l'île, mais cela vous demandera plus d'énergie lors de l'organisation. Vous pouvez choisir le même hébergement sur la durée et chaque jour programmer une excursion thématique. Il suffit de 25 min pour rejoindre ses deux extrémités. Ou alors, orientez votre séjour vers une discipline précise : plongée ou voile avec un circuit autour des îles-sous-le-Vent. N'oubliez pas de vous échapper à Saint-Barth et même prévoir d'y séjourner. Tous les établissements ne sont pas tournés vers le luxe et beaucoup favorisent l'authenticité !

ALMA VOYAGES

573, route de Toulouse
VILLENAVE-D'ORNON
✆ 05 56 87 58 46
www.alma-voyages.com
Ouvert du lundi au vendredi de 9h à 17h30 et le samedi de 9h à 12h.

Chez Alma Voyages, les conseillers connaissent parfaitement les destinations proposées et chaque client est suivi par un agent attitré ! Une large offre de voyages, avec émission de devis pour les voyages sur mesure, vous sera alors proposée. Alma Voyages pratique les meilleurs prix du marché et travaille notamment avec Kuoni, Beachcombers, Jet Tour, Marmara, Look Voyages... Si vous trouvez moins cher ailleurs, l'agence s'alignera sur ce tarif et vous bénéficierez en plus, d'un bon d'achat de 30 euros sur le prochain voyage... Catalogue sur le site Internet.

CATLANTE CATAMARANS

36, quai Alphonse Le Gallo
BOULOGNE-BILLANCOURT
✆ 01 55 20 90 90
www.catlante-catamarans.com
Ouvert lundi au dimanche de 9h à 20h.

Avec plus de 18 ans d'expérience, Catlante propose de partir à la découverte des plus belles îles du monde à bord d'un catamaran lors de croisières d'exception. Des îles Vierges britanniques à la Thaïlande, en passant par la Polynésie, l'agence vous permettra de partir en croisière. Tout est inclus à bord, même les boissons sur la plupart des destinations. Avec des navires répondant aux normes de sécurité les plus strictes et respect de l'écosystème des îles. L'agence vous permet également de privatiser ses navires à la carte.

CERCLE DES VOYAGES

31, avenue de l'Opéra - **PARIS** (1er)
✆ 01 40 15 15 11
www.cercledesvoyages.com
Ouvert du lundi au vendredi de 9h à 20h et le samedi de 10h à 18h30.

Les conseillers du Cercle des Voyages sont des spécialistes qui partageront avec vous leurs conseils et leurs petits secrets pour faire de votre voyage une expérience inoubliable et personnalisée. Confiez-leur vos habitudes de voyages, les différentes régions que vous souhaitez découvrir et co-concevez ensemble un voyage sur mesure, qui vous ressemble. Cette agence en plein cœur de Paris, avec un original service de conciergerie, vous propose des séjours, des circuits et des vols à prix économiques en Australie ainsi que dans plus de 90 destinations.

COSTA CROISIÈRES

2, rue Joseph-Monier
RUEIL-MALMAISON
✆ 08 10 21 12 12
www.costacroisieres.fr

Découvrir les îles des Caraïbes à bord des plus beaux bateaux de croisière de la flotte Costa, c'est possible ! La plupart des circuits des navires Costa s'arrêtent à Saint-Martin, avec également des escales en Guadeloupe, à Antigua, en Martinique ou encore à la Dominique. A chaque étape, des excursions sont proposées : découvertes des villes les plus emblématiques, journée à la plage, expérience gastronomique... Les croisières Costa offrent un condensé du meilleur des Caraïbes, le tout dans le confort de leurs navires, digne des meilleurs hôtels !

CROISITOUR

✆ 0 821 21 20 20 015

Robinsonnade, farniente, plongée, culturel, découverte, anniversaire de mariage... Les nombreux séjours et circuits proposés par Croisitour s'adaptent à tous les événements, à tous les types de voyageurs et à toutes les bourses. Les circuits et séjours peuvent être courts ou longs, agrémentés ou non d'extension. Croisitour propose également de nombreuses offres et promotions avec les meilleurs bateaux de croisières du marché, comme Costa ou MSC. Une solution idéale pour découvrir la Caraïbe. L'agence est également spécialiste des voyages d'affaires.

QUOTATRIP

www.quotatrip.com

Voyages sur mesure.

QuotaTrip est une nouvelle plateforme de réservation de voyage en ligne qui met en relation des voyageurs à la recherche d'expériences authentiques et uniques et des agences de voyages locales sélectionnées pour leurs compétences et leur sérieux. Le réseau de QuotaTrip couvre près de 200 destinations dans le monde entier. Le but de ce rapprochement est simple : proposer un séjour entièrement personnalisé aux utilisateurs. QuotaTrip promet ainsi l'assurance d'un voyage serein, sur mesure, sans intermédiaires et sans frais supplémentaires.

EASYVOYAGE

✆ 08 99 19 98 79

www.easyvoyage.com

Le concept peut se résumer en trois mots : s'informer, comparer et réserver. Des infos pratiques sur plusieurs destinations en ligne (saisonnalité, visa, agenda...) vous permettent de penser plus efficacement votre voyage. Après avoir choisi votre destination selon votre profil (famille, budget...), le site vous offre la possibilité d'interroger plusieurs sites à la fois concernant les vols, les séjours ou les circuits. Grâce à ce moteur performant, vous pouvez réserver directement sur plusieurs bases de réservation (Lastminute, Go Voyages et bien d'autres).

TERRE ET NATURE VOYAGES

23, rue d'Ouessant

PARIS (15e)

✆ 01 45 67 60 60

www.nature-plongee.com

Ouvert du lundi au vendredi de 9h30 à 19h.
Sur rendez-vous en dehors de ces horaires.

Terre et Nature Voyages est une agence spécialisée destinée à tous les amoureux de la mer. Que ce soit le kitesurf, le windsurf, la voile ou encore la plongée sous-marine, ce tour-opérateur parcourt les océans pour débusquer les meilleurs spots. Terre et Nature Voyages propose également des circuits aventure, découverte et culture. Trek, randonnée à pied, chiens de traîneaux, canoë, voile, VTT, trail, raids multisports, croisières... vous attendent ! Des séjours kitesurf, sports de glisse ou plongée sont organisés à Saint-Martin.

EXOTISMES

✆ 0 826 96 5000

www.exotismes.fr

Spécialiste de l'exotisme et du voyage dans les îles, cette agence a sélectionné une série de séjours à Saint-Barth et Saint-Martin. L'agence offre une sélection des plus beaux établissements de deux îles, avec un large choix d'hôtels, des studios, des résidences hôtelières, bungalows et villas tout confort. Des séjours thématiques, comme des voyages de noces, des excursions et des croisières en catamaran sont aussi organisés par l'agence. Le site propose également des offres *discount* de dernière minute et la possibilité d'organiser son séjour à la carte.

TROPICALEMENT VÔTRE

✆ 01 43 70 99 55

www.tropicalement-votre.com

Lorsque cette agence s'installe à Paris, il y a plus de 10 ans, l'océan Indien était la destination privilégiée. Depuis, la carte des destinations de Tropicalement Vôtre s'est étoffée, l'offre s'étendant à l'Asie et aux Caraïbes. L'agence vous propose un séjour de rêve à Saint-Martin et à Saint-Barthélémy. Avec un développement particulier sur le secteur du luxe, la sélection de villas et d'hôtels cible des séjours en hôtellerie de charme, des locations de maisons de rêve pour voyages de noces et séjours en famille. L'agence propose aussi des combinés inter-îles.

INTERVIEW

LE VOYAGE-SUR-MESURE

AVEC STEVEN LE CHEVALIER ET MATHIEU VALLY DE QUOTATRIP

Quel est le concept de l'agence QuotaTrip ?

Quotatrip est la première plateforme de mise en relation entre voyageurs et agences locales. Grâce à elle, les voyageurs peuvent enfin échanger en direct avec des agences qui sont sur place et concevoir un voyage unique, au meilleur prix et 100% personnalisé.

Pourquoi voyager avec des agences locales ?

À l'inverse des agences traditionnelles, les agences locales sont des expertes de la destination choisie. Ce sont aussi les mieux placées pour concevoir des séjours qui sortent des sentiers battus. Elles sont ainsi en mesure de répondre à l'ensemble des envies, le voyageur rentre dans l'univers de l'equi-tourisme = le tourisme sans intermédiaire.

Quels sont les autres avantages pour les voyageurs ?

Il y a une multitude d'avantages. Cela permet notamment de ne pas voyager comme tout le monde, d'organiser de manière simple et rapide un séjour sur mesure et au meilleur prix. Fini les mauvaises surprises, les voyageurs posent toutes les questions qu'ils souhaitent et bénéficient d'un accompagnement sur mesure, de la conception du projet jusqu'à sa réalisation en toute sécurité car les agences référencées sont sélectionnées et recommandées par les journalistes des guides du Petitfute en toute impartialité.

Les démarches sont-elle simples à effectuer ?

Les sites de voyage en ligne font perdre beaucoup de temps aux internautes sans pour autant répondre entièrement à leurs désirs. QuotaTrip propose un formulaire simple et rapide qui permet de décrire les souhaits, les envies et les besoins. L'internaute reçoit aussitôt gratuitement et sans engagement les offres de trois ou quatre agences locales avec qui il peut ensuite échanger afin de personnaliser son projet grâce à la messagerie mise en place.

Quelles sont les destinations proposées ?

Notre plateforme propose plus de 21 000 projets de voyage sur plus de 100 destinations à travers le monde. De l'Amérique latine en passant par l'Asie et l'Afrique, nos mille agences partenaires sont là pour répondre à vos projets de voyage.

Décrivez votre projet de voyage. Échangez en direct avec les agences locales et partez au meilleur prix.

Plus d'informations : *quotatrip.com*

© D.R

© D.R

© D.R

GO VOYAGES

www.govoyages.com

Site internet proposant des prix avantageux toute l'année.

Go Voyages propose un très grand choix de vols secs, charters et réguliers au meilleur prix au départ et à destination des plus grandes villes. 155 000 itinéraires de vols, 665 compagnies aériennes et plus de 2 millions d'hôtels dans 40 000 destinations... Possibilité également d'acheter des packages sur mesure « vol + hôtel » et des coffrets cadeaux. Sans oublier le grand choix de promotions sur tous les produits et la location de voiture. La réservation est simple et rapide, les choix multiples et les prix très compétitifs.

JETCOST

www.jetcost.com

Jetcost compare les prix des billets d'avion et trouve le vol le moins cher parmi les offres et les promotions des compagnies aériennes régulières et *low cost*. Le site est également un comparateur d'hébergements, de loueurs d'automobiles et de séjours, circuits et croisières. L'interface du site Internet est très simple d'utilisation. Après avoir lancé la recherche, on peut affiner les résultats en fonction de ses choix afin de trouver le vol le plus intéressant, la durée du trajet, les éventuelles escales ou encore l'aéroport d'arrivée.

PROMOVACANCES

✆ 01 55 33 44 44

www.promovacances.com

Promovacances est une agence de voyage en ligne qui propose de nombreux séjours touristiques, des week-ends, ainsi qu'un très large choix de billets d'avion à tarifs négociés sur vols charters et réguliers, des locations, des hôtels à prix réduits. En plus de cette importante offre, n'hésitez pas à guetter en ligne des promotions de dernière minute et les bons plans du jour. Enfin, des informations pratiques sont à consulter en ligne pour préparer votre voyage : santé, formalités, aéroports, voyagistes, compagnies aériennes.

SCOOBIDOO CHARTER

205 Residence Les Acacias

ANSE MARCEL

✆ +590 690 73 66 63

www.scoobidoo.com

Journée en mer à partir de 120 €. Privatisation à partir de 2 100 € par jour.

Cela fait depuis 1994 que les catamarans de Scoobidoo, reconnaissables de loin, illuminent les eaux de Saint-Martin. Idéal pour partir à la découverte des autres îles à proximité de Saint-Martin. Scoobidoo propose des excursions sur un catamaran à la journée et également la possibilité de privatiser le bateau. Un service de restauration est également proposé. L'équipe dynamique vous embarque pour Tintamare, Anguilla, Dog Island, Saint-Barth ou pour des journées d'observation des baleines en saison (principalement de mi-janvier à mi-mars)...

SUNSAIL

Marina Fort Louis

MARIGOT

✆ +590 690 66 19 73

www.sunsail.com

Base de location. Location d'un voilier d'une semaine à environ 2 500 €.

Depuis 40 ans, cette société propose de vivre l'aventure d'une croisière en croisant sur les eaux turquoise de la mer des Caraïbes. Avec Sunsail, explorer Saint-Martin et Saint-Barthélemy grâce à de magnifiques voiliers et catamarans de 40 à 46 pieds. Il est possible de réserver la croisière avec un skipper professionnel. Mais si vous avez l'expérience requise (la mer des Caraïbes pouvant être difficile à naviguer), vous pouvez également vous retrouver seul maître à bord. En haute saison, il faut réserver au minimum pour une semaine.

TRAVEL EMOTION SXM

Aeroport de Grand Case

GRAND CASE

✆ +590 690 88 08 08

Agence réceptive. Location de voiture. Séjour sur mesure. Ouvert du lundi au vendredi de 7h30 à 17h.

Faire sa valise pour un long voyage peut déjà s'avérer être un stress... Alors, mieux vaut s'alléger en confiant les rênes de l'organisation de la totalité ou d'une partie du séjour à un professionnel. Les émotions se vivent en grand et votre spécialiste de voyage personnalisé sait vous orienter pour vous surprendre. C'est en toute confiance que vous pouvez laisser Travel Emotion programmer votre séjour : voiture de location, excursions, croisières inter-îles. La Caraïbe est à vos pieds et on vous trace le chemin... Laissez-vous guider !

SE LOGER

Une palette de logements s'ouvre à vous pour explorer ces perles de la Caraïbe. L'offre est très large si vous souhaitez séjourner dans un hôtel sur Saint-Martin. Plus de 1 200 chambres sont répertoriées, dont 300 en villas côté français. Les prix varient beaucoup que l'on soit en basse ou en haute saison. Mais certains hôtels offrent des tarifs dégressifs pour un séjour de plusieurs nuits. On favorise la petite hôtellerie de qualité avec des boutiques-hôtels. Il est d'ailleurs interdit de construire plus haut que la hauteur des palmiers ! Pour une ambiance club de vacances, privilégiez la partie hollandaise. Elle dispose d'hôtels plus impersonnels proposant le « tout inclus ». Le haut de gamme est bien sûr la spécificité de Saint-Barth, mais vous seriez surpris d'apprendre qu'une hôtellerie authentique et intimiste vous attend. Des petites pépites tenues par des locaux qui rayonnent autant que les villas standing !

BOOKING €€

www.booking.com

L'un des meilleurs sites de réservation d'hôtels, mais aussi de chambres d'hôtes ou d'appartements en ligne où les frais d'annulation sont gratuits la plupart du temps suivant certaines conditions. La sélection est fiable et vous pourrez y trouver un large choix d'hébergements avec bon wifi pour télétravailler. Cependant, regardez bien les photos et lisez attentivement les commentaires pour les logements aux petits prix. Cela vous permettra d'éviter les pièges côté tarifs. Les prix peuvent parfois être allèchants, mais le confort moins bon qu'annoncé...

ANTILLES LOCATION €€

www.antilleslocation.com

Antilles Location propose les meilleurs plans des Antilles françaises depuis des années. Le site référence des annonces de particuliers, avec de nombreuses promotions tout au long de l'année. À Saint-Martin et Saint-Barthélémy, ce sont plus de deux-cents locations qui sont proposées : studios, bungalows, appartements, villas... Le choix est vaste et adapté à tous les budgets. Antilles Location permet d'être en contact direct avec les propriétaires, sans passer par la centrale de réservation. Le site offre également de nombreuses informations pratiques.

ANTILLES EXCEPTION €€

www.antillesexception.com

Il existe tant de locations à Saint-Martin qu'il peut être difficile de faire un choix. Antilles Exception opère depuis 2009 en Martinique, en Guadeloupe et à Saint-Martin. Cette agence expérimentée a sélectionné plus d'une cinquantaine de magnifiques propriétés, principalement autour de la Baie orientale, l'Anse Marcel et les Terres Basses. Du studio avec terrasse vue sur mer à la luxueuse villa et sa piscine à débordement, Antilles Exception s'adapte à tous les budgets. Idéal pour un séjour entre amis ou en famille, en toute indépendance !

SAINT BARTH VIP €€

www.stbarthvip.com

Saint Barth VIP est l'une des agences de référence pour louer une villa à Saint-Barthélémy. Ces propriétés en location se situent dans les différents quartiers de l'île. A chaque quartier, son ambiance. Saint-Jean ou Gustavia pour être au cœur de l'animation, Gouverneur ou Pointe Milou pour la vue sur l'océan, Saline ou Flamands pour la sublime plage de sable blond et l'eau turquoise... Côté prestations, rien n'est laissé au hasard de manière à répondre aux standards internationaux du luxe immobilier : jardin paysager, terrasse extérieure, piscine à débordement...

SE DÉPLACER

Parcourir les deux îles se fera plus facilement en voiture. Le service de transport public est très précaire et peu fiable dans le cadre d'un voyage touristique. Du côté de Saint-Martin, il n'y a pas de frontière officielle entre les deux pays de cette même île. Donc pas de soucis de douane. Les agences de locations de voitures côté français s'occupent de venir vous chercher à votre sortie de l'avion. Elles n'ont pas de représentation à l'aéroport Juliana. Les routes sont vite saturées et vous pouvez rencontrer des embouteillages aux alentours des capitales. Louer un scooter ou un quad est très pratique. Des agences réceptives organisent des tours de l'île en une journée si vous deviez opter pour un séjour balnéaire. À Saint-Barth, la voiture ou le taxi sont aussi préconisés. L'avantage des taxis, c'est qu'ils font pour la plupart guides touristiques et partagent leurs bons plans. L'auto-stop est très prisé et sécurisé.

AIR ANTILLES

Aéroport de Grande-Case
✆ +33 890 648 648
www.airantilles.com

Comptez aux alentours de 200 € pour un aller/retour Pointe-à-Pitre / Saint-Martin ou Saint-Barth.

Il s'agit d'une compagnie régionale qui se positionne sur le créneau des prix. Elle effectue jusqu'à 5 rotations pour Saint-Martin (aéroport de Grand-Case sur la partie française) et pour Saint-Barthélemy. Le vol se déroule à bord d'un ATR72 48 places, d'un Twin Otter 19 places ou d'un Cessna 9 places, notamment pour Saint-Barthélemy. Si vous souhaitez en profiter pour découvrir toute la Caraïbe, Air Antilles dessert la Barbade, la Guadeloupe, la Martinique, Sainte-Lucie, la Dominique, la Guyane, Saint-Domingue, Punta Cana, Porto Rico, Miami, Port-au-Prince.

ST BARTH COMMUTER

Aéroport de Saint-Barthélémy Remy de Haenen
SAINT-JEAN
✆ +590 590 27 54 54
www.stbarthcommuter.com

Liaison entre Saint-Martin et Saint-Barthélemy. Compter environ 85 € le vol.

C'est la compagnie de référence pour les trajets inter-îles entre Saint-Martin (les deux aéroports) et Saint-Barthélemy. Le trajet entre les deux îles est de 15min de vol. L'atterrissage est une expérience en soi. St Barth Commuter a été fondée par Bruno Magras et Michel Martinon en 1994 dans l'objectif d'ouvrir la destination et faciliter le déplacement pour les locaux. La compagnie opère des rotations plusieurs fois par jour et des décollages de nuit sont disponibles 7j/7 pour réaliser des vols médicaux vers Saint-Martin, Guadeloupe ou Martinique.

WEST INDIES HELICOPTERS

Route de l'Espérance - **GRAND CASE**
✆ +590 590 77 80 00
www.westindieshelico.com

Transferts privés inter-îles et tours de l'île (10, 20, 30 min et une heure) à partir de 600 € pour 1 à 5 personnes.

Une nouvelle compagnie donne des ailes aux insulaires ! Estelle et Jérôme vous proposent de vous évader dans les airs à bord de leurs hélicoptères. Qu'il s'agisse d'un transfert inter-îles ou d'un vol panoramique pour découvrir les îlots de la Caraïbe vus du ciel (de 10 min à une heure), d'un day-trip avec une ou plusieurs escales, leur accueil est unique et très personnalisé. De ce tandem émane une passion très communicative et l'expérience du vol vous laissera un souvenir mémorable alliant sensations et beauté des paysages.

WINAIR

✆ +1 721 545 4237
www.fly-winair.com

Sint Maarten-Anguilla à partir de 201 US$, Sint Maarten-Saba à partir de 132 US$, Sint Maarten-Saint Barth 169 US$...

La compagnie dessert 11 destinations dont les îles Antigua, Aruba, Bonaire, Curacao, Dominica, Guadeloupe, Haïti, Nevis, Saba, San Juan, Santo Domingo, St. Barth, St. Eustatius, St. Kitts, St. Maarten, Tortola. La compagnie existe depuis 1961 et donne la possibilité de voyager dans les petites Antilles avec des flexibilités de vols. Elle propose également des vols charter ou des sorties organisées et thématiques sous forme d'excursions. Il est toujours recommandé de vous présenter 3 heures avant l'embarquement à l'aéroport de Juliana.

AUTO DISCOUNT LOCATION

Aéroport de Grand Case - **GRAND CASE**
✆ +590 690 59 94 62
www.auto-discount.fr
Ouvert du lundi au samedi de 8h30 à 12h et de 14h30 à 18h. Le dimanche de 14h30 à 18h. A partir de 19 €/jour.

Depuis 1999, Auto Discount Location figure parmi les leaders de la location de voitures à petit prix sur la Guadeloupe, la Martinique et Saint-Martin pour les courtes et moyennes durées. Vous êtes assuré d'y trouver le moyen de locomotion adapté à vos vacances grâce à un large choix de véhicules. Dans l'agence qui se trouve directement à l'aéroport, vous trouverez une équipe dynamique et sympathique qui mettra tout son savoir-faire en œuvre pour embellir votre séjour dès votre arrivée. L'enseigne propose des voitures citadines, des berlines et des utilitaires.

DISCOUNT CAR RENTAL

C15 Galerie commerciale Baie Nettle
BAIE NETTLÉ
✆ +590 690 71 95 51
www.sxm-car.com
Ouvert 7j/7 de 8h à 20h. Location par jour dès 30 €.

L'île se découvre en voiture plutôt qu'en bus. L'agence Discount Car Rental est une référence sur l'île depuis 2003. Cette longévité professionnelle est un réel gage de sérieux. Claude, le propriétaire, vous chouchoute avant et dès votre arrivée. Il connaît tous les secrets de l'île depuis 15 ans, date à laquelle il s'y est installé définitivement après une carrière de chef étoilé en France ! Ses conseils et sa bienveillance vous permettent de louer une voiture en toute sérénité. Il assure une prestation 5 étoiles à petit prix.

EUROPCAR

route de l'espérance
GRAND CASE
✆ +590 590 77 67 67
www.europcar-sxm.fr
Ouvert tous les jours de 7h à 18h. A partir de 30 € par jour.

Présent dans plus de 140 pays à travers le monde, Europcar est un leader de la location de véhicules. Du côté français de Saint-Martin, l'agence se trouve à proximité de l'aéroport de Grand Case : un chauffeur viendra vous chercher à la sortie du terminal. Une vaste gamme de véhicules est proposée : en tout, ce sont plus près de dix modèles que l'on peut louer pour parcourir en toute liberté les routes de l'île. De la petite citadine passe-partout au SUV, à vous de choisir le style de conduite ! Possibilité de s'enregistrer en ligne.

GOLFE CAR RENTAL

1 rue carline
GRAND CASE
✆ +590 590 51 94 81
www.golfecarrental.com
Ouvert tous les jours de 8h à 19h. A partir de 25 €/jour pour une catégorie A. Tarifs dégressifs.

Golfe Car Rental est présent sur le marché depuis plus de 15 ans et c'est l'un des meilleurs rapports qualité-prix, et le partenaire privilégié de nombreux hôtels ainsi que de la compagnie maritime Voyager. L'agence dispose d'une flotte récente parfaitement entretenue, les voitures sont livrées propres avec le plein de carburant et une carte routière de l'île. Vous pouvez effectuer votre réservation en ligne via le site avec paiement sécurisé, ou bien par téléphone. Vaste choix de la petite citadine en passant par les familiales, des Jeep et de beaux cabriolets.

GREEN MOTION CAR RENTAL

Hope Estate - **MONT VERNON – HOPE ESTATE**
✆ +590 690 64 03 20
www.greenmotion.com
Ouvert du lundi au vendredi de 8h à 17h et le samedi de 8h à midi. À partir de 50 € par jour.

Fondée en 2007 par Richard Lowden, un entrepreneur britannique, Green Motion a fait le pari de l'écologie. Cette start-up essaie de réduire au maximum l'empreinte carbone de son activité. Présente à Saint-Martin depuis plusieurs années, Green Car Rental propose des locations depuis l'aéroport de Grande Case ou de Juliana, côté hollandais. Green Motion n'offre que deux marques de voiture, plutôt luxueuses : des Mini-Cooper (décapotable ou non) et des BMW (berline ou SUV). L'agence envoie un chauffeur vous chercher à l'aéroport et vous dépose ensuite à l'agence.

SOLEIL CARAÏBE

Aéroport de Saint-Jean
SAINT-JEAN
✆ +590 590 27 67 18
www.soleilcaraibe.com
Ouvert tous les jours de 8h à 18h. À partir de 30 € par jour.

Depuis plus de 30 ans, cette agence de location locale est gérée par Ludivine et Sydney Magras. Cette équipe de professionnels, avec une longue expérience dans la location de voiture à Saint-Barthélemy, dispose d'une vaste flotte de véhicules, adaptée aux routes étroites de l'île. Soleil Caraïbe propose également plusieurs modèles décapotables, dont la célèbre Mini Cooper. L'agence se trouve dans les locaux de l'aéroport. Ludivine et Syndey peuvent également donner des conseils pour passer le meilleur séjour possible à Saint-Barth.

S'INFORMER

Que ce soit à Saint-Martin ou à Saint-Barthélémy, de nombreuses informations sont disponibles pour préparer au mieux votre voyage. Les sites Internet des offices de tourisme des deux îles sont très complets et régulièrement mis à jour. Il est également possible de se rendre dans leurs bureaux. Les équipes sur place sont compétentes et disponibles et sauront vous conseiller pour découvrir les recoins méconnus de ces deux perles des Caraïbes. Pour suivre l'actualité locale, il est possible de choisir les versions papiers ou numériques des deux grands quotidiens francophones : le Pélican à Saint-Martin et le journal de Saint-Barth. La presse nationale française se trouve facilement dans la partie française de Saint-Martin et à Saint-Barthélémy, mais elle est vendue en général avec un peu de retard. Pour les anglophones, la presse internationale peut être consultée dans la plupart des grandes chaînes d'hôtels.

COLLECTIVITÉ DE SAINT-BARTHÉLEMY

rue de Pitea
GUSTAVIA
✆ +590 590 29 80 40
www.comstbarth.fr

Que vous soyez touristes ou insulaires, la Collectivité est l'embryon décisionnel de la politique de l'île. C'est aussi un espace pour les citoyens avec tous les services administratifs liés à la vie de l'île : service des actions sociales, des droits de quai, état-civil, financier, valorisation et propreté, police territoriale et dépôt de permis si vous avez envie de vous installer. Le conseil territorial se réunit une fois par mois. Il est actuellement présidé par Xavier Lédée.

COMITÉ DU TOURISME DE SAINT-BARTHÉLEMY

10 Rue de la France
GUSTAVIA
✆ +590 590 27 87 27
www.saintbarth-tourisme.com

Ouvert en semaine de 8h30 à 17h et le samedi de 8h30 à midi.

Le Comité du Tourisme a pour mission de promouvoir l'île et d'organiser des évènements. Le petit bureau de Gustavia regorge d'informations, notamment des brochures concernant l'histoire, des plaquettes pratiques sur les restaurants, les hôtels, les activités... Le site Internet vous permet également d'organiser votre séjour à Saint-Barth avec des contacts et toute l'offre touristique, naturelle, économique de l'île. Parfait pour préparer son voyage !

COLLECTIVITÉ DE SAINT-MARTIN

Hôtel de la collectivité de Saint-Martin
MARIGOT
✆ +580 590 87 50 04
www.com-saint-martin.fr

Tous les service de la collectivité. Service en ligne.

L'hôtel de la collectivité est le centre névralgique de l'administration de l'île de Saint-Martin. Vous trouverez à cette adresse tous les pôles dédiés au développement humain, au développement durable, à la solidarité et aux familles, ainsi qu'au développement économique, à la fiscalité. Toutes ces aides, ressources et démarches sont les services que propose la Collectivité territoriale. C'est aussi l'emplacement du cabinet du Président de la Collectivité.

DIRECTION DU TOURISME

Hôtel de la collectivité de Saint-Martin
MARIGOT
✆ +590 590 29 56 13
www.com-saint-martin.fr

La Direction du tourisme fait partie intégrante du Pôle de Développement économique qui regroupe également la Direction du numérique et de l'audiovisuel, la Direction du développement rural et de la mer.

Au sein de la collectivité, elle a pour mission le développement économique touristique de l'île, la promotion de la destination et la création de produits touristiques attractifs, la sécurisation, la mise en valeur du territoire et de ses infrastructures. Elle apporte une vision globale de développement. L'office de tourisme de Saint-Martin est son satellite.

LE JOURNAL DE SAINT-BARTH

SAINT-JEAN
✆ +590 590 27 65 19
www.journaldesaintbarth.com

Le *Journal de Saint-Barth*, c'est le rendez-vous d'information hebdomadaire des habitants de Saint-Barthélémy. Que ce soit dans la version papier ou sur les réseaux sociaux, l'équipe du *Journal de Saint-Barth* livre toutes les informations et actualités essentielles de la semaine. On y trouve les bons plans sorties, les résultats sportifs, les faits divers, etc. C'est aussi un journal pratique : numéro utiles, petites annonces, guide des artisans...

RADIO SAINT MARTIN 101.5 FM

Immeuble Du Port
MARIGOT
✆ +590 590 87 74 84

Si vous louez une voiture à Saint-Martin, préparez-vous à passer du temps dans les embouteillages, surtout en haute saison. Mais pour passer le temps, vous pouvez écouter la radio phare de Saint-Martin, la *101.5 FM*, dont la station se trouve à Marigot. La radio diffuse principalement des émissions d'actualités locales, en anglais et en français. Leur page Facebook est actuellement très utile, avec de nombreuses vidéos qui résument l'actualité de l'île.

OFFICE DE TOURISME DE SAINT-MARTIN

rue de la République - **MARIGOT**
✆ +590 590 87 57 21
www.st-martin.org

Ouvert du lundi au vendredi de 9h à 17h en temps normal. Plutôt contacter l'office par téléphone ou email.

La structure qui accueille le public est située sur le parking de la marina royale de Marigot. Elle est administrée par un Comité de Direction comprenant des élus de la Collectivité. Elle dispose également de bureaux à Paris et à New York afin de promouvoir la destination dans le monde entier. L'édifice se remarque facilement avec son toit rouge et sa galerie extérieure colorée blanche et bleue. Une très belle maison typique aux escaliers majestueux et coursives intérieures.

SOUS-PRÉFECTURE ★

8 Rue Lubin Brin
GUSTAVIA
✆ +590 590 27 64 10

Ouvert du lundi au vendredi de 8 à midi, le mercredi jusqu'à 13h.

Elle date de l'ère suédoise (début XIXe siècle) et, après avoir été reconvertie pour différentes utilisations (même comme prison !), elle est devenue le siège de la sous-préfecture en 1963. En 1995, elle souffrit sérieusement lors d'un de ces terribles cyclones (Luis) qui marqua le passé de l'île. Elle a été reconstruite juste après. Son architecture est typique avec un soubassement et un escalier en pierre. Le toit à quatre pans en tôle rappelle les maisons au style créole. Vous apercevrez sans doute un drapeau français qui flotte en permanence.

LE PELICAN

MARIGOT
✆ +590 590 522 145
www.lepelican-journal.com

Lancé le 6 février 2004, le *Pélican* est le premier quotidien en langue française de l'île de Saint-Martin ! Les lecteurs y trouveront toutes les informations générales, ainsi que les actualités locales. Ce journal de proximité offre de nombreux bons plans pour les voyageurs : soirées, nouveaux restaurants, offres promotionnelles... Pour ceux qui restent plus longtemps sur l'île, il informe régulièrement ses lecteurs sur la vie associative locale. Le *Pélican* est le plus petit tirage de France, avec 1 000 exemplaires par jour.

CARNETS DE VOYAGE

36, Boulevard de la Bastille
PARIS (12e)
phoenix-publications.com

Trimestriel consacré à des destinations de voyage avec des focus dédiés à la découverte des régions.

Trimestriel consacré à des destinations de voyage avec des focus dédiés à la découverte des régions, *Carnets de Voyage*, le magazine des voyages réussis. Tous les 3 mois, la revue vous invite à découvrir à travers ses reportages le meilleur des destinations. Grande ou petite escapade à la découverte d'une ville, d'une région, en France, en Europe ou dans le monde à travers des reportages photo uniques complétés de conseils pratiques et de bonnes adresses pour nous faciliter le voyage avec enfin, un agenda des rendez-vous à ne pas manquer.

RESTER

Vous avez décidé de larguer les amarres et de vous installer au soleil... Attention avant tout de ne pas tomber dans le cliché cocotiers ! Pour ceux qui croient que « la misère est moins pénible au soleil », comme le chante Aznavour, attention à la réalité qui risque de vous décevoir ! Le taux de chômage est bien plus important ici qu'en métropole. Le coût de la vie y est très élevé, les deux îles devant importer la grande majorité des biens de consommation courante. Les emplois proposés concernent le secteur touristique, mais ils sont pour la plupart saisonniers et restent assez précaires. Il est indispensable de parler couramment plusieurs langues (si vous êtes polyglotte, vous serez comblé). Les lois du Travail sont celles de la France métropolitaine. Il faut aussi s'adapter à la chaleur ! Le mode de vie des Antilles et surtout à Saint-Martin, qui est une petite île, ne convient pas à tous.

ACTION CONTRE LA FAIM

14, boulevard de Douaumont
PARIS (17e)
✆ 01 70 84 70 70
www.actioncontrelafaim.org
Par téléphone de 9h à 13h et de 14h à 18h.

ONG internationale spécialisée dans la lutte contre la faim dans le monde, active dans les domaines de la nutrition, santé, sécurité alimentaire, de l'eau, de l'assainissement. L'association intervient dans des situations de crise. Le but étant de rendre les populations autonomes d'un point de vue de la nutrition, en apportant une aide concrète et en formant les intervenants locaux qui prendront le relais. Ses missions de volontariat durent de trois mois à un an en Afrique, Asie, Amérique, Europe centrale, dans le Caucase, au Moyen-Orient et dans les Caraïbes.

AEFE

23, place de Catalogne
PARIS (14e)
✆ 01 53 69 30 90
www.aefe.fr

Cette agence, sous tutelle du ministère des Affaires étrangères, anime et gère un réseau de près de 500 établissements d'enseignement français à l'étranger, dans près de 140 pays. 370 000 élèves, dont 40 % de Français, fréquentent ces établissements. Offres d'emploi à l'international pour les titulaires de la fonction publique (Education nationale principalement) et informations sur la politique pédagogique, la scolarité et l'orientation émaillent le site Internet de cet organisme qui soutient également l'association Anciens des lycées français du monde.

CIDJ

www.cidj.com

Le Centre d'Information et de Documentation Jeunesse a été créé en 1969, sous la tutelle du ministère de la Jeunesse et des Sports. Le site Internet est bien fait et très complet. La rubrique « Partir à l'étranger » fournit des informations pratiques aux jeunes qui ont pour projet d'aller vivre à l'étranger. Il y a une rubrique spécifique dédiée à chacun des thèmes suivants : travail, étude, stage, volontariat international et séjours linguistiques. Pour vous aider dans vos démarches, vous pouvez avoir un entretien gratuit avec un conseiller du CIDJ.

ÉDUCATION NATIONALE

www.education.gouv.fr
Modalités sur www.france.diplomatie.fr/mfi.

Vous êtes enseignant ou fonctionnaire d'État, vous souhaitez travailler à l'étranger ? Consultez le site du ministère de l'Éducation nationale, il informe sur les conditions de mobilité dans le monde. Cette initiative peut s'inscrire dans un parcours professionnel. Elle permet d'exercer son métier dans des conditions spécifiques, ou un autre métier et diversifier ainsi son expérience en enrichissant ses compétences. Les personnels d'encadrement peuvent aussi postuler dans des organismes internationaux ou de l'Union européenne.

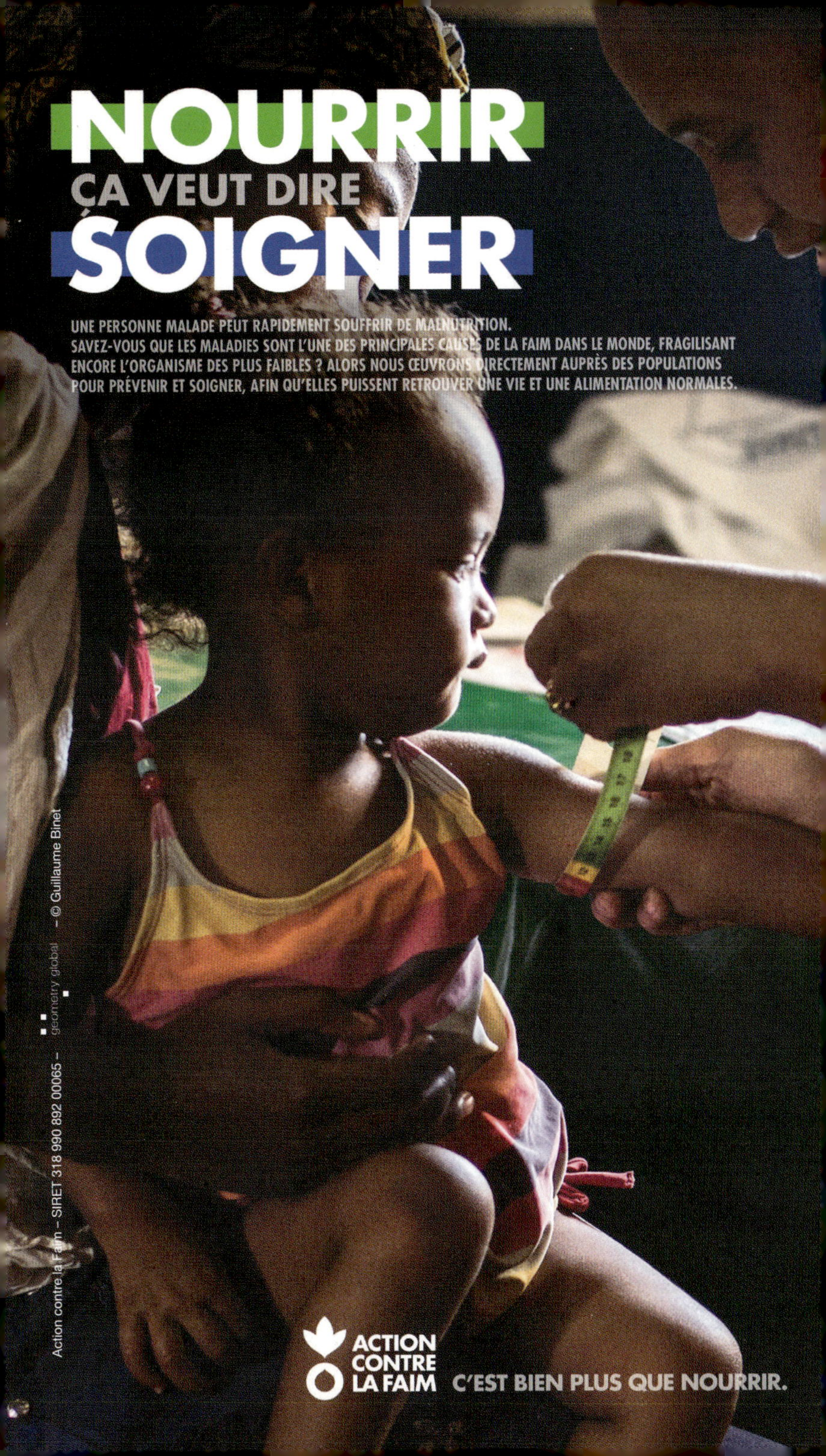
NOURRIR
ÇA VEUT DIRE
SOIGNER
UNE PERSONNE MALADE PEUT RAPIDEMENT SOUFFRIR DE MALNUTRITION.
SAVEZ-VOUS QUE LES MALADIES SONT L'UNE DES PRINCIPALES CAUSES DE LA FAIM DANS LE MONDE, FRAGILISANT ENCORE L'ORGANISME DES PLUS FAIBLES ? ALORS NOUS ŒUVRONS DIRECTEMENT AUPRÈS DES POPULATIONS POUR PRÉVENIR ET SOIGNER, AFIN QU'ELLES PUISSENT RETROUVER UNE VIE ET UNE ALIMENTATION NORMALES.
Action contre la Faim – SIRET 318 990 892 00065 – geometry global – © Guillaume Binet
ACTION CONTRE LA FAIM
C'EST BIEN PLUS QUE NOURRIR.

C'EST QUOI LA FRATERNITÉ ? UN SYMBOLE, UNE DEVISE GRAVÉE DANS LA PIERRE, UNE BELLE IDÉE DE L'HUMANITÉ QUI NOUS REND FIERS. MAIS ÇA NE DOIT PLUS RESTER UNE PROMESSE EN L'AIR, LA FRATERNITÉ MAINTENANT, IL FAUT LA FAIRE. ET CE N'EST PAS FACILE.

LA FIN DE LA PAUVRETÉ N'EST PAS POUR DEMAIN, ON NE VA PAS SE MENTIR. MAIS LAISSER TOMBER, CE SERAIT ENCORE PIRE.

ALORS IL FAUT POUVOIR REGARDER EN FACE CEUX QUI NE TROUVENT PLUS LEUR PLACE, LEUR DIRE QU'ON EST TOUS SOLIDAIRES, QUE ÇA POURRAIT ÊTRE NOUS DANS LA GALÈRE. ALORS C'EST QUOI LA FRATERNITE ? UN ENFANT QU'ON ACCOMPAGNE DANS SA SCOLARITÉ ? UNE GRAND-MÈRE QUI SE SENT UTILE ET AIMÉE ? UN COIN DE TERRE, UN BOUT DE JARDIN OÙ ON PEUT ENCORE SE SENTIR BIEN ? UNE MAIN QUE L'ON TEND DANS LES CRISES ET LES TEMPÊTES ? UN LARGE SOURIRE QUI DIT « C'EST BON, ÇA Y EST, VOUS Y ÊTES » ? OU LA CHALEUR D'UN BON CAFÉ POUR SE POSER, POUR TOUT RACONTER ? C'EST TOUT ÇA LA FRATERNITÉ, C'EST REFUSER LES INÉGALITÉS OU LA PRÉCARITÉ. PEU IMPORTE CE QU'ON FAIT OU CE QUI NOUS POUSSE À LE FAIRE, L'IMPORTANT EST D'AGIR, DE MONTRER QU'ON EST TOUS FRÈRES. MÊME SI C'EST PEU, MÊME SI CE N'EST PAS TOUT LE TEMPS, LE JOUR OÙ VOUS COMMENCEREZ SERA TOUJOURS LE BON MOMENT. VOUS PENSEZ QUE LA FRATERNITÉ NE VA RIEN RÉGLER ? NOUS, ON PROPOSE JUSTE UN TRUC : ET SI ON ESSAYAIT ? PARCE QU'IL SUFFIRAIT QU'ON LE DÉCIDE, VOUS, NOUS, MAINTENANT ET ÇA CHANGERAIT LA VIE DE MILLIONS DE GENS. LA FRATERNITE N'EST PAS UNE PROMESSE EN L'AIR, C'EST UNE RÉVOLUTION ET ENSEMBLE ON PEUT LA FAIRE.

REJOIGNEZ LA
#REVOLUTIONFRATERNELLE
revolutionfraternelle.org

Secours Catholique
Caritas France

VERYGOODCHOICE

MINISTÈRE DES AFFAIRES ÉTRANGÈRES

www.diplomatie.gouv.fr

Site Internet officiel pour connaître les formalités d'entrée et séjour dans le pays. Dans la rubrique « Services aux Français », vous trouverez un guide de l'expatriation, les modalités de demandes de documents officiels. Sur la page d'accueil en sélectionnant le pays, vous obtenez les contacts des ambassades. Dans l'espace politique, économie et socio-culturel, quantité d'informations et de communications utiles pour qui s'intéresse aux réalités du pays.

CAPCAMPUS

www.capcampus.com

CapCampus fut l'un des premiers portails étudiants français en ligne. Dans la rubrique dédiée aux stages et aux premiers emplois, vous trouverez aussi des offres pour l'étranger, classées par pays. Celles pour les Etats-Unis ne sont pas très nombreuses, le mieux est de consulter le site régulièrement pour ne pas passer à côtés des offres intéressantes. Le site est également utile pour se familiariser avec la vie aux Etats-Unis, car il propose également toutes les informations pratiques pour bien préparer son départ et son séjour à l'étranger.

WEP FRANCE

95, avenue Ledru Rollin

PARIS (11e)

✆ 01 48 06 26 26

www.wep.fr

WEP propose plus de 50 projets éducatifs et séjours linguistiques dans une trentaine de pays pour une durée allant de une semaine à 18 mois. Quel que soit votre projet d'études ou de volontariat à l'étranger, vous trouverez sur le site de WEP une rubrique qui y sera consacrée : étudier au lycée, dans une université, partir en séjour linguistique, faire une expérience professionnelle dans le cadre d'un stage ou vivre en immersion dans une famille. Possibilité également de planifier des programmes combinés (études et projet humanitaire par exemple).

CLUB TELI

Les Clarets

SAINT-PIERRE-D'ENTREMONT

✆ 04 79 85 24 63

www.teli.asso.fr

L'adhésion est à 45 €.

Le Club Teli est une association d'aide à la mobilité internationale créée voici bientôt 30 ans, forte de 4 000 adhérents en France et dans 65 pays. Si vous souhaitez séjourner à l'étranger, quel que soit votre projet, vous trouverez par le biais de ce club des infos et des offres de stages, de jobs d'été et de travail pour francophones. Si vous avez besoin d'aide pour envoyer des candidatures, le Club peut vous aider à mettre votre CV aux normes du pays où vous souhaitez partir. Pour bénéficier de ces aides et informations, il faut adhérer.

BUSINESS FRANCE

77, Boulevard Saint-Jacques

PARIS (14e)

✆ 01 40 73 30 00

Ouvert en semaine de 8h30 à 18h30.

L'Agence pour le développement international des entreprises françaises travaille en étroite collaboration avec les missions économiques. Le site Internet recense toutes les actions menées, les ouvrages publiés, les événements programmés et renvoie sur la page du Volontariat International en Entreprise (VIE). Fondée en 2015, cette structure est née de la fusion entre Ubifrance et l'Agence française pour les investissements internationaux. Elle est affiliée au Ministère de l'Europe et des Affaires étrangères et au Ministère de l'Économie et des Finances.

VIE - VOLONTARIAT INTERNATIONAL EN ENTREPRISE

✆ 04 96 17 26 50

mon-vie-via.businessfrance.fr

Le VIE est destiné aux jeunes de 18 à 28 ans. Il s'effectue en entreprise, dans une ONG, dans une collectivité locale ou dans un service de l'État – allant de l'ambassade à l'établissement culturel en passant par le consulat. Par ailleurs, il peut durer de 6 à 24 mois et être renouvelé une fois, de deux ans au plus. Enfin, sa rémunération mensuelle est constituée d'un salaire fixe de 749,33 € et d'une indemnité supplémentaire dont le montant varie selon la mission.

INDEX

M

N

O

P

Q

R

S

Long Beach à Saint-Martin.

© TRAVEL_BUG - ISTOCKPHOTO.COM

EDITION

Directeurs de collection et auteurs : Dominique AUZIAS et Jean-Paul LABOURDETTE

Auteurs : Cyrille CHARPENTIER, Séverine VULLIEZ, Anne-Claire DUCHOSSOY, Sylvie DEL COTTO, Mathilde LEROY, Baptiste THARREAU, Romain RISSO, Mathias DESHOURS, Tanguy REVAULT, Priscilla PARARD, Jérémy THIEBAUD, Christine MOREL, Gilles MOREL, Jean-Paul LABOURDETTE, Dominique AUZIAS et alter

Directeur Editorial : Stéphan SZEREMETA

Rédaction Monde : Laure CHATAIGNON, Morgane VESLIN, Pierre-Yves SOUCHET, Natalia COLLIER

Rédaction France : Briséis CREAC'H-MENUT, Audrey VEDOVOTTO, Marie VIGNERON, Nicolas WODARCZAK

FABRICATION

Maquette et Montage : Romain AUDREN, Julie BORDES, Delphine PAGANO

Iconographie et Cartographie : Anne DIOT, Julien DOUCET

WEB ET NUMERIQUE

Directeur Web : Louis GENEAU de LAMARLIERE

Développeurs : Guillaume BARBET, Adeline CAUX et Roland SPOUTIL

Intégrateur Web : Mickael LATTES, Antoine DION

Webdesigner : Caroline LAFFAITEUR

Community Traffic Manager : Alice BARBIER, Mariana BURLAMAQUI et Noémie LE SAUX

DIRECTION COMMERCIALE

Directeur commercial : Guillaume VORBURGER

Coordinatrice des Régies commerciales : Manon GUERIN assistée de Jonas HESOL

Account Manager Marketplace : Leila ROUGEOT assistée de Lola FAVRE-MOT

Responsable Régies locales : Michel GRANSEIGNE

Responsables Développement régie inter : Jean-Marc FARAGUET, Guillaume LABOUREUR et Camille ESMIEU

Chefs de Publicité Régie nationale : Caroline AUBRY, François BRIANCON-MARJOLLET, Perrine DE CARNE MARCEIN, Jonathan TOUTOUX, Amélie NOEL

Régie SAINT-MARTIN - SAINT-BARTHÉLEMY : Gilles MOREL

DIFFUSION ET PROMOTION

Directrice des Ventes : Bénédicte MOULET assistée d'Aissatou DIOP

Responsable des ventes : Jean-Pierre GHEZ assisté de Nelly BRION

Relations Presse-Partenariats : Jean-Mary MARCHAL

ADMINISTRATION

Président : Jean-Paul LABOURDETTE

Directrice des Ressources Humaines : Dina BOURDEAU assistée de Sandra DOS REIS et Eva BAELEN

Directrice Administrative et Financière : Valérie DECOTTIGNIES

Comptabilité : Guillaume PETIT, Aminata BAGAYOKO, Jeannine DEMIRDJIAN

Recouvrement : Fabien BONNAN assisté de Sandra BRIJLALL

Responsable informatique : Elie NZUZI-LEBA

PETIT FUTÉ SAINT-MARTIN - SAINT-BARTHÉLEMY

LES NOUVELLES EDITIONS DE L'UNIVERSITE
18, rue des Volontaires - 75015 Paris.
✆ 01 53 69 70 00 - Fax 01 42 73 15 24
Internet : www.petitfute.com
SAS au capital de 1 000 000 € - RC PARIS B 309 769 966
Couverture : Île Pinel située sur la côte de l'île caribéenne de Saint-Martin © Multiverse - Shutterstock.com
Impression : CORLET IMPRIMEUR - 14110 Condé-en-Normandie
Achevé d'imprimer : novembre 2022
Dépôt légal : 20/12/2022
ISBN : 9782305077390

Pour nous contacter par email, indiquez le nom de famille en minuscule suivi de @petitfute.com
Pour le courrier des lecteurs : info@petitfute.com

IMPRIMÉ EN FRANCE